D1629380

Christian R. Ulbrich, Bruno S. Frey

AUTOMATED DEMOCRACY

Christian R. Ulbrich, Bruno S. Frey

AUTOMATED DEMOCRACY

Die Neuverteilung von Macht und Einfluss im digitalen Staat

HERDER

FREIBURG · BASEL · WIEN

Verlag Herder GmbH, Freiburg im Breisgau 2024
Alle Rechte vorbehalten
www.herder.de

Satz: Daniel Förster, Belgern
Herstellung: GGP Media GmbH, Pößneck
Printed in Germany

ISBN (Print): 978-3-451-39696-0
ISBN (EPUB): 978-3-451-83285-7

Inhalt

Collingridge-Dilemma:

Zu Beginn der Ausbreitung einer Technologie können die Folgen nicht sicher genug vorhergesagt werden. Steuerungsmaßnahmen sind in diesem Stadium einfach, werden aber nicht für nötig erachtet oder lassen sich nicht rechtfertigen.

Hat sich die Technologie erst einmal ausgebreitet, werden die Folgen offensichtlich. Gegensteuernd zu gestalten, ist nun aber kompliziert, langwierig und teuer.[1]

»Die einzige Genialität, die ich besitze, ist die, dass ich mich mit dem Druck der Zeit bewege, während andere sich dagegen bewegen.«

Joseph Beuys

Vorwort

Für mich (Christian Ulbrich) begann die Reise zu diesem Buch ungefähr im Jahr 2010, auch wenn mir das damals natürlich nicht bewusst war. Zu jener Zeit hatte mich eine starke Begeisterung für innovative Technologien erfasst, und das krisenhafte Platzen der Dotcom-Blase ein knappes Jahrzehnt zuvor hatte seinen Schrecken verloren. Das Silicon Valley lockte mit ganz neuen Verheißungen, und mein brandneues iPhone 3GS eröffnete mir völlig neue Welten.

Ein erstes unangenehmes Aha-Erlebnis hatte ich etwas später, als ich auf dem Bildschirm mein eigenes grobes Bewegungsprofil des letzten Jahres entdeckte. Das iPhone speicherte damals unverschlüsselt Informationen über die Mobilfunkantennen und WLANs, in die es sich eingewählt hatte.[2] Über eine einfache Software ließen sich diese Informationen auslesen und auf einer Karte darstellen.[3] Anhand von unterschiedlich großen rötlich orangen Punkten konnte ich verfolgen, über welche Autobahn ich nach Italien gereist war, wann ich meine Eltern besucht hatte und wo ich mich die meiste Zeit so aufhielt. Nach dieser Entdeckung schaltete ich das GPS-Signal immer aus, wenn ich es nicht brauchte. Mit nahezu jedem Update von Apples Betriebssystem versteckte sich der Button immer tiefer im Einstellungsmenü. Das Aus- und wieder Anschalten erforderte irgendwann zu viele Aktionen, und ich gab es wieder auf.

Der Entdeckung des Browser-Fingerprintings verdankte ich mein zweites großes Aha-Erlebnis.[4] Diese Technik erlaubt es, den Internetsurfer ohne die Hilfe von Cookies zu identifizieren. Aus einer Vielzahl technischer Informationen vom Browser sowie über das Betriebssystem und die weitere Ausstattung des Computers lässt sich ein fast immer eindeutiger digitaler Fingerabdruck erstellen. Ich war peinlich berührt. Ich wähnte mich mit meinen zahlreichen, sorgfältig ausgewählten Browsererweiterungen zum Schutz meiner Privatsphäre nahezu unsichtbar. Dabei hatte ich das genaue Gegenteil erreicht. Diejenigen Sondereinstellungen, die mich schützen sollten, machten mich im Internet ungefähr so erkennbar und auffällig wie der DeLorean aus »Zurück in die Zukunft« oder das Ectomobile der Ghostbusters auf den Straßen eines idyllischen Schwarzwalddörfchens.

Ich musste einsehen, wie aussichtslos mein individueller Kampf war. Individuelle Verhaltensanpassungen bringen wenig, wenn die (digitalen) Dynamiken und Anreize so stark sind und das gesamte System in die entgegengesetzte Richtung manövrieren als jene, die man selbst gerne wählen würde.

Mein drittes Aha-Erlebnis erwartete mich am Ende eines langen Weges. Mehrere Jahre verbrachte ich mit Forschung zur staatlichen Internetüberwachung, dem ersten Gebiet, in dem staatliche Institutionen im großen Stil digitale Technologien zu nutzen begannen. Meine nachfolgende berufliche Tätigkeit für eines der global führenden Wirtschaftsprüfungs- und Beratungsunternehmen konfrontierte mich mit dem zweiten staatlichen Gebiet, in dem die digitale Transformation umfassend Einzug erhielt. Ich bekam ein breit gefächertes Bild davon, wie die Steuerbehörden weltweit digitale Technologien nutzen. Ich weiß noch genau, wie sprachlos ich war, als ich zu begreifen begann, wie weit manche Behörden schon sind, welche Expertise sie aufgebaut haben, wie viele Daten sie sammeln und verarbeiten.

Mir wurde klar, dass ich zuvor nur den Anfang einer viel größeren Entwicklung betrachtet hatte. Die umfassende, zukünftig alle Lebensbereiche durchziehende digitale Transformation des Staates hatte längst begonnen. Ich begann zu ahnen, dass sich da etwas anbahnt, das alle Staaten, insbesondere aber Demokratien westlicher Prägung, durchrütteln und grundlegend verändern kann. Nachdem bereits viele Sektoren der Privatwirtschaft von der Digitalisierung umgekrempelt worden waren und noch durchgerüttelt werden, ist nun der Staat an der Reihe. Die kommenden zwei Jahrzehnte werden gewaltige Umwälzungen für seine Institutionen mit sich bringen.

Aber wie genau werden diese Umwälzungen verlaufen? Was treibt sie an? Was bedeuten sie, wo gibt es Chancen, wo Risiken, und wie lässt sich die Entwicklung gezielt gestalten? Mit diesen Fragen begann in der Folge die Arbeit an dem Forschungsprojekt »Der digitale Staat«. Basierend auf fast 15 Jahren Beschäftigung mit dem Thema Digitalisierung, hat das Projekt auch das Ziel, einer Sichtweise entgegenzuwirken, welche die staatliche Digitalisierung nur ausschnittsweise betrachtet, und stattdessen das große Ganze in den Blick zu nehmen.

Mit diesem Buch halten Sie ein wichtiges Ergebnis des Forschungsprojektes in den Händen. Es will ausdrücklich nicht den Einzelnen oder die Einzelne in die Pflicht nehmen, sondern plädiert für umfassende institutionelle Anpassungen des demokratischen Systems.

Für mich (Bruno Frey) begann die Reise zu diesem Buch anders und sehr viel früher – mit einer tatsächlichen Reise in den späten Sechzigerjahren des vorigen Jahrhunderts. Als Endzwanziger verbrachte ich fast drei Jahre in den USA. Zuerst hatte ich die Chance, an der renommierten Wharton School der University of Pennsylvania als Visiting Lecturer zu lehren.

Danach fuhr ich ohne feste Pläne mit einem achtzylindrigen Ford Mustang, auf den ich damals sehr stolz war, spontan durch das riesige Land. Bei meiner sehr eigenen Version eines Roadtrips besuchte ich berühmte Professoren an führenden Universitäten wie Harvard, Princeton, Yale oder Stanford, wo ich längere Zeit verbrachte, aber auch an vielen kleineren, unbekannteren Unis.

Es überraschte mich zu erleben, wie dezentral und bunt die Vereinigten Staaten waren. Ich kannte die Vorzüge des Föderalismus zwar von meinem Heimatland, der Schweiz, aber dass auch die Weltmacht USA keineswegs eine uniforme Einheit war, sondern erhebliche Kraft aus ihrer Vielfalt schöpfte, war mir neu. Ich konnte so unmittelbar erleben, wie sich Diversität, Dezentralisierung und Weltgeltung nicht ausschließen, sondern sogar ergänzen.

Auf meiner Reise hatte ich auch die Chance, den späteren Nobelpreisträger James Buchanan sowie Gordon Tullock persönlich kennenzulernen, die amerikanischen Begründer der Neuen Politischen Ökonomie, auch als Public Choice bekannt, eines damals noch sehr jungen Forschungszweiges innerhalb der Wirtschaftswissenschaften. Es waren dies folgenschwere Begegnungen, denn die Politische Ökonomie ließ mich fortan nicht mehr los. Es hatte mich schon immer gestört, dass in der ökonomischen Wissenschaft die Wirtschaft als von der Politik völlig getrennt angesehen wurde. Die Neue Politische Ökonomie faszinierte mich auf Anhieb, weil sie – unter anderem – die Einflüsse der Politik auf die Wirtschaft und umgekehrt die Einflüsse der Wirtschaft auf die Politik analysiert und so Entwicklungen und Gestaltungsmöglichkeiten in beiden Bereichen viel besser verstehen lässt.

Seit mehr als 50 Jahren beobachte ich nun als forschender und lehrender Professor an verschiedenen Universitäten die Entscheidungen der handelnden Politiker und Staatsbediensteten, vor allem in Demokratien westlicher Prägung. Aus diesen Entscheidungen und den dahinterstehenden Kalkülen können Ziele und Interessen staatlicher Institutionen wie Parlament, Regierung oder Behörden abgeleitet werden. Auf diese Weise lässt sich verstehen, wie staatliche Institutionen auf Veränderungen in vorhersagbarer, systematischer Weise reagieren.

Natürlich haben sich die Zeiten seit meiner für mich so prägenden Reise in die USA stark geändert. Glücklicherweise hat sich auch das Instrumentarium der Politischen Ökonomie weiterentwickelt. Es erweist sich nun als nützlich, die digitale Transformation des Staates – eine der ganz großen Herausforderungen unserer Zeit – zu verstehen und institutionell zu gestalten.

Einleitung: Eine historische Zäsur

Die digitale Transformation des staatlichen Gefüges wird sich als Zäsur historischen Ausmaßes erweisen. Die Vorstellung, alles würde im gewohnten Trott weitergehen – lediglich in ein neues digitales Gewand gekleidet –, ist bestenfalls naiv. In einer digitalisierten Welt gelten andere Regeln. Auch wenn Bürger, Bürgerinnen und Unternehmen die Auswirkungen womöglich erst in Jahren wirklich spüren werden, wird das Fundament für diese neue Welt eines digitalen Staates in diesem Augenblick gelegt. Was geschieht da also? Es ist wichtig, das zu verstehen – und aktiv an diesem Fundament mitzubauen.

In den letzten zwei Jahrzehnten hat die Digitalisierung bereits viele Bereiche des Lebens durchdrungen und umgekrempelt. Etliche positive Veränderungen wurden angestoßen. Allerdings lassen sich inzwischen auch die erheblichen Schattenseiten nicht mehr leugnen. Man denke etwa an die mentalen Belastungen einer andauernden digitalen Transformation in Organisationen und im Alltag, den ausufernden Einfluss von digitalen Plattformen und den dahinterstehenden Technologiekonzernen. Man denke auch an die Macht künstlicher Intelligenz in den Händen weniger oder die Exzesse des Überwachungskapitalismus mit seinem permanenten Tracking und den vielfältigen Tricks, die Nutzer dazu bringen, permanent online zu bleiben.

Zeitverzögert, dafür aber umso rasanter gerät nun auch der Staat in den Sog dieser Entwicklung. Die Fachwelt beleuchtet und diskutiert einige Ausschnitte des Geschehens, dennoch findet ein Großteil der tatsächlichen Veränderungen von der breiten Öffentlichkeit weitgehend unbemerkt und unbeobachtet statt. Das ist gefährlich. Denn genau jetzt werden die technologischen Infrastrukturen geplant und die digitalen Systeme entworfen, die darüber bestimmen, in welche Richtung sich die staatlichen Institutionen entwickeln werden und wie sie das künftige Leben der Bevölkerung beeinflussen. Nicht morgen, sondern jetzt werden also auch die Balance von Macht und Einfluss im politischen

System neu verhandelt und das Zusammenspiel der Institutionen neu austariert.

Damit kein Missverständnis aufkommt: Dass die staatlichen Akteure begonnen haben, die Digitalisierung – also das digitale, meist automatisierte Erheben und Nutzen von Daten – in Angriff zu nehmen, ist grundsätzlich eine gute Nachricht. Auch wenn die Wahrnehmung manchmal eine andere ist, hat (technologischer) Fortschritt bisher fast immer zu mehr Wohlstand und einem höheren Lebensstandard geführt – zumindest auf lange Sicht.[1] Kurzfristig aber können immer wieder auch unangenehme Übergangsphasen auftreten, nicht selten begleitet von starken gesellschaftlichen Konflikten, wirtschaftlichen Turbulenzen und sogar Kriegen, die den Menschen einiges abverlangen.

Jeder Gesellschaft sollte daran gelegen sein, solche Dinge (zumindest weitgehend) zu vermeiden. In jedem Fall muss sie den ausbalancierten Umgang mit Innovationen, seien es eigene oder übernommene, zunächst durch Versuch und Irrtum lernen. Das ist mühsam, aber unausweichlich. Das gilt auch für die digitale Transformation des Staates.

Der Geburtsfehler

Im ersten Teil des Buches skizzieren wir zunächst die aktuelle Ausgangslange. Wir betonen die herausragende Besonderheit der staatlichen Digitalisierung im Vergleich zur privatwirtschaftlichen. Wir machen deutlich, weshalb der digitale Staat gerade jetzt geboren wird und auch warum diese Entwicklung nicht aufzuhalten ist.

Bedauerlicherweise leidet der digitale Staat dabei (unbeabsichtigt) an einer Art Geburtsfehler. Wie im privatwirtschaftlichen Sektor wird die Notwendigkeit der Digitalisierung staatlicher Institutionen, Strukturen und Prozesse oft mit einer verbesserten Effizienz begründet. Während Effizienzsteigerungen auch im öffentlichen Sektor an sich begrüßenswert sind, ist allerdings nur wenigen bewusst, zu welchem Preis sie in einer digitalen Welt erkauft werden müssen: Effizienz lässt sich vor allem dadurch steigern, dass (digitale) Prozesse oder Vorgänge optimiert werden. Um optimieren zu können, braucht es wiederum Informationen über die Prozesse und Vorgänge, die zunächst erhoben werden müssen. Wenn die Informationen nun aber digital erhoben werden, können sie dauerhaft gespeichert werden, sind leicht auffindbar und stehen somit immer wieder für weitere Auswertungen zur Verfügung. Solche Informationserhebungen mögen nicht direkt auf eine (spätere) Kontrolle zielen, allerdings erleichtern und ermöglichen sie diese immer auch. Das gilt umso mehr im staatlichen Kontext der Machtausübung. Man muss sich daher bewusst machen: Effizienzsteigerungen im digitalen Raum implizieren zugleich Kontrolle. Anders ausgedrückt: In der digitalen Welt weitet die Optimierung quasi per Definition die Kontrollmöglichkeiten aus und erhöht damit auch die Risiken, diese Möglichkeiten (früher oder später) zu missbrauchen.

Nicht von ungefähr löst daher gerade in funktionierenden Demokratien bei vielen Bürgerinnen und Bürgern das Thema Digitalisierung und Automatisierung staatlicher Prozesse zunächst einmal Unbehagen aus. Häufig überwiegt nicht der Gedanke an die Vorteile eines modernen, effizienten und bequemen Dienstleistungsstaates und an alles, was möglich wäre in einem positiven, dem Bürger dienenden Sinne. Vielmehr dominiert bei vielen die Angst vor einem Überwachungsstaat im Sinne von George Orwell. Völlig aus der Luft gegriffen sind solche Dystopien nicht. Auch wenn sie nicht selten übertreiben, einzelne negative Aspekte vereinfachend überhöhen und Gegenreaktionen in der Regel ausblenden, beinhalten sie oft einen bedenkenswerten Kern.

Keine Frage: Die Vorstellungen und Visionen eines modernen, datenerhebenden und datenverarbeitenden Staates können nur attraktiv sein, wenn sie verlässliche Missbrauchsprävention, Datenschutz und Netzwerksicherheit sowie – und das wird häufig übersehen – entsprechend angepasste Institutionen mitdenken.

Der positive, dem Bürger dienende digitale Staat ist, so gesehen, kein Selbstläufer. Die Herausforderung insbesondere für Demokratien westlicher Prägung besteht darin, die staatlichen Institutionen, Prozesse und Tätigkeiten so zu digitalisieren, dass sie sich vor allem auch langfristig auf Bevölkerung und Wohlstand positiv auswirken.

Die digitalen Dynamiken

Dabei darf gerade die Wucht der digitalen Dynamiken, die schon die Transformation in den Unternehmen angetrieben haben und weiterhin antreiben, nicht unterschätzt werden. Im zweiten Teil dieses Buches widmen wir uns diesen Dynamiken – etwa den Folgen minimaler Grenzkosten, dem Drang zur »Plattformisierung«, den Besonderheiten des »Long Tails«, den Eigenheiten der Automatisierung oder der Tendenz zum IT-Outsourcing – und veranschaulichen ihre besondere Qualität. Wir analysieren dabei sowohl die guten als auch die schlechten Erfahrungen, die bislang im Zusammenhang etwa mit Big Data, Internetplattformen, Cloud Computing und künstlicher Intelligenz gemacht wurden. Wir erläutern im Detail, welche (teils ungünstigen) individuellen Verhaltensanreize die digitalen Dynamiken setzen und welches bisher kaum beachtete Veränderungspotenzial sie für das Staatswesen im Allgemeinen und für demokratische Gemeinwesen im Besonderen mit sich bringen. Wir zeigen auf, zu welchen Verwerfungen sie führen und insbesondere wie sie Macht und Einfluss im digitalen Staat gänzlich neu verteilen könnten. Die heraufziehenden Veränderungen, ihre verschiedenen Facetten und (möglichen) Folgen fassen wir unter dem titelgebenden Begriff »Automated Democracy« zusammen.

Dabei sind wir davon überzeugt: Wird die staatliche Digitalisierung auf die gleiche durchrüttelnde Weise von den digitalen Dynamiken angetrieben, die schon die Wirtschaft vielfach unvorbereitet trafen und bis heute prägen, dann ist das verlässliche Funktionieren des demokratischen Systems gefährdet. Den politischen Institutionen drohen dann ähnlich disruptive Umwälzungen wie den Einzelhändlern und dem Vertrieb durch die digitalen Plattformen des Onlinehandels, wie der Musik- und Entertainmentindustrie durch die Streamingdienste oder den traditionellen Medienunternehmen durch soziale Medien und Suchmaschinen.

Die unerbittlichen digitalen Dynamiken unterminieren dann das gewohnte demokratische Zusammenspiel und hebeln insbesondere die so wichtigen »Checks and Balances« durch die horizontale und vertikale Gewaltenteilung aus. Macht und Einfluss könnten sich dann mit einem Mal (wieder) auf einige wenige Institutionen konzentrieren. Im schlimmsten Fall feierten dann überwunden geglaubte Gesellschaftsordnungen ein (nun digital fundiertes) Comeback. Mehr oder weniger ausgeprägte Spielarten eines autokratischen Überwachungsstaates, einer datenbasierten staatlichen Planwirtschaft oder eines hierarchischen digitalen Kastensystems könnten sich erneut etablieren – übergangsweise oder auch dauerhaft.

Unerbittliche digitale Dynamiken begünstigen autokratische Herrschaft

Entgegen einer weitverbreiteten Annahme – und wie im Verlaufe des Buches vertieft gezeigt wird – spielt der digitale Fortschritt aufgrund der ihn prägenden digitalen Dynamiken eher den Autokraten und diktatorischen Systemen dieser Welt in die Hände.[2] Denn diese Dynamiken vereinfachen die zentralistische Steuerung, untergraben die Gewaltenteilung, stützen den Status quo und erschweren die progressive, experimentierfreundliche Weiterentwicklung einer offenen Gesellschaft und ihrer Institutionen. Außerdem erleichtern diese Dynamiken, die Überwachung der Bevölkerung auch in bisher nicht betroffene Bereiche auszudehnen. Gleichzeitig sinken die Kosten dafür erheblich.

Der Grund: In einem autokratischen System müssen die Herrschenden viel Aufwand betreiben, um die Mehrheit der Bevölkerung unterdrücken und ausbeuten zu können. Insbesondere ist es kostenintensiv, die Menschen daran zu hindern, sich zu organisieren und Widerstand zu planen. In der analogen Welt bedarf es dafür eines ausgedehnten Sicherheitsapparates, dessen Mitarbeitende bezahlt werden müssen.[3] Werden die Überwachungstätigkeiten der Sicherheitsdienste aber digitalisiert und automatisiert, kann die Dynamik minimaler Grenzkosten dazu führen, dass die notwendigen Personalausgaben mit der Zeit ganz erheblich sinken. Sehr wahrscheinlich werden die vorhandenen Sicherheitskräfte aber in Lohn und Brot bleiben und dafür eingesetzt, die Überwachung noch weiter zu intensivieren.

Der weltweite Trend zur Demokratisierung westlicher Prägung, wie es ihn vor allem nach dem Fall der Mauer über viele Jahre hinweg gab, hat sich ohnehin schon umgekehrt. Spätestens seit 2006 sind Autokratien weltweit im Aufwind.[4] Dieser gefährliche Trend dürfte sich im Zuge der staatlichen Digitalisierung noch weiter verstärken. In vielen Demokratien lässt sich in diesem Zusammenhang bereits beobachten, wie staatliche Digitalisierungsprojekte entlang der typischen digitalen Entwicklungsrichtungen aufgesetzt werden – und so demokratische Institutionen schleichend auszuhöhlen drohen. Die zahlreichen Beispiele im Buch werden dafür viel Anschauungsmaterial liefern.

Drei Szenarien

Die grundlegende Stoßrichtung der digitalen Dynamiken birgt also erhebliches Gefahrenpotenzial für funktionierende Demokratien. Drei grobe Szenarien können wir uns für Demokratien westlicher Prägung vorstellen:

1. Im ersten Szenario verstärken sich die digitalen Dynamiken im Laufe der digitalen Transformation des Staates. Sie entfalten sich ungebremst in technologischen Systemen, Tools und Institutionen, die primär der Überwachung dienen und mit der Zeit von den Machthabern auch entsprechend genutzt würden. Weil gleichzeitig die demokratischen Schutzmechanismen ausgehebelt werden, führt diese Entwicklung in eine Art »digitale Autokratie« oder gar in eine neue Form von Totalitarismus. Wir halten dieses Szenario in den meisten demokratischen Länder für unwahrscheinlich.

2. Im zweiten Szenario schwächen politische und gesellschaftliche Kräfte die Wirkung der digitalen Dynamiken ab. Die technologischen Werkzeuge des Staates werden hier vor allem für die zentralistische Steuerung sowie für Kontrolltätigkeiten und die damit zusammenhängende Informationsbeschaffung genutzt. Sie garantieren die Einhaltung bestehender Gesetze und führen gleichzeitig zu einer Flut neuer Regeln. In diesem Fall würden die digitalen Dynamiken den Weg zu einem stark paternalistischen (Kontroll-)Staat ebnen. Die Lebensumstände der Bevölkerung werden in deutlich zunehmendem Maße und in vielen Einzelheiten gelenkt. Diese Entwicklung halten wir in einigen demokratischen Ländern für möglich.

3. Im dritten Szenario brechen institutionelle Gegenmaßnahmen die digitalen Dynamiken. Spezielle Rahmenbedingungen lenken sie in andere Bahnen. Das digitale Sammeln und Verarbeiten von Daten wird auf diese Weise vorrangig für die Beschaffung von Informationen über die Bedürfnisse der Bevölkerung eingesetzt. Am Ende dieses Weges entsteht eine für die Gegebenheiten

der digitalen Welt angepasste digital grundierte Demokratie, in der sich ein moderner, digitaler Dienstleistungsstaat herausbildet. Dieses Szenario erachten wir als das wünschenswerte.

Zukunftsfeste digitale Demokratie: Sieben konkrete Maßnahmen

Im dritten und letzten Teil unseres Buches machen wir daher konkrete Vorschläge, um die Grundlagen für einen solchen digitalen Dienstleistungsstaat im Rahmen einer auf Bürgerfreundlichkeit angelegten Automated Democracy zu legen. Wir erörtern, wie verhindert werden kann, dass die Fundamente der Demokratie im Zuge der digitalen Transformation ausgehöhlt werden – und damit die vertraute Art, zu leben, zu arbeiten und erfolgreich zu wirtschaften, schleichend verschwindet.

Obwohl es einen umfassend digitalisierten Staatsapparat in der Geschichte der Menschheit noch nicht gab, liefern die Entfaltung der Digitalen Ökonomie im Rahmen der Privatwirtschaft und die damit verbundenen Probleme, Risiken und auch positiven Erfahrungen in den letzten rund 20 Jahren zahlreiche nützliche Anhaltspunkte, was getan werden kann.

So sollte man, um nur ein Beispiel herauszugreifen, zentrale digitale Gatekeeper, zu welchen die großen Internetplattformen in atemberaubender Geschwindigkeit geworden sind, auf staatlicher Ebene gar nicht erst entstehen lassen. Mit Blick auf die Wirtschaft erleben viele Politiker und Abgeordnete gerade, wie schwierig es ist, gegen die unerbittlich wirkenden digitalen Dynamiken anzukommen und Internetplattformen nachträglich wieder »einzufangen« oder zumindest die gewünschten Regulierungen durchzusetzen. Mit Blick auf den staatlichen Kontext sollte der gleiche Fehler nicht noch einmal begangen werden, zumal die Folgen dort noch misslicher wären. Die Staaten sind als Inhaber des Gewaltmonopols eine Instanz, die über den Technologieunternehmen angesiedelt ist und über diese wacht. Würden sich dominante staatliche Plattformen entwickeln, würde eine solche übergeordnete Instanz mit einem eigenen Gewaltmonopol fehlen.

Wir schlagen insgesamt sieben Maßnahmen vor, um zentrale demokratische Institutionen wie Parlament, Verwaltung und Rechtswesen digital-technologisch gestützt zukunftsfest zu machen. Unsere Maßnahmen zielen vor allem darauf ab, die institutionellen Rahmenbedingungen anzupassen, um auch künftig das ausbalancierte Zusammenspiel der staatlichen Institution zu gewährleisten – etwa

- indem datenunterstützte Parlamente fundiertere und bessere regulatorische Entscheidungen auf Augenhöhe mit einer digitalisierten Verwaltung treffen können;
- indem technologisch unabhängige Gerichte ihren Platz in der demokratischen Grundordnung verteidigen, weil sie in der Lage sind, Streit auch in einer digitalen und immer multidimensionaleren Welt zu schlichten;
- indem maßgeschneiderte IT-Lösungen in einer dezentralen Umgebung entwickelt und eingesetzt werden können
- oder indem algorithmisierte und automatisierte Systeme die Menschen unterstützen, anstelle sie rund um die Uhr zu kontrollieren.

Gerade der Erhalt der Machtbalance zwischen den staatlichen Gewalten ist dabei eine zentrale Bedingung für das dauerhafte Bestehen und Funktionieren einer modernen Demokratie – und damit auch für das Vertrauen der Bürger in den Staat und das Bestehen im internationalen Wettbewerb.

Neu justierte staatliche Balance statt digitaler Machtkämpfe

Unsere Vorschläge sollen daher auch verhindern, dass die staatlichen Institutionen in einen unerwarteten, neuartigen digitalen Machtkampf mit sich selbst abgleiten. Nicht von ungefähr wird im Zusammenhang mit der Digitalisierung seit jeher von »digitaler Revolution« gesprochen. Die mit einer Revolution üblicherweise einhergehende ungemütliche und auch gefährliche Transitionsphase gilt es zu vermeiden.

Wir sind auch davon überzeugt, dass es möglich ist, die oft ins Feld geführte Gegensätzlichkeit – hier: Das Datensammeln und Verarbeiten im staatlichen Kontext sind prinzipiell gefährlich und daher schlecht, da: Das Verhindern von Datensammeln und Verarbeiten ist prinzipiell sicherer und daher gut – zu überwinden. Es muss die Möglichkeit bestehen, die Vorteile der Digitalisierung zu genießen, ohne dafür den zu hohen Preis der Bevormundung oder des Verlustes von Freiheit und Selbstbestimmung zahlen zu müssen, wie es derzeit so oft der Fall ist.

Ein klug digital weiterentwickeltes demokratisch-rechtsstaatliches System erlaubt es, das Beste aus zwei Welten zu kombinieren. Und das heißt: einerseits auf der Höhe der technologischen Entwicklung zu bleiben und Daten zu nutzen, um damit von Effizienz, Reaktionsfähigkeit und Komfort zu profitieren, und andererseits die Gefahr von Missbrauch, Chaos und eingeengten Freiräume zu minimieren.

Die Herausforderungen der digitalen Entwicklungen lassen sich nicht bewältigen, ohne Selbstverständlichkeiten zu hinterfragen und sich grundlegend neuen Ansätzen zu öffnen. Das gilt insbesondere für das staatliche Umfeld. Für uns steht außer Frage, dass sich die Demokratie in den kommenden zwei Jahrzehnten notgedrungen wandeln und teilweise neu erfinden muss.

Die COVID-19-Pandemie hat in einigen Ländern bereits deutlich vor Augen geführt, dass die staatliche Maschinerie in Krisensituationen nicht wie erwartet funktioniert hat. Die digitale Transformation bietet jenseits aller Probleme und Risiken auch die einzigartige Gelegenheit, den staatlichen Organismus widerstandsfähiger aufzustellen. Diese Chance sollte nicht vergeudet werden, denn die nächsten Jahrzehnte werden mit Sicherheit durch zahlreiche weitere Krisen geprägt werden.

Wir sind uns sicher: Eine »richtig« angegangene digitale Transformation wird das demokratische Gemeinwesen auch in einer Automated Democracy langfristig stärken und krisenfester machen. Unser Buch wird zeigen, worauf es dabei aus unserer Sicht besonders ankommt.

Teil I

Die unvermeidliche Geburt des digitalen Staates

1. Momentum: Warum der digitale Staat gerade jetzt durchstartet

Die digitale Transformation von Wirtschaft und Gesellschaft beschäftigt die industrialisierte Welt mittlerweile seit annähernd 20 Jahren. Die flächendeckende Digitalisierung des staatlichen Sektors hingegen ließ lange auf sich warten. Es werden vielfältige Gründe angeführt, warum der öffentliche Bereich der Wirtschaft hinterherhinkt. Dem Staat fehle der Wettbewerbsdruck, dem Unternehmen ausgesetzt sind. Die Notwendigkeit, in technologische Innovationen zu investieren, bestehe nicht in gleichem Maße, oder überspitzt ausgedrückt, die Angst, dass das eigene Produkt infolge disruptiven Fortschritts obsolet wird, sei nicht gleich ausgeprägt. Expertenwissen sei nicht in ausreichendem Maße vorhanden. Der Staat lege den Fokus stärker auf Bedenken, weniger auf Möglichkeiten, und er habe wenig Appetit auf Experimente, da er für Stabilität sorgen müsse. Kurz gesagt, staatliche Institutionen stehen nicht in dem Ruf, technologische Innovationen mit offenen Armen zu empfangen und sich schnell zu eigen zu machen. Entsprechend breit ist das Spektrum der üblichen Reaktionen auf das »langsame Tempo« des Staates bei der Digitalisierung und reicht von Frust über Resignation bis zu Häme und Spott für die Politik, die »es nicht hinkriegt«.

Das mag alles durchaus zutreffend sein, und fehlendes Expertenwissen innerhalb der staatlichen Institutionen ist ein großes Problem. Darüber hinaus gibt es jedoch einen weiteren zentralen Grund von eher systemischer Natur, warum die staatliche Digitalisierung zeitlich versetzt zur wirtschaftlichen Transformation erfolgt: Wirtschaft, Wissenschaft und Gesellschaft mussten zunächst die Voraussetzungen schaffen.

Der Staat als Trittbrettfahrer

In einer ersten Phase sind über die letzten gut 20 Jahre weite Teile des privaten und privatwirtschaftlichen Informationsaustausches, der Geschäftsabwicklung und der administrativen Tätigkeiten vom Analogen ins Digitale überführt worden. In dieser Phase, die noch nicht abgeschlossen ist, hat die Bevölkerung den Umgang mit Informationstechnik gelernt. Nach und nach ist die digitale Technologie verbreitet worden, bis die Mehrheit der Bevölkerung sie tatsächlich genutzt hat.

Das war und ist eine gigantische Anstrengung und zudem äußerst kostenintensiv. Es sind Kabel verlegt, Router produziert, das Internetnetzwerk ausgebaut, Computer angeschafft und Prozesse und Tätigkeiten von Papier so lange dorthin verlagert worden, bis schließlich die rechnergestützte Informationsverarbeitung allgegenwärtig wurde. Smartphones wurden erfunden und verbreitet, CDs in MP3s verwandelt, Onlinebanking und E-Commerce eingeführt, unzählige Onlineportale und soziale Netzwerke aufgebaut, GPS-Technik verteilt, Sensoren entwickelt, das Internet of Things errichtet und vieles, vieles mehr. Mit anderen Worten: Nach und nach sind die Grundlagen der digitalen Infrastruktur entstanden, wie wir sie heute kennen.

Gleichzeitig haben die Menschen sich nach und nach die Fähigkeiten angeeignet, mithilfe von digitalen Technologien zu kommunizieren, Informationen zu sammeln und weiterzugeben, ihre Zahlungen und Rechtsgeschäfte abzuwickeln, Verfügbarkeiten zu prüfen, sich zu identifizieren und so weiter und so fort. Sie haben gelernt, die Computer, Tablets, Smartphones, Chips, Sensoren zu programmieren und zu nutzen.

Vor allem aber haben die Menschen sich an die neuen Technologien gewöhnt und sie in ihren Alltag integriert. Sie haben Schritt für Schritt ihr Misstrauen größtenteils überwunden und digitalisieren nun selbst immer mehr Aspekte ihres Lebens. Auf Livekonzerten vor 15 Jahren wurden unzählige Feuerzeuge hochgehalten, heute sind es Unmengen filmender Smartphones. Erst diese kollektiven Anstrengungen und Aneignungen der letzten rund 20 Jahre ermöglichen es den staatlichen Institutionen überhaupt, in einem zweiten Schritt ihre eigene digitale Transformation einzuleiten.

Staatliches Handeln ist stark abhängig von Informationsgenerierung und dem Input der Bürger und Unternehmen. Solange sich Informationen günstiger und zuverlässiger analog durch Staatsangestellte als durch (noch) teure oder unausgereifte Technologie erheben lassen und solange die Bürger die Datenübermittlung analog, zum Beispiel in Papierform oder mündlich durch einen Behördengang, bevorzugen, so lange macht eine umfassende staatliche Digitalisierung nur eingeschränkt Sinn. Gleichzeitig und losgelöst von der Wirtschaft und der Gesellschaft die eigenen internen Prozesse zu digitalisieren, hätte sich für staatliche Institutionen als wenig effizient erwiesen. Digitalisierung sowie modernes Leben und Wirtschaften bauen letztendlich auf Daten auf, daher auch die immer wieder angeführte Aussage, Daten seien der wichtigste Rohstoff des 21. Jahrhunderts. Die Sisyphusarbeit der Digitalisierung – das Überführens von analogen Werten in digitale Formate, im Englischen sprachlich getrennt als »Digitization« bezeichnet – hat der Staat in weiten Teilen der Privatwirtschaft überlassen. Nun, da die harte Arbeit erledigt ist, springt er, einem Trittbrettfahrer gleich, auf den Zug auf, eignet sich die modernen Technologien an und greift auf die inzwischen in Hülle und Fülle vorhandenen digitalen Daten zu.

Zunehmender staatlicher Datenhunger

Der zunehmende Hunger der staatlichen Institutionen auch außerhalb des Sicherheitsbereichs auf private Daten lässt sich sowohl im Kleinen als auch im Großen beobachten. Als Beispiel für kleinere Schritte in diese Richtung kann die Revision zum Straßenverkehrsgesetz in der Schweiz dienen. Die neue Regulierung erlaubt explizit Versuche mit autonomen Fahrzeugen. Allerdings nur wenn das Bundesamt für Strassen (ASTRA) Zugang zu allen mit dem Versuch in Zusammenhang stehenden Daten erhält.[1] Auch die Landesklimaschutzgesetze in Deutschland enthalten neuartige Vorschriften zur umfassenden Datenübermittlung, etwa die Verpflichtung, zähler- und gebäudescharf Angaben zu Art, Umfang und Standorten des Energie- oder Brennstoffverbrauchs von Gebäuden oder Gebäudegruppen sowie des Stromverbrauchs zu Heizzwecken usw. zu übermitteln, selbst personenbezogene Daten und Betriebs- und Geschäftsgeheimnisse sind ausdrücklich inbegriffen.[2] Als Beispiel für den Beginn dieses Prozesses in umfassendem Stil auf europäischer Ebene kann der Entwurf für einen EU Data Act herangezogen werden. Er sieht weitreichende Pflichten für die Übermittlung von Sachdaten durch Private an Behörden vor, und zwar bereits dann, wenn die Daten helfen können, den administrativen Aufwand zu begrenzen.[3] Noch weiter geht der Entwurf für einen europäischen Raum für Gesundheitsdaten, der vorrangig unter der englischen Bezeichnung »European Health Data Space« diskutiert wird. Er erlaubt die umfassende Erhebung von sensiblen Gesundheitsdaten, also personenbezogenen Daten. Der Willen der Betroffenen wird nicht berücksichtigt. Der Entwurf bricht dabei direkt mit den Grundsätzen der Datenschutz-Grundverordnung der EU und dem Recht auf informationelle Selbstbestimmung.[4]

Die drei Stufen des technologischen Fortschritts und ihre Kosten

Die staatliche Verspätung bei der digitalen Transformation lässt sich auch erklären, indem man die Verteilung der Kosten des technologischen Fortschritts betrachtet. Technologischer Fortschritt kann in drei Stufen eingeteilt werden.[5] Die erste Stufe erfasst die Erfindung, also die Entwicklung oder Entdeckung neuer Technologien. Die zweite Stufe beinhaltet die Innovation, also die Weiterentwicklung der Erfindung zu einem konkreten Produkt oder einer Dienstleistung.[6] Die dritte Stufe kann als Diffusion bezeichnet werden und bezeichnet die Verbreitung der neuen Produkte und Dienstleistungen. Die Kosten für die drei Stufen sind in der Regel s-förmig verteilt. Die erste Stufe ist also mit grundlegenden fixen Investitionskosten verbunden. In der zweiten Stufe fallen aber sehr viel höhere Investitionskosten an. In der dritten Stufe sinken nach anfänglichen weiteren Investitionen, wie zum Beispiel Ausgaben für Werbung oder für die Ausbildung der Zielgruppe, die Kosten für die eigentliche Verbreitung jedoch wieder auffällig. Das gilt insbesondere bei digitalen Technologien, da hier die Grenzkosten, die Kosten für die Produktion einer zusätzlichen Mengeneinheit, oft gegen null tendieren.

Während Staaten durchaus hohe Summe in die Grundlagenforschung investieren, indem sie Universitäten und andere Forschungseinrichtungen unterhalten (Stufe 1), überlassen sie den Bereich der Innovation (Stufe 2) und die damit verbundenen Kosten, Unsicherheiten und Risiken weitgehend der privaten Wirtschaft.[7] Erst wenn die neuen Technologien sich in Stufe 3 etabliert haben und die Einstiegskosten und -risiken gering sind, können die Staaten mit vergleichsweise wenig Aufwand und zu geringen Kosten (digitale) Technologien adaptieren. Staatliche Institutionen haben also im Gegensatz zum privaten Sektor einen starken ökonomischen Anreiz, sich mit technologischen Innovationen Zeit zu lassen.

Erst in den letzten Jahren ist die rechnergestützte Informationsverarbeitung so allgegenwärtig geworden, sind die Preise für digitale Technologie derart gesunken[8] und hat sich das Know-how der Menschen in ausreichendem Maße entwickelt, dass sich der Einstieg für den Staat lohnt.

Der digitale Staat nimmt Fahrt auf

Freilich könnte die große Mehrheit der Staaten zumindest ein paar Jahre früher dran sein, wie einige staatliche Digitalpioniere, etwa das kleine Estland, bereits gezeigt haben.[9] In vielen Ländern dürfte allerdings neben den eingangs erwähnten Gründen auch die Problematik der Akzeptanz durch die Bevölkerung eine wesentliche Rolle spielen. Regelmäßig stehen weite Teile der Bevölkerung technologischen Neuerungen skeptisch gegenüber. Neben der Sorge vor Missbrauch und der Unlust, sich notwendige neue Fähigkeiten anzueignen, dürften auch demografische Faktoren und eine abstrakte Furcht vor Veränderungen eine Rolle spielen. Erfahrungsgemäß setzt in der Regel über die Zeit ein starker Gewöhnungs- und Abnutzungseffekt ein, der die Bedenken in den Hintergrund rückt.[10]

Die staatlichen Institutionen, insbesondere die Politiker, die ihre Wiederwahl im Auge behalten müssen, haben also noch einen weiteren Anreiz, sich Zeit zu lassen.

In einigen westlichen Industrieländern wurde dieser Effekt zusätzlich durch die von Edward Snowden ins Rollen gebrachte globale Überwachungs- und Spionageaffäre verstärkt. Die Snowden-Enthüllungen haben der Bevölkerung in vielen Ländern die Risiken verborgener staatlicher Digitalisierung durch die Sicherheitsbehörden plastisch vor Augen geführt und die Aufmerksamkeit auf Überwachung und Kontrolle fokussiert. Dennoch lässt sich der Gewöhnungseffekt beobachten. So erstaunlich es angesichts der Ausmaße dieser Affäre auch klingen mag, inzwischen sind zum Beispiel in Deutschland die Befugnisse der Sicherheitsbehörden umfangreicher und eingriffsintensiver als in der Prä-Snowden-Ära.[11]

Die globale COVID-19-Pandemie und die damit einhergehende Notwendigkeit, viele Prozesse und Tätigkeiten mit Abstand und remote durchzuführen, dürften auch dem Staat den letzten Anstoß gegeben haben, die Digitalisierung grundlegend anzugehen. Das dürfte umso mehr gelten, als die Akzeptanz und Verbreitung digitaler Technologien sowohl in der Bevölkerung als auch bei den Staatsbediensteten im Zuge der Pandemie noch einmal angestiegen sind.

Darüber hinaus werden die Digitalisierung und Automatisierung auch in der Breite massiv an Geschwindigkeit aufnehmen. Die Forschung zur Digitalen Ökonomie hat gezeigt, dass die Ausbreitung der Technologie in der Gesellschaft ebenfalls fast immer dem Verlauf einer S-Kurve folgt. Die Ökonomen sprechen von einer solchen optisch dem Buchstaben »S« ähnelnden Kurve, wenn sie in ihrem Verlauf anfangs nur leicht ansteigt, um dann steiler zu werden und schließlich wieder abzuflachen. In Bezug auf die Ausbreitung der Technologie in der Gesellschaft bedeutet dies, dass diese zuerst langsam startet, sich der Prozess dann deutlich beschleunigt, bevor er sich wieder verlangsamt.

In Abbildung 1 ist dargestellt, wie sich die neue Technologie in Form von Computern, Mobiltelefonen, Smartphones und Tablets über die Zeit in amerikanischen Haushalt verbreitet hat.[12] Die S-Kurven lassen sich mit etwas Fantasie auch vom Laien erkennen. Es lässt sich auch, vor allem in letzter Zeit, beobachten, dass der Prozess insgesamt immer schneller abläuft. In der Privatwirtschaft ist die Ausbreitungsgeschwindigkeit abhängig von der Adaptionsrate und Marktabdeckung.

Abbildung 1: Wie amerikanische Haushalte Technologie aufnehmen, 1903–2019

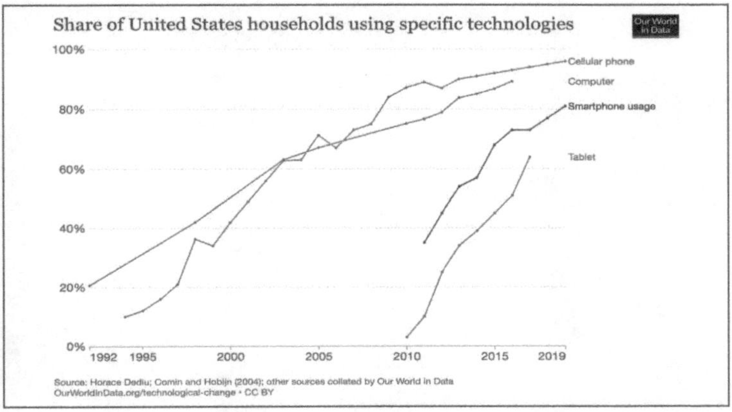

© Our World in Data 2023, Quelle: Max Roser/Hannah Ritchie/Edouard Mathieu, Technological Change, in: Our World in Data, 2023, https://ourworldindata.org/technological-change.

Überträgt man diese Erkenntnis auf die staatliche Digitalisierung, ergeben sich zwei Besonderheiten im Vergleich zur Privatwirtschaft. Erstens ist die »Marktabdeckung« im staatlichen Sektor wirklich umfassend, da grundsätzlich die gesamte Bevölkerung und alle Organisationen betroffen sind. Zweitens dürfte auch die Adaptionsrate sehr hoch sein, da zum einen die Betroffenen bereits ausreichend am Umgang mit digitalen Technologien trainiert sind, und zum anderen, weil der Staat die Betroffenen immer auch zur Nutzung zwingen kann. Damit dürfte sich im Bereich der Ausbreitung digitaler staatlicher Technologien eine steile S-Kurve beobachten lassen, sobald der anfänglich flache Teil der S-Kurve verlassen wurde. Oder anders ausgedrückt, wenn der Zug erst einmal den Bahnhof verlassen hat, was er in der Regel langsam tut, wird er mit großer Wahrscheinlichkeit bald richtig Fahrt aufnehmen.

Viele Länder werden in nächster Zeit also das Plateau der schleppenden Digitalisierung verlassen. Damit ist auch der Zeitpunkt erreicht, an dem intensiv über die gesamte Ausgestaltung der Digitalisierung nachgedacht werden sollte.

2. Point of no Return: Der digitale Staat ist nicht aufzuhalten

Staatliche Digitalisierung und Automatisierung und die damit einhergehenden Datenerhebungen haben also im großen Stil begonnen. Mehr noch: Dieser fundamentale Prozess steht nicht nur am Anfang, sondern hat bereits einen Punkt erreicht, an dem er nicht mehr umkehrbar ist. Ob es einem gefällt oder nicht, der digitale, umfassend datenverarbeitende Staat wird kommen. Oder um es mit dem Titel der 2023 verabschiedeten Datenstrategie der deutschen Bundesregierung auszudrücken: »Fortschritt durch Datennutzung – […] mehr und bessere Daten für neue, effektive und zukunftsweisende Datennutzung«.[13] In Baden-Württemberg wirbt derweil das Land mit dem Slogan: »Unser effektivster Wirkstoff: Daten« auf großflächigen Plakaten um die Daten seiner Bürger.[14]

Zweifellos wird es immer individuelle Ausweichbewegungen geben, etwa Menschen, die sich gänzlich weigern, digitale Technologien zu nutzen, oder Menschen, die versuchen, bei der Nutzung ihre privaten Daten nicht weiterzugeben oder zu maskieren. Mit fortschreitendem Digitalisierungsprozess steigen jedoch der Aufwand, das notwendige Know-how und auch die Kosten für den individuellen Ausweichprozess immer weiter an. Auch gesellschaftliche Gegenströmungen, wie zum Beispiel die Nichtregierungsorganisationen, die für mehr Datenschutz und Privatsphäre kämpfen, können die Entwicklung zu einem datengetriebenen Staatswesen nur verlangsamen und Anpassungen erzwingen (was durchaus wünschenswert ist!), aber aufhalten werden sie den Prozess mit großer Sicherheit nicht.

Der Versuch zu verhindern, dass der Staat in nicht allzu ferner Zukunft in großem Umfang Daten sammeln und verarbeiten wird, ist zumindest nach unserem Verständnis zum Scheitern verurteilt. Dafür sehen wir neun wichtige Gründe:

Übersicht 1: Die neun Gründe, warum der umfassend digitale, Daten verarbeitende Staat nicht aufzuhalten ist

1. Grund	Zunehmende Komplexität und eine unsichere Bevölkerung
2. Grund	Digitale Komfortversprechen und Unzufriedenheit mit der Bürokratie
3. Grund	Durchsetzungskraft des technologischen Fortschritts
4. Grund	Besondere Eignung der staatlichen Aufgaben für die Digitalisierung
5. Grund	Steigende Staatsquote, Trend zu Paternalismus und Transparenz
6. Grund	Wettbewerbsvorteil des Staates durch potenziell höheres Investitionsvolumen
7. Grund	Wirkung der »Expressive function of the law«
8. Grund	Geostrategische Argumente
9. Grund	Demografischer Wandel

1. Grund: Zunehmende Komplexität und eine unsichere Bevölkerung

Die moderne globalisierte Welt wird immer komplexer und dadurch unvorhersehbarer. Die Fortschritte in der Forschung und Technologie, zunehmende Migrationsbewegungen und die Urbanisierung sind einige der langfristigen Trends, die dazu beitragen. Durch die gleichzeitige digitale Vernetzung der verschiedensten Systeme entstehen kombinatorisch unzählige neue (Handlungs-)Möglichkeiten.[15] Die Menschen verändern aufgrund all dieser neuen Möglichkeiten ihr Verhalten, sie finden vielfältige Lösungen für neue Probleme, variieren ihre Herangehensweise, entwickeln unterschiedlichste neue Lebensstile, Berufe und Strategien. Anders ausgedrückt, die meisten Gesellschaften stecken in einem fundamentalen Transformationsprozess. Diese Entwicklung erzeugt vielfach ein Gefühl der Unsicherheit. Als Reaktion wird in steigendem Maße Verantwortung für die Problemlösung an »Vater Staat« delegiert oder zumindest die Verantwortungsübernahme durch ihn stillschweigend akzeptiert.[16] Immer in der Hoffnung, er würde dem Bürger Aufgaben abnehmen und Unsicherheiten minimieren.[17]

In einer sich digitalisierenden Welt können staatliche Institutionen diesen Ansprüchen aber nur gewachsen sein, wenn sie die notwendigen (digitalen) Werkzeuge beherrschen und den Eindruck erwecken, für die Zukunft gewappnet zu sein. Denn wer »die Behörden vor Ort ständig als altertümlich und unbeweglich erlebt, glaubt irgendwann auch nicht mehr an die Funktionsfähigkeit des politischen Systems«, wie die *Frankfurter Allgemeine Zeitung* treffend auf ihrer Titelseite schrieb.[18]

2. Grund: Digitale Komfortversprechen und Unzufriedenheit mit der Bürokratie

Auch das Streben nach Komfort ist ein nicht zu unterschätzender Faktor.[19] Die Erfahrung mit der Digitalen Ökonomie hat gezeigt, dass die Mehrheit der Kunden bereit ist, für bequeme Dienstleistungen mit ihren Daten zu zahlen. Die fortwährende Kontrolle der eigenen Datenabflüsse ist aufwendig und anstrengend. Irgendwann ist auch die Motivierteste erschöpft von den Myriaden verschachtelter Datenschutzeinstellungen und gibt ihre Daten resignierend her. In der digitalen Praxis schlägt Komfort oft die Besorgnis über die Datenverwendung, vor allem wenn sich die Bevölkerung zunehmend daran gewöhnt.[20]

Die staatlichen Institutionen wiederum reagieren auf die zunehmende Komplexität und Verantwortung mit mehr und komplizierteren Verwaltungsvorschriften sowie umfangreicherem Verwaltungshandeln, vermutlich auch aus Sorge vor Kontrollverlust.[21] Die EU-Digitalpolitik etwa umfasst mittlerweile 35 regulatorische Maßnahmenpakete, vom Digital Services Act über den Cyberresilience Act bis hin zur digitalen Umgestaltung der Gesundheitsvorsorge und Pflege.[22] Allein der Digital Services Act umfasst in der deutschen Version schon mehr als 100 Seiten. In der Folge versuchen Menschen und Unternehmen der umfangreichen Regulierung auszuweichen, manchen gelingt die Umgehung, und sie können von einer Rechtsarbitrage profitieren, das heißt, sie finden Schlupflöcher in den Vorschriften und nutzen diese aus. Darauf reagieren wiederum die staatlichen Institutionen mit der Ausweitung der Regulierung, um die Schlupflöcher zu schließen. Die Spirale dreht sich immer weiter. Es wird inzwischen allgemein akzeptiert, dass diese Entwicklung unausweichlich sei, da Menschen systematisch Änderungen bevorzugen, die zu etwas Bestehendem etwas hinzufügen, anstatt solche, die etwas Bestehendes zu reduzieren versuchen.[23]

Die Hoffnung auf verschlankende und vereinfachende Reformen und einen erfolgreichen Entbürokratisierungsprozess dürfte die Mehrheit der Bürger inzwischen aufgegeben haben.[24] Laut aktuellem Bericht des Normenkontrollrats ist im Zeitraum 2021/22 der bürokratische Erfüllungsaufwand sowohl für Bürger und Bürgerinnen als auch für Unternehmen wieder deutlich gestiegen.[25]

Infolge dieser Entwicklung, die zunehmende Verantwortung und Komplexität mit zunehmender Bürokratie zu beantworten, drohen die Institutionen zu erstarren. Gesellschaftliche dynamische Weiterentwicklung und Anpassung werden schwieriger. Als Licht am Ende des Tunnels und als Hilfe, um der wachsenden Bürokratie Herr zu werden, scheinen sich Digitalisierung und Automatisierung geradezu aufzudrängen[26] – auch wenn ironischerweise die globale digitale Transformation und Vernetzung zu einem Großteil überhaupt erst für die steigende Komplexität ursächlich ist. Der Bock wird zum Gärtner gemacht.

Mit Fortschreiten dieser Entwicklung wächst die Hoffnung, technologische Systeme könnten den Arbeits- und Zeitaufwand für die Betroffenen verringern, indem sie viele bürokratische Prozesse automatisieren und vereinfachen: Digitalisierung als Allheilmittel anstelle schmerzhafter struktureller Reformen oder zumindest als Katalysator, um überfällige Änderungen zu ermöglichen.[27] Wenig überraschend, steigt parallel auch das Vertrauen in maschinelle Entscheidungen.[28] Manche Studien kommen bereits zu dem Ergebnis, dass Menschen mehrheitlich algorithmischen Rat menschlichen Ratschlägen vorziehen.[29]

3. Grund: Durchsetzungskraft des technologischen Fortschritts

Auf lange Sicht sind die Verbreitung und Nutzung von technologischen Innovationen, das heißt der technologische Wandel, nicht aufzuhalten. Ist der technische Geist erst einmal aus der Flasche, kann er nicht mehr eingefangen werden.

Das mag mit der seit Langem etablierten und stetig zunehmenden Verknüpfung der menschlichen Praktiken und Handlungen mit der Nutzung von Technologie zu tun haben.[30] Unsere technologiebasierte Gesellschaft betrachtet die gesellschaftliche Arbeitsteilung mit Maschinen inzwischen als etwas Selbstverständliches. Auch hier dürfte die COVID-19-Pandemie das Verhältnis zwischen Mensch und Technologie noch einmal weiterentwickelt und die Akzeptanz des beschleunigten technologischen Wandels erhöht haben. Diese Entwicklung lässt sich beispielsweise am Umgang mit Videoüberwachungsanlagen im öffentlichen Raum ablesen. Noch vor einigen Jahren sind die meisten Nichtregierungsorganisationen Sturm gegen Systeme wie »SkyCop« gelaufen. Inzwischen ist nicht nur der Widerspruch leiser geworden, die Ersten drücken sogar Dankbarkeit aus, weil die Überwachungskameras beispielsweise (auch) vor Polizeigewalt schützen.[31]

Darüber hinaus ist die Digitalisierung der Privatwirtschaft bereits weit vorangeschritten. Der Umgang mit einer digitalisierten Wirtschaft und Gesellschaft wird sich zunehmend auch nur adäquat von einem digitalisierten Staat wahrnehmen lassen. Oder anders ausgedrückt: Ohne IT-Unterstützung und Daten werden die staatlichen Institutionen chancenlos sein.

So lässt sich etwa der Milliardenschäden verursachende Betrug mit Umsatzsteuerkarussellen beim digitalen Handel mit virtuellen Gütern wie Emissionszertifikaten nur schwer ohne Daten und Analysetools zeitnah erkennen und kaum ohne digitale Vernetzung und Koordinierung der involvierten Finanzämter rechtzeitig bekämpfen.

Derweil konfrontieren zahlreiche juristische Technologie-Start-ups die Behörden mit einer kontinuierlich steigenden Anzahl von Eingaben. Diese Start-ups, inzwischen meist als Legal Techs bezeichnet, stellen diverse Internetportale bereit, die Widersprüche oder Einsprüche gegen staatliche Entscheidungen (teil-)automatisieren und damit stark vereinfachen. Die Palette in Deutschland reicht von Bußgeldportalen wie gofreem.de oder geblitzt.de bis hin zu Bürgergeld-Portalen wie hartz4widerspruch.de.

Chatbots, die auf künstliche Intelligenz zurückgreifen wie ChatGPT & Co., demokratisieren nun diese Entwicklung, indem sie es jedermann erlauben, in Sekundenschnelle anspruchsvolle und umfangreiche Widersprüche gegen Verwaltungsakte »selbst« zu verfassen und eigenständig zu erheben. In der Folge dürfen die Behörden auch in anderen Bereichen, etwa bei Baugenehmigungen, mit deutlich mehr Eingaben rechnen. Wie soll die Verwaltung diesen Mehraufwand auf Dauer ohne adäquate digitale Unterstützung bewältigen? Zumal demografischer Wandel und Fachkräftemangel das Dilemma weiter verschärfen werden.

Aber auch in anderen, weniger offensichtlichen Bereichen wird es ohne digitale Unterstützung bald nicht mehr gehen. Wenn etwa Forscher die Urteile der höchsten Gerichte der letzten Jahrzehnte mithilfe moderner Analysetechnologie untersuchen, bemerken sie statistische Verzerrungen in den Urteilen, die der erwarteten und vorausgesetzten juristischen Objektivität widersprechen.[32] Derartige Einsichten bedrohen die Legitimität und Autorität der Gerichte. Ihnen bleibt gar nichts anderes übrig, als ebenfalls derartige Untersuchungen anzustellen, um die Ergebnisse zu überprüfen und darauf reagieren zu können.

4. Grund: Besondere Eignung der staatlichen Aufgaben für die Digitalisierung

Fragt man danach, welche Aufgaben der Staat wahrnimmt, erhält man als spontane Antwort oft Aktivitäten wie Straßenbau oder Landesverteidigung, also materielle Tätigkeiten, die der Bereitstellung von Infrastruktur und von bestimmten öffentlichen Güter dienen.

Auf den zweiten Blick wird jedoch schnell klar, dass in Wahrheit ein großer Anteil staatlicher Tätigkeit immaterieller Natur ist. Die staatlichen Institutionen schaffen vor allem unzählige Regeln und kontrollieren ihre Einhaltung (Verhaltensbeeinflussung), sie verteilen das Einkommen, gewähren Leistungen, wirken auf die Ressourcenverwendung (Allokation) ein, versuchen die Konjunktur zu steuern, die Preisstabilität zu gewährleisten und so weiter. Im Unterschied zur Privatwirtschaft ist der tatsächliche Output an materiellen Gütern (im Verhältnis zur Gesamttätigkeit) eher gering.

Bei noch genauerer Betrachtung erkennt man, dass die staatlichen Institutionen in der Mehrheit eigentlich Daten verarbeiten. Sie erfassen eine Unmenge von Daten oft in strukturierter Form, analysieren und verarbeiten sie regelbasiert, dokumentieren diese Vorgänge und produzieren wieder neue Datensätze.[33] Bei der Legislative (Verabschiedung von Gesetzen) und Judikative (verbindliche Feststellung der Rechtslage) ist das einfach nachzuvollziehen. Es gilt aber auch für die öffentliche Verwaltung. Primär interpretiert diese zum einen die von der Legislative erlassenen formellen Gesetze und übersetzt sie in konkrete Aufgaben, Pflichten, Verantwortlichkeiten und so weiter. Zum anderen führt sie diese Gesetze aus, überwacht ihre Einhaltung und setzt sie durch.

Im Rahmen dieser Tätigkeiten werden, beispielsweise durch Kontrollbeobachtungen oder Formulare – vielfach noch die physische Anwesenheit eines Angestellten bedingend –, Informationen gewonnen. Diese in der Gesamtheit riesigen Datenmengen werden, meist noch manuell, von Staatsbediensteten sortiert, verteilt, kontrolliert oder anderweitig verarbeitet. Gleichzeitig wird versucht, Anomalien wie Betrug oder Steuerhinterziehung durch die Analyse der Informationen zu erkennen. Selbst die Rechtsdurchsetzung erfolgt in der großen Mehrheit der Fälle nicht auf materielle Art und Weise durch physischen Zugriff (Verhaftung, Vollstreckung), sondern auf immaterielle Art und Weise in Form von Datenverarbeitung – durch ausgesprochene Verwarnungen, Vorladungen, Strafbefehle, den Erlass und die Zustellung von Urteilen oder Ähnliches (in Kombination mit der »freiwilligen« Befolgung durch den Adressaten).

Die große Mehrheit dieser Datenverarbeitungsvorgänge sind Tätigkeiten, die sich in besonderem Maße für die maschinelle Datenverarbeitung durch digitale Technologie mithilfe von Automatisierungs-, Analyse- oder Vorhersagetools eignen. Auch die dabei zum Einsatz kommenden Instrumente wie Erlasse, Richtlinien, Verwaltungsakte, Genehmigungen, Lizenzen, Bescheinigungen, Steuerbescheide und so weiter lassen sich einfach in ein digitales Format überführen.

In einer umfangreichen Studie haben zum Beispiel Frey und Osborne für 702 verschiedene Berufe versucht abzuschätzen, wie geeignet sie für Digitalisierung und Automatisierung sind.[34] Demnach gehören zu den besonders geeigneten Berufen Verwaltungsassistenten und Bürokaufleute, Angestellte mit Aufgaben in der Aktenverwaltung und Dateneingabe, Beschaffungs-, Rechnungs- und Buchungssachbearbeiter sowie Inspektoren und Prüfer. Auch wenn Frey und Osborne nicht explizit zwischen privatem und staatlichem Sektor differenzieren, liegt es auf der Hand, dass gerade diese Berufe in weiten Teilen der öffentlichen Verwaltung omnipräsent sind.

Wenn die Tätigkeiten von Staatsangestellten mithilfe digitaler Technologien automatisiert werden, heißt das natürlich nicht, dass in der Folge die Staatsangestellten entlassen werden. Diese Befürchtung, die auch in oben genannter Studie ausgedrückt wird, erwies sich so pauschal schon für die Privatwirtschaft als unzutreffend und wird sich für den öffentlichen Sektor noch viel weniger bewahrheiten. Entweder nehmen die digitalen Tools den Bediensteten Standardaufgaben ab und ermöglichen es ihnen, sich auf komplexere Aspekte ihrer Tätigkeit zu konzentrieren, oder es werden neue Aufgaben für die Bediensteten gesucht und gefunden.

5. Grund: Steigende Staatsquote, Trend zu Paternalismus und Transparenz

Die Staatsquote gilt als guter Indikator für den Umfang der staatlichen Aufgabenwahrnehmung. Je höher der Anteil der Staatsausgaben am Bruttoinlandsprodukt eines Landes ist, desto niedriger ist der Anteil der privaten Ausgaben. Damit wird auch eine Verschiebung der Aufgabenerfüllung (oder zumindest der Verantwortlichkeit) weg von den Privaten hin zum Staat dokumentiert. Ein Blick auf eine Prognose der Europäischen Union zur Entwicklung der Staatsquote in den Mitgliedstaaten spricht eine deutliche Sprache. In den meisten Mitgliedsländern wird im Zeitraum bis Ende 2024 eine weitere, teils erhebliche Zunahme der Staatsquote erwartet.[35] Damit beschleunigt sich lediglich ein Trend, der im Großen und Ganzen in allen klassischen Industrienationen seit dem Zweiten Weltkrieg im Gange ist.[36] Insbesondere in Phasen wirtschaftlicher Abschwünge und Krisen haben Regierung und Parlament fiskalpolitisch zwei Möglichkeiten, die Folgen abzufedern. Sie können entweder mehr Geld ausgeben oder die Steuern senken. Wenig überraschend, entscheiden sie sich meist für die erste Variante. Schließlich geht eine Erhöhung der Staatsausgaben mit mehr (Verteilungs-)Macht einher. Lagen etwa die deutschen Staatsausgaben im Jahr 2000 noch bei knapp 1 Billion Euro, haben sie sich im Jahr 2021 mit 1,7 Billionen Euro schon fast verdoppelt.[37] Im Prinzip kommt es mit jeder Wirtschaftskrise zu einer Ausweitung staatlicher Tätigkeiten. Das lässt sich auch an den Staatsangestellten ablesen. Sie werden stetig mehr.[38]

Dieser Trend dürfte sich weiter fortsetzen, da der gegenwärtige Zeitgeist, geprägt von einem Gefühl wachsender Unsicherheit und Komplexität, zunehmend risikoavers und paternalistisch daherkommt. Immer mehr Bürger erwarten vom Staat, dass er Gefahren von vornherein beseitigt und ihnen Aufgaben der Fürsorge und Vorsorge abnimmt. Damit gehen unvermeidlich eine Übertragung der Verantwortung an den Staat und eine Erweiterung seines Aufgabenbereiches einher. Die Übernahme von (mehr) Aufgaben in einer sich digitalisierenden Welt verlangt freilich, wie erwähnt, eigene digitale Fähigkeiten.

Unterdessen spielen auch andere gesellschaftliche Entwicklungen den staatlichen Digitalisierungsbemühungen in die Hände, insbesondere der Trend zu mehr Informationen und Transparenz. Bei dem schweizerischen Volksentscheid im März 2021 über die Volksinitiative zu einem allgemeinen Verhüllungsverbot stimmte beispielsweise die Mehrheit der Stimmberechtigten dafür, dass niemand sein Gesicht im öffentlichen Raum verhüllen darf.[39] Sie votierten damit für mehr Transparenz im öffentlichen Raum. Bei der Stimmabgabe dürfte jedoch den wenigsten bewusst gewesen sein, dass sie damit auch dem flächendeckenden Einsatz von Gesichtserkennung den Weg bereitet und Abwehrmaßnahmen auf individueller Ebene kriminalisiert haben könnten.

6. Grund: Wettbewerbsvorteil des Staates durch potenziell höheres Investitionsvolumen

In der gegenwärtigen wirtschaftlichen Situation haben viele Industriestaaten darüber hinaus auch noch einen dauerhaften Wettbewerbsvorteil gegenüber der Privatwirtschaft: Sie können sich günstiger Geld leihen. Sobald sich der entsprechende politische Wille geformt hat, könnten die Investitionen mancher staatlichen Institutionen in die Digitalisierung die Investitionen der einzelnen privaten Akteure um ein Vielfaches übersteigen. Fehlplanungen, schlechte Investmententscheidungen oder Missmanagement selbst von Großprojekten führen eben nicht zur Insolvenz oder zumindest zur Beerdigung des Projekts. Die öffentlichen Einrichtungen können aufgrund ihrer immensen Ressourcen immer wieder einen neuen Anlauf nehmen. Man denke etwa an das über fast zehn Jahre verfolgte und letztlich gescheiterte Großprojekt zur Einführung einer elektronischen Identität (E-ID) in der Schweiz.[40] Die zuweilen unterstellte, zuweilen sichtbare digitale Inkompetenz verhindert digitale Lösungen nicht, sondern verzögert sie lediglich.

7. Grund: Wirkung der »expressive function of the law«

Durch seine Steuerungs- und Gestaltungsfunktion etabliert der Staat durch das Recht normalerweise Regeln, um menschliches Verhalten unter Zwangsandrohung zu steuern.[41] Darüber hinaus gewinnt vor allem im digitalen Kontext eine weitere Funktion des Rechts an Bedeutung, die als »expressive function of the law« bezeichnet wird.[42] Gesetze können auch (neue) soziale Normen etablieren. Die menschliche Verhaltensänderung wird dann nicht durch die (oft auch fehlende) Zwangsandrohung der Rechtsnorm ausgelöst, sondern vor allem durch Änderung der Werte und Präferenzen sowie durch informelle Sanktionen der Mitbürger.

Ein denkbares Szenario vermag den Mechanismus verdeutlichen: Einfallstor für die datenbasierte Digitalisierung des lokalen Verkehrsmanagements der Städte werden vermutlich die Mobilitäts- und Standortdaten der privaten Mobilitätsanbieter (Free-Floating-Fahrräder, -Roller und -Carsharing) sein. Deren GPS-basierte Managementsysteme könnten den Städten bei der Verkehrsplanung helfen.[43] In einem zweiten Schritt könnte zusätzlich die Übermittlung des Standortes des eigenen privaten Fahrzeugs an die städtische Verwaltung auf freiwilliger Basis erfolgen. Als Gegenleistung und Anreiz werden den Fahrzeugführenden freie Standorte von Parkplätzen angezeigt, sie dürfen vergünstigt parken, spezielle reservierte Parkplätze nutzen oder können von anderen Vorteilen profitieren. Daten werden also gegen Bequemlichkeit und Komfortversprechen getauscht. Die Übermittlung der fahrzeugeigenen GPS-Daten wird den Bürgern dadurch mit der Zeit vertraut und alltäglich. Der Service wird von manchen genutzt, von anderen nicht. Erst in einem dritten Schritt würde die Übermittlung der GPS-Daten dann verpflichtend. Allerdings ohne die Androhung von Strafe. Vielmehr könnte die neue Pflicht mit der Reduktion des Verkehrsaufkommens und dem Kampf gegen den Klimawandel verbunden werden. Eine bis dahin eventuell etablierte soziale Norm des notwendigen Kampfes gegen den Klimawandel würde für die allgemeine Durchsetzung auch der neuen Pflicht sorgen.

8. Grund: Geostrategische Argumente

Zunehmend treten auch geostrategische Überlegungen als Rechtfertigung und Anreiz für die vermehrte Datennutzung durch staatliche Institutionen in Erscheinung. Das lässt sich beispielsweise in den KI-Strategien beobachten, denn die Systeme des maschinellen Lernens sind zwingend auf die Nutzung von digitalen Daten angewiesen. Allein die nationale KI-Strategie der Vereinigten Staaten erwähnt auf 149 Seiten China und auf 31 Seiten Russland.[44] Sie wiederholt fast schon gebetsmühlenartig die Notwendigkeit, den strategischen Wettbewerb mit China gewinnen und die Position als globaler »AI Leader« verteidigen zu müssen. Dazu gehört augenscheinlich auch, die staatlichen Institutionen zu modernisieren und »AI-ready« zu machen.

Die europäische KI-Strategie ihrerseits reagiert und nimmt direkt Bezug auf den internationalen Wettbewerb und die umfangreichen Datenmengen, die den Vereinigten Staaten und China zur Verfügung stehen. Daher müsse die EU ebenfalls den Zugang zu Daten fördern. Auch der öffentliche Sektor muss demnach explizit die Möglichkeiten innovativer KI-Lösungen nutzen, da anderenfalls das Risiko besteht, »Fachkräfte zu verlieren und von andernorts entwickelten Lösungen abhängig zu werden«.[45]

9. Grund: Demografischer Wandel

Der sicherlich bedeutendste Grund liegt allerdings in der Verschiebung der Altersstruktur in vielen fortgeschrittenen Volkswirtschaften. Allein in Deutschland könnten bis 2035 bis zu 7,5 Millionen Arbeitskräfte fehlen, wenn die Babyboomer in Rente gegangen sind.[46] Diese Entwicklung macht auch vor dem staatlichen Sektor nicht halt, der ebenfalls mit einem immer größeren Arbeitskräftemangel zu kämpfen haben wird.[47] Bis 2030 könnten bis zu 840 000 Vollzeitfachkräften im staatlichen Sektor fehlen.[48] Bereits jetzt fällt es vielen Kommunen im ländlichen Raum oder in Gegenden mit starker Konkurrenz durch eine prosperierende Privatwirtschaft schwer, genügend Fachpersonal zu finden.[49]

Wenn die staatlichen Institutionen nicht umfangreich Aufgaben wieder an den Privatsektor abgeben und sich gleichzeitig entbürokratisieren – was wir uns, wie dargelegt, gegenwärtig nicht vorstellen können –, müssen digitale Systeme zwangsläufig Teile des Pensums der fehlenden Staatsangestellten übernehmen.

Ohne signifikante Effizienzgewinne wird es nicht gehen.[50] Um es mit den Worten der Ökonomen Charles Goodhart und Manoj Pradhan auszudrücken: »[W]e need all the automation we can get.«[51]

Unseres Erachtens werden sich die staatlichen Institutionen daher auf längere Sicht unaufhaltsam, systematisch und umfassend digitalisieren und mit hoher Wahrscheinlichkeit dabei zusätzliche Aufgabengebiete an sich ziehen. Gleichzeitig wird sich der bürokratische Komplexitätsgrad sogar weiter erhöhen, allein weil die neuen technologischen Mittel es erlauben oder notwendig machen. Zur Illustration können wir ein Beispiel aus der Steuerwelt heranziehen. Die OECD arbeitet mit Hochdruck an neuen Rahmenbedingungen zur Besteuerung digitaler Geschäfte für alle großen Konzerne. Die Steuerpflicht soll nicht mehr nur an eine physische Betriebsstätte in einem Land anknüpfen, sondern neu auch an eine »signifikante digitale Präsenz« in einem Staat. Dafür bedarf es aber auch einer Zuordnung von Gewinnen zu dieser »digitalen Präsenz«. Diese Zuordnung soll über einen Verteilungsschlüssel erfolgen, der auf einer Funktionsanalyse beruht, die wiederum auf Unternehmenszahlen basiert und dabei die jeweilige Geschäftstätigkeit in Bezug auf Daten und Nutzer als maßgebliches Kriterium heranzieht.[52] Dieses Vorgehen wird mehr als hochkomplex werden, sowohl in der Umsetzung für die Unternehmen als auch bei der (digitalen) Kontrolle durch die Steuerbehörden. Das ist die praktische Realität in der neuen Welt der digitalen Bürokratie, die gerade im Entstehen ist.

Folglich sollten sich insbesondere die zivilgesellschaftlichen Anstrengungen nicht mehr darauf konzentrieren, zu verhindern zu versuchen, dass der Staat Daten erhebt. Vielmehr sollte der Fokus darauf gelegt werden, die Art und Weise der Digitalisierung des Staates konkret zu gestalten. Es muss verstärkt darum gehen, wie die staatliche Datenverarbeitung aufgebaut und im staatlichen Wirkungsgefüge organisiert wird. Das explizite Ziel sollte sein, nicht nur auf rechtlichem Wege den Missbrauch der Daten bei der Verarbeitung zu verhindern oder wenigstens massiv zu erschweren. Es muss auch versucht werden abzuschätzen, welche Konsequenzen die Digitalisierung für das bisherige Zusammenspiel der staatlichen Institutionen hat und welche neuen institutionellen Rahmenbedingungen eventuell notwendig sind, um beispielsweise das gewünschte Maß an Gewaltenteilung zu erhalten oder so weiterzuentwickeln, dass neu entstehende Macht- und Einflusspositionen auch langfristig nicht missbraucht werden können.

3. Igel und Hase: Unterschiedliche Geschwindigkeiten

Auch wenn Momentum und Trend in vielen Staaten ähnlich gelagert sind, wird sich der digitale Fortschritt im Staatswesen global mit unterschiedlicher Geschwindigkeit ausbreiten. Denn die systemischen Voraussetzungen, Interessen und Anreize in den jeweiligen Nationalstaaten sind sehr verschieden.

Traditionelle Ansätze zur Einteilung von Staaten in Industrie-, Schwellen- oder Entwicklungsland geben nur sehr begrenzt einen direkten Hinweis auf die Geschwindigkeit des jeweiligen digitalen Fortschritts. Oftmals bilden Länder die Speerspitze der Entwicklung, die vor 20 Jahren nicht zu den technologieaffinen, innovativen Vorreitern gezählt worden wären. So sind zum Beispiel einige Steuerbehörden Lateinamerikas (insbesondere in Mexiko und Brasilien) bereits deutlich digitaler aufgestellt als ihre Pendants in Europa. Neu industrialisierte Länder wie beispielsweise die Volksrepublik China weisen einen deutlich größeren Ehrgeiz bei der Digitalisierung ihrer staatlichen Infrastruktur auf als viele traditionelle Industrieländer. Auch in Osteuropa lassen sich digitale Vorreiterstaaten ausmachen, die in ihrer Transformation schneller voranschreiten.

Auf Ebene der politischen Systeme werden sich Unterschiede insbesondere zwischen autokratischen und demokratischen Systemen zeigen. Da digitale Technologien auch dazu benutzt werden können, Überwachung auszubauen beziehungsweise die Kosten dafür zu senken, haben staatliche Machtapparate in Diktaturen einen größeren Anreiz, den Digitalisierungsprozess voranzutreiben. Ob diese Vorstellung berechtigt ist und die Rechnung so aufgeht, wie sich manch ein Diktator das vorstellt, steht allerdings auf einem anderen Blatt. Zum einen geht Digitalisierung oft mit Transparenz einher. Zum anderen ist die Machtposition der Regierung im digitalisierten Staat nicht so eindeutig, wie es auf den ersten Blick erscheinen mag. Auf diesen Punkt werden wir im zweiten Teil dieses Buches zurückkommen.

In Ländern mit föderalistischen Strukturen wird die digitale Staatstransformation mit einer anderen Geschwindigkeit ablaufen als in Ländern mit einer zentralistischen Struktur. Digitale Transformationsprozesse lassen sich in Zentralstaaten sicherlich leichter einleiten und durchsetzen. Auch der Abstimmungsbedarf fällt erheblich geringer aus. Was jedoch nicht ohne Weiteres heißt, dass zentralistische Staaten auch qualitativ eine bessere Transformation durchlaufen werden.

Andere Regierungen wiederum legen einen besonderen Fokus auf den globalen Wettbewerb. Staaten, die sich von der Digitalisierung ihrer Verwaltung einen besonderen Wettbewerbsvorteil erhoffen, haben einen besonderen Anreiz, sich mit dem Thema vertieft auseinanderzusetzen. In Ländern wiederum mit einem besonders hohen Maß an Verrechtlichung und einem hohen Anteil an Juristen und Verwaltungsspezialisten im Verhältnis zu Fachexperten in der Administration dürfte der Anreiz schwächer ausfallen.

Auf Ebene der Bevölkerung bestehen ebenfalls sehr unterschiedliche Anreize und Interessen. In den Staaten, in denen Korruption im politischen und behördlichen Alltag eine große Rolle spielt, dürfte sich die Bevölkerung amtlicher Digitalisierung gegenüber offener zeigen und sie, soweit möglich, sogar einfordern oder zumindest zu einem höheren Preis akzeptieren. Gleiches dürfte für Staaten mit Defiziten in der (analogen) Verwaltung oder einer ausufernden Bürokratie gelten, wenn sich die Bürger durch die Digitalisierung eine Verbesserung der bestehenden Verhältnisse erhoffen. In Ländern mit hohem Durchschnittsalter und geringer Risikobereitschaft hingegen dürften Digitalisierungsbemühungen auf weniger Interesse stoßen.

Auch unterschiedliche Präferenzen auf gesellschaftlicher Ebene können sich auf das jeweilige Tempo auswirken. In Gesellschaften, die eine stärkere Präferenz für Privatsphäre und Individualismus aufweisen, wird die digitale Transformation auf weniger Akzeptanz stoßen und mit stärkeren gesellschaftlichen Gegenbewegungen konfrontiert sein als in Gesellschaften, die eher Effizienz und Kollektivismus betonen. In Gesellschaften, die Veränderung als notwendigen Bestandteil der Entwicklung betrachten und in der Lage sind, sich schnell zu wandeln, wird die staatliche Digitalisierung zügiger voranschreiten als in Gesellschaften, die versuchen, Umbrüche zu vermeiden und den Status quo zu bewahren.

Letztendlich bestimmen viele verschiedene Faktoren das spezifische Tempo der staatlichen Digitalisierung. Das Ausmaß der digitalen Durchdringung der Bevölkerung, also der Grad der Ausbildung, des Trainings und der Gewöhnung im Umgang mit komplexen digitalen Technologien, spielen ebenfalls eine wichtige Rolle.

Nach unserer Überzeugung werden diese Faktoren aber nur den Steigungswinkel einer ansteigenden Kurve bestimmen.

In vielen Ländern dürfte die Kurve in den nächsten Jahren steil ansteigen. Aber auch in den übrigen Ländern wird eine vergleichsweise langsame staatliche Digitalisierung gewaltige gesellschaftliche und politische Umwälzungen mit sich bringen.

4. Zeitachse: Eine kleine Geschichte des digitalen Staates

Digitale Technologien sind zunächst vor allem im Sicherheitssektor in Erscheinung getreten. So waren die staatlichen Vorreiter hinsichtlich Digitalisierung diejenigen Behörden, deren Tätigkeitsfeld die staatliche Überwachung mit einbezieht. Das ist insofern wenig überraschend, als dieser Typ von Behörde seit seiner Entstehung auf die Beherrschung technischer Systeme angewiesen ist.[53] Auch für die geldgebenden Politiker waren und sind die öffentliche Sicherheit und Terrorismusbekämpfung fundamental wichtige Wahlkampfthemen.

»Innovative« Sicherheitsbehörden

Bereits in den frühen Neunzigerjahren des letzten Jahrhunderts erkannten einige Sicherheitsbehörden das Potenzial digitaler Technologien für ihr Aufgabengebiet. Man denke nur zurück an die »Crypto Wars« und den »Clipper Chip«, als die US-Regierung versuchte, »Hintertüren« in der Verschlüsselung als Standard zu etablieren, um private Datenverschlüsselungen jederzeit aufbrechen und Einblick nehmen zu können.[54]

Die Snowden-Enthüllungen von 2013 haben die umfassende Fortentwicklung der westlichen Sicherheitsbehörden in den nachfolgenden Jahren aufgezeigt. Es wurde eine weitgehende Überwachung der digitalen Kommunikation mittels Programmen wie etwa PRISM, XKeyscore und Tempora etabliert.[55] Auch in anderen Teilen der Welt liegen die Ursprünge, etwa der zentralen chinesischen Überwachungssysteme Skynet und Golden Shield, in den frühen 2000er Jahren.[56]

In letzter Zeit demonstrierte das US-Militär seine enormen digitalen Fähigkeiten insbesondere bei der Videoaufklärung mit dem ARGUS-IS-System und den Datenbanken von Palantir.[57] Auch bei der fließbandartigen biometrischen Erfassung von ganzen Bevölkerungsgruppen anhand von Fingerabdrücken, Irisbildern und Gesichtsgeometrie spielten die Sicherheitsbehörden wieder eine Vorreiterrolle. Bereits 2010 wurden beispielsweise im Rahmen des Biometrics-Plans der International Security Assistance Force (ISAF) die biometrischen Daten von weiten Teilen der afghanischen Bevölkerung erfasst.[58] Die tragbaren Geräte, wie das SEEK II oder das HIIDE 5, die dabei zum Einsatz kamen, können die relevanten biometrischen Informationen in kürzester Zeit erfassen und zu Hunderttausenden speichern, bevor sie in riesigen Datenbanken wie dem Automated Biometric Identification System (ABIS) des US-Verteidigungsministeriums gesammelt werden.[59]

Steuerbehörden als zivile Vorreiter

Als Vorreiter im zivilen Bereich scheinen sich in großen Teilen der Welt die Steuerbehörden zu etablieren. Wir werden deswegen im Verlauf des Buches immer wieder auf Beispiele aus diesem Bereich zurückgreifen. Die Vorreiterrolle der Steuerbehörden überrascht nicht, da gerade sie in der Lage sind, für Investitionen in die Digitalisierung einen direkten »Return on Investment« in Form höherer Steuereinnahmen zu gewährleisten bzw. zu erwarten.

Digitale Technologien und Analysemöglichkeit versprechen aber auch im Steuerbereich wie schon im Sicherheitssektor zunächst und hauptsächlich, die Kontrollmöglichkeiten des Staates zu erweitern und effektiver zu gestalten. Digitale Tools sollen die Einhaltung der Steuergesetze verbessern oder Regelverstöße einfacher erkennen. Die Anreize für die Steuerbehörden sind groß. Allein in der EU wird der direkte Schaden durch die schon erwähnten Umsatzsteuerkarusselle auf 50 Milliarden Euro jährlich geschätzt.[60]

Die britischen Steuerbehörden begannen beispielsweise im Jahr 2010, das Connect-System aufzubauen. Mit diesem System werden über das Internetnetzwerk vielfältigste Daten (von sozialen Netzwerken, Kreditauskunfteien oder Internethändlern etc.) gesammelt und inzwischen mit diversen Regierungsdatenbanken und den eingereichten Steuererklärungen automatisiert abgeglichen.[61] Auf diese Weise kann die Steuerbehörde das individuelle Verhalten und den Lebensstil mit den tatsächlichen Steuerzahlungen vergleichen und einen Anfangsverdacht generieren.[62] Eigenen Angaben zufolge enthält das Connect-System mehr Informationen als die British Library und hatte bereits 2015 mehr als vier Milliarden Verbindungen zwischen den Datenpunkten der Steuerzahler hergestellt.[63] Die kolportierten 100 Millionen Pfund Sterling Kosten dürften sich bei berichteten mehr als drei Milliarden Pfund Sterling zusätzlichen Einnahmen in kürzester Zeit amortisiert haben.[64]

Die russischen Steuerbehörden führten wenig später ein staatliches Track-&-Trace-System zur kompletten Nachverfolgung des Warenverkehrs ein.[65] Seit März 2019 muss jedes in Russland hergestellte oder nach Russland importierte Produkt der bereits in das System aufgenommenen Warengruppe mit einem eindeutigen digitalen Code versehen werden. Mithilfe dieses Codes verfolgt das System den Transport und Umschlag, die Lagerung, das Ausstellen und den Verkauf der Waren.[66] Ein großer Teil der Lieferkette kann damit direkt von den Steuerbehörden überwacht werden.

Die spanischen Steuerbehörden wiederum lassen Drohnen fliegen und werten Satellitenbilder aus, um steuerlich relevante nicht deklarierte Swimmingpools und Häuser zu entdecken. Sie konnten auf diese Weise zusätzliche 1,3 Milliarden Euro einnehmen.[67]

Auch bei der Nutzung biometrischer Informationen sind die Steuerbehörden ganz vorn mit dabei. Die Datenbank der mexikanischen Steuerbehörden enthält inzwischen mehr als 100 Millionen Fingerabdrücke, 20 Millionen Irisscans und 15 Millionen Gesichtsbilder.[68] Die britischen Steuerbehörden können bereits mehr als sieben Millionen Bürger über die Stimme identifizieren.[69]

Die COVID-19-Pandemie als Katalysator

Erheblichen zusätzlichen Schwung in die staatliche Digitalisierung über den Bereich der Überwachung und Kontrolle hinaus brachte die globale COVID-19-Pandemie. Die Pandemie transportierte das Thema endgültig von einigen wenigen spezialisierten Behörden in den Verwaltungsmainstream.

Zudem hat die Verbreitung von Homeoffice auch in weiten Teilen der Verwaltung gezwungenermaßen zu einer beschleunigten Verbreitung digitaler Tools geführt. Noch bedeutsamer erscheinen jedoch der damit einhergehende Mentalitätswandel bei den Staatsdienern und die Priorisierung des Themas durch die verantwortlichen Politiker. Das zeigte sich in Deutschland zum Beispiel am Pakt für den öffentlichen Gesundheitsdienst, für den der Bund vier Milliarden Euro bereitstellte und in dem die Digitalisierung eine besonders wichtige Rolle spielt.[70] Das im Juni 2020 vom deutschen Bundestag und Bundesrat beschlossene »Corona-Konjunkturpaket« stellte zusätzliche drei Milliarden für die Umsetzung des Onlinezugangsgesetzes bereit.[71]

5. Besonderheiten: Der digitale Staat ist (im Kern) anders

Ein gewisses Gefühl des Unbehagens beim Thema staatliche Digitalisierung und Datensammlung dürfte manch einer Staatsbürgerin nicht fremd sein. Das mag daran liegen, dass vielen zumindest intuitiv klar sein dürfte, dass es deutliche Differenzen zwischen der staatlichen Digitalisierung und der privatwirtschaftlichen Digitalisierung geben wird. Worin bestehen diese fundamentalen Unterschiede? Es sind im Wesentlichen vier:

Übersicht 2: Die vier Besonderheiten der staatlichen Digitalisierung

1. Besonderheit	Fehlende Ablehnungsmöglichkeit
2. Besonderheit	Potenziell höhere Eingriffsintensität
3. Besonderheit	Natürliche Monopolstellung
4. Besonderheit	Fehlende übergeordnete Instanz als Korrektiv

1. Besonderheit: Fehlende Ablehnungsmöglichkeit

Von der privatwirtschaftlichen Digitalisierung kann man sich ausnehmen. Die Privatwirtschaft macht digitale Angebote, die man nicht annehmen muss. Wenn man sich entscheidet, keine E-Mails, keine sozialen Netzwerke, kein Onlinebanking und so weiter zu nutzen, ist das möglich. Sogar auf das Internetnetzwerk, auf Computer und Handys kann man gänzlich verzichten. Das Leben dürfte damit komplizierter werden und die persönlichen Kosten für den Verzicht im Laufe der Zeit immer weiter steigen, aber digitale Technologien sind im Bereich des Wirtschaftens nicht verpflichtend.

Von der staatlichen Digitalisierung hingegen wird man sich mit großer Sicherheit nicht ausnehmen können. Von ihr werden alle betroffen sein. Denn die staatlichen Institutionen können die Bürger jederzeit mithilfe des staatlichen Gewaltmonopols zur Partizipation und Verwendung digitaler Technologien verdammen.

Selbst wenn die Nutzung digitaler staatlicher Services offiziell freiwillig wäre, liefe der ausweichende Bürger spätestens dann Gefahr, sich verdächtig zu machen, wenn genügend andere Bürger das digitale Angebot nutzten. Allein durch den Versuch, sich der digitalen Erfassung zu entziehen oder sich zu tarnen, würde er zum Outlier, also einem Sonderfall, der hervorsticht. Dieses Phänomen lässt sich an einem Beispiel aus der vertrauten Internetwelt veranschaulichen. Bereits im Vorwort hatten wir das Browser-Fingerprinting angesprochen. Diese Technik ermöglicht es, den Internetnutzer über den Webbrowser in vielen Fällen eindeutig auch ohne die Hilfe von Cookies zu identifizieren. Das funktioniert über eine Vielzahl gleichbleibender Informationen wie Browserversion und -erweiterungen, Canvas-Elemente, Font-Metriken, Informationen über das Betriebssystem und so weiter, die zusammen einen fast einmaligen Fingerabdruck bilden.[72] Je mehr der Internetnutzer beispielsweise versucht, seine Privatsphäre durch spezielle Browsererweiterungen zu schützen, die Trackinghelfer wie etwa Cookies automatisch löschen oder Verschlüsselung in Form des HTTPs-Protokolls erzwingen, desto eindeutiger wird sein Fingerabdruck und desto auffälliger wird er. Er erreicht damit das genaue Gegenteil dessen, was er ursprünglich beabsichtigt hat.

2. Besonderheit: Potenziell höhere Eingriffsintensität

Staatliche Maßnahmen sind möglicherweise erheblich eingriffsintensiver. Die Behörden können bei Bedarf die Bürger oder die Unternehmen zwingen, selbst sensibelste Daten ohne ihre Einwilligung zu übermitteln. Und das nicht nur im Zusammenhang mit Straftaten, wie der aktuelle Entwurf des EU Data Act oder der Entwurf für einen europäischen Raum für Gesundheitsdaten plastisch vor Augen führt, der in der aktuellen Fassung die umfassende Erhebung von heiklen Gesundheitsdaten erlaubt, ohne den Willen Betroffenen in irgendeiner Form zu berücksichtigen.[73]

Darüber hinaus können staatliche Institutionen den Regierten durch Hoheitsakte auch ein bestimmtes Verhalten vorschreiben oder verbieten.

Damit sind die Auswirkungen der Datenverarbeitung potenziell gravierender als bei der am Kunden orientierten freiwilligen Privatwirtschaft. In Kombination mit der fehlenden Ablehnungsmöglichkeit könnten die Auswirkungen für jeden Einzelnen deutlicher spürbar sein. Man vergegenwärtige sich nur kurz die Art der Daten, die im Alltag in die digitale Sphäre überführt werden. Ein großer Teil davon ist von sehr persönlicher und privater Natur. Zudem können manche Daten, wie etwa biometrische Informationen, nicht einfach verändert werden. Staatliche Digitalisierung hat daher das Potenzial, das alltägliche Leben deutlich tiefgreifender zu verändern, als es die private Digitalisierung in den letzten Jahren ohnehin schon getan hat.

3. Besonderheit: Natürliche Monopolstellung

Im privatwirtschaftlichen Umfeld besteht in der Regel die Möglichkeit, zu einem digitalen Konkurrenzprodukt zu wechseln. Es gibt fast immer alternative Anbieter von digitalen Produkten oder Dienstleistungen. Aufgrund der Besonderheiten der Digitalen Ökonomie sind diese oft nicht in gleichem Maße attraktiv wie das Angebot des Marktführers. Dennoch besteht diese Option für die Kunden. Auch sorgt ein stetiger Strom an neuen Start-ups für permanente Bewegung am Markt, was dem Marktführer bis zu einem gewissen Grad natürliche Grenzen setzt, seine starke Stellung auszunutzen.

Staatliche Institutionen haben jedoch ein Monopol bei der Ausübung hoheitlicher Akte, also auch im Bereich digitaler staatlicher Dienstleistungen. Damit fehlt es grundsätzlich an dieser »natürlichen« Grenze durch Wettbewerb in einem marktwirtschaftlichen System (diese Aufgabe übernehmen im demokratischen System die Wahlen). Für den betroffenen Bürger bestünde damit lediglich die sehr aufwendige und sehr kostenintensive Möglichkeit des Wechsels des Staatsgebietes und der Staatsbürgerschaft.

4. Besonderheit: Fehlende übergeordnete Instanz als Korrektiv

Im Zusammenhang mit der staatlichen Digitalisierung fehlt zudem eine übergeordnete Instanz mit eigenem Machtmonopol, die etwaige Fehlentwicklungen korrigieren könnte. Beispielsweise können Missstände bei der digitalen Rechtsanwendung durch die Exekutive, einzig von der Verwaltungs- und Verfassungsgerichtsbarkeit korrigiert werden. Die Gerichte sind jedoch – rein faktisch betrachtet – in der Hierarchie nicht oberhalb der anderen staatlichen Institutionen angesiedelt, sondern selbst Teil des Staatswesens. Das gerichtliche Korrektiv ist lediglich eine Form der Selbstregulierung. Zudem müssen die Gerichte es erst einmal schaffen, ihre Unabhängigkeit im Verlauf der digitalen Transformation zu bewahren – keine triviale Herausforderung, wie wir im zweiten Teil erläutern werden.

6. Reaktionen: Gesellschaftliche Antworten auf offensichtliche Gefahren

Die gerade angeführten Besonderheiten machen die digitale Staatstransformation zu einem sensiblen Vorhaben und führen zu einigen offensichtlichen Gefahren. Das gilt unabhängig von den potenziellen systemischen Folgen infolge der digitalen Dynamiken und Logiken, denen dieses Buch auf den Grund zu gehen versucht. Allein die Tatsache, dass die staatliche Machtposition mit digitalen Werkzeugen ausgestattet wird, ist mit einigen auf der Hand liegenden direkten Risiken für die Bürger verbunden.

Gefahren für Privatsphäre und individuelle Handlungsfreiheit

Erstens bestehen auf einer individuellen Ebene offensichtliche Risiken für die Privatsphäre durch einen digital datensammelnden Staat. Staatliche Institutionen könnten, zielgerichtet oder als Beifang, zusätzliche personenbezogene Informationen erheben, die sie gar nicht für ihre Tätigkeiten benötigen. Sie könnten gesammelte Informationen aus verschiedenen Quellen kombinieren und daraus weitere persönliche Erkenntnisse ableiten. Sie könnten bestimmte Daten aggregieren und daraus Einsichten über bestimmte Bevölkerungsgruppen und Regionen ableiten.

Diese Informationen könnten von einzelnen Staatsbediensteten oder ganzen Institutionen verwendet werden, um beispielsweise unerwünschtes Verhalten zu unterdrücken, abweichende Haltungen zu sanktionieren oder politisch missliebige Positionen zu erschweren. Erschwerend kommt hinzu, dass diese Verwendung unbemerkt bleiben könnte, da sie im Raum der digitalen Systeme verschleiert wird.

Erstellte zum Beispiel eine Softwareplattform der Steuerbehörde eines Landes automatisiert Steuererklärungen für die Bürger, könnte hypothetisch der Algorithmus derart manipuliert werden, dass bestimmte Bevölkerungsgruppen aus dem politisch gegensätzlichen Lager konstant leicht höhere Steuern zahlten. Sind die steuerlichen Regelungen ausreichend komplex und granular, wäre es kaum möglich, die Steuerzahlungen auf individueller Ebene zu vergleichen. Die Unterschiede blieben unbemerkt. Auf Dauer könnte so insgeheim das berufliche Fortkommen einer Bevölkerungsgruppe erschwert und ihre Aufstiegschancen gemindert werden. Allmählich würde sie an gesellschaftlichem Einfluss verlieren. Dieses Szenario ist offensichtlich zugespitzt. Damit es plausibel wird, müssten einige sehr negative Bedingungen erfüllt sein.

Dennoch ist das dahinterstehende Prinzip keine reine Vorstellung mehr. Die »Twitter Files« zeigen, wie die Verantwortlichen einer besonders bedeutenden digitalen Umgebung den gesellschaftlichen Einfluss von Personen und Personengruppen bewusst eingeschränkt haben. Den Enthüllungen zufolge begrenzte die Unternehmensleitung des sozialen Mediums Twitter, welches inzwischen als »X« firmiert, die Reichweite und damit die Sichtbarkeit von Mitteilungen mithilfe von »Sichtbarkeitsfiltern«, wenn Nutzende sich nicht in ihrem Sinne äußerten.[74] Betroffen waren sogar angesehene Wissenschaftler und Wissenschaftlerinnen. Die Einschränkungen konnten weder von den Leidtragenden noch von der Öffentlichkeit nachvollzogen werden. Im Englischen spricht man in diesem Zusammenhang daher oft vom »Shadow Banning« mithilfe von sogenannten Schwarzen Listen.

Die »Toeslagenaffaire« wiederum deckte auf, wie die (niederländischen) Steuerbehörden einen stark verzerrenden Machine-Learning-Algorithmus nutzten, um Risikoprofile von den Bürgern zu erstellen und derartige intransparente Schwarze Listen anzulegen. Auf Grundlage dieser Risikoprofile warfen die Steuerbehörden den Betroffenen Betrug vor und forderten fälschlicherweise Kindergeld in bis zu sechsstelliger Höhe zurück – mit gravierenden Folgen für Zehntausende Familien.[75]

Ganz trivial könnte der Staat es aber auch versäumen, die von ihm erhobenen Daten und damit die Privatsphäre der Bürger ausreichend vor dem Zugriff Krimineller zu schützen. Im Jahr 2019 wurde etwa die bulgarische Steuerbehörde gehackt. Es wurden mindestens 57 Datenbanken mit Informationen wie persönliche Adresse, Einkommen, Schulden und Pensionszahlungen über fast jeden berufstätigen erwachsenen Einwohner Bulgarien erst gestohlen und dann der Öffentlichkeit zugänglich gemacht.[76]

Gefahren für politische Willensbildung und Rechtstreue

Zweitens besteht auf einer politischen Ebene die offensichtliche Gefahr des gezielten Missbrauchs digitaler Technologie, um beispielsweise politische Gegner zu diskreditieren, Auswirkungen politischer Maßnahmen zu verschleiern, und auch zur Bereicherung einzelner staatlicher Akteure.

Auch wenn zahlreiche Studien bereits jetzt zeigen, dass staatliche Digitalisierung insgesamt mit einem Rückgang an Korruption einhergeht,[77] entstehen auch neue Möglichkeiten, sich zu bereichern. Das gilt insbesondere für Personen mit Zugang zum staatlichen Datenschatz.

Man denke zum Beispiel an Länder wie Russland, in denen die Registrierkassen und die Terminals zum Erfassen von Bezahlungsvorgängen in den Geschäften bereits mit speziellen Onlinesystemen der Steuerbehörden, sogenanntem »Cash Register Equipment«, ausgestattet sind. Diese staatlichen Onlinesysteme übertragen sämtliche Belege über die einzelnen Bezahlungsvorgänge automatisiert und in Echtzeit an die Steuerbehörden. Besteht die Fähigkeit der gezielten Analyse dieser Abermilliarden Belege, erhält man detailgenaue Informationen zum Warenumschlag im Einzelhandel. Wann verkauft sich welches (Konkurrenz-)Produkt wo besonders gut oder besonders schlecht? Für diese Art von Information wird es mit Sicherheit einen Markt geben. Der Verkauf dieser Daten könnte äußerst lukrativ sein und einen Anreiz für Staatsbedienstete darstellen, sich gesetzeswidrig zu bereichern.

Gefahren für nicht-staatliche Tätigkeiten

Drittens besteht auf einer wirtschaftlichen Ebene die erkennbare Gefahr, dass der digitale Staat immer mehr Dienstleistungen übernehmen könnte, die bisher von der privaten Wirtschaft angeboten werden. Auf diese Weise würden private Anbieter systematisch verdrängt, da ihre Angebote unrentabel oder unzulässig würden. Generiert eine steuerbehördliche Software die Steuererklärung unmittelbar, entfällt die Möglichkeit für private Unternehmen, als Intermediär Steuersoftware oder beratende Dienstleistungen zu verkaufen, die den Steuerpflichtigen beim Erstellen der Steuererklärung unterstützt.

Auch auf einer indirekten Ebene könnte der Staat privates Handeln verdrängen. Sammeln staatliche Institutionen selbst umfassend digitale Informationen durch Sensoren, Datenanalyse und Ähnliches, könnten sie auf andere, traditionelle Informationsquellen verzichten. Andere Entscheidungsmechanismen (zum Beispiel Verhandlungen) könnten weniger bedeutend werden. Andere bisher beteiligte Akteure könnten bei der Entscheidungsfindung kein Gehör mehr finden. Insbesondere das Gewicht der privaten gesellschaftlichen Beteiligung an der politischen Willensbildung könnte sinken, wenn sich der Staat zunehmend und bevorzugt auf andere digitale Daten bei der Entscheidungsfindung stützen würde. Die Einflussnahme auf den politischen Prozess etwa in Form von Lobbyarbeit durch Unternehmen, aber auch durch zivilgesellschaftliche Institutionen und andere demokratische Elemente sowie die informelle Informationsgenerierung durch Parlamentsabgeordnete in ihren Wahlkreisen könnte an tatsächlicher Bedeutung verlieren oder in bestimmten Bereichen gleich gänzlich obsolet werden.

Zivilgesellschaftliche Gegenströmungen …

Angesichts dieser offensichtlichen und direkten Risiken haben sich bereits gesellschaftliche, politische und wirtschaftliche Initiativen, Organisationen und Netzwerke gebildet, die versuchen, den staatlichen Digitalisierungsprozess aufzuhalten oder gestaltend zu begleiten, um ebendiese Risiken zu minimieren. Die Datenschutzbewegung etwa legt den Fokus auf Datensparsamkeit und versucht, wo möglich, die staatliche Datenerhebung und -verarbeitung zu verhindern, einzuschränken oder an möglichst enge Vorgaben zu knüpfen. In Deutschland hat beispielsweise der Kampf des Chaos Computer Clubs (CCC) und von Digitalcourage e. V. gegen die biometrische Videoüberwachung, vor allem im Zusammenhang mit dem Pilotprojekt zur Gesichtserkennung am Bahnhof Berlin Südkreuz, viel mediale Aufmerksamkeit bekommen. Auch der BigBrother-Award identifiziert kontinuierlich Problemkonstellationen. In den USA kämpft insbesondere die Electronic Frontier Foundation seit vielen Jahren vor allem auf gerichtlichem Weg für den Erhalt der Privatsphäre.

Die neueren Initiativen zum Thema Algorithmenregulierung, Algorithmentransparenz, Algorithmenethik, »Algorithmic Accountability«

oder auch »Explainable AI« sehen das größte Risiko in der Funktionsweise derjenigen Algorithmen, die in vielen Bereichen das Rückgrat der digitalen Automatisierung bilden. Verschiedene Reports, etwa von AlgorithmWatch, lenken die Aufmerksamkeit darauf, wie intransparent und kaum nachvollziehbar sich die Entscheidungsfindung von modernen Algorithmen sowohl für den Betroffenen als für den Nutzenden gestaltet.[78] Das betrifft etwa den Ausgangszustand, die einzelnen Handlungsschritte des Algorithmus, Inputvariablen, Gewichtung oder weitere Faktoren, die den Output beeinflussen. Wird beispielsweise das besonders heikle Festlegen der Einzugsgebiete für Grundschulen einem Algorithmus übertragen, sind die Resultate stark abhängig davon, welche Faktoren – von sozialer Durchmischung und Auslastung der jeweiligen Grundschule bis hin zur Länge des Schulweges – einbezogen werden und wie diese gewichtet werden.[79] Regelmäßig gehen diese Initiativen mit weitgehenden Transparenzforderungen einher, um überhaupt den Output bewerten oder die algorithmische Anwendung regulieren zu können.

Neben der Intransparenz liegt das Hauptaugenmerk vor allem auf ethischen Bedenken und statistischen Verzerrungen wie Bias oder Diskriminierung. So betonte etwa im Juni 2019 die Algorithmic Justice League bei einer Anhörung im amerikanischen Kongress unter anderem zum Thema »Algorithmic Governance« in erster Linie die Mängel von Gesichtserkennung in Bezug auf Race und Gender.[80]

Die Verfechter von Ansätzen wie Liquid Democracy, E-Partizipation oder Demokratie 4.0 wiederum konzentrieren sich auf die politische Willensbildung und Bürgerbeteiligung. Sie möchten zum einen Entscheidungsstrukturen und -prozesse verändern und für die Bürger zugänglicher gestalten. Ziel ist meist, die demokratische Teilhabe zu erhöhen, um möglichst viele Menschen am politischen Prozess zu beteiligen. Mithilfe digitaler Entscheidungs- und Mitwirkungstools sollen möglichst viele verschiedene gesellschaftliche Perspektiven in die politische Willensbildung integriert werden, um etwa die Diversität moderner Gesellschaften besser abzubilden. Bekanntheit erlangte beispielsweise die argentinische NGO Democracia en Red mit ihrem Software-Paket »DemocraciaOS«, das Open-Source-Tools für Bürgerhaushalte, Bürgerdialog oder partizipatorische Rechtsetzung enthält.[81]

Zum anderen nehmen Teile dieser Bewegungen die Kehrseite der neuen technologischen Möglichkeiten in den Blick. Sie sorgen sich wegen der Manipulation der politischen Willensbildung, die die Informations- und Meinungsfreiheit zu untergraben droht. Vor allem gegen Fake News, Filterblasen und ähnliche für die Demokratie gefährliche Phänomene in den sozialen Medien wird versucht vorzugehen.

... und ihre gegenwärtigen Grenzen

All diese zivilgesellschaftlichen Bestrebungen sind fundamental wichtig, um Einfluss auf die konkrete Ausgestaltung des digitalen Staates zu nehmen. Sie helfen, dem Ziel eines modernen, dem Bürger dienenden, digitalen Staates näher zu kommen. Allerdings haben sie auch ihre Grenzen, weil sie sich notgedrungen auf isolierte Ausschnitte oder Folgen des Geschehens konzentrieren.

Die erwähnte Datenschutzbewegung etwa mit ihrem Schwerpunkt, das staatliche Datensammeln insgesamt zu verhindern, kämpft in gewissem Sinn gegen Windmühlen. Bereits im Kampf gegen private Unternehmen ließen sich zentrale Prinzipien des Datenschutzes wie das Gebot der Datenminimierung (dem zufolge so wenig Daten wie möglich erhoben werden sollen), das Verbotsprinzip (wonach personenbezogene Daten nur nach ausdrücklicher Einwilligung erhoben werden dürfen) oder die Idee von der persönlichen Kontrolle über die Daten in der Praxis leider nicht oder nur ansatzweise verwirklichen.[82]

Wie dargestellt, ist die Ausbreitung der staatlichen IT-basierten Datenverarbeitung mittelfristig noch weniger aufzuhalten. Die Anreize für die staatlichen Institutionen sind zu groß und die Akzeptanz und der Gewöhnungseffekt in der Bevölkerung zu stark. Besteht (derzeit noch) die Möglichkeit, gegen Großprojekte staatlicher Datenerhebungen ausreichend mediale und zivilgesellschaftliche Aufmerksamkeit zu mobilisieren, lassen sich gegen die unzähligen lokalen Datensammlungen kaum wirksame zivilgesellschaftliche Maßnahmen ergreifen.[83]

Dennoch vermag die Datenschutz- und Privacy-Bewegung möglicherweise den staatlichen Digitalisierungsprozess wenn nicht aufzuhalten, so doch zu verlangsamen und die staatlichen Institutionen zu wichtigen Konzessionen zu bewegen.

Manchmal stellt sich langfristig allerdings auch der gegenteilige Effekt ein. So sind etwa seit dem Erlass der vielfach gelobten Datenschutz-Grundverordnung und der Datenschutzrichtlinie für elektronische Kommunikation (»ePrivacy-Richtlinie«) in der Europäischen Union sogenannte Cookie-Banner omnipräsent geworden. Bei jedem Aufrufen einer Homepage wird man zunächst gefragt, ob man Cookies akzeptieren möchte oder nicht. Diese Cookie-Banner haben jedoch nicht, wie vom Gesetzgeber erwartet,[84] das Tracking durch Cookies großflächig eingeschränkt. Vielmehr erschleichen sich die meisten Cookie-Banner mithilfe von sogenannten Dark Patterns die Einwilligung der Nutzer zum Datensammeln und machen weiter wie bisher.[85] Statt dem Tracking einen Riegel vorzuschieben, wird lediglich das Surfen innerhalb der EU massiv behindert und so die Akzeptanz der Regulierung untergraben.

Viele der derart gestalteten Cookie-Banner sind zudem offensichtlich rechtswidrig. Genau in dem Moment jedoch, in dem die staatlichen Institutionen nach Jahren der Tatenlosigkeit zur aktiven Durchsetzung des geltenden Rechts gedrängt wurden,[86] startete der inzwischen mit Abstand am weitesten verbreitete Browser[87] – Google Chrome – ein Pilotprojekt mit einer gänzlich neuen Trackingtechnologie.[88] Diese neue Beobachtungsmethode war zunächst als »Federated Learning of Cohorts« (FloC) bekannt geworden. Inzwischen firmiert sie unter der mehr als euphemistischen Bezeichnung »Privacy Sandbox« und wertet seit der generellen Markteinführung im September 2023 das Surfverhalten des jeweiligen Chrome-Nutzenden unmittelbar aus.[89] Mithilfe von Machine-Learning-Algorithmen ordnet sie ihn anderen Nutzenden mit ähnlichen Interessen zu. Ein derart gebildete »Kohorte« kann von den Werbungtreibenden über eine eindeutige ID direkt adressiert werden.[90] Ersten Analysen zufolge erleichtert diese Technologie auch noch das bereits erwähnte Browser-Fingerprinting und ermöglicht die eindeutigere Verknüpfung von Nutzer und Interessen.[91] Im Endeffekt hat also die gut gemeinte Regulierung lediglich die Ablösung einer veralteten Technologie beschleunigt, die nun durch eine modernere und aller Voraussicht nach deutlich umfassendere Form des Trackings ersetzt wird.

Die Initiativen rund um den Themenkomplex Algorithmenregulierung haben eine hoch spezialisierte technische Sichtweise auf die staatliche Digitalisierung. Sie fokussieren sich auf statistische Verzerrungen und Diskriminierung, die fehlende Erkenn- und Nachvollziehbarkeit, komplexe ethische Auswirkungen oder auch Fragen zu Verantwortungszurechenbarkeit und Haftung von algorithmenbasierten Anwendungen. Sie verfolgen oft regulatorische beziehungsweise technologisch-regulatorische Lösungsansätze, wie Informations- und Offenlegungspflichten, die Vorgabe von Mindestanforderungen, Pflichten zu Risikofolgenabschätzung oder unabhängige Evaluierung sowie Verbote und Moratorien für den Einsatz.

Aktivisten für die digitale Bürgerbeteiligung wiederum verfolgen eine bestimmte Vision vornehmlich im Zusammenhang mit dem Gesetzgebungsverfahren. Neue technologische Möglichkeiten verleihen dem alten Traum von mehr Bürgerbeteiligung neue Flügel. Die Aktivisten denken dabei zuallererst an die neuen technologischen Möglichkeiten und übersehen, dass, der digitalen Logik folgend, der Staat (in der Gesamtbetrachtung) nicht zwangsläufig auf mehr, sondern auch auf weniger direkte Willensäußerungen der Bürger angewiesen sein könnte, wenn er selbst in großem Umfang Daten erhebt und auf diese Weise die Präferenzen des Wahlvolkes indirekt ermitteln kann. Um Spielarten der Liquid Democracy zu ermöglichen, müssten bestimmte staatliche Institutionen freiwillig Entscheidungsbefugnisse abgeben. Wie schwer das den staatlichen Institutionen bereits jetzt fällt, davon kann jeder ein Lied singen, der in Deutschland den jahrzehntealten Kampf für mehr direktdemokratische Elemente verfolgt hat. Es bräuchte zusätzliche Argumente, um die gegenläufige staatliche Überzeugung zu brechen. Im weiteren Verlauf des Buches wird sich zeigen, dass es sie gibt.

Ein zusätzlicher Ansatz

Dieses Buch soll all diese Ansätze ergänzen. Wir möchten eine zusätzliche Perspektive anbieten, die versucht, das Große und Ganze in den Blick zu nehmen, denn wir sind überzeugt: Das, was bei der digitalen Transformation des Staates geschehen wird, ist größer als die Summe der einzelnen Ausschnitte.

Mit dieser zusätzlichen Perspektive möchten wir dazu beitragen, besser zu verstehen, von welchen inhärenten Kräften und Dynamiken die staatliche Digitalisierung genährt und in welche Richtung sie getrieben wird.

7. Fazit: Eine ungemütliche Übergangsphase?

Wir können festhalten: Die staatliche Digitalisierung kommt mit Macht. In vielen Ländern wird sie in nächster Zeit das Plateau der schleppenden Digitalisierung verlassen und massiv an Fahrt aufnehmen. Wirtschaft, Wissenschaft und Gesellschaft haben in den letzten Jahrzehnten die Voraussetzungen dafür geschaffen. Auch wenn Umfang und Geschwindigkeit der staatlichen Digitalisierung von vielen Faktoren in den jeweiligen Nationalstaaten abhängig sind und global zunächst unterschiedlich ausfallen werden, ist die Richtung klar. Wir haben erläutert, warum dieser Prozess nicht umkehrbar ist. Dafür sind die Hoffnungen der Bürger in die Digitalisierung zu groß, der Zeitgeist zu paternalistisch, der Trend zur umfassenden Akzeptanz des technologischen Fortschritts zu eindeutig, die staatlichen Aufgaben für die digitale Transformation zu geeignet sowie die Ressourcen des Staates zu umfangreich.

Allerdings bestehen fundamentale Unterschiede zwischen der privatwirtschaftlichen und der staatlichen Digitalisierung. Die staatliche Digitalisierung kann vom Bürger nur sehr schwer abgelehnt und ihr kann kaum ausgewichen werden. Sie ist potenziell eingriffsintensiver, und dank der natürlichen Monopolstellung des Staates bei der Ausübung hoheitlicher Akte fehlt es an natürlichen Schranken. Für die Bürger ergeben sich damit einige direkte Gefahren auf individueller, politischer und wirtschaftlicher Ebene. Als Antwort auf diese Bedenken haben sich gesellschaftliche und politische Gegenströmungen wie beispielsweise die Datenschutzbewegung, Initiativen zum Thema Algorithmenregulierung oder mehr digitale Bürgerbeteiligung gebildet. Damit haben wir die gegenwärtige Startaufstellung abgesteckt.

Damit besteht jedoch die Gefahr zumindest einer ungemütlichen Übergangsphase. Die Geschichte hat uns gelehrt, dass technischer Fortschritt zunächst auch mit gesellschaftlichem Rückschritt einhergehen kann.

Wichtig erscheint uns daher, möglichst früh zu verstehen, was Digitalisierung und die damit einhergehende Automatisierung für das gesamte System, also für das Staatswesen im Allgemeinen, und für das westliche demokratische Politiksystem im Besonderen genau bedeutet. Im zweiten Teil des Buches werfen wir daher einen ausführlichen Blick auf die digitalen Dynamiken und erläutern ihre möglichen Auswirkungen.

Teil II

Was den digitalen Staat antreibt und wie die Neuverteilung von Macht und Einfluss die Demokratie gefährdet

Im ersten Teil dieses Buches haben wir dargelegt, warum der digitale Staat bald Realität wird, warum er nicht aufzuhalten ist und warum er gerade jetzt an Fahrt aufnimmt. Wir haben die Ausgangslage abgesteckt und damit auch den endgültigen Punkt markiert, an dem sich Gesellschaften ernsthaft darüber Gedanken machen sollten, was das für sie bedeutet. Dieser Punkt ist jetzt.

Aus unserer Sicht fehlt in der aktuellen Debatte, wie erwähnt, ein systemischer Gesamtüberblick über die zu erwartende Entwicklung. Ihn liefern wir nun im zweiten Teil. Wir versuchen Antworten zu geben auf Fragen wie: Was könnte die Adaption digitaler Technologien für das Zusammenspiel der Institutionen und die langfristig gewachsenen Strukturen des Staatsapparates bedeuten? Drohen nachteilige Folgen für die in Demokratien so wichtige institutionelle Balance von Macht und Einfluss? Wird sich die Art der staatlichen Aufgabenwahrnehmung wandeln? Wie sieht eine mögliche Zukunft, wie sehen mögliche Zukunftsszenarien in einer Automated Democracy aus?

Exakte Vorhersagen in dem Sinne, wie die Welt in zehn, 20 oder 30 Jahren genau ausschauen wird, sind weder guten Gewissens möglich noch inhaltlich realistisch.[1] Wir möchten vielmehr Entwicklungstendenzen beleuchten, Kausalzusammenhänge aufzeigen, Anreize identifizieren und dann gedanklich fortführen. Wir gehen damit der Frage nach, in welche Richtung sich ein digitaler Staat »evolutionär«, also eher unbeabsichtigt und unerwartet, den Anreizen folgend entwickelt, wenn eine adäquate, bewusst gegensteuernde Antwort ausbleibt.

8. Erfahrungen: Neues ist selten gänzlich neu

Einen umfassend digitalisierten Staatsapparat gab es in der Geschichte der Menschheit noch nicht. Man könnte also behaupten, in den nächsten Jahren werde tatsächlich »Neuland« betreten, um eine vielfach verspottete Formulierung der ehemaligen deutschen Bundeskanzlerin Angela Merkel aus dem Jahr 2013 heranzuziehen. Unsere Reaktion auf diese Behauptung wäre: »Jein«. »Ja«, denn ein wahrlich digitaler Staat ist neu, so etwas hat es in der Form noch nicht gegeben. Und »nein«, denn es wird dennoch kein völlig unbekanntes Terrain betreten, weil Neues nur in den seltensten Fällen gänzlich neu ist.

(1) Wissen aus drei Welten

Um die möglichen Folgen staatlicher Digitalisierung sinnvoll ergründen und einen fundierten Blick in die Zukunft werfen zu können, ziehen wir vorhandenes Wissen aus drei unterschiedlichen Bereichen heran: Die Erkenntnisse der Digitalen Ökonomie, die Einsichten der Neuen Politischen Ökonomie und die Erfahrungen bei der Massenverarbeitung von digitalen Daten werden uns als Leitfaden dienen.

Seit mehr als 20 Jahren lässt sich das Entstehen einer Digitalen Ökonomie beobachten. Digitale Technologien, gehypt durch unzählige Buzzwords wie Big Data, Cloud Computing, künstliche Intelligenz oder das Internet der Dinge, haben sich in der geschäftlichen und privaten Welt ausgebreitet und sind den meisten inzwischen vertraut. Ganz unterschiedliche Branchen wie die Musik- und Filmindustrie, der Handel, das Hotelgewerbe, aber auch die klassische Industrie und ihre Lieferketten haben sich bereits gewandelt oder sind noch dabei, sich grundlegend zu verändern.

Die digitale Transformation des privaten Sektors wird dabei seit Beginn eng von wissenschaftlicher Forschung begleitet. Meist unter dem

Schlagwort »Digital Economics« oder »Economics of Digitization« und als Teilgebiet der Wirtschaftswissenschaft sind diverse Studien, Aufsätze und Bücher erschienen, die sich mit dem Thema auseinandersetzen. Inzwischen haben sich dabei verschiedene Dynamiken oder Phänomene im Zusammenhang mit der Verbreitung digitaler Technologien herauskristallisiert, die unter Umständen eine gewisse Pfadabhängigkeit der nachfolgenden Entwicklung erzeugen können.[2] Diese Beobachtungen gelten über die Grenzen der unterschiedlichsten Wirtschaftszweige hinweg. Sie sollen uns als Ausgangspunkt dienen, wenn wir einen Blick in die Zukunft der staatlichen Digitalisierung werfen.

Hierbei lassen wir es allerdings nicht bewenden. Die Erkenntnisse der Digitalen Ökonomie können nicht immer eins zu eins auf den digitalen Staat übertragen werden. Wie im ersten Teil unseres Buches bereits angedeutet, gibt es fundamentale Unterschiede in den Rahmenbedingungen. So verfügt der Staat über ein natürliches Monopol in Bezug auf die Ausübung hoheitlicher Akte und die Erbringung amtlicher Dienstleistungen. Regierungen und Verwaltung haben in dieser Hinsicht mehr Macht als Unternehmen. Die staatliche Digitalisierung könnte somit eingriffsintensiver sein und schwerer umgangen werden.

Darauf aufbauend, ist es wichtig, auch die besonderen Interessen und Anreize der staatlichen Akteure zu berücksichtigen. Diese weisen aufgrund der abweichenden Rahmenbedingungen häufig eine andere Stoßrichtung auf als diejenigen der privatwirtschaftlichen Akteure. Auch dieser Bereich ist alles andere als Neuland. Daher werden wir, wenn geboten, die Erkenntnisse aus dem Bereich der Digitalen Ökonomie mit den Einsichten der Neuen Politischen Ökonomie, die auch unter dem Begriff »Public Choice« bekannt ist, anreichern.

Darüber hinaus wurden mittlerweile auch einige grundsätzliche Erfahrungen bei der (automatisierten) Massenverarbeitung digitaler Daten gemacht. Der Digitalisierungsprozess verändert eben nicht nur die Art der Datenverarbeitung von analog zu digital, sondern er modifiziert darüber hinaus auch die Informationen, die überhaupt in den Verarbeitungsprozess einfließen, also den Input, den jeweiligen Möglichkeitsraum für die Verarbeitung, den Prozess, und natürlich das Ergebnis, den Output. Lassen sich zum Beispiel zentrale Aspekte nicht oder nur schlecht digital erfassen, könnte die staatliche Digitalisierung eine Verschiebung in der Wahrnehmung und damit in der Prioritätensetzung zur Folge haben. Das Problem der schlechten Erfassbarkeit lässt sich gut im Bereich der Performancemessung veranschaulichen. Versucht man beispielsweise, die Qualität von Chirurgen daran zu messen, wie viele Patienten nach der Operation versterben oder mit Komplikation zu kämpfen haben – was leicht möglich ist –, werden die Chirurgen beginnen, riskante Operationen zu vermeiden, um ihre Bewertung nicht zu gefährden.[3]

Die damit zusammenhängenden Aspekte flechten wir ebenfalls in unsere Analyse ein.

Dieser kombinierte Ansatz ermöglicht es uns, die Entwicklungspfade staatlicher Digitalisierung aufzuzeigen: Die Digitale Ökonomie identifiziert die inhärenten Kräfte und Dynamiken. Die Neue Politische Ökonomie und die Erfahrungen bei der Massenverarbeitung digitaler Daten helfen, sie auf den Prozess der staatlichen Digitalisierung zu übertragen und daraus konkretere Schlussfolgerungen abzuleiten.

(2) Der Übersetzungsschlüssel

Es mag nicht auf den ersten Blick ersichtlich sein, wie die Erkenntnisse der Forschung zur Digitalen Ökonomie auf den staatlichen Sektor übertragen werden können. Denn dafür müssen wir eine Parallele zwischen wirtschaftlichem Tun und staatlichem Handeln ziehen können, zwischen privatem Waren- und Dienstleistungsangebot und staatlicher Aufgabenwahrnehmung. Wir müssen also Musik-MP3s mit staatlichen Strafzetteln oder Film- und Serienstreaming mit Steuerbescheiden in Verbindung bringen können. Dazu bedarf es einer Art Übersetzungsschlüssel.

Denn grundsätzlich beziehen sich die Wirtschaftswissenschaften auf eine andere Umgebung und kennen daher andere Akteure. Unter Wirtschaft versteht man üblicherweise alle Vorgänge im Zusammenhang mit Produktion, Distribution und Verbrauch von privaten Gütern und Dienstleistungen.[4] Als Akteure kennt die Ökonomik demzufolge vornehmlich Produzenten, Händler und Konsumenten. Vereinfacht dargestellt, stellen Produzenten die Güter und Dienstleistungen her, Händler oder Verkäufer überführen die Güter und Dienstleistungen zu den Konsumenten, welche sie nutzen.[5] In einer Marktwirtschaft ist der zentrale Steuerungs- und Feedbackmechanismus zwischen den Akteuren der Marktpreis, der wiederum stark durch die (Produktions-)Kosten beeinflusst wird.[6] Die Rolle des Staates ist in diesem Modell weitgehend darauf beschränkt, die Einhaltung der Regeln zu überwachen und korrigierend einzugreifen, wenn der ansonsten freie Markt zu unerwünschten Resultaten führt.[7]

Betrachten wir hingegen den öffentlichen Sektor aus Sicht der Staatstheorie und verwandten Wissenschaften, haben wir es mit ganz anderen Hauptakteuren zu tun. Die Staatstheorie kennt verschiedene staatliche Institutionen, die in den meisten Ländern verschiedenen Gewalten zugeordnet werden können. Die gesetzgebende Gewalt, die auch als Legislative bezeichnet wird, bilden in repräsentativen Demokratien vornehmlich die Parlamente. Der vollziehenden Gewalt, also der Exekutive, werden die Regierung und die Verwaltung zugeordnet. Die Rechtsprechung, auch als Judikative bekannt, übernehmen die Gerichte. Die Bevölkerung, präziser das Staatsvolk, als weiterer Akteur wird – lässt man ihre grundsätzliche Funktion als Souverän einmal außen vor – primär als Objekt staatlichen Handelns gesehen.[8] Im staatlichen System gibt es ebenfalls einen Steuerungs- und Feedbackmechanismus: über Wahlen, Äußerungen von Interessengruppen und Medienberichte.

Für den konkreten Zweck, die Erkenntnis aus der Digitalen Ökonomie auf den staatlichen Sektor zu übertragen, setzen wir daher in den anschließenden Kapiteln die folgenden Akteure gleich:

Übersicht 3: Das grundlegende Übertragungsmodell

Produzenten/Hersteller	→	Legislative, insbesondere Parlamente, teilweise Regierung
Händler/Verkäufer/Vermittler	→	Öffentliche Verwaltung, teilweise Regierung
Konsumenten/Kunden	→	Bevölkerung und Unternehmen
Staat als Korrektiv	→	Judikative (insb. Verfassungs- und Verwaltungsgerichtsbarkeit) als Korrektiv
Steuerungs- und Feedbackmechanismus: Marktpreise	→	Steuerungs- und Feedbackmechanismus: Wahlen/Interessenvertretungen/Medien

Parlamente als »Produzenten« von Regeln

Diese Analogie bedarf vermutlich einer Erklärung. Warum ziehen wir eine Parallele zwischen den Produzenten/Herstellern in der Privatwirtschaft und der Legislative im öffentlichen Bereich? Wir beginnen damit, noch einmal vor Augen zu führen, was die Aufgaben des Staates aus Sicht der Staatstheorie sind. Einerseits stellen staatliche Institutionen teilweise, genau wie die Privatwirtschaft, materielle Güter und Dienstleistungen her oder bereit, zum Beispiel Bildungseinrichtungen, Krankenhäuser, Einrichtungen des Verkehrswesens und so weiter. Andererseits ist, wie bereits oben ausgeführt,[9] der überwiegende und weiter anwachsende Teil staatlicher Tätigkeit immaterieller Natur. Der Staat stellt einen Rechtsrahmen für die vielfältigen Tätigkeiten der Bürger bereit. Er reguliert die Wirtschaft, wirkt auf die Ressourcenverwendung ein, versucht die Konjunktur zu steuern und Preisstabilität zu gewährleisten. Er sorgt für Verbraucherschutz, verteilt Einkommen und so weiter. Selbst im Bereich der inneren Sicherheit erfolgt die Rechtsdurchsetzung in der großen Mehrheit der Fälle nicht auf materielle Art und Weise durch physischen Zugriff, etwa in Form von Verhaftung oder Vollstreckung, sondern auf immaterielle Art und Weise in Form von Datenverarbeitung, etwa durch ausgesprochene Verwarnungen, Vorladungen, Strafbefehle, Erlass und Zustellung von Urteilen oder Ähnliches. Diese werden dann von den Adressaten »freiwillig« befolgt.

Die Aufgabe vieler staatlicher Institutionen liegt also zu einem ganz wesentlichen Teil darin, unzählige Regeln für die Menschen im eigenen Staatsgebiet zu kreieren, sie zu vermitteln und die Einhaltung dieser Regeln zu kontrollieren. Damit beeinflusst der Staat in einem außerordentlichen Maß das Verhalten der Bürger von der Geburt (wo geboren werden darf, wer dabei anwesend sein muss[10] oder welche Dokumente dabei ausgestellt werden müssen) bis zum Tod (wie und wo die Bestattung zu erfolgen hat, wer die Bestattung vornehmen darf und welche Dokumente dabei ausgestellt werden müssen). Er legt fest, wie zum Beispiel seine Bürger die Kindheit und Jugend zu verbringen haben (zusammen mit anderen Heranwachsenden, die ungefähr zur gleichen Zeit geboren wurden, in einer größeren Gruppe in einem speziell dafür errichteten Gebäude, vor einem staatlich bezahlten Erwachsenen sitzend, der ihnen erklärt, wie aus seiner Sicht die Welt funktioniert), wer wann mit wem (Stichwort: Ehehindernisse) und durch wen verheiratet werden darf, unter welchen Voraussetzungen man sich als Angehöriger eines Berufes bezeichnen darf, in welcher Form und unter welchen Bedingungen man sich mit anderen Menschen wirtschaftlich organisieren und agieren kann oder wie und wo man sein Haus zu bauen hat beziehungsweise inwiefern man es umbauen kann, wie und sogar wie schnell man sich fortbewegen darf, auf welche Art und in welchem Umfang man sein erwirtschaftetes Einkommen abzuführen hat und so weiter und so fort. Anders ausgedrückt: Während in der Privatwirtschaft die Produzenten Güter und Dienstleistungen herstellen, »produzieren« bestimmte staatliche Institutionen menschliches Verhalten oder zumindest diejenigen Regeln, die ein konkretes menschliches Verhalten zur Folge haben (sollen).

Wie an den Aufzählungen bereits deutlich geworden sein dürfte, interessieren uns im Kontext des Buches vor allem solche Regeln, welche die Exekutive bei der Umsetzung involvieren. Das dürfte die deutliche Mehrheit der staatlichen Regeln sein. Es betrifft etwa alle Regeln, die sich dem öffentlichen Recht zuordnen lassen, also solche Regeln, die die Träger hoheitlicher Gewalt direkt verpflichten. Es betrifft aber auch diejenigen Regeln, die eigentlich nur die Beziehungen zwischen natürlichen oder juristischen Personen betreffen, wenn der Verwaltung die Aufgabe zukommt, die Einhaltung der Regeln zu überwachen und gegebenenfalls auch durchzusetzen. Also Bereiche wie das Wettbewerbsrecht, das Datenschutzrecht, teilweise auch das Arbeitsrecht, Familienrecht oder Grundbuchrecht und so weiter.[11]

Nun ist die gesetzgebende Gewalt, die Legislative, diejenige staatliche Institution, die sich primär für die Herstellung von Verhaltensregeln in Form von Gesetzen verantwortlich zeigt. In repräsentativen Demokratien sind das meist die Parlamente. Sie initiieren, diskutieren und verabschieden Gesetze im formellen Sinn. Daher setzen wir für unseren Zweck der Übertragung die Hersteller/Produzenten in der Privatwirtschaft mit der Legislative im politischen System gleich. In Deutschland gibt es etwa den Bundestag und den Bundesrat[12] sowie die Länderparlamente. In Staaten mit direktdemokratischen Elementen wie der Schweiz können auch die Bürger als gesetzgebendes Organ auftreten. In einem geringeren Umfang sind teilweise auch die Exekutive, die Judikative und die Gemeindeorgane an der Rechtsetzung beziehungsweise Rechtsfortentwicklung beteiligt.[13]

Die Verwaltung als »Händler«

Die vollziehende Gewalt, auch Exekutive genannt, besteht im Allgemeinen aus Regierung, in der Fachwelt auch Gubernative genannt, und öffentlicher Verwaltung. Die Aufgabe der öffentlichen Verwaltung, also der Administrative, besteht in erster Linie darin, die von der Legislative verabschiedeten Gesetze auszuführen. Das heißt, die Behörden haben maßgeblich dafür zu sorgen, dass die aufgestellten Verhaltensregeln auch eingehalten werden. Sie konkretisieren und vermitteln den Bürgern die Verhaltensregeln, kontrollieren ihre Einhaltung, erheben die dafür notwendigen Informationen oder sprechen Sanktionen im Falle von Zuwiderhandlungen aus. In Deutschland gehören zur öffentlichen Verwaltung beispielsweise die verschiedenen Behörden auf Bundesebene (etwa das Bundesministerium des Inneren, für Bau und Heimat oder das Bundesministerium der Finanzen), die Landesverwaltungen, Kreis- und Gemeindeverwaltungen, die Finanzämter etc. Für den Zweck der Übertragung gleicht daher die Rolle der öffentlichen Verwaltung der Vermittlungsrolle der Händler und Verkäufer in der Privatwirtschaft. Die Händler und Verkäufer vermitteln die Güter und Dienstleistungen an den Konsumenten, die öffentliche Verwaltung vermittelt die Verhaltensregeln an die Bürger.[14] Beide sind Bindeglied zwischen Ursprung und Bestimmungsort, sie sorgen also dafür, dass das »Erzeugnis« beim »Abnehmer« auch ankommt.

Der Regierung kommt hingegen eine Doppelrolle zu. Einerseits steht sie an der Spitze der öffentlichen Verwaltung und ist maßgeblich für die Umsetzung und Konkretisierung der Gesetze verantwortlich. Andererseits kann sie über ihr Initiativrecht im Gesetzgebungsverfahren und eine in der Praxis nicht unerhebliche Kontrolle über die Regierungsmehrheit im Parlament auch an der ursprünglichen Ausgestaltung der Verhaltensregeln mitwirken. Je nach Prägung des jeweiligen politischen Systems ist die Möglichkeit der Regierung, das Gesetzgebungsverfahren zu beeinflussen, stärker oder schwächer ausgeprägt. Diese Doppelrolle macht ihre

Position in einem digitalisierten Staate besonders unberechenbar, worauf wir im weiteren Verlauf des Buches noch zurückkommen werden.

Konsumenten, Korrektiv und Feedbackmechanismus

Die Bürger, Bürgerinnen und Unternehmen sind die Adressaten der vom Staat erlassenen Gesetze. Insofern gleicht die Bevölkerung den Konsumenten der Privatwirtschaft. Als Kunden konsumieren die Menschen die produzierten Güter und Dienstleistungen. Als Bürger »konsumieren« sie die erlassenen Verhaltensregeln.

Die rechtsprechende Gewalt hat eine Sonderstellung. Die Rolle der Gerichte ähnelt der des Staates als Korrektiv im privatwirtschaftlichen Modell. Im privatwirtschaftlichen Modell gibt der Staat aus einer übergeordneten Position mithilfe generell-abstrakter Regeln den Rechtsrahmen vor, innerhalb dessen sich die Hersteller bei der Produktion und die Händler bei der Vermittlung bewegen dürfen. Darüber hinaus kontrolliert er die Einhaltung dieses Rechtsrahmens.

Im öffentlichen Sektor hingegen ist der Rechtsrahmen für die Legislative bereits in Form der Verfassung vorgegeben. Die Verfassungsgerichtsbarkeit kontrolliert lediglich die Vereinbarkeit der von der Legislative »hergestellten« Regeln mit der Verfassung. Die Verwaltungsgerichtsbarkeit hingegen kontrolliert vor allem die Rechtmäßigkeit des staatlichen Verwaltungshandelns bei der Vermittlung. Faktisch handelt es sich um staatliche Selbstregulierung.

Sowohl die Verfassungsgerichte als auch die Verwaltungsgerichte treffen genau genommen Einzelfallentscheidungen. In der Praxis haben diese allerdings meist weitreichende, allgemeine Folgen.

In einer kapitalistischen Marktwirtschaft ist der zentrale Feedbackmechanismus, welcher die Menge, die Art, die Güte, die Beschaffenheit und so weiter der bereitgestellten Güter und Dienstleistungen bestimmt, der Marktpreis. Der Marktpreis wird dabei insbesondere durch die (Produktions-)Kosten beeinflusst. Einen ähnlichen Steuerungs- und Feedbackmechanismus gibt es auch im politischen System. Die Legislative erhält Feedback bezüglich des Bedarfs, der Art, der Güte, der Beschaffenheit und so weiter der Verhaltensregeln in Form von Wahlen und Präferenzäußerungen, vermittelt durch Interessengruppen (Lobbying),

Massenmedien und vermehrt auch durch soziale Medien. Die Fähigkeit, bestimmte Verhaltensregeln zu etablieren beziehungsweise durchzusetzen, werden ebenso maßgeblich durch Kosten bestimmt. Das sind zum einen die soeben erwähnten politischen Kosten (Chance der Wiederwahl, Reaktion der verschiedenen Interessengruppen und der Medien und so weiter), zum anderen reale Kosten (hauptsächlich Personal- und Materialkosten).

Uns ist bewusst, dass dieser Schlüssel auch Schwächen aufweist. Es liegt aber in der Natur der Sache, dass Abstraktion auf Kosten der Details geht. Ein gewisser Grad an Abstraktion ist jedoch notwendig, um zu neuen Erkenntnissen zu gelangen. Für die konkrete Aufgabe, die Erkenntnisse aus dem Bereich der Digitalen Ökonomie auf den staatlichen Sektor zu übertragen, wird diese Analogie ihren Zweck erfüllen.

Exkurs – Methodische Grundlagen: Ein Blick hinter die Kulissen

(1) Erkenntnisse der Digitalen Ökonomie (Makroebene)

Im privatwirtschaftlichen Sektor lässt sich ergründen, welche systemischen Folgen die Digitalisierung hat. Denn dort hat sich bereits nach kurzer Zeit gezeigt, welches enorme Umwälzungspotenzial die Digitalisierung mit sich bringt. Große und bekannte Unternehmen wie Kodak, Toys R Us, Blockbusters, Circuit City oder Nokia sind verschwunden oder haben einen großen Teil ihres Wertes und Geschäfts eingebüßt.

Ganze Wirtschaftszweige, wie beispielsweise die Musikindustrie, haben einen grundlegenden Umbruch hinter sich. Innerhalb von rund 20 Jahren haben sich dort nicht nur die Produktionsfaktoren und -kosten von Musik geändert, auch Absatz- und Preismodelle, Wettbewerbsbedingungen oder Marketingkanäle haben sich fundamental gewandelt. Retrospektiv betrachtet, ist im Musikgeschäft kaum ein Stein auf dem anderen geblieben.

Der Erwerb, das Konsumverhalten und die Wahrnehmung ganzer Produktpaletten wurden gänzlich anders, sobald die jeweiligen Güter oder Dienstleistungen digitalisiert werden konnten. Diese massiven Umbrüche blieben auch der Forschung nicht verborgen. Insbesondere Wirtschaftswissenschaftler begannen die Folgen der digitalen Transformation für den privaten Sektor zu untersuchen. Die »Economics of Digitization« oder auch »Digital Economics« bildet inzwischen ein eigenes anerkanntes Feld innerhalb der Wirtschaftswissenschaften.

Eigentlich ist es naheliegend, auf sie zurückzugreifen, wenn wir über die Digitalisierung und die möglichen Folgen für den staatlichen Sektor nachdenken.

(2) Einsichten der Neuen Politischen Ökonomie

Auch wenn die Erfahrung mit der Digitalen Ökonomie wesentlich ist, sollte sie nicht die einzige Brille sein, durch die wir das Geschehen betrachten. Es bestehen offensichtlich Unterschiede zwischen der staatlichen und der digitalwirtschaftlichen Sphäre, die wir nicht ausblenden. Insbesondere die eigenen Anreize und Interessen der individuellen, staatlichen Akteure werden die zukünftigen Entwicklungen maßgeblich mitprägen. An dieser Stelle kommt die Neue Politische Ökonomie ins Spiel.[15] Sie wird uns helfen, die Erfahrungen mit der »Digital Economy« an die Gegebenheiten des öffentlichen Sektors anzupassen.

Der traditionelle theoretische Ansatz sowohl in der Wirtschafts- und Politikwissenschaft als auch im IT-Sektor betrachtet die Institutionen oft als Ganzes und geht davon aus, dass die staatlichen Akteure und Institutionen ausschließlich versuchen, den Nutzen der Bürger zu verfolgen. Politiker und Staatsangestellte handelten demnach völlig selbstlos. Sie seien allein an der Förderung einer abstrakten gesellschaftlichen Wohlfahrt interessiert, sie würden keine eigenen, privaten Interessen und Ziele verfolgen oder diese dem gesamtgesellschaftlichen Interesse hintanstellen. Die Neue Politische Ökonomie weist diesen traditionellen Ansatz als wirklichkeitsfremd zurück. Politiker und Staatsangestellte sind nicht anders als andere Menschen und auch keine Heiligen.

Stattdessen übernimmt die Neue Politische Ökonomie grundlegende Erkenntnisse der modernen Wirtschaftswissenschaft und wendet sie auf den öffentlichen Sektor an. Auf diese Weise trägt sie dazu bei, ein besseres Verständnis für die tatsächlichen staatlichen Vorgänge, Prozesse und Strukturen zu entwickeln.

Ausgangspunkt ist die Einsicht, dass Individuen und, daraus abgeleitet, auch die staatlichen Institutionen auf Veränderungen in vorhersagbarer, systematischer Weise reagieren. Als Annahme über das Entscheidungskalkül von Individuen wird, basierend auf den individuellen Präferenzen, von (mehr oder weniger) rationalem und in der Regel eigennützigem Verhalten der handelnden Politiker und Staatsangestellten ausgegangen. Auf einer individuellen Ebene wird also zunächst von identischen Anreizen und Motiven ausgegangen, unabhängig davon, ob es sich um Produzenten und Konsumenten im privatwirtschaftlichen Sektor oder um Politiker und Staatsangestellte im öffentlichen Sektor handelt.

Was bedeutet das konkret? Für Individuen wird zwischen extrinsischen und intrinsischen Verhaltensmotiven und darauf abzielenden Anreizen unterschieden. In die extrinsische Kategorie gehören beispielsweise direkte und indirekte monetäre Motive. Direkte monetäre Motive sind etwa Gehaltserhöhungen oder Boni, indirekte monetäre Motive sind geldwerte Vorteile, die sich aus bestimmten beruflichen Positionen ergeben oder den eigenen Status unterstreichen, etwa ein Dienstwagen, ein repräsentatives Büro oder angenehme Dienstreisen. Anreize, also Signale mit Aufforderungscharakter, auf eine bestimmte Art und Weise zu handeln, können auch nicht monetärer Natur sein, wie zum Beispiel das In-Aussicht-Stellen expliziter Anerkennung und Lob, das Verleihen von Auszeichnungen und Orden oder die Vergabe von Noten in persönlichen Beurteilungen. Wichtige Verhaltensmotive sind auch der Wunsch, Karriere zu machen und bestimmte Ämter anzustreben, das Streben, die eigene Macht[16] auszubauen oder die eigene Position im Verhältnis zur »Konkurrenz« zu verbessern. Aber auch »umgekehrte« Motive, etwa der Wille, Konflikte zu vermeiden, oder der Wunsch, Bestrafung, Sanktionen oder Kritik zu entgehen, fallen darunter.

Zur intrinsischen Kategorie gehören Motive, die in der Tätigkeit selbst liegen, also der Spaß und die Freude an der Arbeit, das angenehme Arbeitsklima, ein sich einstellendes Flow-Gefühl oder der Erwerb neuer Fähigkeiten.

Die Neue Politische Ökonomie fasst nun die individuellen Verhaltensmotive und Anreize zusammen und übersetzt sie so in die Sphäre der staatlichen Institutionen. Damit lassen sich Ziele und Interessen staatlicher Institutionen wie Parlament, Regierung oder Behörden und anderer Teile der staatlichen Verwaltung untersuchen und ihre Handlungen besser erklären. Diese Aggregation erfolgt beispielsweise über Entscheidungsmechanismen wie Abstimmungen oder Verhandlungen (etwa in Parlamenten) oder über die Annahme, dass die Präferenzen und Anreize des Führungspersonals das Verhalten der gesamten Institution wesentlich bestimmen. Dies gilt insbesondere für hierarchisch organisierte Institutionen wie Ministerien und andere Behörden.

Für das Anliegen dieses Buches – die wirkenden Kräfte bei der staatlichen Digitalisierung besser nachvollziehen zu können – ist es wichtig zu erkennen, dass die staatlichen Institutionen meist andere Ziele und Interessen verfolgen als etwa privatwirtschaftliche Unternehmen. Das zentrale Ziel der meisten privaten Unternehmen, die Gewinnmaximierung, entfällt. Stattdessen hat die Neue Politische Ökonomie besondere Ziele und Interessen staatlicher Institutionen identifiziert: insbesondere Steigerung des Prestiges, Selbsterhaltung, Autonomie sowie Maximierung des Budgets und des Einflusses.

Das Prestige einer Institution wird vor allem bestimmt durch ihre relative Position zu anderen Institutionen und durch die Achtung, die ihr von der allgemeinen Öffentlichkeit, der Presse oder den Adressaten ihrer Dienstleistung entgegengebracht wird. Ein wichtiger Faktor für das Prestige einer Institution sind auch die Aufgaben, die sie erfüllt. Staatliche Institutionen haben einen starken Anreiz, Außenstehende nur unvollständig zu informieren und ihre Aufgabenwahrnehmung mit einem außerordentlich hohen Grad an Komplexität zu umgeben. Fehlt es an wichtigen Informationen oder Verständnis, ist fundierte Kritik kaum möglich. Erfolge können überbetont, Misserfolge verschleiert und die Verantwortung auf andere abgewälzt werden. Auf diese Weise kann die eigene »Marke« geschützt werden.

Ein weiteres grundlegendes Ziel staatlicher Institutionen ist die Selbsterhaltung. Regierungen etwa sind bestrebt, Wahlen zu »überleben«. Politiker sind dem Wahlvolk gegenüber direkt verantwortlich und daher permanent mit dem kurzfristigen Risiko des Jobverlustes konfrontiert. Behörden und andere staatliche Institutionen hingegen haben weniger Angst vor den kurzfristigen Konsequenzen ihrer Entscheidungen. Sie versuchen eher, langfristig einen Funktionsverlust zu vermeiden. Ansonsten bestünde die Gefahr, dass die nach Funktionsverlust bei der Institution verbleibenden »einfachen« Aufgaben von anderen Institutionen mit übernommen und die Institution aufgelöst würde. Deswegen haben Behörden starke Anreize, sich juristisch abzusichern, bevor sie tätig werden. Ebenso versuchen sie, Konflikte mit anderen Institutionen zu vermeiden, wenn diese ihren Aufgabenbereich beschneiden könnten. Staatliche Institutionen bevorzugen solche Entscheidungen oder Entwicklungen, die die Gefahr der Eingriffe von außen senken, und konzentrieren sich auf die Zusammenarbeit mit solchen Institutionen, die notwendig sind, um den Selbsterhalt sicherzustellen.

Staatliche Institutionen sind zudem bestrebt, ein möglichst großes Maß an Autonomie zu erlangen oder zu erhalten. Auch hier besteht ein Anreiz, künstliche Informationsknappheit und unnötige Komplexität zu schaffen, um Kontrollen zu erschweren und einen größeren Ermessensspielraum bei den eigenen (»komplizierten«) Entscheidungen haben.

Ein weiteres zentrales Ziel bzw. Interesse staatlicher Institutionen besteht darin, das eigene Budget und, daran gekoppelt, den eigenen Einfluss zu maximieren. Das können Institutionen erreichen, indem sie bei den Abnehmern der von ihnen angebotenen Dienstleistung eine stärkere Nachfrage kreieren oder ihr

Dienstleistungsangebot auf andere Abnehmer ausdehnen. Dann sind sie auch in der Lage, ein größeres Budget (etwa vom Parlament) zu verlangen. Können Institutionen direkt Gebühren von den Bürgern für ihre Dienstleistung verlangen, werden sie bestrebt sein, teurer werdende Dienstleistungen vermehrt anzubieten, um ihre Einnahmen unmittelbar zu erhöhen. Wenn eine eher unbedeutende Behörde also mithilfe digitaler Technologien ihren Einflussbereich oder Adressatenkreis erweitern kann, wird sie die Digitalisierung aktiv unterstützen und vorantreiben. Läuft hingegen eine eher mächtige Behörde Gefahr, Einfluss oder Aufgaben zu verlieren, so wird sie Digitalisierungsbemühungen untergraben und bremsen.

Besonders betonen möchten wir an dieser Stelle, dass Behörden und ähnliche Verwaltungsinstitutionen oft nur ein eingeschränktes Interesse daran haben, im Sinne ihrer Auftraggeber (also des Parlaments und der Regierung) zu handeln. Das gilt insbesondere für alle Angestellten, die nicht direkt vom Auftraggeber von ihrem Posten wieder abberufen werden können. In der Privatwirtschaft wird dieses Phänomen als Prinzipal-Agent-Problem bezeichnet. Eigentümer eines privaten Unternehmens (Prinzipale), etwa die Aktieninhaber, haben das Problem sicherzustellen, dass leitende Angestellte (Agenten), etwa der CEO, in ihrem Interesse handeln. Meist wird das mittels Gewinnbeteiligungen als Anreiz versucht. Gerade dieser zentrale Anreizmechanismus findet im öffentlichen Sektor so gut wie keine Verwendung. Entsprechend größer ist der Spielraum der Verwaltung, eigene Interessen losgelöst vom Auftraggeber zu verfolgen.

(3) Auswirkungen der Massenverarbeitung digitaler Daten (Mikroebene)

Digitalisierung bedeutet genau genommen nichts anderes, als analoge Informationen in digitale Daten zu überführen und diese Daten in großem Stil digital zu verarbeiten und zu analysieren. Dieser Prozess hat sich in den letzten zehn Jahren nicht nur stark beschleunigt und ausgebreitet, sondern auch verändert. Infolge der schnell steigenden Verfügbarkeit digitaler Informationen dringt die Digitalisierung (scheinbar zwangsläufig und unumkehrbar) in immer weitere Bereiche der Gesellschaft vor. Daten werden zunehmend automatisiert durch Softwarealgorithmen verarbeitet. Decision-Making-Software, also Applikationen, die Individuen bei Entscheidungen oder Auswahlen »unterstützen«, haben ihren Siegeszug begonnen.

Der Digitalisierungsprozess wirkt sich, wie Forschung und praktische Erfahrung zeigen, nicht nur in Bezug auf das Zusammenspiel und Verhältnis der verschiedenen Akteure aus. Diese Veränderungen auf der Makroebene werden in der Digitalen Ökonomie meist als Disruptionen bezeichnet. Auch hinsichtlich des Zustandekommens einzelner Entscheidungen und konkreter Handlungen oder des Koordinierens individueller Vorgänge auf der Mikroebene bleibt der Prozess nicht ohne Nebenwirkungen, wenn auch weit weniger offensichtlich. Der digitale Wandel beschränkt sich eben nicht, wie oft angenommen, auf die Art und Weise der Datenverarbeitung.

Effekte

Werden Informationen zunehmend digital und automatisiert erfasst und verarbeitet, lassen sich in der Praxis verschiedene, meist unbeabsichtigte Effekte beobachten.[17]

Die Qualität und der Umfang der eingehenden Daten (Input) bestimmen Potenzial und Output der algorithmischen Datenverarbeitung. Sind beispielsweise die Inputinformationen vollständig und eindeutig? Welchen Informationsgehalt spiegeln die Daten in etwa wider? Da wir derzeit noch weit davon entfernt sind, alle relevanten Informationen ins Digitale überführen zu können, gehen im Digitalisierungsprozess oftmals Teile der Information verloren. Als Folge bilden die Daten nachher nur einen bestimmten Ausschnitt des Geschehens ab. Der Informationsgehalt kann im digitalen Transformationsprozess auch verzerrt werden. Sachverhalte, die zum Beispiel vorher ambivalent waren, erscheinen auf einmal klar und eindeutig.

Aus unserer Sicht noch bedeutender ist die erkennbare Tendenz, diejenigen Vorgänge oder Prozesse stärker zu beachten und zu gewichten, die sich überhaupt digital erfassen lassen. In der Zeitungsbranche war dieser Effekt gut zu beobachten.[18] Bei einer Printausgabe lässt sich nur schwer oder gar nicht nachvollziehen, welche einzelnen Artikel sich der Leser zu Gemüte führt und wie lange er bei einem Artikel verweilt. Es gab und gibt zwar immer wieder Versuche, derartige Informationen über nachträgliche stichprobenartige Leserbefragungen zu ermitteln. Dieser Ansatz hat sich allerdings meist aufgrund hoher Kosten und Unsicherheiten als ungeeignet erwiesen. Ganz anders sieht es bei der Onlineausgabe aus.

Hier lässt sich, je nach Kanal (Browser oder App), sogar fast jede Interaktion des Lesers nachvollziehen und auswerten. Das führte dazu, dass heute in den Strategieabteilungen vieler Medienhäuser als einziger wirklich relevanter Key-Performance-Indicator (KPI) die Verweildauer des Lesers auf einem Onlineartikel herangezogen wird. In der Folge fließt die Printausgabe kaum noch in die strategischen, zukunftsorientierten Überlegungen und internen Analysen der Medienhäuser ein.

Eine parallele und damit verbundene Entwicklung lässt sich auch auf dem Werbemarkt beobachten. Das Einblenden von – oder noch besser die Interaktion mit – Onlinewerbung lässt sich exakt digital erfassen und auch zumindest auf den ersten Blick zielgerichteter präsentieren. Die Verwendung des Werbebudgets lässt sich somit vom Werbungtreibenden besser rechtfertigen und analysieren. Folgerichtig schrumpft der Offlineanteil des Werbemarktes stetig, während der Onlineanteil wächst.[19]

In diesem letztgenannten Beispiel deutet sich bereits ein weiterer Effekt an. Oft wird lediglich der Input digital erfasst, zum Beispiel das Einblenden von Onlinewerbung oder die Verweildauer auf einem Artikel mit eingeblendeter Werbung. Der Output, also der Kauf des beworbenen Produkts oder die Stärkung der Marke, stellt jedoch die eigentlich bedeutsame Variable dar (im Online-Advertising wird das über sogenannte Conversions mithilfe von Tracking-Cookies versucht). Dies geschieht schlicht deswegen, weil sich der Input einfach digital erfassen lässt, im Gegensatz zum Output, dessen digitale Erfassung oft komplex, aufwendig und teuer ist.

Reaktionen (»Gaming«)

Zu den meist unbeabsichtigten oder nebenher auftretenden Effekten treten auch noch bewusste menschliche Reaktionen auf die digitale Erfassung und die damit einhergehende Möglichkeit der Messung und Auswertung hinzu. Diese Reaktionen versuchen die digitale Datenverarbeitung zu beeinflussen, insbesondere wenn die einfließenden Faktoren bekannt sind. Sie können auf den verschiedenen Ebenen ansetzen und haben meist das Ziel, den Output zu verändern.

Auf Inputebene werden häufig solche Ereignisse oder Situationen vermieden, die sich nach der digitalen Erfassung und Verarbeitung negativ auf den gewünschten Output auswirken können. Da diese Ereignisse damit real gar nicht mehr eintreten, können sie auch nicht digital erfasst und einbezogen werden. Umgekehrt werden Ereignisse, die sich positiv auf das gewünschte Resultat auswirken, künstlich ausgeweitet.

Als Beispiel ließe sich etwa an die Ortsumfahrungsprojekte oder ähnliche Straßenbau- und Modernisierungsprojekte denken, die unter anderem von der Verkehrsauslastung abhängig gemacht werden. Im Brückenbau werden bereits jetzt Sensoren verwendet, die als eine Art Frühwarnsystem, neuerdings sogar mithilfe von Ultraschall, Ermüdungssignale des Materials erkennen und helfen, schwerwiegende, kostenintensive Brückenschäden zu verhindern.[20] Ähnlich diesem bewährten Prinzip werden derzeit ultradünne in die Straße integrierte Sensoren für die Smart City entwickelt. Diese Sensoren können einen genauen Überblick über die aktuellen Verkehrsteilnehmer geben, Fahrräder, Autos und LKWs unterscheiden und die Gewichtsbelastung ermitteln.[21] Es dürfte nicht überraschen, wenn Daten dieser Art in nicht allzu ferner Zukunft breitflächig herangezogen werden, um zu ermitteln, wann Instandhaltungs- und Modernisierungsmaßnahmen notwendig sind oder welche Kommune ihre lange erhoffte Ortsumfahrung realisieren darf. Ein Schelm, wer Böses denkt, wenn eine findige Gemeindebehörde eine Baustelle mit Umleitung derart einrichtet, dass plötzlich das Verkehrsaufkommen auf der ausschlaggebenden Straße für den relevanten Erfassungszeitraum massiv steigt.

Aber auch der digitale Datenverarbeitungsprozess selbst kann beeinflusst werden, etwa indem Kriterien geändert, Standards von vornherein gesenkt oder Informationen auf andere Art und Weise klassifiziert werden.

Folgen

Einige dieser Effekte und Reaktionen sind bereits aus der analogen Welt wohlbekannt, werden aber durch die Technologienutzung verstärkt. Andere Auswirkungen treten erst durch die digitale Erfassung in Erscheinung.

Neu ist auf jeden Fall die Möglichkeit, dass sich der Fokus von menschlich wahrgenommenen Problemen auf digital erfassbare und damit messbare Probleme und Ereignisse verschiebt.[22] In manch einer Situation mag das Ersetzen von individuellem Fachwissen durch digitale Analysen negative Konsequenzen haben, in anderen Konstellationen könnte es freilich auch zu einer Verbesserung führen. Auf jeden Fall besteht die Gefahr der Perpetuierung der Folgen, wenn nur Ausschnitte des tatsächlichen Geschehens erfasst werden und in den algorithmischen Entscheidungsprozess einfließen. Gerade selbstlernende, datenbasierte Algorithmen produzieren bei eingeschränktem Datenpool schnell Verzerrungen.

Wegen einer eingeschränkten digitalen Erfassung wird der Fokus verstärkt auf kurzfristige, digital gut erfassbare und messbare Folgen oder Resultate gerichtet. Bedeutendere, langfristige und oft nicht digital erfassbare und messbare Ziele werden hingegen leicht übersehen. Eine derartige Entwicklung lässt sich derzeit gut an den Hochschulen beobachten. Gerade bei der internen Leistungsbewertungen von Professoren wird der Fokus nahezu ausschließlich auf wissenschaftliche Fachpublikationen, die digital messbar sind, gelegt. Der langfristige Nutzen der Forschung für die außeruniversitäre Welt, die nur schlecht digital messbar ist, findet hingegen weit weniger Berücksichtigung.[23]

Zudem werden mit zunehmender Digitalisierung sogenannte weiche, menschliche Faktoren und soziale Kompetenzen, zum Beispiel Mitleid, Motivation, Vertrauen, Kenntnis über den Hintergrund des Betroffenen, weniger Berücksichtigung im Datenverarbeitungsprozess finden. Damit schwinden auch Ermessensspielraum und Autonomie der Entscheidenden, etwa der Angestellten.

In analogen Zeiten war es beispielsweise Sachbearbeitenden in Krankenkassen möglich, in gewissem Rahmen sachfremde Erwägungen bei der Bewilligung von Anträgen auf Kostenübernahme oder Erstattung mit einfließen zu lassen, etwa Mitleid aufgrund der bekannten Lebensumstände des alleinerziehenden Vaters von drei Kindern. Heute wird diese Entscheidung immer stärker von Softwaretools nach Erfassung der verbindlichen Kriterien vorgegeben. Für die Sachbearbeitenden wird es immer schwieriger, diese Entscheidung zu überstimmen. Große Akteure wie Krankenhäuser können darauf mit »KI-optimierten« Abrechnungen reagieren,[24] kleinen, individuellen Akteuren dürfte das hingegen schwerer fallen.

Und auch die Transparenz steigt nur scheinbar. Der Ermessensspielraum des menschlichen Entscheidenden wird oft als intransparent und willkürlich empfunden. Algorithmenbasierte Softwareentscheidungen können unter bestimmten Voraussetzungen, wie etwa vollständigen und klaren Inputvariablen, durchaus fairer und transparenter sein. Oftmals wird allerdings die Intransparenz nur auf eine höhere Ebene verlagert. In der Praxis ist vielfach nicht nur der Algorithmus eine Blackbox, oft sind auch die relevanten Inputvariablen nicht (vollständig) bekannt.

9. Minimale Grenzkosten: Die »Kontrollflatrate«

Zum Einstieg: Eine mögliche Zukunft

Als wir wieder in die Hauptstadt fahren, bin ich froh, nachgegeben zu haben – auch wenn ich mich noch gut an das komische Gefühl erinnere, als ich mein Fahrzeug für das neue staatliche Parkleitsystem DIPALO (Digitaler Parkplatzlotse) registriert und das GPS-Signal freigegeben habe. Und an die unzähligen Diskussionen, die dem vorangingen. Nicht mehr 67 Stunden im Jahr für die Parkplatzsuche zu verschwenden und gleichzeitig die Umwelt durch geringeren Spritverbrauch zu schonen – wer kann da schon Nein sagen. Wenn ich allerdings ehrlich bin, hat mich am Ende wohl doch eher der Vorwurf meiner Tochter umgestimmt, altmodisch und nicht mehr auf der Höhe der Zeit zu sein.

Wie auch immer, jetzt fragt mich jedenfalls die freundliche Stimme der DIPALO-App auf meinem Bordcomputer, in welchem Umkreis meines Ziels ich parken möchte. Im Radius von 100 Metern ist nichts frei – natürlich nicht, wäre ja auch zu schön gewesen. Als ich den Radius auf 300 Meter erweitere, wird das System allerdings fündig. Es reserviert mir einen der speziellen Parkplätze im öffentlichen Raum, die DIPALO-Nutzern vorbehalten sind, und navigiert mich auch gleich dorthin. Das ist schon sehr praktisch und auch deutlich günstiger als die Parkhäuser.

Gerade als ich am frühen Nachmittag die Heimreise antrete, ruft mich meine Tochter an. Sie habe noch ein Paket, das sehr unhandlich sei, und fragt, ob ich es nicht für sie mitnehmen könne. Klar kann ich das. Der Kofferraum ist geräumig. Wir verabreden uns an einer der großen Alleen nördlich des Zentrums. Langsam fahre ich die Allee entlang, aber am verabredeten Treffpunkt steht niemand. Neuerdings gilt hier überall ein eingeschränktes Halteverbot. Ich halte kurz an, kann aber nicht länger das drei Minuten stehen bleiben. Das DIPALO-System würde dies anhand des GPS-Signals erkennen und mich automatisch zu einem Bußgeld verdonnern.

Genervt fädele ich mich wieder in den fließenden Verkehr ein. Nach der dritten Runde sehe ich sie endlich am Straßenrand stehen. Vor ihren Füßen steht ein Paket, fast so groß wie sie. Hmm – von so einem Riesenpaket war nie die Rede. Mir bricht der Schweiß aus. Ich ahne schon, was jetzt kommt. Wortreich entschuldigt sie sich für ihre Verspätung. Ich ignoriere ihren Redefluss, springe aus dem Auto und beginne hektisch, den Kofferraum umzuräumen. In drei Minuten schaffe ich das nie. Ich schaue auf die Uhr. Die Zeit läuft unerbittlich. Nach 2:30 Minuten haste ich ans Steuer und fahre ein Stück vor. Dann räume ich weiter um. Den Vorgang wiederhole ich noch zwei weitere Male, dann habe ich es endlich geschafft. Das Paket ist verstaut. Mit einem kurzen Winken, erleichtert, ziemlich gestresst, aber auch und ein bisschen triumphierend, der App ein Schnippchen geschlagen zu haben, breche ich auf.

Doch ich habe mich zu früh gefreut. Die freundliche Stimme der DIPALO-App weist mich darauf hin, dass ich ein Bußgeld in Höhe von 50 Euro erhalten habe. Nicht etwa, weil ich länger als drei Minuten gehalten, sondern weil ich im eingeschränkten Halteverbot das Fahrzeug verlassen habe. Aufgrund des aktuell hohen Verkehrsaufkommens geht das System außerdem davon aus, dass es dadurch zur Behinderung anderen Verkehrsteilnehmer gekommen sei, was die hohe Strafe erklärt. Auf dem Heimweg grübele ich, wie das System nur merken konnte, dass ich ausgestiegen bin. Und ich frage mich: Hätte ich das System auf andere Weise überlisten können?

Wofür steht diese Geschichte? Wir beginnen unsere Ausführungen zu den digitalen Dynamiken mit einem Blick auf die Kostenstruktur. Entstehen Dinge im digitalen Raum, sind Aufwand und Kosten grundlegend anders verteilt als in der traditionellen analogen Welt. Ein besonderes Phänomen bei digitalisierten Gütern sind dabei die extrem niedrigen Grenzkosten.

Manchem mag es zunächst schwerfallen zu verstehen, was Ökonomen meinen, wenn sie von Grenzkosten sprechen. Aber der Aufwand dahinterzukommen, was sich hinter diesem sperrigen Begriff verbirgt, lohnt sich. Die Dynamik, die minimale Grenzkosten in der sich digitalisierenden Privatwirtschaft ausgelöst haben, und die Umwälzungen, die sie bis heute verursachen, sind kaum zu überschätzen.

(1) Die Dynamik minimaler Grenzkosten in der Wirtschaft

Betrachten wir die Privatwirtschaft, ergeben sich die Kosten für die Herstellung von physischen Gütern und Dienstleistungen aus den Fixkosten für die Entwicklung und Produktion der ersten Einheit sowie den variablen Kosten für die Produktion jeder weiteren Einheit. Diese variablen Kosten für die Produktion jeder weiteren Einheit bezeichnen die Wirtschaftswissenschaftler als Grenzkosten.

Um es anschaulich zu machen: Möchte etwa eine Plattenfirma ein Musikalbum in Form von einer Million physischer Musik-CDs verkaufen, entstehen zunächst Kosten für die Tonaufnahme, das Abmischen und Nachbearbeiten sowie für die Erstellung des Glasmasters als Vorlage für das CD-Presswerk. Das sind die Fixkosten. Zusätzlich stellt das Presswerk der Plattenfirma aber jede einzelne gepresste CD in Rechnung. Das sind die Grenzkosten. Sie betragen bei größeren Abnahmemengen inklusive Hülle und Cover ungefähr einen Euro pro Exemplar.[25] Für eine Million Musik-CDs muss die Plattenfirma daher circa eine Million Euro zusätzlich zu den Fixkosten aufwenden. Ein ganz und gar nicht unerheblicher Betrag.

Rein digitale Güter und Dienstleistungen sind Güter und Dienstleistungen, die sowohl digital hergestellt als auch digital ausgeliefert werden können. Meist inkorporieren rein digitale Güter Informationen in irgendeiner Form, daher hat sich in der Ökonomie auch der Ausdruck Informationsgut (»Information Good«) eingebürgert.[26] Digitale Güter und Dienstleistungen haben die besondere Eigenart, dass die Grenzkosten der Herstellung und Distribution nahezu null sind.[27]

Um das vorherige Beispiel wieder aufzugreifen: Möchte die Plattenfirma das Musikalbum eine Million Mal in digitaler Form absetzen, fallen gleichermaßen relativ hohe Fixkosten für die Tonaufnahme, das Abmischen und Nachbearbeiten sowie für die Erstellung der ersten MP3- oder M4A-Datei(en) an.[28] Die zusätzlichen variablen Kosten für jede weitere Einheit, die Grenzkosten, sind jedoch nahezu null. Denn die Kosten, das Album in digitaler Form zu vervielfältigen und zu distribuieren, sind minimal. Die Datei(en) muss lediglich kopiert und über das Internetnetzwerk versendet werden. Eine Million Kopien sind nur minimal teurer als 10 000 Kopien. Es bedarf nur ein wenig zusätzlicher Rechenleistung.[29]

Kleine Veränderung, große Wirkung

Auf den ersten Blick scheint diese Veränderung nicht allzu bedeutend, dennoch sind die Auswirkungen massiv.[30] Das gilt heute in der Privatwirtschaft, aber, wie sich später zeigen wird, auch für Entwicklungen im sich digitalisierenden Staat. Wir bleiben zunächst in der Wirtschaft: Zum einen transformieren minimale Grenzkosten von rein digitalen Gütern das gesamte Preismodell. Zum anderen, und noch wichtiger, steigern sie die Verfügbarkeit erheblich und damit auch das Konsumverhalten der Kunden. Letztendlich wird dadurch das althergebrachte Geschäfts- und Distributionsmodell völlig auf den Kopf gestellt, wie etwa die Musik- und Filmindustrie in den letzten zwei Jahrzehnten lernen mussten.

Üblicherweise orientiert sich der Preis an den Kosten oder bildet sich bei intensivem Wettbewerb zwischen verschiedenen Anbietern durch einen Preiskampf. Bei gut funktionierendem Wettbewerb entwickelt er sich in beiden Fällen mit der Zeit in die Nähe der Grenzkosten. Im Falle digitaler Güter mit seinen minimalen Grenzkosten würden die Angebote also schnell kostenlos werden und wären somit kaum in der Lage, die anfänglichen, oft hohen Fixkosten wieder einzuspielen.[31] Das wäre auf Dauer für den Hersteller nicht zu verkraften.

Nehmen wir noch das veränderte Konsumverhalten durch die allgegenwärtige Verfügbarkeit und leichte Kopierbarkeit von digitalen Gütern hinzu, werden wir feststellen, dass sich im Endeffekt fast immer das sogenannte Bundling als Preisstrategie durchsetzt.[32] Die verschiedensten digitalen Güter werden zu einem Paket gebündelt und zu einem festen Gesamtpreis angeboten. Es entstehen die bekannten Flatratemodelle (»flat fee«).[33] Zu einem festen monatlichen Preis, der Flatrate, hat man beispielsweise Zugriff auf das gesamte Musikangebot von Apple Music oder Spotify beziehungsweise auf das gesamte Filmangebot von Netflix oder Amazon Prime Video und so weiter. Noch 2009 musste der Kunde in Deutschland für ein einzelnes Musikalbum üblicherweise 15,90 Euro bezahlen,[34] heutzutage bekommt er für knapp zehn Euro im Monat Zugriff auf Abermillionen von Alben. Aus Sicht des Konsumenten ist das eine enorme Ausweitung des Angebots zu deutlich geringeren Kosten.

Was bedeuten nun dieses Phänomen minimaler Grenzkosten und seine Folgen für den entstehenden digitalen Staat?

(2) Minimale Grenzkosten im digitalen Staat

Rufen wir uns kurz den »Übersetzungsschlüssel« in Erinnerung. Für die Übertragung der Erfahrungen mit der Digitalen Ökonomie setzen wir die Legislative mit den Produzenten gleich, die öffentliche Verwaltung mit den Händlern und Verkäufern und die Bürgerinnen und Bürger mit den Konsumenten und Konsumentinnen.

Die Legislative »produziert« einen großen Teil der Regeln, die ein konkretes Verhalten der Bürger, Bürgerinnen und Unternehmen zur Folge haben, in Form von Gesetzen. In diesen Bereich der »Gesetzesproduktion« beziehungsweise des Gesetzgebungsverfahrens hat die Digitalisierung bisher nur in geringem Maß Einzug gehalten.

Auf Bundesebene in Deutschland kann beispielsweise die Initiative für ein neues Gesetz von der Bundesregierung, dem Bundesrat oder vom Bundestag ausgehen. Der eingebrachte Gesetzesentwurf geht je nach Verfahren an die beteiligten Organe zur Stellungnahme und wird schließlich im Bundestag beraten und beschlossen. Unter Umständen muss der Bundesrat mitwirken, eventuell muss ein Vermittlungsausschuss einberufen werden, der Bundespräsident muss das neue Gesetz ausfertigen, bevor es dann verkündet werden und in Kraft treten kann.[35] Das gesamte Verfahren ist zum großen Teil immer noch analog. Die Ausarbeitung eines Gesetzesentwurfs ist »Handarbeit«, meist in den Ressorts der jeweiligen Minister,[36] durch die zuständigen Sachbearbeiter im Idealfall unter Einbeziehung von Betroffenen und Experten und in Abstimmung mit den anderen Ministerien (sogenannter Referentenentwurf). Auch wenn sie dabei auf Computer mit Textverarbeitungssoftware, auf die Hilfe von Datenbanken und so weiter zurückgreifen können. Die vorangehenden oder nachfolgenden unzähligen Beratungen und Verhandlungen in Staatssekretärsrunden, Ausschüssen, Gremien oder im Plenum, die Besprechungen mit Lobbygruppen und so weiter sind in ihrer Natur ebenfalls primär manuell, auch wenn dabei moderne Kommunikationsmittel wie E-Mails oder Shared Drives oder Ähnliches verwendet werden. Wenn überhaupt, ist bisher meist nur der Veröffentlichungsprozess und damit das Inkrafttreten digitalisiert.[37]

Trotz dieser digitalen Helfer bleibt das Gesetzgebungsverfahren im Kern also ein analoger Vorgang. Das mag sich zukünftig durchaus ändern, wenn Machine-Learning-Algorithmen beginnen, die Gesetzesentwürfe auszuarbeiten. Oder wenn sich die Bürger im Sinne einer Liquid Democracy – also einer Mischform aus repräsentativer und direkter Demokratie – unmittelbar am Gesetzgebungsverfahren beteiligen können, etwa indem ihre Smartphones ihre jeweiligen Präferenzen übermitteln. So weit sind wir aber heute und wohl auch in naher Zukunft nicht.

Die Rolle der öffentlichen Verwaltung

Viel interessanter ist gegenwärtig die nächste Ebene: die Rolle der öffentlichen Verwaltung, die den Händlern und Verkäufern in der Privatwirtschaft gleicht. Denn hier hat der Digitalisierungsschub bereits begonnen und wird sich in kommenden Jahren deutlich verstärken. Das ist nicht verwunderlich, da die öffentlichen Verwaltungsinstitutionen bei näherer Betrachtung hauptsächlich Informationen verarbeiten und ihre Aktivitäten sich daher besonders für die digitale Transformation eignen.[38] Sie erfassen eine Unmenge von Daten oft in strukturierter Form, analysieren und verarbeiten sie regelbasiert, dokumentieren diese Vorgänge und produzieren wieder neue Datensätze. Im direkten Verhältnis zum Bürger oder zu den Unternehmen haben die Ministerien, Behörden und Ämter die Aufgabe, die Gesetze auszuführen.

Das bedeutet zum einen, dass sie den Bürgern Leistungen anbieten. Dafür kontrollieren sie sowohl die Voraussetzungen für die Leistungsgewährung[39] als auch teilweise die Erbringung der Leistung. Zum anderen – und das ist bedeutender – konkretisieren und vermitteln sie den Bürgern die Verhaltensregeln. Auch hier kontrolliert die Verwaltung vor allem, nämlich die Einhaltung der aufgestellten Regeln. Dafür erheben und verarbeiten sie die notwendigen Informationen oder sprechen im Falle von Zuwiderhandlungen Sanktionen aus:

- Die Finanzministerien und untergeordnete Behörden kontrollieren beispielsweise, ob Steuern rechtmäßig gezahlt werden oder welche Waren und Personen ins Land gelangen oder es verlassen (Zoll).
- Verkehrsministerien überwachen den Zustand von Straßen, Gebäuden und anderen öffentlichen Infrastruktureinrichtungen.

- Innenministerien kontrollieren die Einhaltung der Verfassung, untersuchen rechtswidriges Verhalten, überprüfen die Sicherheit der IT-Technik oder die Rückzahlung von Bildungskrediten etc.
- Landwirtschaftsministerien kontrollieren im Bereich der Lebensmittelsicherheit, der Tiergesundheit, des Verbraucherschutzes oder überprüfen die Voraussetzungen für Subventionen und Ähnliches.
- Arbeits- und Sozialministerien sind zuständig für die Einhaltung der Voraussetzungen von diversen Sozialleistungen bei Krankheit, Unfällen oder Arbeitslosigkeit.
- Regionale Behörden wie Rathäuser sind zuständig für Baugenehmigungen, Aufenthaltstitel, Gewerbeanmeldungen, Anwohnerparkausweise, unzählige Ausnahmegenehmigungen und vieles mehr und damit immer auch für die Kontrolle der Voraussetzungen der jeweiligen Genehmigung.

Neben der Digitalisierung interner Vorgänge und der Kommunikation mit den Bürgern, den Bürgerinnen und den Unternehmen ist in den nächsten Jahren also vor allem derjenige Bereich öffentlichen Tuns von der Digitalisierung betroffen, der eng mit der Kontrolle des Verhaltens der Regierten (Einhaltung der Regeln) oder der Kontrolle bestimmter Merkmale (Vorliegen von Anspruchsvoraussetzungen) verbunden ist.

Kontrolle – was ist das?

Aber was bedeutet Kontrolle hier eigentlich? Genau genommen geht es auch hier um Informationsbeschaffung (Feststellen eines Istzustandes) und Auswertung dieser Information (Abgleich mit einem Sollzustand). Wie erwähnt, ist Information nun gerade das Gut, das sich besonders für die Überführung ins Digitale eignet. Entsprechend auch der Ausdruck »Information Good« für digitale Güter in der Digitalen Ökonomie.

Es sei an dieser Stelle noch einmal daran erinnert, dass die Privatwirtschaft und die Gesellschaft immer mehr Tätigkeiten digitalisiert haben und fortwährend weiter digitalisieren oder grundlegende technologische Geräte wie Sensoren, Drohnen oder leistungsfähige Analysesoftware entwickeln und (günstig) zur Verfügung stellen. Auf diese Weise ermöglichen sie es der staatlichen Verwaltung, die Informationsbeschaffung und -verarbeitung ebenfalls (kostengünstig) zu digitalisieren. Entweder indem sich die staatliche Verwaltung Zugriff auf die zuvor privat digitalisierten Informationen verschafft oder indem sie die entwickelten Technologien nutzt, um selbst zusätzliche Informationen in digitaler Form zu erheben.

Anders ausgedrückt: Es wird für die öffentliche Verwaltung immer einfacher, im großen Stil Daten zu sammeln. Gleichzeitig wird die digitale Auswertung immer umfänglicherer Daten immer günstiger. Machine-Learning-Algorithmen, Visualisierungssoftware und andere Advanced-Analytics-Tools – also komplexe digitale Analysewerkzeuge – haben in letzter Zeit große Fortschritte gemacht und werden dies in naher Zukunft auch weiterhin tun. In der Privatwirtschaft werden Daten immer wieder als das Öl oder der Rohstoff des 21. Jahrhunderts bezeichnet. Es gibt wenige Gründe, die dagegensprechen, dass die staatlichen Institutionen das (demnächst) auch so sehen. Denn die Parallele zu den »Information Goods« in der Privatwirtschaft sollte offensichtlich sein. Für die staatliche Informationsbeschaffung und Auswertung gilt demzufolge das gleiche Phänomen: Die Grenzkosten für die Beschaffung zusätzlicher Informationen oder die Auswertung zusätzlicher Daten sind nahezu null. Auch die Grenzkosten für digitale Kontrolle sind nur minimal. Denn sind erst einmal bestimmte Schnittstellen eingerichtet, die Zugriffe auf bestimmte Daten gewährt, Softwareplattformen zur Datenanalyse programmiert, Sensoren und die zugehörigen Dashboards installiert oder technologische Geräte angeschafft und so weiter, dann sind sowohl der Aufwand gering als auch die Kosten sehr niedrig, die Erhebung und Auswertung auf sehr viel mehr Daten und Sachverhalte auszudehnen.

In unserem Vergleich mit der Digitalen Ökonomie entsprechen die Regierten den Konsumenten. Während sich die Konsumenten im Bereich digitaler Güter über eine enorme Ausweitung des Angebots zu deutlich geringeren Kosten freuen können, dürfen sich die Regierten (eventuell) über eine enorme Ausweitung der Kontrolle (sowohl des Verhaltens als auch bestimmter Merkmale) zu deutlich geringeren Kosten »freuen«. Wir bezeichnen das in Anlehnung an den vertrauten Begriff aus der Privatwirtschaft, zum Beispiel die Musikflatrate, als staatliche Kontrollflatrate.

(3) Die staatliche Kontrollflatrate

Das Phänomen der Kontrollflatrate lässt sich anhand eines alltäglichen Beispiels verdeutlichen: der Kontrolle von Parkverstößen. Im Augenblick kontrollieren Staatsangestellte, etwa Polizisten oder Hilfspolizisten, in Deutschland meist Gemeindevollzugsbeamte, den ruhenden Verkehr. Diese Staatsbediensteten überprüfen, ob Pkws, Lkws und Motorräder rechtmäßig parken – in der Regel nur zu bestimmten Zeiten und in bestimmten Gebieten. Möchte die zuständige Behörde die Kontrolle ausweiten, etwa auf die Vororte oder Nachtstunden, entstehen sofort erheblich mehr Kosten (zusätzlicher Personalbedarf, Überstunden, Nachtzuschläge oder Ähnliches).

Grundsätzlich haben die zuständigen Behörden nach den Vorgaben des Gesetzes in der Regel den gesamten ruhenden Verkehr auf sämtlichen Straßen und öffentlichen Verkehrsflächen zu überwachen und Parkverstöße zu ahnden.[40] Die »Zuständigkeit zur Verfolgung umfasst zunächst die selbstständige und eigenverantwortliche Ermittlung von Verkehrsordnungswidrigkeiten, [...] indem der Gesetzgeber einen Bußgeldtatbestand setzt, missbilligt er das beschriebene Verhalten und verlangt als normative Regel grundsätzlich die Ahndung«.[41] In der Praxis gibt es jedoch eine Art natürliche Grenze, was die Gemeinde tatsächlich kontrollieren kann. Ab einem bestimmten Punkt werden die Kosten,[42] der Personalmangel oder die fehlende Bereitschaft des Personals, zu bestimmten Zeiten zu arbeiten, die Gemeinde an einer effektiven, umfassenden Kontrolle hindern.

Erster Schritt: Technologie kopiert menschliches Verhalten eins zu eins

Wie kann diese analoge Kontrolltätigkeit nun digitalisiert werden? Die Praxis hat gezeigt, dass in einem ersten Schritt zumeist versucht wird, die menschliche Tätigkeit eins zu eins durch technologische Hilfsmittel zu ersetzen. Denkbar wäre es etwa, Gemeindevollzugsbeamte zu Drohnenpiloten auszubilden.[43] Drohnen könnten aus der Luft Parkverstöße erkennen, abgelaufene Parktickets identifizieren und Kennzeichen erfassen. Sie könnten in gleicher Zeit ein wesentlich größeres Gebiet kontrollieren. Zudem wäre es möglich, die Bilder der Drohnen von Software auswerten zu lassen und automatisiert Bußgeldbescheide zu erstellen.

Nun erleben wir es gerade im Bereich der Digitalisierung immer wieder, dass die Realität schneller ist als unsere eigene Vorstellungskraft. Zwei Entwicklungen in jüngster Zeit als Beispiel:

- In New York und Kalifornien lassen die Behörden neuerdings Busse des öffentlichen Nahverkehrs für sich arbeiten. Sie werden mit Kameras ausgestattet, um illegal auf der Busspur parkende Fahrzeuge zu sanktionieren (»Busways with automated camera enforcement«). Zeichnen zwei aufeinanderfolgende Busse dasselbe Fahrzeug auf, wird angenommen, dass ein Verstoß gegen das Straßenverkehrsrecht vorliegt, und ein Bußgeldbescheid erlassen.[44]
- In Amsterdam kommen im Rahmen ähnlicher, aber deutlich ambitionierterer Bestrebungen inzwischen spezielle Scanfahrzeuge zum Einsatz, nachdem zuvor der Erwerb der Parktickets digitalisiert wurde.[45] Diese Fahrzeuge sind mit Kameras ausgestattet, die bis zu 800 digitale Bilder pro Sekunde von den parkenden Fahrzeugen, einschließlich der Kennzeichen, schießen können. Die Software wertet die Bilder selbstständig aus und erstellt automatisiert Strafzettel, die anschließend per Post versendet werden. Die Scanfahrzeuge scannen jährlich rund 40 Millionen Nummernschilder (das sind im Schnitt mehr als 10 000 am Tag) und ziehen rund 200 Millionen Euro an Bußgeldern ein. In Berlin wird das niederländische System inzwischen auch erprobt.[46]

Aus Sicht der Städte dürften derartige Teilautomatisierungen noch einen weiteren entscheidenden Vorteil haben: Die Kontrolleure sind nicht mehr mit wütenden und aggressiven Autofahrern konfrontiert. Entsprechend wird berichtet, dass die Fehlzeiten der Parkkontrolleure in Amsterdam aufgrund von Krankheit massiv zurückgegangen sind.[47]

Zweiter Schritt: Große Produktivitätsgewinne durch Prozessänderung

Damit ist das Ende der Fahnenstange aber noch lange nicht erreicht. Erfahrungsgemäß stellt sich der große Produktivitätsgewinn durch die digitale Transformation erst in einem weiteren, zweiten Schritt ein, nämlich dann, wenn der Vorgang nicht mehr nur eins zu eins das analoge (menschliche) Vorgehen kopiert, sondern wenn zusätzlich der Prozess geändert und gleichzeitig der Vorgang in Gänze digitalisiert wird.

Übertragen auf die Kontrolle der Parkverstöße und als denklogisch nächster Schritt könnte das Folgendes bedeuten: Alle modernen Fahrzeuge sind inzwischen mit eigenen »GPS-Modulen«[48] ausgestattet, etwa für die eingebauten Navigationssysteme beziehungsweise für die Verfolgung der GPS-Position des Fahrzeugs durch den Autohersteller,[49] für das seit 2018 in der Europäischen Union bei Neuwagen verpflichtende eCall-System[50] oder für die seit Juli 2022 für alle in der EU typgenehmigten Pkw respektive für die ab Juli 2024 für alle in der EU neu zugelassenen Pkw verpflichtende »Blackbox«.[51] Die zuständige staatliche Institution könnte sich nun per Gesetz Zugriff auf diese Positionsdaten verschaffen (mit der Einführung der »Blackbox« ist das bereits für die »Unfallforschung und -analyse« möglich,[52] die Vorschrift müsste nur erweitert werden).

Dann bräuchte es lediglich eine Softwareplattform, welche die Positionsdaten mit den auf Karten hinterlegten Parkplätzen und den digital erworbenen Parkscheinen abgleicht. Ist die Kontrolltätigkeiten erst derart digitalisiert, kann das Phänomen der minimalen Grenzkosten seine volle Wirkung entfalten. Ist die Softwareplattform vorhanden und sind die technologischen Grundlagen gelegt, entstehen kaum zusätzliche Kosten, um die Kontrolltätigkeit auszudehnen – auf 100 Prozent der Fahrzeuge im gesamten Stadtgebiet, rund um die Uhr.

Im Augenblick mag das undenkbar erscheinen. Auch wenn in Boston bereits die Smartphonedaten der Fahrer genutzt wurden, um Schlaglöcher zu kartografieren. Dabei erkennt der Beschleunigungssensor des Handys das Rütteln des Fahrzeugs, und der »GPS-Sensor« loggt den Standort.[53] In einem ersten Schritt muss von staatlicher Seite ein Anreiz geschaffen werden, die GPS-Daten freiwillig zu übermitteln, als Gegenleistung für einen besonderen Service. Dieses Prinzip und die Bereitschaft der großen Mehrheit der Bevölkerung, sich auf einen solchen »Deal« einzulassen, sind aus der Privatwirtschaft wohlbekannt (von E-Mail-Providern bis zu sozialen Netzwerken). Wer an dem System teilnimmt und seine Daten hergibt (»Ich habe ja nichts zu verbergen, außerdem bin ich völlig uninteressant«), erhält zum Beispiel freie Parkplätze angezeigt und spart sich so die unter Umständen langwierige und nervenaufreibende Parkplatzsuche.[54] Die Teilnahme könnte auch an einen moralischen Imperativ oder eine soziale Norm geknüpft werden. Wer an diesem System teilnimmt, verringert den (Parksuch-)Verkehr erheblich und hilft auf diese Weise, das Klima zu schützen, Unfälle zu vermeiden und die Lärmbelastung zu senken. Erst wenn zusätzlich der Gewöhnungseffekt einsetzt und die Mehrheit der Verkehrsteilnehmer ohnehin bereits freiwillig ihre GPS-Daten weiterleitet, würde die Übermittlung für alle verpflichtend. Schließlich ist es doch gut, wenn sich endlich alle an die geltenden Parkplatzregeln halten, das Parken in Wildwestmanier ein Ende nimmt, das Verkehrsaufkommen reduziert und die Umwelt geschont wird – oder nicht?

Dieses Beispiel mag manchem nicht realistisch erscheinen. In jedem Fall aber veranschaulicht es die Dynamik, Anreize und Wirkung von minimalen Grenzkosten. Wir behaupten dabei nicht, dass die beschriebene Entwicklung in naher Zukunft tatsächlich eintreten wird. Wir stellen aber fest, dass es in der Digitalen Ökonomie Eigenheiten und Kräfte gibt, die dazu geführt haben, dass in den Bereichen rein digitaler Güter oft Flatratemodelle entstanden sind. Im staatlichen Bereich zeigen sich im Rahmen der digitalen Transformation sehr ähnliche Voraussetzungen für sehr ähnliche Dynamiken und Entwicklungen. Diese Kräfte werden in unterschiedlichen Ländern mit unterschiedlichen politischen Systemen, Institutionen, Politikern und einer unterschiedlich engagierten Zivilgesellschaft zu ganz anderen Resultaten führen.

Derzeit repräsentiert sicherlich China das eine Ende des Spektrums des digital Möglichen. Auf der Realbevölkerungsplattform »Shi You Ren Kou Ping Tai« etwa bekommt die lokale Polizei Teile des Stadtgebiets, insbesondere die sogenannten Dörfer-in-der-Stadt (»Chengzhongcun«), wo die meisten Arbeitsmigranten vom Land leben, in Form von hochauflösenden Drohnenfotos präsentiert.[55] Die Häuser sind durchnummeriert und können angeklickt werden. Bei jedem Klick poppt eine Liste mit den Bewohnern des Hauses auf. Öffnet man die einzelnen Einträge auf der Liste, erscheinen Informationen über die Bewohner, wie Namen, Adresse, Geburtsdatum, die nationale Identitätsnummer und teilweise auch ein Foto. Noch ist das System nur teilautomatisiert, denn die Daten werden manuell erhoben. Die Bewohner geben sie teils freiwillig über ein Formular in der in China allgegenwärtigen WeChat-App ein, weil sie spezielle Anreizen folgen. Teils übernehmen dies freundliche Nachbarn in ihrer Eigenschaft als »Polizeihelfer«. Es dürfte aber nur eine Frage der Zeit sein, bis auch die Datenerhebung über Kameras, Gesichtserkennungssoftware und Sensoren komplett digital automatisiert wird und die minimalen Grenzkosten ihre Wirkung voll entfalten können.

In funktionierenden westlichen Demokratien hingegen wird es nicht darum gehen, dass jemand gezielt einen Überwachungsstaat im orwellschen Sinne aufbauen möchte. Gleichwohl könnten das Anliegen staatlicher Institutionen, ihre Aufgaben korrekt wahrzunehmen und ihre Pflichten (aus ihrer Sicht) gewissenhaft zu erfüllen, sowie ihr Wunsch, neue digitale, bisher nicht vorhandene Möglichkeiten zu nutzen, um die modernen komplexen Herausforderungen zu bewältigen (und dabei natürlich auch die Interessen der jeweiligen Institution und ihrer Angestellten zu bedienen), auch in westlichen Demokratien den Weg für eine Kontrollflatrate ebnen.

Effizienz, Optimierung und Kontrolle

Effizienzsteigerung taucht bei nahezu jedem Digitalisierungsvorhaben als erklärtes Ziel auf. Die Effizienz lässt sich aber nur steigern, wenn die Prozesse oder Vorgänge, deren Effizienz gesteigert werden sollen, optimiert werden. Für die Optimierung braucht es wiederum Informationen über die Prozesse und Vorgänge. Diese Informationen müssen zunächst erhoben werden. Informationserhebungen zur Optimierung sind, wenn auch nicht direkt als Kontrolle beabsichtigt, im Kern oft genau das. Das gilt umso mehr, wenn die Informationen digital erhoben und damit leicht dauerhaft gespeichert und für weitere Auswertungen genutzt werden können. Man muss sich bewusst machen: Im digitalen Raum impliziert und ermöglicht Optimierung immer auch Kontrolle.

So können auch in westlichen Demokratien gute Absichten, die vorhandenen Anreizstrukturen und die entstehenden Dynamiken wegen der minimalen Grenzkosten schnell dazu führen, dass Datenerhebungen und Auswertungen und in der Folge die (digitale) Kontrolltätigkeiten erheblich ausgeweitet werden – genau wie das Tracking des Kunden in der privaten Digitalen Ökonomie.

Lücke zwischen Anspruch und Wirklichkeit …

Genau genommen besteht derzeit im staatlichen Umfeld eine Lücke zwischen Anspruch und Realität. Der Anspruch »auf dem Papier« besagt, dass der Staat für eine weitgehende Einhaltung der Regeln (Gesetzeskonformität) Sorge zu tragen hat. In der Realität sind staatlichen Institutionen dazu aber kaum in der Lage. Vielmehr müssen sie sich in vielen Bereichen auf Stichprobenkontrollen beschränken. Ein großer Teil der Regeln wird eingehalten, weil die Regierten sie freiwillig befolgen, nicht weil sie Sanktionen befürchten.

Gleichzeitig können sie im Alltag faktisch aber immer wieder einzelnen Regeln zuwiderhandeln oder sie eigenverantwortlich großzügig auslegen (»Ich habe es eilig und fahre ausnahmsweise ein bisschen schneller, da ich konkret hier niemanden gefährde«; »Ich parke hier nur ganz kurz im Parkverbot, um mein Kind im Kindergarten abzuliefern«; »Ich mogele nur ein ganz klein wenig bei meiner Steuererklärung« und so weiter). Auf diese Weise ist die Handlungsfreiheit der Bevölkerung in der Realität erheblich erweitert.[56] Eine Strafe ist nicht immer und zwangsläufig die Folge eines Fehlverhaltens, sondern nur dann, wenn man »Pech hat« und »erwischt wird«.

… und wie die Digitalisierung sie schließen kann

Die Digitalisierung hat nun das Potenzial, diese Lücke zwischen Anspruch und Realität zu verkleinern, in bestimmten Bereichen sogar ganz zu schließen. Vor allem wenn eine aktive politische oder gesellschaftliche Kurskorrektur unterbleibt oder der Widerstand von anderen Institutionen innerhalb des staatlichen Systems zu schwach ausfällt.[57]

Das gilt im Übrigen sogar für den nachfolgenden Schritt der Verwaltungsvollstreckung: Mithilfe der Gesichtserkennungstechnologie, entsprechender Datenbanken und Schnittstellen zu den Softwaresystemen der Banken oder noch einfacher des Handybezahlsystems lassen sich sogar Geldbußen als Folge von Gesetzesverstößen automatisiert einziehen.[58]

Ob und, wenn ja, in welchem Ausmaß eine Angleichung von Anspruch und Realität im Bereich staatlicher Kontrolltätigkeit wünschenswert ist, sollte jede Gesellschaft intensiv und öffentlich ausdiskutieren und für sich entscheiden. Dabei kann sie zu dem Schluss kommen, ein gewisses Maß an Diskrepanz und Zufall sei sinnvoll für die Lebensqualität. Auch um den Menschen nicht das Gefühl geben, »dass sie als bloße Rädchen in einem Getriebe behandelt werden«.[59]

In der neuen Welt digitaler Kontrolle oder des digitalen Trackings werden bereits heute die Transaktionen, die ein Bürger auf Internetplattformen wie Amazon, eBay oder Airbnb tätigt, automatisiert an die Steuerbehörden gemeldet.[60]

(4) Kleine Schritte auf dem Weg zur Kontrollflatrate

Wer (in funktionierenden Demokratien) Angst vor einem »Überwachungsstaat« hat, muss nicht nach dem Bösewicht suchen, sondern die von niedrigen Grenzkosten ausgelöste Dynamik verstehen. Die neuen Technologien versprechen zunächst ein konkretes, eng abgegrenztes Problem zu beseitigen. Es werden passende Softwarelösungen entwickelt und adaptiert, moderne Hardwarekomponenten angeschafft und die erforderlichen Daten erhoben. In der Folge ist es dann schlicht sehr einfach und billig, das Datensammeln auf andere, ähnlich gelagerte Bereiche auszuweiten und/oder die neue Lösung und die bereits gesammelten Daten auch für andere Zwecke zu nutzen.

Die Luca-App und ihre Folgen

Ein Beispiel: Die vor allem in Deutschland im Rahmen der COVID-19-Pandemie eingesetzte Luca-App sollte es den Gesundheitsämtern, zumindest in der Theorie, ermöglichen, Kontaktpersonen von Infizierten zu identifizieren und zu isolieren. Die Datenerhebung diente einzig diesem Zweck. Die Nutzung der mit der App gesammelten Daten für andere Zwecke als zur Kontaktnachverfolgung war gem. § 28a Abs. 4 IfSG ausdrücklich ausgeschlossen.

Doch dabei blieb es nicht. Im Rahmen von Ermittlungen zum Tod eines 39-Jährigen vor einer Gaststätte in der Mainzer Innenstadt eigneten sich die Informationen der Luca-App, der Mainzer Polizei zu helfen, schnell und unkompliziert weitere Zeugen des Geschehens ausfindig zu machen. Die Anreize für die Mainzer Polizei waren groß, den Anwendungsbereich der App-Daten zu erweitern. Mithilfe des zuständigen Gesundheitsamtes, welches einen Infektionsfall in der Luca-App simulieren musste, gelang es, die Daten zu entschlüsseln und für die Strafverfolgung zu verwenden.[61]

Doch auch dabei blieb es nicht. Denn bald darauf schloss der zuständige rheinland-pfälzische Justizminister die systematische Nutzung der App-Daten auch für andere Zwecke als die Kontaktnachverfolgung nicht mehr aus. Im Einzelfall sollten die Daten ebenso für die Strafverfolgung erheblicher Straftaten genutzt werden können.[62]

Es überrascht, so gesehen, nicht, dass auch andere Ermittlungsbehörden in Deutschland versuchten, auf diese Weise und ohne Rechtsgrundlage an die Daten der Luca-App zu gelangen. Ähnliche Fragestellungen haben sich seither verstärkt auch bei anderen Apps und Plattformen aufgetan, da infolge der COVID-19-Pandemie die Teilnahme an Veranstaltungen des öffentlichen Lebens zunehmend personalisiert gespeichert wird.[63]

Diese Vorgänge illustrieren die Dynamik: Sobald neue Daten oder Technologien verfügbar sind, wollen andere staatliche Abteilungen oder Behörden sie ebenfalls nutzen. Aus ihrer Perspektive ist es sinnvoll, wenn diese Technologien ihnen helfen können, ihre Aufgaben besser zu bewältigen. Die bereits erwähnte neue Verpflichtung zur umfassenden Übermittlung des Energieverbrauchs in den Landesklimaschutzgesetzen ist auch für die Polizei interessant. Denn ein ungewöhnlicher oder vergleichsweise hoher Energieverbrauch könnte auf illegale Aktivitäten wie Cannabisanbau hindeuten.[64] Und selbstverständlich ist es für jeden motivierten Kriminalbeamten schwer zu verdauen, wenn er vorhandene Informationen nicht nutzen kann, um einen Täter zu ermitteln. So wächst mit der Zeit der Druck, den Anwendungsbereich Stück für Stück auszuweiten.

Digitale Super-Recognizer

Die bisherige »natürliche« Barriere für mehr Kontrolle durch zu hohe Kosten – insbesondere Personalkosten – entfällt. Bislang greift die Polizei beispielsweise auf sogenannte Super-Recognizer zurück. Das sind Polizeibeamte mit der besonderen Fähigkeit, Gesichter nicht zu vergessen und auch aus großen Menschenmassen herausfiltern zu können.[65] Vorreiter in dieser Hinsicht ist in Deutschland das Polizeipräsidium Stuttgart. Es setzt Super-Recognizer etwa ein, um Gewalttäter und Randalierer innerhalb von Menschenansammlungen nachträglich zu identifizieren.[66]

Natürlich sind Menschen mit dieser angeborenen Begabung rar, ihr Einsatz muss daher von Natur aus auf besondere Ereignisse begrenzt werden. Werden die Super-Recognizer aber durch digitale Technologie in Form von Kameras und Gesichtserkennung ersetzt, entfällt diese Barriere. Einer generellen Ausweitung auf Demonstrationen, andere Protestaktionen oder ganz allgemein auf die Kontrolle öffentlicher Plätze stünde zumindest keine Ressourcenknappheit mehr im Weg.[67] Es bleiben als Korrektiv hauptsächlich die Medienresonanz, der Wählerwillen, der Einfluss der Interessengruppen und der rechtliche Grundrahmen.[68]

Automatisierte Nummernschilderkennung – und immer mehr?

Aufschlussreich ist in diesem Zusammenhang auch der lange Kampf um die automatisierte Nummernschilderkennung zu Fahndungszwecken in Deutschland. Die sogenannten automatischen Kennzeichenlesesysteme (AKLS) erkennen und fotografieren die vorbeifahrenden Fahrzeuge selbstständig, lokalisieren das Kennzeichen, lesen es aus und gleichen es automatisiert mit den zur Fahndung ausgeschriebenen Kennzeichen ab.[69] Dabei wird vonseiten der zuständigen Behörden konstant versucht, den Anwendungsbereich auszudehnen.[70]

Bereits 2008 kippte das Bundesverfassungsgericht die hessischen und schleswig-holsteinischen Vorschriften zur automatisierten Erfassung von Kraftfahrzeugkennzeichen.[71] 2018 erklärte es die entsprechenden Regelungen in Bayern, Baden-Württemberg und erneut Hessen in weiten Teilen für verfassungswidrig.[72]

Als Antwort folgten im Oktober 2020 prompt ein Referentenwurf für eine bundeseinheitliche Regelung und eine entsprechende Anpassung der Strafprozessordnung. Im Juli 2021 trat die nun einheitliche und für alle Bundesländer gleichermaßen geltende Regelung in Kraft.[73] In seiner derzeitigen Fassung erlaubt sie das automatisierte Scannen von Kennzeichen, sieht aber vor, dass die gescannten Kennzeichen nicht dauerhaft auf Vorrat gespeichert und die automatischen Kennzeichenlesesysteme nicht flächendeckend eingesetzt werden dürfen.

Berichten zufolge hatte zuvor allein die Polizei in Brandenburg seit 2017 im Durchschnitt täglich 55 000 Fahrzeuge gescannt und mehr als 40 Millionen Bilder in einer Datenbank auf Vorrat gespeichert[74] – nur um die Dimension zu verdeutlichen.

Wenig überraschend, gibt es darüber hinaus regelmäßig Vorstöße, auch die Kennzeichenscanner des LKW-Mautsystems für die Fahndung einzusetzen.[75] Auch die Nutzung für andere Zwecke steht bereits im Raum. So verabschiedete im November 2018 die Bundesregierung einen Gesetzesentwurf, der die Kontrolle von Dieselfahrverboten mithilfe der automatisierten Kennzeichenerhebung ermöglichen sollte.[76] Wer darauf wettet, dass diese Methode in Deutschland zukünftig umfassender genutzt wird, dürfte keine gute Quote vom Buchmacher erhalten. Schließlich sind die Kosten, ein paar zusätzliche Geräte anzuschaffen, diese immer länger stehen zu lassen und eine größere Datenbank zu unterhalten, minimal.

In anderen europäischen Ländern ist die anlasslose flächendeckende Nummernschilderfassung schon gang und gäbe. In Dänemark etwa wird bereits seit 2016 jedes Fahrzeug an der Grenze digital erfasst und das Kennzeichen gespeichert.[77]

Die COVID-19-Pandemie hat in diesem Zusammenhang die Türen noch weiter geöffnet. Mithilfe von Kennzeichenscannern wird inzwischen auch die Einhaltung sehr viel umfassenderer Grundrechtseingriffe kontrolliert (zum Beispiel die Befolgung der »Stay-at-home order«) – und das nicht in autoritären Staaten, sondern in westlichen Demokratien wie etwa in Australien.[78]

Die Kontrolle der Internetkommunikation

Ein ähnlicher Verlauf lässt sich auch im Zusammenhang mit der Kontrolle der individuellen Internetkommunikation in Deutschland rekonstruieren. Sie wurde nach und nach thematisch ausgedehnt, und der Kreis der potenziell Betroffenen hat sich stetig erweitert. Zuerst gab es jahrelang Streitigkeiten um den sogenannten Staatstrojaner. Gesetzgeber und Strafverfolgungsbehörden auf der einen und das Verfassungsgericht und Grundrechtsschützer auf der anderen Seite haben in zahlreichen Verfahren ausgehandelt, in welchem Umfang und unter welchen Bedingungen die zuständigen Behörden die Hardware eines Verdächtigen infiltrieren dürfen. Beim Staatstrojaner ging es noch um den punktuellen und individuellen Einsatz von Technologie zur Kontrolle bei einem Verdacht auf schwere Straftaten. Der nächste Schritt zielte schon mehr in die Breite. Die digitale Kontrolle der Internetkommunikation wurde mit den sogenannten Uploadfiltern (»Erkennungssoftware«) erheblich ausgeweitet, denn Uploadfilter scannen alle Inhalte, die auf soziale Medien und ähnliche öffentliche zugängliche Plattformen hochgeladen werden. Zudem wurde die Kontrolltätigkeit von den Behörden auf Private übertragen. Ursprünglich waren die Uploadfilter als Mittel diskutiert worden, um die Verbreitung terroristischer Inhalte zu verhindern, dann sollten sie die Jugend vor gefährdenden Inhalten schützen, und nun haben sie darüber hinaus noch den Schutz des geistigen Eigentums sicherzustellen. In der Zwischenzeit sind wir wieder einen Schritt weiter und diskutieren die »Chat-Kontrolle«. Sie nimmt nun auch die individuelle, private und verschlüsselte Kommunikation ins Visier und soll – noch auf der Stufe des Jugendschutzes verharrend – helfen, den sexuellen Missbrauch von Kindern zu bekämpfen.

Derweil sind die Behörden ebenfalls wieder ins Rennen eingestiegen. Mit KIVI hatte 2021 zuerst die Landesmedienanstalt Nordrhein-Westfalen ein digitales System in Betrieb genommen, welches mittlerweile von allen 14 Landesmedienanstalten eingesetzt wird. Die Aufgabe von KIVI ist bereits im Bereich der Generalprävention angesiedelt. Es durchforstet permanent und automatisiert das Internetnetzwerk auf der Suche nach generell rechtswidrigen Inhalten. Es schlägt etwa Alarm, wenn es politisch extremen, pornografischen, gewalttätigen oder jugendgefährdenden Content vermutet.[79]

Die Vorteile digitaler Systeme

Ist die Technologie zum digitalen Datensammeln und Auswerten erst einmal angeschafft und etabliert, sind die Anreize für die staatlichen Institutionen groß und gleichzeitig der Aufwand und die zusätzlichen (Grenz-)Kosten gering, den Anwendungsbereich stetig zu erweitern. Sie vermeiden durch das »Vorschicken« digitaler Systeme auch die direkte Konfrontation mit unzufriedenen Bürgern und schonen ihr Personal. Es bleiben allein die politischen Kosten, welche ebenfalls stetig sinken, wenn sich die Bevölkerung schleichend in zunehmendem Maße an die daraus folgende digitale Kontrolltätigkeit gewöhnt. Außerdem ist potenzieller Widerstand, um die beschriebenen Dynamiken zu brechen, schwer zu organisieren. Zivilgesellschaftliche Akteure etwa haben einen moralisch schwierigen Standpunkt, da die staatlichen Institutionen schließlich nur ihre Aufgaben erfüllen.

Gleichzeitig sind die Kosten für die wenigen, die versuchen entsprechenden Widerstand zu organisieren, hoch, die Kosten für Trittbrettfahren hingegen niedrig. Mehrheiten sind daher schwer zu organisieren. Selbst individuelle Ausweichbewegungen werden schwieriger. Für diejenigen, die an der staatlichen Digitalisierung nicht teilnehmen wollen und sich auf diese Weise einer etwaigen staatlichen Kontrollflatrate zu entziehen versuchen, wird der Alltag immer aufwendiger, sie benötigen besonderes Know-how, und die Kosten steigen, selbst wenn die staatlichen Institutionen keinen direkten Zwang ausüben. Darüber hinaus werden sie als »Outlier«, also als Sonderfall, erst recht auf dem Radar der komplexen digitalen Analysewerkzeuge auftauchen.

Die bisherigen Erfahrungen in der Digitalen Ökonomie haben uns aber auch gelehrt, dass minimale Grenzkosten von großem Vorteil für die Konsumenten sein können. Diese Eigenschaft digitaler Güter wird ihren Beitrag leisten, die Verwaltung effizienter, besser und schneller zu machen, nicht nur wenn es um staatliche Kontrolltätigkeiten geht, sondern auch in anderen als vorteilhafter wahrgenommenen Bereichen, etwa bei der ansonsten langwierigen Prüfung von Anspruchsvoraussetzungen oder bei der Leistungsgewährung. In Japan etwa wird digitales Tracking eingesetzt, um es der Vielzahl älterer Menschen mit Demenzerkrankung (inzwischen über vier Prozent der Bevölkerung) zu ermöglichen, ihren Lebensabend in den eigenen vier Wände zu verbringen. So kann die Lebensqualität der Betroffenen erhöht und gleichzeitig für ihre Sicherheit und Gesundheit gesorgt werden.[80]

Die stetig einfacher werdende Nutzung immer größerer Datenmengen und die unkomplizierte, günstige Ausweitung des Anwendungsbereiches werden es der Administration ermöglichen, der Bevölkerung einen besseren Service zu bieten und die Qualität ihrer Leistungen erheblich zu erhöhen.

Ein Beispiel aus den USA

Die U. S. Food and Drug Administration (FDA) ist beispielsweise unter anderem dafür zuständig, die Sicherheit von Arzneimitteln zu gewährleisten. Sie lancierte 2008 die »Sentinel Initiative« mit einem kleinen Pilotprojekt. Acht Jahre später wurde das ausgereifte Sentinel-System offiziell gestartet. Inzwischen beinhaltet es die größte Datenbank für Arzneimittelsicherheit der Welt und betreibt das fortschrittlichste datengetriebene System zur Überwachung der Sicherheit von Medizinprodukten.[81] In Zusammenarbeit mit einem großen Netzwerk anderer Institutionen wird eine Vielzahl von Informationen, von Daten der Krankenversicherungen bis zu den elektronischen Gesundheitsakten der Krankenhäuser, in das genutzte Datenmodell eingespeist und mithilfe digitaler Analysemethoden ausgewertet.[82]

Auf eine bisher nicht mögliche Weise kann die FDA nun fortlaufend und aktiv die Sicherheit von Arzneimitteln nach der Markteinführung überprüfen. Zuvor war die Behörde vor allem auf die Informationen und Studien der pharmazeutischen Industrie oder der Forschung angewiesen. Nun versetzt die kontinuierliche und umfassende Datenerhebung und -auswertung die U. S. Food and Drug Administration in die Lage, bei der Beobachtung langfristiger Folgen der Anwendung eines Medikaments weit über die Möglichkeiten der Pharmahersteller hinauszugehen. Darüber hinaus sucht ein eigenes Sentinel Innovation Center fortwährend nach weiteren Anwendungsgebieten und neuen Möglichkeiten, elektronische Gesundheitsinformationen zu sammeln und zu strukturieren, um die Qualität des Outputs und damit die Leistung der Behörde konstant weiter zu verbessern.[83]

In anderen Bereichen staatlicher Kontrolltätigkeit, die weniger eindeutig positiv besetzt sind als das Gebiet der Arzneimittelsicherheit, könnte die Dynamik minimaler Grenzkosten gleichwohl dafür sorgen, dass die Bürger, Bürgerinnen und Unternehmen eine spürbare Einengung ihres Möglichkeitenraumes erleben.

10. Hohe Investitionskosten: Wer steht auf der Poleposition?

Zum Einstieg: Eine mögliche Zukunft

Inoffiziellen Kanälen zufolge versuchte die neu gewählte und sehr populäre Regierungschefin gleich nach ihrem Amtsantritt, den ausufernden Einfluss des Innenministers zurückdrängen. Der Innenminister war seit über 15 Jahren im Amt und noch von der vorvorvorletzten Regierung ernannt worden. Obwohl er einer Partei angehörte, die in den letzten Parlamentswahlen schwach abgeschnitten hatte, konnte er sich aufgrund seiner Hoheit über bedeutende Komponenten der digitalen Systeme bisher immer an der Macht halten. Das Innenministerium betrieb nämlich eine der beiden zentralen (und einzigen) administrativen Plattformen im Land, welche die Bürger für den Austausch mit den Behörden nutzten. Mit einem kleinen Kreis von engen Mitarbeitern, als »Special-Tech-Taskforce« bekannt, hatte der Minister faktisch als Einziger direkten Zugriff auf die Steuerung der administrativen Plattform. Als die Kanzlerin versuchte, den Ministerposten neu zu besetzen, kam es im Hintergrund zu einem Machtkampf. Was genau passierte, gelangte nie ganz an die Öffentlichkeit, aber letzten Endes musste die Regierungschefin klein beigeben. Offiziell wurde lediglich kommuniziert, dass kein anderer geeigneter Kandidat habe gefunden werden können, der über ausreichend Systemexpertise und die Unterstützung der »Special-Tech-Taskforce« verfüge.

Die Grenzkosten sind nicht die einzigen wirkmächtigen Kosten der Digitalisierung. Zu Anfang des Transformationsprozesses sind erst einmal erhebliche Investitionen notwendig, die wir im ersten Kapitel der zweiten Phase des technologischen Fortschritts zugeordnet haben. Diese sind ebenfalls ein bedeutender Faktor für den konkreten Ablauf des digitalen Wandels. Die Erfahrungen in der digitalen Privatwirtschaft bezüglich der anfänglichen und über einen längeren Zeitraum fixen

Kosten liefern weitere Hinweise für die mögliche Entwicklung im staatlichen Umfeld.

Im direkten Widerspruch zu den Grenzkosten sinken die erforderlichen initialen Ausgaben nicht massiv. Im Gegenteil, die unvermeidlichen und oft unterschätzten Investitionen sind insbesondere am Anfang meist sehr hoch.[84] Denn die digitalen Systeme und Technologien für das Sammeln, Verarbeiten und Auswerten von Daten fallen nicht vom Himmel. Sie müssen erst angepasst und implementiert werden. Die digitale Transformation selbst ist ein mühsames, kostenintensives Unterfangen. Skalierbare, komplexe Software zu entwickeln, Analysetools zu adaptieren oder Sensoren zur Datenerhebung zu installieren, ist teuer. Damit ist es aber nicht getan. Parallel müssen Prozesse und Vorgänge angepasst oder neu gestaltet werden. Die Angestellten müssen für die neuen Technologien trainiert oder es müssen zusätzliche Mitarbeiter eingestellt werden, um die Technologien auch nutzen zu können. Dabei entstehen ebenfalls erhebliche Kosten, die unter den gefürchteten Stichworten aufwendiges »Changemanagement« und »komplementäre Investitionen« laufen. Kurzum, das Realisieren von digitalen Lösungen kostet die Unternehmen anfangs eine Menge Geld und erfordert viel Arbeit. Bevor man also in die Welt der minimalen Grenzkosten eintreten kann, müssen zunächst die hohen Anfangsinvestitionen gestemmt werden.

(1) Die J-Kurve der Produktivität

In der Digitalen Ökonomie wird dieses Phänomen als J-Kurve der Produktivität (»Productivity J-Curve«) sichtbar und beschrieben. Die notwendigen Anfangsinvestitionen sind oft so hoch, dass das traditionell gemessene Wachstum der Produktivität[85] in denjenigen Unternehmen, die in die Digitalisierung investieren, für einen Zeitraum von einigen Jahren spürbar zurückgeht. Die getätigten Investitionen in Technologie und Personal (»Digital Capital«) zahlen sich erst deutlich zeitverzögert aus, sind dann aber meist an einem plötzlichen Anstieg der Produktivität erkennbar. Die traditionell gemessene Produktivität wird daher zunächst unterschätzt, weil Kapital und Arbeit für den Aufbau von (digitalem) Know-how genutzt werden und damit keine Waren oder Dienstleistungen generieren. In späteren Jahren wird sie dann wiederum überschätzt, wenn dieses Know-how beginnt, sich bei der Produktion auszuzahlen. Diese Fehlmessung des Produktivitätswachstums nimmt die Form einer charakteristischen J-Kurve an (vergleiche Abbildung 2).[86]

Abbildung 2: Die charakteristische J-Kurve aufgrund der Fehlmessung des Produktivitätswachstums infolge der hohen anfänglichen Digitalisierungskosten

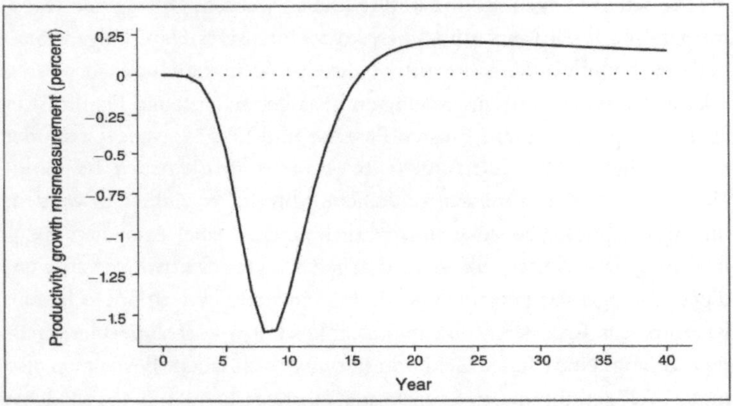

Quelle: Erik Brynjolfsson/ Daniel Rock/Chad Syverson, The Productivity J-Curve: How Intangibles Complement General Purpose Technologies, in: American Economic Journal: Macroeconomics, vol. 13, no. 1, January 2021, S. 333–372.

In der Privatwirtschaft werden infolgedessen Start-ups mit innovativen Lösungsansätzen und neuen technologischen Ideen, die in der Regel kapitalschwach sind, meist in einer frühen Phase von finanz- und personalstärkeren Unternehmen aufgekauft.[87] Oder wenn möglich, ahmen große, etablierte Unternehmen die Ideen oder Lösungsansätze nach und nutzen ihre vorhandenen Geschäftsbeziehungen und beträchtlichen Ressourcen, um schneller zu skalieren als der kleine Wettbewerber und erreichen derart einen größeren Marktanteil.[88] Natürlich gibt es auch Start-ups, die sich »allein« durchsetzen. Die große Mehrheit dieser erfolgreichen Start-ups hat jedoch in nicht unerheblichem Maße Kapital von außen akquiriert (»Venture Capital«), während nur eine sehr geringe – und mit steigender Komplexität noch geringer werdende – Anzahl seinen Aufstieg selbst finanziert hat (sogenanntes »Bootstrapping«).[89] Die verfügbaren finanziellen und personellen Mittel spielen also eine zentrale Rolle dafür, welche Unternehmen langfristig von der Digitalisierung profitieren. Hohe Investitionen in digitales Kapital erklären auch erhebliche Unterschiede in Output und Produktivität zwischen den Unternehmen über die Zeit.[90]

Besonders deutlich werden die anfänglich hohen Investitionskosten, betrachtet man den Aufbau der immer einflussreicheren »Large Language Models« (LLM), vereinfachend immer wieder als »künstliche Intelligenz« bezeichnet. Zum einen wird kostenintensives Expertenwissen gebraucht, um eine nützliche »KI« zu entwickeln. Zum anderen ist das Trainieren des Modells einer KI rechenintensiv und teilweise personalintensiv und entsprechend teuer. Zu guter Letzt sind auch die »guten« Daten nicht ohne Weiteres verfügbar, sondern im »Deep Web«, also auf nicht frei zugänglichen Servern und in privaten Datenbanken oder hinter Bezahlschranken versteckt. Möchte man nicht nur auf die öffentlichen Inhalte des Internetnetzwerks zurückgreifen, ergibt sich so ein weiterer erheblicher Kostenfaktor. Allein die Trainingskosten von OpenAIs Sprachmodell GPT-3, dem Vorgänger desjenigen Modells, welches der inzwischen bekannte Chatbot »ChatGPT« nutzt, wurden auf mehr als zwölf Millionen US-Dollar geschätzt.[91] Als Sam Altman, der CEO von OpenAI, nach den Kosten gefragt wurde, gab er sogar mehrere zehn Millionen US-Dollar an.[92] Die Gesamtkosten für die Entwicklung großer Sprachmodelle mit 150 Milliarden oder mehr Parametern dürfte im Bereich von 200 Millionen US-Dollar liegen.[93] Darin dürfte auch der Grund liegen, warum sich Microsoft mit einem Investment in Höhe von kolportierten zehn Milliarden US Dollar eine besondere Partnerschaft mit OpenAI sichern konnte.[94] Gerade diese anfängliche Kapitalintensivität von modernen digitalen Technologien lässt manch einen eine »New Digital Divide«, also eine dauerhaft sehr ungleiche Verteilung der Nutzungsmöglichkeiten und Gewinne von technologischen Innovationen, befürchten.

(2) Das (verpuffende) Glück der späten Geburt

Für die staatlichen Institutionen müssten die Einstiegskosten zwar grundsätzlich geringer sein. Schließlich können sie auf die intensive Vorarbeit des privaten Sektors zurückgreifen.[95] Das gilt zumindest in Bezug auf die verfügbaren Technologien. Gleichzeitig sind Ausgangslage und Umfeld im staatlichen Bereich etwa hinsichtlich geschulten Personals schwieriger. Modernisierungsrückstand, Widerstand gegen neue Technologien und altmodische Arbeitsweisen oder Reaktionsträgheit dürften zusätzliche Kosten verursachen. Darüber hinaus dürften auch die Kosten für das Anpassen, Implementieren, teilweise auch Entwickeln von geeigneten Plattformen und Software sowie für die Digitalisierung der eigenen Datenbestände insgesamt hoch ausfallen. Die Fähigkeit, die erheblichen Anfangsinvestitionen in digitale Technologien zu tätigen, um das Sammeln und Auswerten von Daten überhaupt zu ermöglichen, ist damit ein fundamentaler Faktor auch bei der staatlichen Digitalisierung.

Einen entscheidenden Unterschied zwischen den staatlichen Institutionen und privaten Unternehmen existiert dennoch. Erstere können auf nahezu unbegrenzte Ressourcen zurückgreifen.[96] Scheitert selbst ein großes, umfangreiches Digitalisierungsprojekt, droht der staatlichen Einrichtung nicht etwa die Insolvenz wie im privaten Sektor. Vielmehr kann sie die Fehlinvestitionen einfach wegstecken und einen neuen Versuch starten. Im schlimmsten Fall wird die Aufgabe einer anderen Einrichtung übertragen. Die dem staatlichen Sektor oft unterstellte digitale Inkompetenz führt nicht zum Scheitern der Digitalisierungsbestrebungen, sondern lediglich zu einer zeitlichen Verzögerung.

Es stellt sich daher nicht die Frage, ob staatliche Institutionen überhaupt die Mittel für ihre digitale Transformation aufbringen können. Viel wichtiger ist die Frage nach dem Willen und der Verteilung. Die grundsätzliche Verfügbarkeit gewaltiger Ressourcen bedeutet nicht, dass jede staatliche Institution gleichermaßen auf diese Ressourcen zugreifen kann. Der »Staat« ist kein einheitliches Gebilde. Die verschiedenen staatlichen Institutionen verfügen über sehr unterschiedlichen Einfluss und ungleiche Budgets. Auch in anderer Hinsicht unterscheidet sich die fixkostenbezogene Ausgangslage von Einrichtung zu Einrichtung. Manche staatlichen Institutionen unterhalten bereits heute große IT-Abteilungen und haben ein technikaffines Mindset im Haus, andere können auf deutlich weniger technologisches Know-how und Interesse zurückgreifen und müssen zunächst in das Training der vorhandenen oder in neue Mitarbeiter investieren. Auch sind die Möglichkeiten, das eigene Budget bei Bedarf zu erweitern, ungleich verteilt.

(3) Die beste Ausgangslage

Welche Einrichtungen können demnach auf die entsprechenden Ressourcen zurückgreifen, um als Erste umfangreich in digitale Systeme zum Sammeln und Auswerten von Daten zu investieren? Wer könnte damit als staatlicher Vorreiter bei der Nutzung digitaler Kontrollinstrumente in Betracht kommen? Wer könnte von einem technologischen Vorsprung gegenüber den anderen Institutionen profitieren?

Zunächst können wir davon ausgehen, dass es sich um größere Einrichtungen handelt, da nur sie über die notwendigen Mittel verfügen. In der Regel werden dies Einrichtungen auf Bundesebene sein. Bei kleineren Vorhaben, insbesondere bei Pilotprojekten, können auch Institutionen auf föderaler oder sogar lokaler Ebene Vorreiter sein. Diesen dürfte aber das Skalieren – und damit ein bedeutender Einflussgewinn im staatlichen Gesamtgefüge – sowohl aufgrund rechtlicher als auch monetärer Restriktionen noch schwerer fallen als den Start-ups in der freien Wirtschaft.

Ein großes Budget allein genügt jedoch nicht, die Einrichtungen müssten auch frei über einen Teil ihres Budgets verfügen können, um es in ihre eigene digitale Transformation investieren zu können. Eine eigene große IT-Abteilung und bereits vorhandenes technologisches Know-how würden ebenfalls für eine bessere Startposition sprechen. Es kommen auch Einrichtungen infrage, die leicht zusätzliche sachbezogene Mittel akquirieren oder generell Budgeterhöhungen leichter durchsetzen könnten. Insbesondere wenn sie nach außen ihre Digitalisierungsbestrebungen mit zusätzlichen Einnahmen, vorgegebenen Aufgaben oder dem Schutz von bereits getätigten (Infrastruktur-)Investitionen rechtfertigen können.

Anhand der Sollausgaben des Bundeshaushalts für das Jahr 2020 wollen wir einmal beispielhaft die fundamental unterschiedliche Ausgangslage auch im staatlichen Kontext verdeutlichen.[97] Wir betrachten dabei zum einen die Größe der Budgets. Denn auch im staatlichen Umfeld ist die Möglichkeit, Ausgaben zu tätigen und Mittel zu verteilen, mit Einfluss und einer gewissen Machtstellung verbunden. Zum anderen versuchen wir auch zu evaluieren, ob sich ein Teil des aktuellen Budgets sich in andere Bereiche umlenken ließe. Das sollte uns zumindest eine ungefähre

Grundvorstellung von der generellen finanziellen »Power« der einzelnen Institutionen vermitteln. Als Indikator für Arbeitskräfte mit Erfahrung bei der IT-Verwendung und einem technikaffinen Mindset dienen uns die kumulierten Ausgaben für den Erwerb im IT-Bereich,[98] die Ausgaben für Aufträge im IT-Bereich[99] und die Ausgaben für Geschäftsbedarf, Kommunikation und Wartung (inklusive IT-Ausstattung).[100] Wir werfen auch einen Blick auf andere Ausgaben, um abschätzen zu können, ob die jeweilige Einrichtung gute Rechtfertigungsgründe hat, ihr Budget um Digitalisierungskosten zu erweitern, etwa weil sie damit zusätzliche Einnahmen kreieren kann oder weil sie hohe Investitionen tätigt, bei denen es im allgemeinen staatlichen Interesse sein könnte, die Verwendung der Mittel (digital) zu kontrollieren.

Die Ausgangslage der Gerichte

Beginnen wir mit der Judikative, der rechtsprechenden Gewalt (in unserem Kontext sind insbesondere das Verfassungsgericht und die Verwaltungsgerichte relevant). Auch wenn die Rechtssprechungsorgane in den meisten westlichen Demokratien im Großen und Ganzen unabhängig sind, haben sie in vielen Ländern kein eigenes, zentrales Budget. Vielmehr werden den meisten Gerichten die Mittel von unterschiedlichen Ministerien zugewiesen und sind in deren Budget enthalten. Auch in Deutschland ist beispielsweise das Budget des Bundesverwaltungsgerichts Teil des Budgets des Bundesministeriums der Justiz und für Verbraucherschutz. Es betrug im Jahr 2020 insgesamt lediglich 21,48 Millionen Euro. Davon entfielen fast drei Viertel auf Personalausgaben und weitere 20 Prozent auf Ausgaben für die Immobilien. Kaum ein Ausgabeposten war variabel. Nur 8,7 Prozent (= 1,87 Millionen Euro) der Ausgaben lassen sich dem Bereich Informationstechnik im weitesten Sinne zuordnen.[101]

Beim Bundesverfassungsgericht war die Lage noch düsterer. Als zentrales Verfassungsorgan hat es immerhin einen eigenen Haushaltsposten im Bundeshaushalt. Sein Budget betrug 2020 allerdings nur 35,8 Millionen Euro (weniger als 0,01 Prozent des gesamten Bundeshaushalts). Auch hier dominieren bei Weitem die festen Kosten. Lediglich 2,09 Million Euro waren für Ausgaben im IT-Bereich im weitesten Sinne vorgesehen.[102] Mit einem dermaßen geringen und starren Budget lässt sich unmöglich eigenständig in die digitale Transformation investieren.

Davon abgesehen, dürfte es den Gerichten schwerfallen, ihr Budget diesbezüglich zu erweitern. Sie können derzeit weder gut argumentieren, dass sie digitale Tools zur Datenerhebung benötigen, da dies zumindest nicht offensichtlich zu ihrem Aufgabenfeld der Rechtsfindung passt. Noch können sie gegenüber anderen staatlichen Institutionen zwingend argumentieren, dass sie die Unterstützung digitaler Tools benötigen, um ihre Aufgaben besser bewältigen zu können. Eine effizientere, einheitlichere Rechtsprechung und eine geringere Verfahrensdauer (im Durchschnitt vergehen in Deutschland vom Eingang einer Klage beim Landgericht bis zum Urteil in der zweiten Instanz 32 Monate, zwölf Prozent dieser Prozesse dauern länger als vier Jahre)[103] kämen maßgeblich den Bürgern, Bürgerinnen und Unternehmen und nicht primär anderen staatlichen Institutionen zugute. Die Gerichte werden sich somit in Bezug auf die vorhandenen eigenen Ressourcen ganz hinten im Startfeld einordnen müssen.

Die Ausgangslage des Parlaments

Das zentrale Organ der Legislative ist in einer repräsentativen Demokratie das Parlament, in Deutschland der Deutsche Bundestag. In Ländern mit direktdemokratischen Elementen wie der Schweiz ist hingegen auch das Stimmvolk direkt an der Gesetzgebung beteiligt.

Betrachtet man das Budget des Deutschen Bundestages am Anteil des gesamten Bundeshaushalts, muss es ebenfalls als sehr gering eingestuft werden. Es betrug 2020 nur circa 0,20 Prozent des gesamten Bundeshaushalts, was 1,03 Milliarden Euro entspricht. Ähnlich wie bei den Gerichten machten die Personal- und Immobilienausgaben den Löwenanteil aus. Nur die wenigsten Posten dürften prinzipiell variabel sein, etwa kleinere Beträge wie die 2,6 Millionen Euro Zuschüsse an Institute zur Technikfolgenabschätzung. Die Posten für Technologieausgaben im weitesten Sinne beliefen sich immerhin auf circa 29,22 Millionen Euro und signalisieren eine gewisse Offenheit gegenüber der Notwendigkeit, technologische Dienstleistungen zu nutzen. Dennoch wurden die sehr begrenzten IT-Fähigkeiten des Parlaments offensichtlich, als der Bundestag 2015 nicht in der Lage war, einen massiven Hackerangriff abzuwehren.[104] Auch 2021 wurden erneut zumindest einzelne Abgeordnete Opfer eines koordinierten Angriffs.[105]

Die einzigartige Besonderheit beim Parlament liegt darin, dass es keine anderen staatlichen Institutionen, sondern nur sich selbst (und die Wähler) überzeugen muss, wenn es seine finanziellen Ressourcen erweitern möchte. Der Deutsche Bundestag hat das Haushaltsrecht und kann sich selbst ausstatten. Es gäbe auch plausible Gründe für den Bundestag, massiv digital aufzurüsten. Darauf kommen wir in späteren Kapiteln noch ausführlich zu sprechen. Die große Mehrheit der Abgeordneten scheint diese Gründe jedoch (noch) nicht zu sehen. Entsprechend reiht sich auch das Parlament derzeit noch ganz hinten ein.

Die Ausgangslage der Regierung und Verwaltung

Damit rückt die Exekutive, bestehend aus Regierung und Verwaltung, in unseren Fokus. Dem Kopf der Regierung, also dem Kanzler oder der Kanzlerin und dem Kanzleramt, standen 0,86 Prozent des Budgets oder 4,39 Milliarden Euro zur Verfügung und damit fast viermal so viel wie dem Bundestag, dem Bundesgerichtshof und dem Bundesverfassungsgericht zusammen. 2,79 Milliarden Euro gingen allerdings an die Beauftrage für Kultur und Medien, etwa für die Stiftung Preußischer Kulturbesitz, für die Rundfunkanstalt »Deutsche Welle« oder das Humboldt Forum. Andererseits standen 152,2 Millionen Euro für das Presse- und Informationsamt zur Verfügung, das bereits im Umgang mit (digitalen) Informationen vertraut ist und dessen konkrete Ausrichtung durchaus variabel ist. Auch der Bundesnachrichtendienst, sicherlich Heimat fundierten Wissens im Bereich digitaler Kommunikation, ist mit einem Budget von 977,88 Millionen Euro im Kanzleramt angesiedelt. Mit der DigitalService4Germany GmbH hat nun auch das Bundeskanzleramt seine eigene kleine Softwareentwicklungseinheit, ebenso wurden der Posten des Beauftragten der Bundesregierung für Informationstechnik, der CIO Bund, geschaffen. Das sind derzeit noch nicht die Ressourcen, die etwa dem Innen- oder Finanzministerium zur Verfügung stehen, wie wir gleich sehen werden. Aber eine gewisse Einsicht, selbst in digitale Fähigkeiten investieren zu müssen, lässt sich erkennen. Die ersten Samen für eine Budgeterhöhung in diesem Bereich wurden gesät.

Darüber hinaus hat der Kanzler oder die Kanzlerin in Deutschland dank seiner bzw. ihrer Richtlinienkompetenz eine Sonderstellung inne. Dem Kanzleramt sollte es, gleich nach dem Parlament, am leichtesten fallen, seine Mittel zu erweitern.[106] Damit bleibt das Kanzleramt zunächst eine weitgehend unbekannte Größe.

Deutlich besser aufgestellt war da schon die Verwaltung. Innerhalb der zivilen öffentlichen Verwaltung dürfte zumindest in Deutschland das Bundesinnenministerium die mit Abstand beste Ausgangslage haben, um in die eigenen digitalen Fähigkeiten zu investieren. Den zweiten Platz nimmt das Bundesministerium für Finanzen ein, auch wenn eigentlich das Bundesministerium für Digitales und Verkehr das »digital« im Namen trägt. Die beiden letztgenannten Ministerien sind primär auf die der digitalen Transformation zugrunde liegende Infrastruktur ausgerichtet. Der Blick des Verkehrsministeriums ist dabei jedoch lediglich nach außen, auf die Förderung der privaten digitalen Infrastruktur gerichtet.

Das Bundesministerium des Inneren hatte mit 15,7 Milliarden Euro im Jahr 2020 im Vergleich nur ein mittelgroßes Budget. Davon gingen große Fixposten an die Bundespolizei, den Bereich Wohnungswesen und Stadtentwicklung sowie an diverse Ämter wie das Bundeskriminalamt oder das Statistische Bundesamt. Aber in seinem Haushalt befand sich auch ein expliziter Posten in Höhe von 1,04 Milliarden Euro nur für IT und Netzpolitik, Digitalfunk und Moderne Verwaltung. Innerhalb dieses Postens waren 423,69 Millionen Euro speziell für die Verwaltungsdigitalisierung, 40 Million Euro für disruptive Innovationen und weitere 44,92 Millionen Euro für IT-Aufträge enthalten. Auch die Zentrale Stelle für Informationstechnik im Sicherheitsbereich (ZITiS) mit einem Budget von 53,60 Millionen Euro sowie das Bundesamt für Sicherheit in der Informationstechnik (BSI) sind im Geschäftsbereich des Bundesinnenministeriums angesiedelt. Gleiches gilt für das Bundesverwaltungsamt, welches als zentrale Dienstleistungsbehörde des Bundes ebenfalls intensiv mit der staatlichen Digitalisierung befasst ist (75,68 Millionen Euro Budget nur für Aufträge und Dienstleistungen im IT-Bereich).[107]

Selbst der Posten für Wohnungswesen enthielt konkrete Ausgaben für die staatliche Digitalisierung, wie die 26 Millionen Euro, die für die Förderung von Smart-City-Modellprojekten bereitstanden. Zusätzlich konnte es über große und relativ frei verfügbare Posten wie »Heimat, Gesellschaft und Verfassung« bestimmen. Obendrein hatte es mit 274,38 Millionen Euro für das Ministerium selbst das höchste Budget aller Ministerien zur Verfügung. Davon konnte es 24,26 Millionen Euro, der mit Abstand höchste Wert bisher und der zweithöchste Wert insgesamt, für IT im weitesten Sinne aufwenden. Das Ministerium selbst wird daher eine gewisse Erfahrung in der IT-Verwendung im Haus haben.

Es konnte damit bereits 2020 auf ganz erhebliche Ressourcen für konkrete staatliche Digitalisierungsvorhaben zurückgreifen. Im Unterschied zum Verkehrsministerium sind die Mittel nicht auf Hardwareausgaben fokussiert, sondern hauptsächlich für Softwareanwendungen vorgesehen. Aus diesem Grund könnte es dem Innenministerium aller Voraussicht nach und ohne gewichtige Umstrukturierungen, etwa in Form eines eigenen Digitalministeriums, in den kommenden Jahren auch leichter fallen, sogar zusätzliche Budgeterhöhungen durchzusetzen.

Abschließend wollen wir uns noch beispielhaft dem Bundesministerium der Finanzen zuwenden. Es hatte auf den ersten Blick ein relativ kleines Budget von »nur« 7,92 Milliarden Euro, wovon ein erheblicher Teil an die Zollverwaltung geht (36,48 %). Aber in seinem Geschäftsbereich befindet sich das »Informationstechnikzentrum Bund« und damit der zentrale IT-Dienstleister der deutschen Bundesverwaltung mit einem Budget von 690,36 Millionen Euro im Jahr 2020. Auch ist ihm beispielsweise das Bundeszentralamt für Steuern unterstellt, welches ein eigenes Budget für den IT-Bereich in Höhe von 88,8 Millionen Euro vorsah. Das Ministerium selbst ist auch ein Schwergewicht mit einem Budget von 254,15 Millionen. Angesichts seiner Aufgabenstellung und des damit zusammenhängenden Umgangs mit Zahlen und Berechnungen dürfte sein Personal naturgemäß am meisten über die Verwendung von Informationstechnologie wissen und am schnellsten in der Lage sein, digitale Tools großflächig zu adaptieren. Diese Vermutung bestätigt ein Blick auf die Ausgaben im IT-Bereich, welche sich auf 38,35 Millionen Euro summierten, was der mit Abstand höchste Wert aller Ministerien ist.

Da das Finanzministerium auch für die Ausarbeitung des Haushaltsentwurfs zuständig ist, hat es eine besondere Schlüsselposition bei der Verteilung der Gelder inne und dadurch besondere Einflussmöglichkeiten. Es ist schon jetzt neben dem Bundesinnenministerium der zweite zentrale Akteur der Verwaltungsdigitalisierung,[108] auch wenn sein Fokus, ähnlich dem des Bundesverkehrsministeriums, auf der Bereitstellung von Hardware und damit Zusammenhängendem liegt.

In Deutschland verfügen also auf Bundesebene zwei Ministerien (als Teil der Exekutive) über die mit Abstand meisten Ressourcen, um in die eigenen digitalen Fähigkeiten investieren zu können. Sie könnten sich schon allein aus diesem Grund einen digitalen Vorsprung zu den anderen Institutionen erarbeiten und sich mit der Zeit zu zwei sehr einflussreichen Akteuren im zukünftigen digitalen Staat entwickeln. Manifestieren sich darüber hinaus noch andere Entwicklungstendenzen im Fahrwasser der digitalen Dynamiken, könnte ihr Einfluss irgendwann weit über das hinausgehen, was wir bisher gewohnt waren. Das ist deswegen besonders beachtlich, weil es sich nicht um demokratisch gewählte Institutionen handelt.

11. Plattformrevolution: Der Aufstieg der Administration

Zum Einstieg: Eine mögliche Zukunft

Ich bin viel zu spät dran. Immer zwei Stufen auf einmal nehmend, springe ich die Treppe hinunter und renne zum Auto. In dem Moment, in dem ich einsteige, vibriert mein Smartphone. Bitte nicht, bitte nicht ausgerechnet heute, bitte lass es nur eine Nachricht sein. Es ist natürlich keine Nachricht. Freundlich weist mich das Handy auf die erhöhten Feinstaubwerte heute Morgen hin. Bis voraussichtlich zehn Uhr müssen daher alle privaten Verbrennungsmotoren stehen bleiben. Ich fluche innerlich. Das kommt davon, wenn man sein Auto wie ein Familienmitglied behandelt und ihm einen Namen gibt. Als ich nur vorgeschlagen habe, unser altes Auto gegen ein modernes mit Elektromotor auszutauschen, war das empörte Gebrüll der Kinder vermutlich noch auf der Straße zu hören.

Ich überlege kurz, ob ich die Geldbuße einfach in Kauf nehmen soll. Das würde eine teure Fahrt werden, aber wenigstens dürfte ich noch pünktlich kommen. Dann fällt mir mein Schwiegervater ein, der unverbesserliche Sturkopf. Nichts könnte ihn davon abhalten, weiterhin jeden Sonntag seine geliebte uralte Kiste spazieren zu fahren. Er beschloss, die Geldstrafen einfach in Kauf zu nehmen. Er hatte die Rechnung nur ohne die Gefahrenanalyse-KI des Verkehrsministeriums gemacht, die ihn wohl schon als Risikofaktor auf dem Radar hatte. Nach drei sonntäglichen Ausfahrten in Folge war Schluss. Im digitalen Eilverfahren wurden für zwölf Wochen seine Bankkonten eingefroren. Diese neue »mildere« Strafe nennen die Behörden »Unbanking«. Auf Bargeld konnte er auch nicht zurückgreifen. Erstens hatte er keines mehr, zweitens wird es kaum noch irgendwo akzeptiert. Er konnte nur noch im Supermarkt bezahlen, alle anderen Transaktionen wurden geblockt. Das war selbst für ihn hart. Auf einen Schlag war er immobil. Er konnte kein Benzin mehr kaufen, kein Taxi bezahlen, kein Ticket für die Bahn lösen. Er war von uns und allen anderen abgeschnitten, denn der Provider sperrte nach vier Wochen sein Datenvolumen fürs Smartphone und für den heimischen Internetanschluss. Keine Nachrichten, kein Fernsehen, keine Zerstreuung. Selbst die Kinder waren sauer auf ihren Großvater: Zoobesuche, Badeausflüge, Kino, alles musste ausfallen. Wenn er wenigstens einen Garten gehabt hätte ... Ich glaube, er hat sich noch nie so isoliert gefühlt und ist vor Langeweile fast gestorben.

Da ich letzte Woche schon unerlaubt gefahren bin, will ich lieber kein Risiko eingehen. Diese Erfahrung muss ich nicht unbedingt machen. Stattdessen wechsele ich auf das Fahrrad und rase los. Jetzt komme ich auf jeden Fall zu spät, aber vielleicht nicht mehr als 15 Minuten. Als ich in die Arendt-Straße einbiege, vibriert mein Handy – gleich zweimal. Verdammt, was ist denn nun schon wieder? In der Hektik habe ich das Smartphone nicht, wie vorgeschrieben, an der Lenkerhalterung befestigt. Deswegen habe ich auch die neuesten Verkehrshinweise nicht mitbekommen, wie ich nun feststelle. Erstens war die Arendt-Straße heute Vormittag keine Vorfahrtsstraße, und ich habe an der Kreuzung ein digitales Stoppschild überfahren. Zweitens war die Höchstgeschwindigkeit für E-Bikes wegen Glatteisgefahr auf 20 km/h begrenzt. Als ich, vor mich hin grummelnd, das Smartphone an der Halterung befestige, vibriert mein Handy zum dritten Mal. Es ist die Nachricht von der Bank: Die fällige Geldstrafe von 50 Euro wurde direkt eingezogen. Vielen Dank auch.

Ich könnte jetzt durch die Fußgängerzone abkürzen. Dann hätte ich noch eine klitzekleine Chance, nicht allzu spät zu kommen. Wenn ich dabei nicht zu schnell fahren und auf dem Rad hoch und runter hüpfen würde, genau wie die Jugendlichen es oft machen, könnte ich den Beschleunigungssensor im Smartphone eventuell überzeugen, ich würde laufen und nicht Rad fahren. Vermutlich habe ich aber zu wenig Übung, und bei meinem Glück heute geht es garantiert schief. Drei Vergehen in kürzester Zeit hintereinander sollte man unbedingt vermeiden, sonst rückt tatsächlich die Kavallerie an. Ich seufze und kapituliere endgültig. Ich steige ab und schiebe, wie es sich gehört, mein Rad.

Nicht nur die Kosten bestimmen den Ablauf und die Konsequenzen der digitalen Revolution. Auch andere Dynamiken der Digitalisierung wirbeln das gewohnte Zusammenspiel der Akteure durcheinander. Viele Unternehmen sind seit einigen Jahren gezwungen, sich neu zu erfinden oder gänzlich neuen Unternehmen die große Bühne zu überlassen. In vielen Wirtschaftsbereichen, insbesondere in solchen mit (neuerdings) digitalen Gütern oder enger Anbindung an das Internetnetzwerk, lässt sich eine nachhaltige Veränderung der Unternehmenslandschaft, der Wertschöpfungsketten und der Machtverhältnisse beobachten.

Eine Veränderung sticht dabei besonders heraus: das Entstehen der Internetplattformen. Apples iPhone bzw. iPod war nicht deshalb so revolutionär, weil es einen Touchscreen hatte, sondern weil es in der zweiten Version seines Betriebssystems den »App Store« einführte. Damit verwandelte es sich von einem neuen Produkt, einem Telefon mit Touchscreen, zu einer Plattform, die App-Entwickler mit App-Nutzern verband. Erst dadurch konnte es wirklich zum »Smartphone« werden. Das Geschäftsmodell der Mehrheit der wertvollsten Konzerne der westlichen Welt,[109] Amazon (Marketplace), Apple (iOS mit App Store), Alphabet (Google Search und Android OS mit App Store) sowie Microsoft (Windows OS), basiert mittlerweile in erheblichem Maße auf einem Plattformmodell. Auch im Alltag sind die Internetplattformen nicht mehr wegzudenken. Sie sind in zahlreiche Bereiche wie Reisen (Booking, Airbnb), Personenbeförderung (Uber), Medien (YouTube), Personalvermittlung (Stepstone) und viele weitere vorgedrungen und verdrängen dort die traditionelle lineare Art der Wertschöpfung.

(1) Boom der Plattformen in der Privatwirtschaft[110]

Ökonomen bezeichnen die genannten Internetplattformen inzwischen meist als »Multi-sided Platforms« oder »Multi-sided Markets«.[111] Solche Märkte mit zwei oder mehreren Nutzergruppen sind an sich kein neues Phänomen. Es gibt sie schon lange. Auch ein klassischer Wochenmarkt bringt verschiedene Gruppen von Akteuren zusammen und ermöglicht etwa den Austausch zwischen Bauern, Handwerkern und Käufern.[112] Mit der Digitalisierung von Informationen, Dienstleistungen und Waren und durch die Verknüpfung der Wirtschaftssubjekte über das Internetnetzwerk konnten die »Multi-sided Markets« in eine neue Dimension in Bezug auf Volumen, Tempo, Erreichbarkeit und Effizienz vorstoßen.[113] Weitere komplementäre Technologien erlaubten es ihnen zudem, zusätzliche Funktionen zu übernehmen.[114] Erst dank dieser digitalen Innovationen konnten sich »Multi-sided Markets« eine derart prominente Stellung im Wirtschaftsgeschehen aneignen. Wir werden dem allgemeinen Sprachgebrauch folgen und sie als Internetplattformen oder schlicht als Plattformen bezeichnen.

Die traditionelle Art der Wertschöpfung in der Privatwirtschaft erfolgt meist über lineare Lieferketten. Die Hersteller verarbeiten Ressourcen zu einem Produkt oder einer Dienstleistung (Wertgenerierung). Je nach Bedarf kann eine Vielzahl von Zulieferern in den Herstellungsprozess integriert sein. Die fertigen Produkte werden in der Regel vom Vertrieb an ein weitläufiges Netz unterschiedlichster Händler weitergereicht, die wiederum dafür verantwortlich sind, sie an die Konsumenten zu verkaufen (Wertrealisierung). Diese Art der Organisation, vom Hersteller zum Händler zum Konsumenten, wird gerne als »Pipeline-Modell« bezeichnet.[115] Die Händler funktionieren dabei als (dezentrale) Vermittler und übernehmen den Transfer vom Hersteller zum Kunden.[116] Insbesondere treffen sie eine Vorauswahl, welche Güter oder Dienstleistungen sie in ihr Portfolio aufnehmen. Ein Prozess, der sowohl zeit- als auch arbeitsaufwendig ist und daher kostenintensiv. Er muss vom Kunden finanziert werden, schränkt aber paradoxerweise zugleich seine Auswahl ein. Weil die Vorauswahl oft auf Instinkt, Vermutung oder Erfahrung beruht, erweist sie sich in der Praxis meist nicht als die effizienteste oder beste Methode, ein passendes Produkt für den Kunden zu finden.[117]

Die vier grundlegenden Charakteristika moderner Internetplattformen

Was ist nun das Besondere an den Internetplattformen? Im entwickelten Wirtschaftssystem der heutigen Zeit ist es zu einer fundamentalen Bedeutungsverschiebung gekommen: War früher die Wertschöpfung/-generierung (die Produktion) der dominante Faktor, wird es zunehmend die Wertrealisierung (der Prozess der Verkaufsvermittlung und -förderung; das »An-den-Mann-Bringen«).[118] Bei der Wertrealisierung erweisen sich die digitalen Plattformen den traditionellen Händlern und ähnlichen Vermittlern gegenüber als überlegen. Vier grundlegende Charakteristika gestatten es ihnen, die Wertrealisierung zu optimieren. In der Theorie und oft, wenn auch nicht immer, in der Praxis ermöglichen sie so komplexere Beziehungen und effizientere Interaktionen zwischen den Wirtschaftsakteuren.[119]

1. Charakteristikum: Das zentrale Charakteristikum der modernen Internetplattformen ist ihr besonderer Fokus auf die Daten der Nutzenden der Plattform – und ihre Fähigkeiten deren Ressourcen anzapfen.[120] Ihr ökonomischer Erfolg basiert etwa auf ihrem umfangreichen Wissen über Konsumenten und Konsumentinnen und deren Präferenzen. Zum einen können sie das Verhalten und den Konsum der Nutzenden auf der Plattform nachverfolgen (digitales Tracking). Auf diese Weise generieren sie indirekt und meist ohne bewusste Kenntnis der Nutzenden wertvolle Informationen über deren Vorlieben. Zum anderen bringen sie die User dazu, Feedback abzugeben, Informationen bereitzustellen und sich anderweitig einzubringen. Auf diese Weise generieren sie zusätzlich direkt und mit Hilfe des Users weitere Informationen. Das bedeutet meist einen nicht unerheblichen Mehraufwand für die Nutzenden, den die Plattformen mithilfe geschickter Anreize fördern. Kombinieren die Plattformen beide Informationsquellen, können sie die Nutzer sehr genau vermessen. Diese Fähigkeit bringt ihnen einen entscheidenden Vorteil.

2. Charakteristikum: Denn in einer digitalen und digital vernetzten Wirtschaftswelt kommt es zu einer enormen Angebotsausweitung, die Internetplattformen als zweites Charakteristikum ermöglichen und fördern.[121] Gerade im Bereich der digitalen Güter ist das Aufkommen der Plattformen eng mit dem in Kapitel 9 beschriebenen Phänomen der minimalen Grenzkosten verknüpft. Auf einem digitalen Portal können dank minimaler Grenzkosten sehr viel mehr MP4-Alben zum Download bereitgestellt werden, als es in einem traditionellen Musikladen mit physischen CDs je möglich wäre. Selbst im Bereich physischer Güter haben die digitale Vernetzung und die dadurch ermöglichte Globalisierung zu einer enormen Ausweitung der Waren geführt, die die Konsumenten unkompliziert über die großen E-Commerce-Plattformen beziehen können.[122]

Sobald die Konsumentin jedoch mit ein paar Klicks die Songs der ganzen Welt herunterladen oder Produkte aus der ganzen Welt kaufen kann, wird sie schnell vom Angebot erschlagen und benötigt Hilfe bei der Auswahl. Verfügt die Plattformen über umfassendere Informationen über die Präferenzen des Kunden und die Fähigkeit, diese Daten sinnvoll zu verarbeiten, ist sie in der Lage, eine Vorauswahl, meist in Form von Empfehlungen, passgenau für jeden Kunden zu treffen (»Matching«).[123] Die pauschale und künstliche Verknappung des Angebots durch den traditionellen physischen Händler wird durch eine individuelle Vorauswahl bei gleichzeitiger Aufrechterhaltung eines enormen Angebots ersetzt. Oder anders ausgedrückt, Plattformen können dem Konsumenten wesentlich passendere Angebote aus einem größeren Güterspektrum machen als jede Händlerin in der traditionellen Wertschöpfungskette.

Für den Nutzenden sollte es im Idealfall zu einem spürbaren Mehrwert in Form von mehr Auswahl bei gleichzeitig besserem Matching, in kürzerer Zeit, mit weniger Beschränkungen, etwa durch Öffnungszeiten, und teilweise sogar zu einem besseren Preis[124] kommen. Auch wenn es für den Nutzenden zugleich einen gewissen Mehraufwand bedeutet, dürfte sich die Effizienz der Transaktionen in der Gesamtbilanz meist erhöhen (zumindest in der Theorie). Voraussetzung für diese Art von Effizienzgewinn, und das kann nicht genug betont werden, ist die umfassende Vermessung des Users.

Darin dürfte im Übrigen auch einer der Gründe liegen, warum so wenige Nutzer gegen den sogenannten Überwachungskapitalismus protestieren und in der Praxis etwas gegen das digitale Tracking unternehmen.[125] Ihnen dürfte – manchmal auch unbewusst – klar sein, dass die Plattformen die Daten benötigen, um effizient zu arbeiten und für ein besseres Matching zu sorgen.[126] Wenn die Nutzerinnen sich nicht digital tracken lassen, dann müssen sie die Informationen mühsam und arbeitsaufwendig selbst bereitstellen, beispielsweise durch Ausfüllen von Eingabemasken, Beantworten von Fragebögen, durch Tagging und so weiter. Da kann es komfortabler sein, sich im Hintergrund ohne eigenes Zutun digital »überwachen« zu lassen.

3. Charakteristikum: Dabei bleibt es jedoch nicht. Als drittes Charakteristikum betreiben die meisten Plattformen noch eine unterstützende Infrastruktur für den Austausch von Waren und Dienstleistungen, von Währungen und anderen Werten, die kontinuierlich die Transaktionen vereinfacht und die Transaktionskosten senkt.[127] Diese Infrastruktur ermöglicht beispielsweise den Austausch von Informationen oder stellt andere Koordinierungsmechanismen für die Akteure bereit.[128] Die Plattformen sichern die Qualität der Transaktionen durch Reputationssysteme, Zertifizierungen, Versicherungen, Real-Time-Tracking-Systeme und ähnliche vertrauensbildende Maßnahmen.[129] Sie erlauben zudem häufig die einfache und sichere Zahlungsabwicklung oder helfen bei der Durchsetzung der Rechte der Nutzerinnen und reduzieren dadurch effektiv betrügerische Handlungen. Auch der Schutz des geistigen Eigentums spielt bei digitalen Gütern eine wichtige Rolle.

Für diese unterstützende Infrastruktur mobilisieren sie in erheblichem Maße die Ressourcen der Nutzer und erhören durch geschickte monetäre und nichtmonetäre Anreize oder durch Gamification-Methoden, also durch spielerische Elemente, die Bereitschaft der Nutzenden, sich zu beteiligen.

4. Charakteristikum: Als weiteres Charakteristikum darf nicht die Fähigkeit der Plattformen vergessen werden, weitere Produkte/Dienstleistungen und Akteure miteinander zu verknüpfen.[130] So entwickelten sich beispielsweise viele Taxi-Apps weiter und bieten inzwischen nicht mehr nur Fahrten, sondern auch das Ausliefern von Mahlzeiten oder Lebensmitteln an. Unter bestimmten Umständen können sie sich über die Zeit weiter ausdehnen und zu einem ganz eigenen digitalen »Ökosystem« entwickeln.[131]

Übersicht 4: Die vier grundlegenden Charakteristika moderner Internetplattformen

1. Charakteristikum	Besonderer Fokus der Internetplattformen auf die Daten der Nutzenden resultiert in umfangreichem Wissen über sie und ihre Präferenzen	Sie erheben direkt Daten über die Nutzenden durch digitales Tracking und zusätzliche indirekt über Interaktionen des Users in Form von Feedback und Ähnlichem
2. Charakteristikum	Internetplattformen ermöglichen und fördern eine enorme Ausweitung des Angebots für die Konsumenten und Konsumentinnen	Auf Basis der gesammelten Informationen über die Präferenzen des Nutzenden sind sie in der Lage, eine Vorauswahl, meist in Form von Empfehlungen, für jede Kundin zu treffen. Durch dieses »Matching« ersetzen sie die pauschale und künstliche Verknappung des Angebots durch den traditionellen physischen Händler, durch eine individuelle Vorauswahl bei gleichzeitiger Aufrechterhaltung eines enormen Angebots
3. Charakteristikum	Internetplattformen betreiben noch eine unterstützende Infrastruktur, die kontinuierlich die Transaktionen vereinfacht und die Transaktionskosten senkt	Ihre Infrastrukturen ermöglichen beispielsweise den Austausch von Informationen oder stellen andere Koordinierungsmechanismen für die Akteure bereit, etwa indem sie häufig die einfache und sichere Zahlungsabwicklung erlauben oder bei der Durchsetzung der Rechte der Nutzerinnen helfen
4. Charakteristikum	Internetplattformen können weitere Produkte, Dienstleistungen und Akteure miteinander verknüpfen	Sie breiten sich mit der Zeit aus, indem sie ein eigenes Ökosystem kreieren

Verschiebung der Kräfte und des Machtgefüges

Erfolgreiche Plattformen verdrängen aber nicht nur die traditionellen Händler und ähnliche Mittelsmänner. Sie schwächen zur selben Zeit kontinuierlich die Position der Warenhersteller und der Dienstleistungsanbieter.[132] Woher nehmen sie diese geheimnisvolle Kraft?

Zum einen hat das mit der Position der Plattformen zu tun. Die Händler in den traditionellen Lieferketten sind dezentrale kleine Gatekeeper. Sie haben nur Zugang zu einer sehr begrenzten Anzahl von Konsumenten, ihre Rolle gleicht herkömmlichen Intermediären und ist, isoliert betrachtet, entsprechend unbedeutend.

Plattformen hingegen können den Zugang zu einer großen Anzahl, oft der Mehrheit, der Konsumenten kontrollieren,[133] wenn sie attraktiv genug sind und die vier Charakteristika dazu nutzen, erfolgreich bestehende »Reibungen« abzubauen, indem sie die Transaktionen zwischen den Akteuren vereinfachen.[134] Sie werden zu neuen zentralen Gatekeepern in der Lieferkette.[135] Häufig erweitern sie zudem den potenziellen Kundenkreis, etwa durch einfache Handhabung oder gutes Matching. Diese neuen Kunden sind dann ausschließlich über die Plattform zu erreichen. Als einzige zentrale Instanz können sie auf vielfältige Weise den Herstellern den Zugang zum Kunden oder manchen Kunden den Zugang zum Hersteller verweigern oder erschweren.[136]

Diese zentrale Gatekeeper-Position machen sich interessanterweise sogar die staatlichen Institutionen zunutze. Behörden oder Regierungen hatten beispielsweise bisher kaum praktische oder technische Möglichkeiten, gegen missliebige Apps vorzugehen, wie etwa Russlands gescheiterter Versuch, die Nutzung des verschlüsselten Messengers Telegram durch Geoblocking zu verhindern, anschaulich gezeigt hat.[137] Inzwischen müssen sie lediglich genug Druck auf Apple und Alphabet ausüben, eine App aus ihren App-Stores zu werfen, um die Reichweite der App derart einzuschränken, dass sie in der Praxis irrelevant wird.

Zum anderen entmachten die Plattformen die alteingesessenen Produzenten auch, indem sie die Erweiterung des Angebots fördern und so den Wettbewerbsdruck erhöhen. In der Medienbranche etwa ermöglicht es YouTube einem Heer an Amateuren, mit den klassischen Medienproduzenten direkt zu konkurrieren. Der gegenteilige Effekt ist allerdings ebenfalls möglich, wenn Plattform und ausgewählte Hersteller, unter Umständen missbräuchlich, gezielt zusammenarbeiten oder die Algorithmen für die Vorauswahl bestimmte Güter systematisch bevorzugen.

Darüber hinaus wissen die Internetplattformen aus besagten Gründen der umfassenden Datenerhebung und -nutzung viel mehr über die Kunden und den Markt als die Hersteller. Diese Informationsasymmetrie kann so weit gehen, dass die Plattformen den Herstellern etwa bestimmte Eigenschaften oder das Design von Gütern »empfehlen«, neue Trends vorgeben oder den Innovationsbedarf aufzeigen.[138] Genau genommen übernehmen sie damit bereits Aufgaben aus dem Bereich der Produktentwicklung der Unternehmen. In Fällen, die bisher insgesamt eher die Ausnahmen geblieben sind, aber eigentlich den nächsten logischen Schritt darstellen, können sie beginnen, nachgefragte Güter selbst zu produzieren, und sie auf ihrer Plattform prominenter lancieren. Damit ersetzten sie nicht nur die Händler und Mittelsmänner, sondern übernähmen gleich auch noch die Rolle des Herstellers.[139]

Auch können sie aufgrund der niedrigen Grenzkosten sehr schnell weiter skalieren und zusätzliche Bereiche erfassen, um auf diese Weise ihre Position und ihre direkte Beziehung zum Konsumenten weiter zu festigen. Dabei profitieren Plattformen teilweise von ihrer neuartigen Funktionsweise und Infrastruktur. Immer wieder erweisen sich die traditionellen Regulierungsrahmen als nicht einschlägig. Wettbewerbsvorteile gegenüber den traditionellen Intermediären ergeben sich auch, wenn die Plattformen das (noch) fehlende Rechtsverständnis der Akteure ausnutzen und mit unzähligen Transaktionen Tatsachen schaffen.[140]

All diese Faktoren haben mittlerweile in vielen Bereichen nicht nur den Herstellungs- und Distributionsprozess verändert und das Feld der Akteure durcheinandergewirbelt, sondern vor allem auch das alte Machtgefüge gänzlich auf den Kopf gestellt. Nicht mehr die Hersteller geben den Ton an und machen den Händlern Vorschriften, sondern es sind mittlerweile oft die Plattformen, die den Takt vorgeben und verstärkt den Herstellern ihre Bedingungen diktieren. Sie legen fest, auf welche Art und Weise die Hersteller ihr Produkt präsentieren können, wie die Transaktionen ablaufen, zu welchen Informationen die Hersteller Zugang haben, und bestimmen teilweise sogar den

Preis.[141] Mit dieser neuen Realität sehen sich selbst die bis vor Kurzem noch als unangreifbar geltenden großen deutschen Automobilhersteller konfrontiert. In gleichem Maße, in dem sich das moderne Fahrzeug von einem Produkt in eine Plattform verwandelt (genau wie das Handy knapp 15 Jahre zuvor), verlieren die Automobilhersteller ihre Fähigkeit, die Bedingungen zu diktieren, und müssen ungewohnte, schmerzhafte Kompromisse eingehen.[142]

(2) Die »Plattformisierung« des öffentlichen Sektors

Was bedeuten das Aufkommen und die Verbreitung der Plattformen im Zuge der privatwirtschaftlichen Digitalisierung für die digitale Transformation des öffentlichen Sektors? Könnten im staatlichen Umfeld ähnlich funktionierende Plattformen entstehen? Wir gehen nun also der Frage nach, auf welche Art und Weise sich die Erkenntnisse übertragen lassen, welche Dynamiken dabei entstehen und welche Entwicklungen dadurch vorangetrieben werden könnten.

Rufen wir uns dafür zunächst wieder den uns als Hilfestellung dienenden Übersetzungsschlüssel in Erinnerung. Um die Erfahrungen, die im Bereich der Digitalen Ökonomie gemacht werden, auf das staatliche Umfeld zu übertragen, setzen wir die Legislative mit den Produzenten gleich, die öffentliche Verwaltung mit den Händlern und Verkäufern und die Bürgerinnen und Bürger mit den Konsumentinnen und Konsumenten. Die Legislative hat die Macht, den Bürgern, Bürgerinnen und Unternehmen ein bestimmtes Verhalten vorzuschreiben. Sie »produziert« die förmlichen Gesetze und damit den bedeutendsten Teil der Regeln.

Das Bereitstellen dieser Regeln entspricht in unserer Analogie dem Warenangebot in der Privatwirtschaft. Ähnlich den Händlern, die die Waren an die Konsumenten weitergeben, vermittelt die Exekutive, insbesondere die Verwaltung, die Mehrheit der Regeln an die Bürger.[143] Die Ministerien, Behörden und Ämter führen als Mittelsmänner die Gesetze aus, indem sie den Bürgern zum einen konkrete Leistungen bereitstellen und zum anderen die Verhaltensregeln konkretisieren, überliefern und ihre Einhaltung kontrollieren. Für diese Aufgaben muss die Exekutive umfassend Daten von und über die Bürger erheben und verarbeiten. Die Regierten wiederum »konsumieren« das bereitgestellte Angebot, indem sie mehrheitlich die Regeln befolgen und täglich die Vielzahl staatlicher Vorgaben erfüllen.

Vermittlung und Matching im staatlichen Sektor

Aus dieser Perspektive geht es auch im öffentlichen Sektor darum, dass die verschiedenen Akteure zueinanderfinden. Die von der einen Seite, der Legislative, »angebotenen« Regeln, Vorschriften oder Dienstleistungen (Wertgenerierung) werden gegen Gebühren, Informationen und Befolgung mit der anderen Seite, den Bürgern und Unternehmen, getauscht (Wertrealisierung). Die Bürgerinnen »bezahlen« beispielsweise, indem sie Anträge ausfüllen und Informationen übermitteln, die die Einhaltung der Regeln überprüfbar machen. Sie bringen Nummernschilder an, identifizieren sich über Ausweise, füllen Bauanträge aus, geben Steuererklärungen ab, fahren zu schnell in »Blitzer«, bezahlen Bußgelder und so weiter und so fort.

Natürlich erfolgt die Vermittlung hier nicht über einen klassischen Markt. Insbesondere können die Regierten nur in seltenen Fällen oder unter bestimmten Umständen eine Auswahl treffen, welche Regel sie »konsumieren« möchten und welche nicht. Sie können das »Angebot« auch nicht ausschlagen und etwa beschließen, Anträge nicht auszufüllen oder Informationen nicht bereitzustellen. Es gibt auch keine Marktpreise als Feedbackmechanismus, sondern stattdessen Wahlen, Lobbyismus und mediale Berichterstattung. Während die Händler als Belohnung für ihre Vermittlung einen Anteil am Erlös (Marge) erhalten, erhält die Administrative,neben einer Aufwandsentschädigung in Form von Lohn oder Sold vor allem einen Anteil an der Macht der Legislative. Diese Unterschiede in der Ausgestaltung des Vermittlungsmechanismus ändern aber nichts an der vergleichbaren Funktion von Händlern und Exekutivinstitutionen als Mittelsmänner.[144] Der genaue Vermittlungsmechanismus – bürokratischer Apparat anstelle eines klassischen Marktes – ist an dieser Stelle weniger relevant. Für das Entstehen der Plattformen ist vornehmlich die Vermittlungsfunktion der Händler (die Wertrealisierung) von Bedeutung. Aus diesem Grund ist die digitale Plattformlogik auch für die staatliche Verwaltung von grundlegender Bedeutung.

Interessant ist in diesem Zusammenhang auch, welche Eigenschaften die privatwirtschaftlichen Branchen auszeichnet, in denen sich Plattformen bereits als Vermittler durchgesetzt haben oder diejenigen, die ein Kandidat für eine baldige Plattformisierung sind. In diesen Branchen spielen, wenig überraschend, Informationen oder Informationsgüter eine tragende Rolle. Die Vermittlung lief bisher über teure und nicht skalierbare (in der Regel menschliche) Vermittler. In den betroffenen Branchen sind die Anbieter hochgradig fragmentiert und weisen eine stark ausgeprägte Informationsasymmetrie zwischen den Akteuren auf.[145] Es sind jene Branchen, in denen sich die Wertrealisierung als schwierig erweist. In einem solchen Umfeld kann eine Plattform besonders erfolgreich bestehende »Reibungen« abbauen und die Transaktionen zwischen den Akteuren deutlich vereinfachen.[146]

Genau diese Eigenschaften prägen auch weite Teile des staatlichen Umfeldes. Es geht bei Gesetzen, Regeln und Vorschriften um Informationsgüter par excellence. Staatsangestellte übernehmen fast ausschließlich die Rolle der Vermittler zu den Bürgern, und ihr Einsatz ist durch ihre kognitiven Fähigkeiten, Arbeitszeiten und Kosten beschränkt. Aufgrund der verschiedenen Gesetzgeber (Bund und Länder) sowie der nahezu unüberschaubaren Zahl an Gesetzestexten aus den unterschiedlichsten Rechtsbereichen, die vermittelt werden müssen, ist der öffentliche Sektor auch hochgradig fragmentiert. Darüber hinaus ist er auch durch ein hohes Maß an Informationsasymmetrie geprägt. Schon der jeweilige Regelungsbedarf ist für den Durchschnittsbürger nicht immer einfach nachvollziehbar. Darüber hinaus bauen viele Fachgesetze auf komplizierten rechtlichen Konstruktionen auf, gehen von den unterschiedlichsten Voraussetzungen aus und arbeiten mithilfe eines kniffeligen Verweisungsapparates. Die juristische Sprache, in die die Regeln gekleidet werden, ist für die Regierten nur schwer verständlich und bevorteilen oft den Gesetzgeber mit seiner Spezialexpertise.[147]

Gleichzeitig hat sich die Gesetzesproduktion in einem entwickelten Staatswesen heutzutage professionalisiert. Ihre Produktivität hat sich derart gesteigert, dass eine ähnliche Bedeutungsverschiebung wie in der Privatwirtschaft zu erwarten ist. Die Wertgenerierung (die Produktion von Gesetzen) wird an Bedeutung verlieren, die Wertrealisierung (das »An-den-Mann-Bringen« und Vermitteln der unzähligen Gesetze) wird an Bedeutung gewinnen. Der damit einhergehende weitere Bedeutungsgewinn der Verwaltung als Mittelsmann zwischen Gesetzgeber und Bürgern, die besonderen Eigenschaften dieser Vermittlungstätigkeit in Kombination mit der immer weiteren Verbreitung digitaler Technologien setzen eine Dynamik frei, die das Entstehen von ganz ähnlich gelagerten Plattformen auch im öffentlichen Sektor begünstigen und fördern könnte. Insbesondere der Ansatz, zunächst über Leuchtturmprojekte die digitale Transformation voranzutreiben, anstatt in der Breite zu digitalisieren, ist in diesem Kontext bedenklich. Einzelne Leuchtturmprojekte könnten ihren zeitlichen und monetären Vorsprung nutzen, um sich mit der Zeit als Plattformen zu positionieren.

Das bedeutet nicht, dass an die Stelle der (gesamten) Verwaltung eine einzige Superplattform tritt. Das ist allein deswegen schon unwahrscheinlich, weil Verwaltungsinstitutionen aufgrund ihrer Natur als umfassend regulierte Einrichtungen nicht einfach selbst entstehen oder von Entrepreneuren als Start-ups gegründet werden können. Wahrscheinlicher ist vielmehr, dass sich in bestimmten staatlichen Bereichen beziehungsweise an spezifischen Scharnierstellen die vorhandenen Verwaltungseinrichtungen oder -prozesse zu (mehreren) digitalen Plattformen weiterentwickeln. So könnte sich etwa Software für die elektronische Steuererklärung zu einer echten Steuerplattform[148] und dann zu einer Plattform für die allgemeine Abwicklung des Zahlungsverkehrs mit staatlichen Institutionen weiterentwickeln. Derartige staatliche Plattformen könnten dann ganz ähnliche Merkmale aufweisen und auf ganz ähnliche Weise funktionieren wie die privaten Internetplattformen.

Die vier grundlegenden Charakteristika und wie sie sich auf staatliche Plattformen auswirken

Wir greifen daher die vier grundlegenden Charakteristiken von privatwirtschaftlichen Plattformen wieder auf und analysieren, wie sie sich auf etwaige zukünftige staatliche oder administrative Plattformen (»Public Sector Platforms«) auswirken könnten.[149]

1. Die Fähigkeiten zur Datenerhebung und -nutzung.
2. Ein effizientes Matching, welches der erfolgreichen Vermittlung dient.
3. Das Betreiben einer unterstützenden Infrastruktur.
4. Die Fähigkeit, verschiedene Aufgaben und weitere Akteure miteinander zu verknüpfen.

Es wird sich zeigen, dass diese staatlichen Plattformen, der Digitalisierungsdynamik folgend, ebenso in der Lage sein werden, die herkömmliche Art der Aufgabenwahrnehmung der Verwaltung zu ersetzen, um mithilfe der digitalen Technologien wesentlich komplexere Beziehungen und effizientere Interaktionen zwischen den Akteuren zu ermöglichen.

1. Charakteristikum: Das zentrale Charakteristikum der modernen Internetplattformen ist ihre starke Fokussierung auf Datenerhebung (und -verarbeitung), zum einen durch digitales Tracking, zum anderen durch ihre Fähigkeiten, die Ressourcen des Nutzers für zusätzliche Datenerhebungen zu mobilisieren.

Die staatlichen Akteure streben für die Verwaltung inzwischen ganz explizit parallele Fähigkeiten der Datenerhebung und -nutzung an, auch wenn nicht jedem Akteur die dahinterstehende Dynamik bewusst sein dürfte.

So wollte beispielsweise in Deutschland bereits die Datenstrategie der Bundesregierung vom Januar 2021 »die Kompetenz im Umgang mit Daten in der Bundesverwaltung erhöhen. […] Wir wollen, dass alle Bundesministerien in eigener Verantwortung ein/eine Chief Data Scientist oder vergleichbare Rollen (zum Beispiel Chief Data Officer) einführen. […] Wir wollen, dass alle Bundesministerien und/oder ihre nachgeordneten Behörden in eigener Verantwortung interne Datenlabore etablieren.«[150] Das Nationale E-Government Kompetenzzentrum hält in seinem Standpunkt Nr. 13 mit dem richtungsweisenden Titel »Daten als Rohstoff von Verwaltung – Perspektiven einer neuen Datenorientierung« fest: »Analog zu den Entwicklungen in Wirtschaft und Gesellschaft eröffnet die steigende Verfügbarkeit und Vernetzbarkeit digitaler Daten auch und gerade im Bereich der öffentlichen Verwaltung weitreichende Perspektiven.« Die dort dargelegten »Nutzungsmöglichkeiten von Datenorientierung in der öffentlichen Aufgabenwahrnehmung« reichen von »Verhaltensbeeinflussung (von zwingender Steuerung bis zum sogenannten ›Nudging‹)« über die »Leistungsgewährung« bis zum »Ressourceneinsatz (Wieviel? Wann? Wo? Kontrolldichte)«.[151] Auch der Nationale Normenkontrollrat setzt sich für ein »datengetriebenes Regieren als verbindliches Grundprinzip für Gestaltung und Erbringung öffentlicher Leistungen« ein.[152] Und der Koalitionsvertrag 2021–2025 der Ampelkoalition sieht gleich ein eigenes Dateninstitut vor, welches die »Datenverfügbarkeit und -standardisierung vorantreiben« soll.[153]

Dabei startet die Verwaltung aus einer wesentlich komfortableren Ausgangslage als viele Internetplattformen. Die Behörden verfügen bereits über einen immensen Datenschatz in Form zahlloser Aktenablagen und Register. Auch wenn diese oft innerhalb streng getrennter Silos abgeschottet sind, müssen sie nicht bei null anfangen wie die meisten privaten Plattformen. So dürfte es im staatlichen Sektor zunächst verstärkt darum gehen, diese analogen Daten in digitale Daten umzuwandeln, in Datenbanken einzupflegen und Datenmodelle zu entwickeln. Die bereits vorhandenen Daten könnten auf diese Weise für die entstehenden Plattformen nutzbar gemacht werden.

In einem weiteren Unterschied zum privaten Sektor dürfte es im staatlichen Sektor anfänglich auch zu einer Verschiebung bei der Art und Weise der Datenerhebung kommen. Die Datenerhebung in Form von unbewusstem digitalen Tracking der Bürger wird in vielen Demokratien weithin auf Ablehnung stoßen. Als digitale Überwachung ist sie zu negativ konnotiert.

Das digitale Tracking wird sich daher einerseits zunächst und vor allem dort ausbreiten, wo die Bürger nicht direkt davon betroffen sind, etwa bei der Zollabfertigung des Warenverkehrs oder der Kontrolle der Infrastruktur mithilfe von Sensoren und Ähnlichem.[154]

Das bedeutet andererseits aber auch, dass die andere Form der Datenerhebung, direkt vom Bürger und unter seiner Mitarbeit in einem für IT-Systeme passenden Format, stärker in den Vordergrund rückt. Die Regierten werden nach und nach einen Mehraufwand bei der digitalen Interaktion mit der Verwaltung spüren. Oder anders ausgedrückt, ein Teil des Aufwandes für die digitale Informationserhebung wird direkt auf die Bürger abgewälzt, wodurch sich das Entstehen staatlicher Plattformen deutlich weniger komfortabler gestalten dürfte als das Aufkommen privatwirtschaftlicher (mit entsprechend negativer Resonanz und tadelndem Medienecho).

Einen ersten Vorgeschmack darauf bot beispielsweise die Grundsteuererklärung in Baden-Württemberg. Obwohl die Behörden bereits über fast alle notwendigen Informationen verfügten, wurden die Bürger und Bürgerinnen verpflichtet, sie nochmals digital über das Steuerportal zu übermitteln. Denn die elektronisch vorliegenden Daten – etwa in Form von Grundbucheinträgen – seien nicht »technisch verwendbar«, um sie »vollautomatisch« bearbeiten zu können, wie die Behörden beteuerten.[155] Anders ausgedrückt: Die Behörden waren schlicht nicht in der Lage oder willens, die Daten selbst zu migrieren.

Für staatliche Plattformen würde ein solches Verlangen nach Mitarbeit womöglich einen Schaden in Form von einem Reputationsverlust nach sich ziehen. Die Auswirkungen wären aber geringer als in der Privatwirtschaft, denn sie befinden sich in keiner klassischen Wettbewerbssituation und müssen die Bürgerinnen auch nicht mithilfe verschiedenster Anreize dazu bringen, den Mehraufwand zu leisten. Vielmehr können sie die Bürger einfach zur Mitarbeit verpflichten. Ein Ausweichen oder Verzichten ist im staatlichen Kontext eben viel schwieriger, wenn nicht nahezu unmöglich. Als Nebeneffekt und auf lange Sicht wird dieser sicherlich unpopuläre Mehraufwand auch im staatlichen Bereich den Weg zu mehr, weil bequemerem digitalen Tracking bereiten. Die Begrifflichkeit der »digitalen Überwachung« dürfte dann immer weniger Verwendung finden und durch einen positiver klingenden, euphemistischen Terminus, der etwa »Smart« oder »Engagement« enthält, ersetzt werden.

2. Charakteristikum: Das Datensammeln der privaten Plattformen ist kein Selbstzweck. Es sorgt für ein effizientes Matching. Es dient der Wertrealisierung, der erfolgreichen Vermittlung zwischen Wertschöpfer und Abnehmer, etwa indem die Plattformen dem Kunden passende Angebote vorschlagen. Es ist eine direkte Folge der enormen privatwirtschaftlichen Angebotsausweitung, insbesondere in einer digitalisierten Güterwelt, die wiederum von den Plattformen möglich gemacht und gefördert wird. Administrative digitale Plattformen sind nur dann wirklich notwendig, wenn sich auch im staatlichen Umfeld eine parallele »Angebotsausweitung« als Folge der Digitalisierung bemerkbar macht, die wiederum von staatlichen Plattformen ermöglicht und gefördert wird. Wird sich also im staatlichen Kontext eine vergleichbare »Angebotsvergrößerung« manifestieren, welche die Wertrealisierung in den Vordergrund rückt?

Davon gehen wir fest aus. Und zwar in Form einer Vergrößerung des Gestaltungsraumes: durch eine weitere, deutlich spürbare Zunahme solcher Regeln und Vorschriften, die die Verwaltung bei der Ausführung involviert. Das kann entweder durch ein Plus an Gesetzen, durch längere Gesetzestexte oder einen umfassenderen Regelungsgehalt geschehen.[156] Aber auch kompliziertere, feinteiligere »Bedingungen« innerhalb der Regeln, etwa in Bezug auf räumliche, sachliche, persönliche oder zeitliche Geltungsbereiche, in Bezug auf Tatbestandsmerkmale, Zuständigkeiten oder Anspruchsvoraussetzungen (beispielsweise bei der Leistungsgewährung) und so weiter sind wahrscheinlich.[157] Vermutlich werden sich außerdem komplexere Regelungstechniken beobachten lassen. Zunehmend muss in einer globalisierten Welt sogar noch ausländisches oder supranationales Recht beachtet werden, welches im Inland anerkannt oder übernommen und durchgesetzt wird.

Ein Stück weit ist das eine »logische« Entwicklung. Die Welt entwickelt sich weiter, wird komplexer, neue Sachverhalte entstehen, die reguliert werden (müssen).[158] Menschen und Unternehmen passen sich an, weichen aber auch aus, finden Schlupflöcher und zwingen den Gesetzgeber zu einer Anpassung. Zu den bestehenden Regeln kommen dadurch permanent neue hinzu. Eine Tendenz, die sich dadurch verstärkt, dass Menschen systematisch Änderungen bevorzugen, die zu etwas Bestehendem etwas hinzufügen.[159] Als Alternative zu dieser kontinuierlichen Entwicklung bedürfte es einer Art Schubumkehr des Zeitgeistes hin zu mehr individueller Eigenverantwortung, einer größeren Akzeptanz von Unsicherheit und Restrisiko sowie einem begleitenden, umfassenden Entbürokratisierungsprozess. Warum eine solche Umkehrung nicht zu erwarten ist und worin die Gründe liegen, dass in einer globalisierten Welt von zunehmender Komplexität die staatlichen Institutionen mit einer wachsenden Bürokratie und Verrechtlichung antworten, haben wir bereits erörtert.

Vielleicht würde diese »natürliche« Tendenz zu mehr Regeln demnächst an eine tatsächliche Grenze stoßen. Die Regulierung hätte dann ein Ausmaß erreicht, das sich nicht mehr sinnvoll befolgen ließe.[160] Als

»Retter in der Not« kommen da die neuen Technologien gerade recht. Die digitalen Technologien in Kombination mit der Wirkung von minimalen Grenzkosten werden die Vermittlung und Befolgung immer kleinteiligerer, komplizierterer Regelungen erlauben, die sich auch noch in schnellerer Abfolge ändern können. Sie werden die Grenze, was an Bürokratie und Regulierung noch sinnvoll von den Bürgern, Bürgerinnen und Unternehmen gehandhabt werden kann, in einer digitalisierten Welt noch einmal um ein beträchtliches Stück verschieben.

In der analogen Welt müssen die Regeln, insbesondere diejenigen, die im Alltag oder für einen weiten Personenkreis gelten sollen, allgemein verständlich sein und dürfen sich nicht zu schnell ändern. Ansonsten können sie nicht befolgt werden. In einer digitalisierten Welt mit der Unterstützung interpretierender digitaler Technologien, vermittelnder Plattformen und smarter Helfer und Apps kann und wird das anders sein. Die aktuell geltenden Regeln könnten beispielsweise jedes Mal auf das Smartphone »gepusht« werden, sobald eine bestimmte Bedingung eintritt, andere Voraussetzungen erfüllt sind oder sich die Regel selbst ändert. Notwendige Informationen könnten jederzeit etwa über (verpflichtende) Eingabemasken in speziellen Apps oder mithilfe eleganter Frage-Antwort-Spiele in Chatbots oder sogar durch sprachgesteuerte Assistenten (unter Mitarbeit der Bürger) abgefragt werden. Alternativ wäre auch (komfortableres) digitales Tracking einsetzbar, beispielsweise bei örtlicher Veränderung mithilfe des GPS-Signals im Smartphone. Individuelle Lesebestätigungen könnten signalisieren, dass die neuen Regeln auch wahrgenommen wurden (oder, um im juristischen Sprachgebrauch zu bleiben, erfolgreich »verkündet« worden und »wirksam in Kraft getreten« sind). Dafür könnten das Besitzen und Mitführen des Smartphones zur Pflicht werden, wie etwa die Mitführpflicht des Personalausweises in den Niederlanden.[161]

Granulare Regeln: Beispiel Straßenverkehr

In der digitalisierten Welt wäre es, um ein beliebiges Beispiel herauszugreifen, einfach umzusetzen, dass in jeder Örtlichkeit, abhängig von den aktuellen und lokalen Bedingungen, eigene Geschwindigkeitsbegrenzungen gelten und sich diese flexibel ändern. So könnte etwa an Markttagen oder zu Schulbeginn und -ende das maximale Tempo auf 20 km/h im Umkreis von 500 Metern um den Markt beziehungsweise die Schulen begrenzt sein. Die augenblicklich geltende Höchstgeschwindigkeit könnte direkt über das digitale Head-up-Display des Autos vermittelt werden, welches dann vorgeschrieben ist. Falls eine solche Vorschrift abwegig klingen mag: In der EU werden für alle seit Juli 2022 typgenehmigten Pkw und für alle ab Juli 2024 in der EU neu zugelassenen Pkw »intelligente Geschwindigkeitsassistenten« verpflichtend. Diese Assistenten haben den Fahrer auf eine Überschreitung der geltenden Höchstgeschwindigkeit wirksam aufmerksam zu machen.[162]

Ein derartig angepasstes Tempolimit kann auch von der Verkehrslage oder dem Wetter abhängig gemacht werden. So könnte etwa bei Nebel oder Aquaplaninggefahr auf die Displays aller Fahrzeuge beispielsweise auf der Autobahn A5 von Basel nach Frankfurt eine temporäre Tempobegrenzung gepusht werden. Je nach Dichte des Nebels oder Stärke des Regens, den Sensoren in Echtzeit an verschiedenen Stellen der Strecke messen könnten, würde die Höchstgeschwindigkeit auf 60, 80, 100 oder 120 km/h angepasst werden. Relevante Informationen wie aktuelle Verkehrslage, Baustellen und über 1000 Livebilder in Form von Webcams stellt in Deutschland die »Autobahn App« der Autobahn GmbH des Bundes ohnehin bereit.[163] Ihr Umfang könnte problemlos erweitert und genutzt werden.

In den Niederlanden kommunizieren schon heute die Navigations-Apps des niederländischen Talking-Traffic-Projektes mit den ersten intelligenten Ampelschaltungen (iTLIs), die wiederum mit den Verkehrsinformationen der Teilnehmenden gefüttert werden. Die Apps geben den Fahrenden beispielsweise auf die aktuelle Verkehrslage bezogene konkrete Geschwindigkeitsempfehlungen, um die Anzahl der Stopps während einer Rotphase zu minimieren.[164] Der Schritt von einer Empfehlung zu einem Gebot ist klein.

Das in Deutschland einschlägige Straßenverkehrsgesetz würde folglich nicht mehr lauten: »Die zulässige Höchstgeschwindigkeit beträgt [...] innerhalb geschlossener Ortschaften für alle Kraftfahrzeuge 50 km/h.« Auch bedürfte es keiner allgemeinen Regelung mehr, die festlegt: »Wer ein Fahrzeug führt, darf nur so schnell fahren, dass das Fahrzeug ständig beherrscht wird. Die Geschwindigkeit ist insbesondere den Straßen-, Verkehrs-, Sicht- und Wetterverhältnissen sowie den persönlichen Fähigkeiten und den Eigenschaften von Fahrzeug und Ladung anzupassen.« Vielmehr könnte das Gesetz detailliert festlegen, unter welchen Bedingungen innerorts 50, 40 oder 30 km/h gilt, ab welcher Regenmenge oder Dichte des Nebels welche Höchstgeschwindigkeit einzuhalten ist und so weiter.

Ist eine (verpflichtende und vermittelnde) Schnittstelle zwischen Head-up-Display und einer die Geschwindigkeit festlegenden (IT-)Instanz etabliert, ist eine wechselnde und granulare Anpassung der Geschwindigkeitsregeln sehr günstig umzusetzen (minimale Grenzkosten).

Das Grundprinzip sich anpassender Geschwindigkeitsregeln wird auch heute schon verfolgt. Allerdings in geringem Umfang. Denn die »Streckenbeeinflussungsanlagen« mit ihren Schilderbrücken und steuerbaren elektronischen Anzeigen für Geschwindigkeitsbeschränken (sogenannte Wechselverkehrszeichen)[165] zu bauen und zu unterhalten, ist teuer. Daher sind sie bisher und vermutlich aufgrund der ansonsten schnell ausufernden Kosten vor allem auf die Autobahnen in der Nähe von Ballungszentren beschränkt geblieben.

Auf gleiche Weise könnte sich sogar die Einteilung in Hauptstraßen und Vorfahrtsstraßen konstant ändern und sich den Gegebenheiten, etwa während des Berufsverkehrs, anpassen. Das Ziel wäre, das Stauaufkommen und damit die Umweltbelastung, den Energieeinsatz, den Lärm und die Unfallgefahr zu reduzieren. Moderne Straßenverkehrsordnungen könnten in schönstem Juristendeutsch dezidiert festlegen, dass »innerorts auf einer Straße, deren von Sensoren in Echtzeit gemessene Verkehrsdichte[166] um den Wert x höher ist als die Verkehrsdichte der an diese Straße angrenzenden Straßen, die Verkehrsteilnehmer auf dieser Straße für diesen Zeitraum immer vorfahrtsberechtigt sind«.

Derart geänderte Regeln könnten ebenfalls unkompliziert und für die Fahrenden in Form von Hauptstraßenschildern übersetzt im Head-up-Display angezeigt werden. Die erwähnten intelligenten Ampelschaltungen des Talking-Traffic-Projektes können bestimmte Verkehrsteilnehmer wie Rettungswagen, ÖPNV-Fahrzeugen und Schwerlasttransporter schon heute priorisieren und für sie eine grüne Welle erzeugen. Andere Verkehrsteilnehmer werden in Echtzeit vor der Sondersituation über eine App gewarnt.[167]

Mithilfe von Leuchtdioden und Infrarotlicht könnten sogar die Bewegungen der Augen und der Lider abgetastet und kontinuierlich aufgezeichnet werden. Ein Warnton machte dann auf die geänderten Regeln aufmerksam, falls der Fahrer die neu eingeblendeten Verkehrsregeln nicht wahrgenommen hätte.

Entsprechende Systeme sind als Warnsysteme vor Müdigkeit und nachlassender Aufmerksamkeit von verschiedenen Herstellern bereits entwickelt worden[168] und werden von der gleichen EU-Verordnung, die die »intelligenten Geschwindigkeitsassistenten« vorschreibt, verpflichtend vorgeschrieben.[169]

Nicht nur die Digitalisierungslogik fördert die Ausweitung des Regelwerks, auch die Anreize für die Regulatoren, diese Entwicklung weiter voranzutreiben, sind groß. Mit granulareren Regeln oder Anspruchsvoraussetzungen lässt sich mehr Fairness erzeugen (die Standardbegründung, warum etwa die Steuergesetze so komplex sind, sogar sein müssen), die Umwelt kann geschont werden, es lassen sich Unfälle und Verletzungen verhindern, Sachverhalte zielgenauer steuern und an mehr Faktoren anpassen.[170] Natürlich bedeutet sowohl die Ausweitung von Regeln wie auch eine höhere Regelungskomplexität als Nebeneffekt eine Zunahme an Macht für die Regulatoren.

Selbst auf der Bürgerseite könnten als Konsequenz steigenden Regelungsgehaltes schnell der Bedarf und die Nachfrage nach vermittelnden Plattformen entstehen. Ein Vorgeschmack darauf haben die sich schnell ändernden, teils diffizilen Regeln im Zusammenhang mit der COVID-19-Pandemie gegeben (allein in Baden-Württemberg wurden über 200 Verordnungen erlassen).[171] Sie unterschieden sich zudem von Bundesland zu Bundesland und manchmal sogar von Landkreis zu Landkreis. Zahlreiche Bürger wussten irgendwann nicht mehr, welche Regeln gegenwärtig galten, und manch einer hätte sich sicherlich eine präzise App gewünscht, die die tagesaktuellen Regeln für den gegenwärtigen Aufenthaltsort auf übersichtliche Weise anzeigt.

Beschaffenheit des Matchings in staatlich-administrativen Plattformen

Im staatlichen Kontext dürften daher das von den privaten Plattformen so erfolgreich praktizierte Matching und die dadurch ermöglichte Wertrealisierung genauso bedeutsam werden, aber eine etwas andere Bedeutung bekommen. Die Aufgabe von privaten Plattformen ist es, eine Vorauswahl aufgrund eines gestiegenen und so erst ermöglichten größeren Güterangebots zu treffen. Die Aufgabe zukünftiger staatlicher Plattformen wird es sein herauszufinden, welche aktuell geltende Norm (zeitlich, örtlich, personell und so weiter) im konkreten Fall gilt, um diese Regel »an den Mann (oder die Frau) zu bringen«. Diese Vermittlungsleistung beinhaltet die Wertrealisierung aus Sicht des Gesetzgebers. Aus anderer Perspektive betrachtet, handelt es sich im Prinzip zunächst nur um eine umfassendere und technologisch naheliegende Weiterentwicklung der Idee der überall entstehenden »Virtual Assistants«.

Es wäre denkbar, wenn auch nicht unbedingt wünschenswert, dass die Plattformen dafür Methoden der Verhaltensbeeinflussung nutzen.[172] Anschließend können die administrativen Plattformen schrittweise in das Matching immer weitere administrative Entscheidungen integrieren: Dazu gehören klassische Aufgaben der Verwaltung wie die Konkretisierung der Gesetze, ihre Art der Anwendung, selbst die Ausübung des Ermessensspielraums.

Gerade das Matching könnte sich aus unserer Sicht als zweiter zentraler Anwendungsbereich für das maschinelle Lernen im staatlichen Kontext etablieren.[173] Algorithmen des maschinellen Lernens könnten dabei unterstützen, in kürzester Zeit die passende Regel für die konkrete Situation zu ermitteln, helfen, die notwendigen Daten beizubringen und die Regeln entweder direkt anwenden oder dem Regierten in eine einfache Sprache passgenau »übersetzen«. Von Jherings bekanntes Bonmot[174] »Der Gesetzgeber muss denken wie ein Philosoph, aber reden wie ein Bauer« würde eine ganz neue Bedeutung erhalten.

Auch in der Privatwirtschaft ist die Vorauswahl durch die Plattformen das Hauptanwendungsgebiet für Machine Learning und der Grund dafür, warum die Entwicklung in den letzten Jahren so weit vorangeschritten ist.[175]

Sobald die administrativen Plattformen in der Lage sind, für ein effizientes Matching zu sorgen, wird sich ihr zweites Charakteristikum zeigen: Sie werden die staatliche Regelungsausweitung begünstigen und weiter fördern. Aus diesem Grund ist es auch wahrscheinlich, dass die Legislative zunächst das Entstehen administrativer Plattformen duldet oder sogar fördert. Schließlich ist der Gesetzgeber vorrangig für das Aufstellen der Regeln zuständig, sodass sich, zumindest auf den ersten Blick, sein Gestaltungsspielraum erweitert, sich seine Möglichkeiten und Befugnisse ausdehnen. Auf lange Sicht dürfte das ein Trugschluss sein, wie wir gleich sehen werden.

3. Charakteristikum: Auch zukünftige administrative Plattformen werden eine unterstützende Infrastruktur betreiben, wenn sie der inhärenten Dynamik folgen. Eine derartige Infrastruktur kann den Austausch von Regeln, Dienstleistungen oder Antragsbewilligungen gegen Informationen, Gebühren und die Befolgung der Regeln vereinfachen. Sie wird die Effizienz dieses Austauschs erhöhen, indem sie kontinuierlich die Transaktionskosten senkt. Aus Perspektive des Staates und vermutlich auch aus Sicht mancher Bürger wird sich der Mehrwert auch dadurch erhöhen, dass die Plattformen es (bestimmten) staatlichen Institutionen ermöglichen werden, tiefgreifender und umfassender die Gesellschaft zu steuern und so das Zusammenleben »besser« zu gestalten.

Als weitere unterstützende Infrastruktur könnten die administrativen Plattformen auch einen Koordinierungsmechanismus zwischen Legislative und Regierten über die Plattform etablieren. Dazu könnten sie etwa Feedback einholen, indem sie geschickt die in der Privatwirtschaft erprobten Anreize nutzen, um die Bevölkerung zur Partizipation zu bewegen. Diese Informationen könnten ausgewertet und an die Legislative weitergegeben werden. Gerade diese Möglichkeit birgt viel Potenzial für Einfluss. Diejenige Verwaltungsinstitution, welche die Plattform betreibt, bestimmt auch über die Art und Weise der Auswertung beziehungsweise über die Form der Präsentation. Sie kann dafür sorgen, dass das Ergebnis den eigenen Interessen zugutekommt. Im schlimmsten Fall könnte die Verwaltung so erheblichen Einfluss auf den Gesetzgebungsprozess ausüben. Das ist ein wichtiger Punkt, den wir später wieder aufgreifen werden.

Administrative Plattformen könnten aber auch in die andere Richtung Begründungen für neue Regeln an die Regierten weitergeben, um deren Sinn und Zweck zu verdeutlichen oder deren Notwendigkeit empirisch zu belegen. Auch »vertrauensbildende Maßnahmen« wären möglich, wenn beispielsweise die Plattform mit der Übermittlung einer Regel gleichzeitig auch darüber informiert, in welchem Maße andere Betroffene diese neue Regel begrüßen.

Auch könnten die Plattformen einfache und schnelle Methoden bereitstellen, sich zu identifizieren, Genehmigungen, Dokumente oder Urkunden zu erhalten, Gebühren zu entrichten oder Ordnungswidrigkeiten festzustellen, Einsprüche zu verarbeiten und Bußgelder einzuziehen. Bestimmte Leistungen könnten beispielsweise in Echtzeit über die Plattform an den Zahlungseingang oder andere Voraussetzungen geknüpft werden. Das persönliche Erscheinen der Bürger vor Ort würde ebenso der Vergangenheit angehören wie die personalintensiven und teuren »Zahlstellen«, wie sie in vielen Behörden heute noch gang und gäbe sind.

4. Charakteristikum: Das Pendant zum vierten Charakteristikum der Internetplattformen kann sich erst im fortgeschrittenen Stadium bemerkbar machen, wenn administrative Plattformen aufgebaut wurden, vorhandene Daten in großem Umfang digitalisiert sind und (zum Beispiel in der Cloud) zur Verfügung stehen sowie grundlegende Fähigkeiten der Datennutzung etabliert wurden. Es handelt sich um die Fähigkeit, verschiedene Aufgaben und weitere Akteure miteinander zu verknüpfen, verschiedene Informationen und Informationsquellen miteinander zu verschränken oder auch die Kontrollinformationen über verschiedene Geräte zu erheben und miteinander in Bezug zu setzen.

Diese vier grundlegenden Charakteristika zukünftiger administrativer Plattformen können also in unterschiedlicher Ausprägung dazu beitragen, wesentlich komplexere Beziehungen und effizientere Interaktionen zwischen den Gesetzgebern und den Bürgern, Bürgerinnen und Unternehmen zu ermöglichen. Anders ausgedrückt, derartige Plattformen werden es erlauben, zusätzlichen Regelungsbedarf einfacher zu identifizieren, sie werden eine Zunahme von Regeln und deren steigende Komplexität fördern, sie werden gleichzeitig in der Lage sein, diese Regeln passgenauer zu vermitteln, während sie zudem ihre Einhaltung besser kontrollieren können.

Erste Schritte in Richtung direkter technologischer Vermittlung von gesetzlichen Regeln: Zwei Beispiele aus der EU und der Schweiz

Potenzial für eine echte administrative Plattform haben die neuartigen »Zugangsstellen für Gesundheitsdaten«. Sie sind im Entwurf für einen Europäischen Raum für Gesundheitsdaten vorgesehen.[176] Ihr Aufgabe besteht darin, auf nationaler Ebene darüber zu entscheiden, welche Privaten Zugang zu den digitalen Gesundheitsdaten erhalten.[177] Sie »vermitteln« damit allein die geltenden Regeln über die Sekundärnutzung und den Zugang zu den Informationen. Studien sprechen daher auch ganz offen von einer Gatekeeper-Rolle der Zugangsstelle.[178] Der Entwurf sieht zudem vor, dass sie selbst die Gesundheitsdaten von den Dateninhabern sammeln, verarbeiten und den Datennutzern dann zur Verfügung stellen. Alle Daten laufen damit direkt durch die Hände der Zugangsstelle. Mit der Zeit könnten diese Informationen bei dem angesprochenen Matching, also bei den Entscheidungen über die Anträge auf Datenzugang, helfen, insbesondere wenn die Entscheidungen automatisiert werden. Dabei bleibt es aber nicht. Sie sollen auch die unterstützende Infrastruktur betreiben. Selbst die Fähigkeit, weiter Akteure miteinander zu verknüpfen, ist in Form von Kooperationen auf Unions- und nationaler Ebene vorgesehen.[179] Damit erfüllen die angedachten Zugangsstellen für Gesundheitsdaten potenziell bereits die vier typischen Charakteristiken von privatwirtschaftlichen Plattformen. Kommt der Entwurf in dieser Form durch, stehen die Chance gut, dass mit der Zeit ein eigenes digitales Ökosystem entsteht und damit eine im Gesundheitswesen sehr einflussreiche neue Institution.

In der Schweiz birgt der Vorschlag für eine staatliche Mobilitätsdateninfrastruktur (MODI) ein ganz ähnliches Potenzial.[180] Je nach Umsetzung des Gesetzesentwurfs könnten sämtliche Verkehrsdaten aus privaten und öffentlichen Quellen über die zentrale Instanz der Nationalen Datenvernetzungsinfrastruktur (NADIM) zu den Nutzenden fließen, wie in Abbildung 3 gut zu erkennen ist. NADIM könnte dann mit der Zeit eine vergleichbare Gatekeeper-Rolle im Verkehrssektor einnehmen wie die Zugangsstellen für Gesundheitsdaten im Gesundheitssystem.

Abbildung 3: Vorschlag für eine schweizerische Mobilitätsdateninfrastruktur

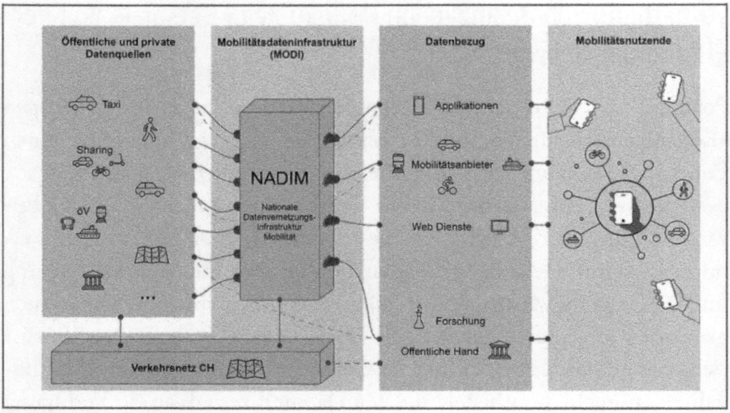

© Bundesamt für Verkehr BAV.

(3) Auswirkungen auf die horizontale Gewaltenteilung: Verschiebung von Macht und Einfluss durch administrative Plattformen?

Was könnte das Aufkommen solch administrativer Plattformen darüber hinaus für das Kräfteverhältnis und das Prinzip der horizontalen Gewaltenteilung innerhalb des Staatsgebildes bedeuten? Könnten sie diejenigen Institutionen, die keine derartige Plattform kontrollieren, in ihrer Bedeutung einschränken? Werden sie die Kraft entwickeln können, das Parlament in gleichem Maße in ihrem Einfluss zu beschränken wie die Internetplattform die Hersteller?

Eine solche Entwicklung ist möglich, wenn sich nicht starke Gegenkräfte innerhalb des institutionellen Gefüges entfalten und entsprechender Druck aus der Gesellschaft entsteht, um neue Rahmenbedingungen und Sicherheitsmechanismen zu etablieren, auch wenn sich die konkreten Auswirkungen von Gesellschaft zu Gesellschaft mehr oder weniger stark unterscheiden werden.

Neue Machtposition als neuartiger, zentraler Gatekeeper

Zum einen dürften die administrativen Plattformen aufgrund der beschriebenen Charakteristika und der darin liegenden Aufgabenwahrnehmung über die Zeit zu neuartigen zentralen Gatekeepern werden. Denn sie können verstärkt den Zugang und die Beziehung der staatlichen Institutionen zum Bürger kontrollieren.

In einer analogen Welt genügt es, vereinfacht ausgedrückt, Gesetze im Parlament zu beschließen und zu verkünden. Die Medien, die Behörden und weitere Intermediäre werden darüber berichten, und die Mehrheit der Bürger, Bürgerinnen und Unternehmen wird die neuen Regeln befolgen. Sehr unterschiedliche Teile der Verwaltung werden, meist stichpunktartig, die Einhaltung kontrollieren und ihren Arbeitsprozess mehr oder weniger schnell anpassen.

In einer digitalisierten Welt mit wesentlich komplizierterem, granularerem Regelwerk genügt dieses Vorgehen nicht mehr. Die vermittelnde Tätigkeit einer digitalen Plattform wird auf einmal zwingend, um die Komplexität der Vorschriften zu reduzieren und sie auf die konkreten Umstände des Einzelfalls anzuwenden. Gleiches gilt für eine effiziente datenbasierte Kontrolle – wir erinnern an die in Kapitel 9 vorgestellte Kontrollflatrate. Nur mithilfe der »Übersetzungsleistung« und Vermittlungstätigkeit durch die digitale Plattform können die komplizierteren Regeln dem Adressaten – auf die oben für den Straßenverkehr exemplarisch beschriebene Art und Weise – überhaupt zugänglich gemacht beziehungsweise ihre Befolgung kontrolliert werden.

Gerade diese Vermittlungsfunktion macht schließlich die Ausweitung und steigende Komplexität der Regeln und Vorschriften erst möglich. Daher gehen wir davon aus, dass von vielen Politikern und Parlamentsabgeordneten das Entstehen derartiger Plattformen zunächst unterstützt wird. Sie müssten sich bei der Gesetzesproduktion nicht zügeln. Im Gegenteil, administrative Plattformen würden ihnen die Möglichkeiten geben, die gesetzgeberische Tätigkeit weiter auszubauen. Der Handlungsspielraum der Abgeordneten würde sich damit – zumindest auf den ersten Blick – sogar noch erweitern.

Gleichzeitig könnten sie bei ungeliebten, technisch vielschichtigen oder sich schnell verändernden Sachverhalten Kompetenzen an die Verwaltung abgeben. Denn die Verwaltung könnte, so steht zu erwarten, mit Unterstützung digitaler Plattformen zeitnaher und technisch versierter reagieren als das Parlament.

Hier zeigt sich aber bereits die Kehrseite der Medaille. Es entsteht eine neue zentrale Machtposition. Diejenigen, welche die vermittelnde digitale Plattform kontrollieren, könnten beispielsweise festlegen, in welcher Reihenfolge bestimmte neue Gesetze in die Plattform integriert werden. Sie könnten (sorgfältig kaschierte) Drohungen aussprechen, das Implementieren einiger Gesetze hinauszuzögern oder zu verschleppen. Sie könnten sogar behaupten, dass manche Gesetze sich aus vielfältigen technischen Gründen gerade in dieser Form nicht in die administrative Plattform integrieren lassen. Auf diese Weise wäre es ihnen möglich, direkten Einfluss auf die inhaltliche Ausgestaltung zu nehmen.

Neue Machtposition durch neuartige Informationen

Zum anderen versetzt auch das Generieren von direkter (Feedback) oder indirekter (digitales Tracking und Monitoring) Resonanz im Vermittlungsprozess die Betreiber einer modernen administrativen Plattform in eine machtvolle Position. Sie wären in der Lage, wesentlich präziser festzustellen, als das bisher jemals möglich gewesen ist, was die Präferenzen der Bürger, Bürgerinnen und Unternehmen sind, wo die Ressourcen eingesetzt werden sollten, welche Leistungen prioritär gewünscht werden oder wo und welcher Art Regulierungsbedarf besteht. In Barcelona hat etwa die Stadtverwaltung bereits 2016 die Plattform »decidim.barcelona« gestartet, die der direkten Informationsaggregierung im Rahmen der Stadtplanung und Mittelvergabe dient.[181]

Auch Informationen darüber, welche Wirkung spezifische Regeln und Vorschriften tatsächlich in der Praxis entfalten, könnten aggregiert werden.[182] Die Plattform würde damit als datengetriebene »Source of Truth« in unmittelbare Konkurrenz zum traditionellen Prozess der Informationsaggregierung treten. Politiker und Parlamentsabgeordneter setzen neben der Verwaltung als Informationsquelle derzeit vor allem (noch) auf die Informationsübermittlung durch Parteiorgane, Lobbyarbeit oder Medien. Die ohnehin bereits bestehende Informationsasymmetrie zwischen Verwaltung und Parlament wird sich in diesem Fall aufgrund der sich kontinuierlich verbessernden Datenlage und Fähigkeit zur Datenauswertung permanent und massiv verstärken. Die alte Forderung nach einer »evidenzbasierten Politik« wäre zum ersten Mal tatsächlich praktisch umsetzbar. Allerdings mit der unerwarteten Wendung, dass die »Evidenz« ausschließlich von der Verwaltung geliefert werden dürfte. Gerade die hohe Glaubwürdigkeit, die eine datengetriebene Informationsbeschaffung in der Gesellschaft genießt, könnte denjenigen, die die Plattformen kontrollieren, eine einflussreiche Stellung verschaffen. Das gilt sowohl gegenüber der Legislative als auch gegenüber anderen Behörden ohne Kontrolle über eine der Plattformen. Auch auf diesem Weg der Informationshoheit könnte sich ein immer stärkerer Einfluss auf die inhaltliche Ausgestaltung der Gesetze materialisieren.

Darüber hinaus darf nicht übersehen werden, dass die Betreiber derartiger Plattformen durch die Ausgestaltung der digitalen Vermessungen, durch das Definieren des Inputs, durch das Festlegen von Kriterien oder Kennzahlen, durch das bewusste oder unbewusste Verzerren von Informationen und so weiter zentrale Faktoren für das Aggregieren der Information kontrollieren können. Dabei besteht immer die Gefahr, dass sich die Datenverarbeitung weniger objektiv gestaltet als gemeinhin angenommen. Dies gilt auch, weil manche Aspekte von Sachverhalten nicht gemessen und digital erfasst werden können. Bei geschickter zentraler Steuerung dieser Faktoren ließe sich auch der Informationsoutput beeinflussen und damit der eigene Einfluss auch auf diesem intransparenten Weg steigern. Gerade für Außenstehende wäre eine entsprechende Einflussnahme nur schwer zu durchschauen.

Auch hätten administrative digitale Plattformen genau wie ihre privatwirtschaftlichen Pendants die Fähigkeit, sehr schnell zu skalieren und weitere Bereiche zu erfassen. Zwar ist der Wettbewerbsdruck für staatliche Institutionen sehr viel geringer als in der Privatwirtschaft. Faktoren wie schnelles »Wachstum« und steigende »Marktanteile« sind nicht von gleicher Bedeutung, die Möglichkeit, eine einflussreiche, prestigeträchtige Position aufzubauen, oder die Sorge davor, eine machtvolle Position infolge des digitalen Transformationsprozesses zu verlieren, hingegen schon.

Die mexikanische Steuerbehörde Servicio de Administración Tributaria unterhält beispielsweise, wie erwähnt, eine Datenbank mit mehr als

100 Millionen Fingerabdrücken, 20 Millionen Irisscans und 15 Millionen Gesichtsmustern[183] für die Identifikation der Steuerzahler. Diese besondere Fähigkeit, Staatsbürger biometrisch zu identifizieren, wird sie vermutlich in naher Zukunft ausbauen und anderen Behörden als Dienstleistung anbieten können. Ihren speziellen Zugang zu den Bürgern könnte die Steuerbehörde als Ausgangslage nutzen, um eine administrative Plattform aufzubauen, in die nach und nach weitere Bereiche und Aufgaben auch außerhalb der Finanzverwaltung integriert werden könnten. Da Plattformen im staatsorganisatorischen Regulierungsrahmen nicht angedacht sind, könnten die administrativen Plattformen in der Anfangszeit ähnlich wie die Internetplattformen von einem rechtlichen Vakuum profitieren. Die Neuartigkeit der Materie dürfte es auch ermöglichen, bestehende Gesetze entsprechend großzügig auszulegen, um so den eigenen digitalen Handlungsspielraum zu erweitern.

Ein Bumerang für die Legislative

Aus all diesen Gründen könnten sich digitale administrative Plattformen staatlicher Institutionen als sehr einflussreiche Instrumente erweisen. Diejenigen Institutionen, die es schaffen, sich als Erste zu solchen Plattformen weiterzuentwickeln, oder diejenigen Institutionen, die die wichtigen, hauptsächlich genutzten Plattformen kontrollieren, könnten sich zu den mächtigsten im Staat entwickeln. Genau wie in der Wirtschaft dürfte das Aufkommen der Plattformen in jedem Fall dafür sorgen, dass die Karten neu gemischt werden. Mit sehr unterschiedlichen Ergebnissen in den verschiedenen Ländern.

Gerade aber für die Legislative liegt die Vermutung nahe, dass sich eine etwaige anfängliche Unterstützung der Verwaltung beim Aufbau der Plattformen langfristig als Bumerang erweisen könnte. Gleiches gilt für die bewusste Übertragung von digitalen Kompetenzen an die Verwaltung, die wiederum das Entstehen von Plattformen fördern. Insbesondere wenn die Verantwortlichen in der Administration die zentrale Machtposition einer Plattform und ihre überlegenen, datengetriebenen Informationen dafür einsetzten, ihren inhaltlichen Einfluss auf die Gesetze auszuweiten, indem sie dem Gesetzgeber Sachverhalte erläutern, Inhalte »nahelegen«, »Hinweise« für Regelungstechniken geben, Bedingungen »vorschlagen« oder Regelungsbedarf »aufzeigen«. Sie könnten auch den Gesetzgeber dazu bringen, vermehrt Gesetzesinhalte offen oder vage zu formulieren, um daraus resultierende Regelungslücken auf dem Weg der »datenbasierten« Auslegung oder Konkretisierung gleich selbst zu füllen. Das Straßenverkehrsgesetz könnte beispielsweise die zulässige Höchstgeschwindigkeit von selbstfahrenden Autos von diversen Faktoren wie Wetter, Straßenauslastung oder Unfallgefahr abhängig machen, deren Gewichtung und nachträgliche Anpassung einem plattformeigenen Algorithmus anvertraut würde. Auf diese Idee könnte der Gesetzgeber sogar selbst kommen, wenn er sich einer stetig im Wandel begriffenen technologisch komplexen Materie nicht mehr gewachsen sieht.

Kommt die Legislative diesen »Empfehlungen« dann nicht nach, hätte der administrative Betreiber der Plattform sogar diverse Möglichkeiten, direkt und indirekt Druck auszuüben. Die Möglichkeiten reichten von der beschriebenen Instrumentalisierung der Plattform bis zur Beeinflussung der öffentlichen Meinung, beispielsweise indem in einer Pressekonferenz, in einem Interview oder auch nur durch anonyme Quelle die breite Öffentlichkeit darüber informiert wird, wie sehr das Parlament mit seinem aktuellen Gesetzesvorhaben fehlgeleitet ist, weil die »objektive Evidenzbasis auf Grundlage einer überwältigenden Datenmenge« ganz andere Maßnahmen verlangt.

Eine derartig starke Stellung einer administrativen Plattform entsteht nicht über Nacht, sondern erst nach einer Weile, wenn sie sich etabliert hat und von einer kritischen Masse an Bürgern genutzt und akzeptiert wird. Diese neuartige Machtposition kann dann aber sehr stabil sein. Sie wird von Netzwerkeffekten geschützt (dazu sogleich mehr in einem nachfolgenden Exkurs).[184] Die Bürger, die sich an die Nutzung einer Plattform gewöhnt haben, werden beispielsweise nicht bereit sein, sich zeitnah und wiederholt an eine komplett neue App, ein neues Tool oder ein neues »User Interface« zu gewöhnen.

Vier vermeintlich fundamentale Unterschiede

Andererseits hat aber die Legislative einige Pfeile im Köcher, die den Herstellern in der Privatwirtschaft nicht zur Verfügung stehen. Dabei sind die folgenden vier Dimensionen zu beachten.

1. Unterschied: So wird es rechtlich einfacher sein, die Zuständigkeit für eine Plattform zum Beispiel durch eine Gesetzesänderung von einer staatlichen Institution auf eine andere zu übertragen, um so die stabile Machtposition zu schwächen. Allerdings dürfte eine solche Übertragung in der Praxis auf verschiedene tatsächliche Hindernisse stoßen, die eine Übertragung erheblich erschweren werden. Zum einen müsste viel Know-how (Personal) mittransferiert, Zuständigkeiten müssten neu geregelt und diverse bürokratische Probleme gelöst werden. Zum anderen wird ein Zuständigkeitswechsel nicht auf die Zustimmung der Bürger (= Wähler) treffen, wenn sie mit der vermittelnden Plattform zufrieden sind. Die Übertragung dürfte ebenfalls schwieriger sein, wenn die Plattform einen wichtigen Beitrag zu den staatlichen Einnahmen leistet.

2. Unterschied: Auch kann die Legislative direkt oder indirekt einige der obersten Verantwortlichen von staatlichen Institutionen, etwa die Bundesräte in der Schweiz oder Minister in Deutschland, bestimmen, allerdings ist fraglich, ob allein der Austausch eines Kopfes genug Gegendruck entfalten kann, die starke Stellung der Plattform zu schwächen. Das wird sehr vom jeweiligen Personal und von der konkreten institutionellen Ausgestaltung eines Landes abhängen.

3. Unterschied: Zudem darf in vielen Ländern die Administrative (zumindest personenbezogene) Daten nur erheben, wenn dafür eine gesetzliche Grundlage besteht.[185] Das in derartigen Vorschriften verankerte Legalitätsprinzip gibt der Legislative die Möglichkeit zu bestimmen, welche Daten die Administrative erheben darf. Auch kann sie in gewissem Maße festlegen, bei welchen Vorgängen die erhobenen Daten automatisiert verarbeitet werden dürfen.[186]

Auf den ersten Blick mag das wie ein wirksames Mittel wirken, um die Administrative im Zaum zu halten. In der Praxis wird es sich jedoch oft als stumpfes Schwert erweisen. Zum einen betrifft die Möglichkeit meist nur die Erhebung von personenbezogenen Daten, die vielfältigen nicht personenbezogenen Datenquellen sind also nicht direkt betroffen. Zum anderen wird es der Legislative in einer modernen digitalen Welt mit sinkender Erwerbsbevölkerung schlichtweg unmöglich sein, der Administrative das Erheben und automatisierte Verarbeiten von Daten in größerem Umfang »zu verbieten« oder eine entsprechende Drohkulisse aufzubauen.

Sollte die Legislative versuchen, Datenerhebungen und -verarbeitungen zu verhindern, indem sie der Verwaltung die gesetzliche Grundlage entzieht, wird sich die Verwaltung immer darauf berufen können, ihrer Aufgabe nicht ordnungsgemäß nachkommen zu können. Sie kann zusätzlichen Druck aufbauen, indem sie den Bürgern und Unternehmen umständliche bürokratische Pflichten aufbürdet, da es ihr in diesem Bereich untersagt sei, digital und effizient zu arbeiten. Auch bereits bestehende gesetzliche Grundlagen für die Datenerhebung werden vermutlich »digital interpretiert« und entsprechend weit ausgelegt werden, um die gewünschten Daten sammeln und im Rahmen einer Plattform verarbeiten zu können.

4. Unterschied: Selbst die Möglichkeiten der parlamentarischen Kontrolle könnten gegenüber administrativen Plattformen nicht die bekannte und gewünschte Wirkung entfalten. Zum einen könnte die Plattform in einer Institution außerhalb der Reichweite der Kontrollinstrumente angesiedelt sein. Zum anderen könnten sich insbesondere die umfassenden parlamentarischen Informationsrechte in einer digitalisierten Welt als wirkungsschwach erweisen. Schon in der analogen Welt ist die Legislative weitgehend abhängig von den Informationen, die ihr die Regierung und die öffentliche Verwaltung gewähren. Darüber hinaus kann die Exekutive das Amtsgeheimnis, andere überwiegende Interessen oder Arbeiten vorschieben und die Informationsrechte so ins Leere laufen lassen.[187] Im Bereich der automatisierten Datenverarbeitung und des maschinellen Lernens verschärft sich diese Ausgangslage noch einmal nachdrücklich. Die Sachverhalte erreichen schnell einen Komplexitätsgrad oder können hinter einem technologischen Komplexitätsschleier verborgen werden, der das IT-Know-how und Verständnis der meisten Parlamentsabgeordneten und -mitarbeiter regelmäßig überfordern dürfte. In dem Fall werden sie mit den Auskünften wenig anfangen können.

Es bliebe noch das Budgetrecht, für das sich die gleichen Probleme ergeben wie bei beim Legalitätsprinzip und Zuständigkeitstransfer. Einer von den Bürgern erheblich genutzten und weithin akzeptierten administrativen Plattform kann nicht einfach der Geldhahn zugedreht werden, ohne Wählerunmut hervorzurufen. Und ab einem gewissen Zeitpunkt kann die Plattform auch nicht mehr abgeschaltet werden, ohne die staatliche Aufgabenwahrnehmung in diesem Bereich massiv zu beeinträchtigen. Das dürfte den Plattformverantwortlichen wiederum bewusst sein.

Schon jetzt ist die Legislative in erheblichem Maß von der Exekutive abhängig.[188] In Deutschland etwa wird die Mehrheit der Gesetzesentwürfe von der Bundesregierung initiiert und in den Ressorts der jeweiligen Ministerien (also der Administrative) erarbeitet.[189] Allerdings dürften die inhaltlichen Vorgaben genau wie die Prioritätensetzung und die Informationsrichtung noch immer stark von der politischen Sphäre der Legislative geprägt und von der Interessenlage der regierenden Parteien gesteuert sein – auf Basis der traditionellen Methoden der Informationsgewinnung. Sollte sich jedoch in den nächsten Jahren die aus der Privatwirtschaft bekannte digitale Dynamik in Form einer ähnlich gelagerten Plattformrevolution ungesteuert und ohne konkrete Gegenmaßnahmen Bahn brechen, werden in manchen Ländern neuartige zentrale Machtpositionen innerhalb der Verwaltung entstehen. Die vertrauten und bewährten (analogen) Gegenkräfte der Legislative zur Wahrung einer Machtbalance – Kompetenz- und Zuständigkeitsvorschriften, Legalitätsprinzip/Grundsatz der Gesetzmäßigkeit der Verwaltung, Ernennungsrechte, parlamentarische Kontrolle – könnten sich in einer modernen digitalen Welt als schwach oder sogar wirkungslos erweisen. Der Machtfluss könnte sich im Extremfall komplett zugunsten der Bürokraten umdrehen.

Die Regierung als unbekannter Faktor

Eine besondere Schlüsselrolle dürfte in vielen Ländern der Regierung zukommen, die grundsätzlich ebenfalls der Exekutive zugerechnet wird. In ihrer Sonderrolle sowohl als wichtiger Teil der Legislative beziehungsweise mit starkem Einfluss auf die Legislative[190] als auch als zentraler Teil der Exekutive könnte sie entweder die Plattformrevolution verpassen, die Entwicklung begleiten oder sie sich zu eigen machen. Im ersten Fall drohte ihr ein ähnliches Schicksal, wie es die Legislative ereilen könnte, nämlich das eines schleichenden Bedeutungsverlusts. Im zweiten Fall würde sie mit Abstrichen ihre wichtige Rolle im Staatsgebilde behalten.

Im dritten Fall, wenn sich also die Regierung die Kontrolle über die wichtigsten Plattformen sichert, wird sie aufgrund ihrer Zwitterstellung indirekt eine Machtfülle erreichen können, wie sie die wenigsten Verfassung vorsehen dürften. Erste Beobachtungen bei einzelnen digitalen Sachverhalten könnten bereits als Indiz für den Beginn einer derartigen Entwicklung gedeutet werden. In der Schweiz hat etwa das Parlament im Zusammenhang mit der Regulierung des automatisierten Fahrens umfassende Kompetenzen an die schweizerische Bundesregierung (in der Schweiz als Bundesrat bezeichnet) delegiert. Die Begründung: Das Gesetzgebungsverfahren sei zu langwierig, um den dynamischen, technologischen Entwicklungen in diesem Bereich Rechnung tragen zu können. Nur auf Verordnungsebene sei eine anpassungsfähige Regulierung gewährleistet.[191]

Mögliche Folgen für die Gerichte

Selbst die öffentlich-rechtliche Justiz könnte in das Fahrwasser dieser Entwicklung geraten. Zum einen könnte sie ihre Interpretationshoheit, etwa durch die Auslegung des Gesetzestextes, verlieren, die sie insbesondere dann genießt, wenn die Legislative Regelungsinhalte bewusst oder unbewusst offenlässt, indem sie mit vagen, mehrdeutigen Formulierungen arbeitet oder Aufzählungen nicht abschließt. Ebenso könnte sie ihren Einfluss bei der Weiterentwicklung des Rechts, etwa in Form von Richterrecht/Rechtsfortentwicklung, einbüßen, für den Fall, dass die Legislative regelungsbedürftige Sachverhalte ignoriert.

Denn die Administrative wäre in der Lage, mithilfe der Plattformen und auf Grundlage von deren breiter Datenbasis eine starke argumentative Position aufzubauen, welche die Auslegung vorwegnimmt, eine konkrete Auslegung bzw. ein Lücken ausfüllende Fortentwicklung zwingend erscheinen lässt oder aus faktischen (»technischen«) Gründe eine konkrete Interpretation notwendig macht. Zum anderen liefe die Judikative Gefahr, ihre Sonderstellung als Konfliktlöserin zu verlieren.

Gerade in Asien lässt sich beobachten, dass privatwirtschaftliche Internetplattformen sehr erfolgreich klassische Aufgaben der Judikative übernehmen, wie etwa Alibabas »Dispute Resolution Center« im Bereich der Mängelgewährleistung und der Urheberrechtsverletzungen.[192] Administrative Plattformen könnten als Teil ihrer Vermittlungstätigkeit auch Rechtsverstöße auf eine Weise ahnden, die über bloße Bußgelder aufgrund von Ordnungswidrigkeiten hinausgehen oder extensive eigene Verfahren zur »Streitschlichtung« aufbauen. Sie würden damit in der ureigenen Domäne der Gerichte »wildern«.

Sollte in einer funktionierenden Demokratie die von uns skizzierte Plattformisierung des öffentlichen Sektors auch nur mit einigen der beschriebenen möglichen Wirkungen einsetzen, stellte sie ein erhebliches Problem dar. Denn es ginge um mehr als um eine bloße Verschiebung der Kräfteverhältnisse von einer staatlichen Institution zu einer anderen. Im Verhältnis zur Judikative, insbesondere zur Verwaltungsgerichtsbarkeit, könnten digitale administrative Plattformen durchaus effizienter und schneller öffentlich-rechtliche Streitigkeiten lösen und so für die Bürger von Nutzen sein. Allerdings werden sie nicht in gleichem Maße unabhängige Institutionen wie die Gerichte sein und daher nicht dauerhaft als Gegengewicht und Korrektur dienen können. Im Verhältnis zur Legislative wäre eine Machtverschiebung noch problematischer. Die Verwaltung ist nicht durch Wahlen legitimiert. Das federführende Personal der Verwaltung wird gerade nicht wie das Parlament mithilfe von Wahlen ermittelt und muss sich auch nicht gegenüber dem Wahlvolk rechtfertigen. Die berühmte »Legitimationskette« wäre unterbrochen,[193] beziehungsweise es würde kein ausreichendes Legitimationsniveau mehr erreicht.[194]

Damit könnte der Hauptmechanismus einer Demokratie nach und nach ausgehebelt werden, der einerseits regulatorische Grenzen setzt und bestimmt, was möglich oder unmöglich ist, und der andererseits hilft, gesellschaftliche Grundsatzentscheidungen auszuhandeln.

Die klassische und fundamental wichtige Gewaltenteilung würde auf intransparente Art und Weise ebenfalls unterhöhlt, wenn Teile der Exekutive immer mehr Aufgaben der Gesetzgebung an sich zögen oder direkten Einfluss auf sie ausüben könnten und auch Pflichten der Rechtsprechung übernähmen.

Der Grad dieser Entwicklung und der tatsächliche Einfluss der jeweiligen administrativen Plattformen und ihrer Betreiber lassen sich nur schwer vorhersagen. Sie sind von zu vielen Faktoren abhängig und werden sich von Gesellschaft zu Gesellschaft und von Plattform zu Plattform stark unterscheiden.

Exkurs – Netzwerkeffekte: Der Treibstoff des Plattformwachstums

Die Plattformökonomie wird noch von einer weiteren sehr komplexen, aber auch sehr wichtigen Dynamik angetrieben. Internetplattformen verdrängen nicht nur die linearen Lieferketten mit ihren traditionellen Händlern und verschieben die Kräfteverhältnisse zum Nachteil der Warenhersteller und Dienstleistungsanbieter. Einzelne Plattformen haben meist auch die Tendenz, schnell zu wachsen, immer dominanter zu werden, stetig mehr Marktanteile zu erobern und mit der Zeit konkurrierende Plattformen zu verdrängen. Für diese besondere Dynamik werden sogenannte Netzwerkeffekte verantwortlich gemacht. Uns interessiert nun, ob etwaige administrative Plattformen das gleiche Potenzial haben zu wachsen wie ihre privatwirtschaftlichen Pendants. Um das erläutern zu können, müssen wir uns in diesem Exkurs in etwas technischere Ausführungen stürzen.

(1) Netzwerkeffekte in der Wirtschaft: die Winner-takes-most-Dynamik[195]

Netzwerkeffekte beschreiben die Wirkungen, die entstehen, wenn eine wachsende Anzahl von Akteuren ein Produkt oder eine Dienstleistung nutzt oder bereitstellt.[196] Das traditionelle Beispiel sind Telefonnetze. Der Nutzen von Telefonnetzen steigt, je mehr Menschen angeschlossen sind. Jeder zusätzliche Teilnehmer erweitert für alle anderen Teilnehmern die Möglichkeit, einen anderen Menschen anzurufen oder von ihm angerufen zu werden. In Bezug auf Plattformen führen Netzwerkeffekte dazu, dass der Nutzen der Plattform steigt, je mehr Akteure auf einer Plattform tätig sind.[197] In diesem Fall spricht man von positiven Netzwerkeffekten. Mehr Akteure können den Nutzen auch senken. Dann werden die Netzwerkeffekte als negativ bezeichnet.

Positive Netzwerkeffekte gelten als Haupttreiber einer Entwicklung, die scharfen Wettbewerb zwischen vielen verschiedenen Plattformen verhindert.[198] Zwar wächst insgesamt das Internetnetzwerk kontinuierlich weiter,[199] in den betroffenen Marktsegmenten dominieren jedoch meist nur eine oder einige wenige

Plattformen.[200] Netzwerkeffekte kann es auch in der analogen Welt geben, zum Beispiel in einem Supermarkt, wo Lebensmittelhersteller von einer steigenden Anzahl von Käufern profitieren.[201] Aber erst in Kombination mit digitalen Technologien konnten sie so tiefgreifende Wirkungen entfalten.

Diese starke Dominanz weniger Plattformen in ihren jeweiligen Geschäftsfeldern wird überwiegend und zu Recht als problematisch empfunden. Sie erregt verstärkt die Aufmerksamkeit der staatlichen Regulierungsbehörden. In der Europäischen Union ist beispielsweise Ende 2022 der Digital Markets Act in Kraft getreten, der in seiner Gesetzesbegründung explizit auf die Marktmacht großer Onlineplattformen infolge von Netzwerkeffekten verweist und für eine größere Vielfalt an maßgebenden Plattformen sorgen soll.

Positive Netzwerkeffekte in der Wirtschaft

Steigt der Nutzen der Akteure auf einer Plattform durch weitere Akteure an, werden die Netzwerkeffekte als positiv klassifiziert. Allerdings muss man zwischen zwei Arten von Effekten differenzieren. Moderne Internetplattformen koordinieren in der Regel zwei oder mehr Gruppen von Akteuren, beispielsweise Käufer und Verkäufer auf einer E-Commerce-Plattform.[202] Vergrößert sich eine Gruppe (es shoppen etwa mehr Käufer auf der Plattform), kann sich entweder der Nutzen für die eigene Gruppe (für die anderen Käufer) oder für die andere Gruppe (für die Verkäufer) erhöhen.

1. Positive Same-Side-Netzwerkeffekte (oder auch direkte Netzwerkeffekte):[203]

Profitiert die eigene Gruppe von steigenden Teilnehmerzahlen, reden Ökonomen von »Same-Side-Netzwerkeffekten«, da die »gleiche Partei« den Vorteil hat. Als Standardbeispiel für diesen Effekt müssen meist die modernen Pendants der Telefonnetze herhalten: Soziale Netzwerke wie Facebook, Twitter und LinkedIn oder Instant-Messaging-Dienste wie WhatsApp, Telegram und Signal werden umso nützlicher, je mehr Menschen sie verwenden.[204]

Aber auch andere Plattformen werden zweckmäßiger, je mehr Nutzende die dort bereitgestellten Produkte oder Dienstleistungen konsumieren. Je mehr Fahrer mithilfe von Google Maps navigieren, desto mehr erfährt die Plattform über Verkehrsdichte, Staulänge oder Baustellen, und desto besser kann sie andere Fahrer über die spezifische Reisezeit informieren.[205] Je mehr Menschen Filme oder Serien über Netflix streamen, desto mehr lernt der Netflix-Algorithmus über die Sehgewohnheiten und Vorlieben der Konsumenten, und desto passender werden die Empfehlungen für alle Zuschauer. Ein derartiger Nutzengewinn ereignet sich eigentlich immer, wenn mehr Nutzerdaten der Plattform helfen, für ein effizienteres Matching zu sorgen oder bessere Entscheidungen zu treffen.[206]

Auch wenn die Angebotsseite sich vergrößert, sind positive Same-Side-Netzwerkeffekte denkbar. Je mehr Verkäufer auf einer E-Commerce-Plattform ihre Waren anbieten, desto attraktiver könnte die Plattform werden und den potenziellen Kundenkreis erweitern. Vergrößert die Plattform den Kuchen insgesamt, profitieren alle Verkäufer. Zugleich können Verkäufer umso mehr lernen, je mehr andere Verkäufer es gibt.[207]

2. Positive Cross-Side-Netzwerkeffekte (indirekte Netzwerkeffekte):

Profitiert hingegen die andere Gruppe von steigenden Teilnehmerzahlen, treten »Cross-Side-Netzwerkeffekte« auf, da die »interagierende Partei« den Vorteil hat.

Steigt die Zahl der Nutzenden, verbessern Cross-Side Netzwerkeffekte die Situation der Anbietenden. Je mehr Kunden über eine Plattform einkaufen, desto anziehender wirkt sie wiederum auf Verkäufer. Je mehr Personen nach Wohnungen auf Airbnb suchen, desto attraktiver wird sie für Vermieter. Aber auch andere Arten von Plattformen kennen diesen Effekt. Derjenige App-Store wird für App-Entwickler interessanter, über den mehr Menschen Apps herunterladen. Facebook, Instagram oder TikTok werden für Werbetreibende interessanter, wenn mehr Menschen dort ihre Zeit verbringen.[208]

In der Folge wächst wiederum die Zahl der Anbietenden. Das erzeugt positive Cross-Side-Netzwerkeffekte für die Nutzer. Eine größere Produktpalette freut die Käufer, ein größeres Sortiment von Apps im App Store gefällt den Smartphone-Besitzern, ebenso wie eine größere Auswahl von Videos die Besucher von Videoplattformen.[209]

Voraussetzung für den Nutzengewinn ist ein effizientes Matching. Dann kann eine Aufwärtsspirale in Gang gesetzt werden, die immer mehr Akteure an die

Plattform bindet. Positive Cross-Side-Netzwerkeffekte sind starke Treiber für das scheinbar unaufhaltsame Wachstum der großen Internetplattformen.

Negative Netzwerkeffekte in der Wirtschaft

Netzwerkeffekte sind aber nicht zwangsläufig positiv. Unter bestimmten Umständen kann eine wachsende Menge an Akteuren auch den Nutzen für andere Akteure schmälern. Negative Netzwerkeffekte verlangsamen das Wachstum von Plattformen. Sind sie (zu) stark ausprägt, wird die Plattform wenig Aussicht auf Erfolg haben. Im Gleichklang mit den positiven Netzwerkeffekten können negative Netzwerkeffekte auf die gleiche oder auf die andere Gruppe von Akteuren wirken.

1. Negative Same-Side-Netzwerkeffekte (direkte Netzwerkeffekte):

Steigende Nutzendenzahlen auf einer Plattform können beispielsweise dazu führen, dass die technische Infrastruktur der Plattform überlastet wird, sich in der Folge die Reaktionszeit der Website und der App verlängert oder die Downloads verlangsamen. Nutzer müssten länger warten, ihr Nutzen würde sinken.

Verbreiteter sind negative Same-Side-Effekte bei wachsender Angebotsseite. Mehr Verkäufer auf einer E-Commerce-Plattform erhöhen offensichtlich den Konkurrenzdruck und senken meist die möglichen Erlöse. Steigt einseitig die Zahl der Fahrer auf einer Vermittlungsplattform zur Personenbeförderung wie Uber oder Lyft, müssen die Fahrer mit längeren Wartezeiten und einer geringeren Auslastung rechnen.

2. Negative Cross-Side-Netzwerkeffekte (indirekte Netzwerkeffekte):

Negative Cross-Side-Netzwerkeffekte durch mehr Nutzende sind seltener, aber möglich, insbesondere durch böswillige Nutzer. Ein besonders weitverbreitetes Betriebssystem wie Microsoft Windows wirkt auch auf Hacker anziehend. Mit zunehmender Verbreitung des Betriebssystems steigt die Gefahr für Anbieter von Windows-kompatibler Software, Ziel eines Hackerangriffs zu werden.[210] Ein negativer Effekt könnte auch auftreten, wenn sich beispielsweise ein Kleidungsstück oder Accessoire aufgrund der Empfehlungen eines Plattformalgorithmus unerwartet stark verbreitet. Eine (zu) starke Verbreitung könnte den Markenkern aushöhlen und den Wert der Marke mindern, beispielsweise wenn der Markenname in den allgemeinen Sprachgebrauch eingeht und daher nicht mehr geschützt werden kann.[211]

Die Wirkung von negativen Cross-Side-Netzwerkeffekte durch eine Vergrößerung der Angebotsseite lässt sich gut am Beispiel von Werbung verdeutlichen. Ein hoher Prozentteil an Werbung in den Massenmedien missfällt dem Großteil der Konsumenten.[212] Besonders unpopulär dürften häufige Werbeunterbrechungen im TV sein. Die Übertragung eines American-Football-Spiels wird von annähernd 100 Werbespots begleitet. Sie nehmen inzwischen circa 30 Prozent der gesamten Sendezeit in Anspruch.[213]

Verschiebung der Kräfte in der Wirtschaft

Kreiert eine Internetplattform positive Netzwerkeffekte für ihre Teilnehmer beziehungsweise haben die positiven Netzwerkeffekte deutlich mehr Gewicht als die negativen, kann sich eine Art Pfadabhängigkeit ergeben, bei der vorangegangene Entscheidungen der Akteure die weitere Entwicklung beeinflussen. Besonders offensichtlich ist das bei positiven Cross-Side-Netzwerkeffekten von Sharing- oder E-Commerce-Plattformen. Entscheiden sich weitere Nutzer für eine Plattform, werden zusätzliche Anbieter angezogen, was wiederum zu noch mehr Nutzern führt und so weiter. Das Wachstum der Plattform beschleunigt sich rapide. Erwartungen spielen für diese Entwicklung eine starke Rolle. Erwarten viele Akteure, dass sich eine Plattform durchsetzt, entsteht ein starker Anreiz, ebenfalls auf dieser Plattform zu interagieren.[214] Zusätzlich entsteht, einer selbsterfüllenden Prophezeiung gleich, ein starker Mitläufereffekt (»Bandwagon Effect«).[215] Ist dieser Mitläufereffekt ausgeprägt, kann er sogar dazu führen, dass sich in einem Marktsegment nicht die beste (effizienteste) Plattform durchsetzt.[216] Man geht inzwischen davon aus, dass für diese Art des Wachstums Cross-Side-Effekte wichtiger sind als Same-Side-Effekte.[217]

Hat die Plattform erst einmal eine »kritische Masse« erreicht und verstärken Skaleneffekte (Größenvorteile) die Netzwerkeffekte noch zusätzlich,[218] entsteht eine kaum aufzuhaltende Dynamik, die als »Market Tipping« bezeichnet wird.

Tipping führt über die Zeit oft zu einer Marktkonzentration auf eine Plattform.[219] Wie bei einer Spinne, die ein immer größeres Netz spinnt, in dessen Fäden sich immer mehr Beute verheddert, werden mehr und mehr Akteure von einer erfolgreichen Internetplattform angezogen.[220] Infolgedessen nimmt die Vielfalt an Vermittlern ab, konkurrierende Plattformen verschwinden oder werden marginalisiert. Die Kräfte verschieben sich zu einem oder einigen wenigen Gatekeepern: »The winner takes most.«

Hat sich eine Plattform erst einmal etabliert und dominiert sie ihr Marktsegment, ist ihre dominante Position sehr stabil und kaum zu erschüttern. Die starken Netzwerkeffekte »beschützen« ihre Vormachtstellung dauerhaft.[221] So wuchs WhatsApp konstant auf mehr als zwei Milliarden aktive Nutzer weiter an.[222] Dies geschah trotz des Vertrauensverlustes und Imageschadens infolge stark medial begleiteter Skandale, insbesondere des gebrochenen Versprechens, keine Daten an die Konzernmutter Meta, Inc. zu übertragen.[223]

Obendrein steigt mit der Zeit dann der Anreiz für das Topmanagement einer Plattform, diese starke Position zu »nutzen« und die Interaktionen auf der Plattform zum eigenen Vorteil zu beeinflussen. Über das Design der Plattform kann etwa die Aufmerksamkeit der Akteure auf solche Interaktionen gelenkt werden, die der Plattform einen höheren Profit garantieren. Die Plattformen können auch beeinflussen, wie die Kommunikation abläuft oder welche Informationen überhaupt bereitgestellt werden (dürfen). Auf diese Weise könnten sie möglicherweise sogar Einfluss auf die Präferenzen und Bedürfnisse der Akteure nehmen. Das Potenzial, Einfluss zu nehmen, steigt in dem Maße, in dem die Plattform durch Datenerhebung und -verarbeitung mehr über die Akteure weiß. Die Anreize sind noch stärker ausgeprägt, wenn die Plattform zugleich selbst als Akteur im Markt aktiv ist.

Die Gesellschaft steht der zunehmenden Macht der Plattformen nicht wehrlos gegenüber. Die Entscheidung, eine Plattform nicht zu nutzen, mag faktisch schwerer werden, bleibt aber möglich. Die Kosten, eine Plattform zu verlassen, sinken insbesondere dann, wenn sich viele Akteure koordinieren und für eine alternative Plattform oder eine andere Art und Weise der Koordination entscheiden. Außerdem können staatliche Institutionen versuchen, als übergeordnete Instanz den Einfluss von Plattformen zu begrenzen, etwa indem sie regulierend eingreifen[224] oder die Verbote des Kartellrechts[225] nutzen.

(2) Netzwerkeffekte auf administrativen Plattformen: Neue staatliche Schwergewichte?

Im vorangegangenen Kapitel zur Plattformisierung des öffentlichen Sektors ist deutlich geworden, dass im staatlichen Kontext mit hoher Wahrscheinlichkeit »administrative Plattformen« auf Ebene der Verwaltung entstehen werden. Sie werden eine digital vermittelnde Funktion zwischen einer immer komplexeren, granulareren Legislation auf der einen Seite und den Bürgern, Bürgerinnen, privaten Organisationen und Unternehmen auf der anderen Seite übernehmen. Diese Entwicklung hat das Potenzial, die gegenwärtige Beziehung von Verwaltung (und Regierung) zu den Parlamenten beziehungsweise Gerichten fundamental zu verändern. Haben sich die administrativen Plattformen etabliert, könnten sie im Laufe der Zeit sogar das Prinzip der horizontalen Gewaltenteilung aushöhlen.

Nun interessiert uns, ob im staatlichen Umfeld ähnlich gelagerte Netzwerkeffekte zu erwarten sind und ob sie dort die gleiche durchschlagende Wirkung erzielen könnten.

Wenn das der Fall sein sollte, werden sich stetig wachsende administrative Plattformen in föderalistisch organisierten Staaten auch zu einer Bedrohung für die vertikale Gewaltenteilung entwickeln. Die Netzwerkeffekte könnten eine Dynamik entfalten, welche die Kompetenzen zwischen Bund, den Gliedstaaten (wie Ländern oder Kantonen) und sogar den Gemeinden mit der Macht des Faktischen neu aufteilt.

Außerdem dürfte das Aufkommen administrativer Plattformen auch die Karten innerhalb der Verwaltung neu mischen. Die Plattformisierung des öffentlichen Sektors könnte zu Umwälzungen führen, welche die Aufgabenwahrnehmung innerhalb der Administration und die gewohnte Verteilung der Zuständigkeiten auf verschiedene Verwaltungseinheiten verändern. Manche Institutionen dürften ihre Funktion ausbauen und an Bedeutung gewinnen, anderen droht die Marginalisierung.

Um die möglichen Folgen besser abschätzen zu können, wollen wir uns in einem ersten Schritt anschauen, wie Netzwerkeffekte im staatlichen Kontext wirken könnten. Im zweiten Schritt untersuchen wir, ob sich die Netzwerkeffekte trotz abweichender Rahmenbedingungen mit einer vergleichbaren Vehemenz entfalten dürften. Können positive Netzwerkeffekte auf staatlichen Plattformen eine ähnliche Winner-takes-most-Dynamik entfalten?

Positive Netzwerkeffekte bei administrativen Plattformen

Administrative Plattformen werden hauptsächlich zwei Gruppen von Akteuren koordinieren. [226] Auf der einen Seite stehen neben der Verwaltung und ihrem Exekutivrecht vor allem die Legislativorgane und die von ihnen aufgestellten Regeln, also die Parlamente mit ihren Gesetzen. Auf der anderen Seite befinden sich die Regierten als Adressaten dieser Gesetzgebung. Ähnlich wie im privatwirtschaftlichen Sektor kann daher das Wachstum einer Gruppe auf einer Plattform Auswirkungen auf die eigene oder auf die andere Gruppe haben.

Eine Vergrößerung auf der Regelungsseite könnte sowohl eine steigende Anzahl von Institutionen meinen als auch eine wachsende Menge von Regeln, die über eine bestimmte administrative Plattform an die Regierten vermittelt wird. Die Anzahl der Institutionen ist jedoch begrenzt. Es gibt auch keine sinnvollen Anreize, sie auszuweiten. Daher wächst eine administrative Plattform vor allem, indem vermehrt über diese Plattform Regeln kommuniziert, ihre Befolgung kontrolliert, Sanktionen ausgesprochen oder etwaige Kosten eingezogen werden.

Von einer Vergrößerung auf der Regiertenseite würde man hingegen sprechen, wenn zusätzliche Bürger, Bürgerinnen, private Organisationen oder Unternehmen eine Plattform für das Wechselspiel mit staatlichen Institutionen nutzen.

1. Positive »Same-Side-Netzwerkeffekte« (direkte Netzwerkeffekte):

Für positive Netzwerkeffekte auf der »gleichen Seite« müsste der Nutzen aller Regierten (auf der Plattform) steigen, wenn mehr Regierte eine konkrete Plattform nutzen. Ein konkreter unmittelbarer Nutzen wie bei sozialen Netzwerken oder dem Telefonnetz ist nicht ersichtlich. Ein mittelbarer Nutzen wie bei den Plattformen, die aufgrund steigender Nutzerzahlen lernen und für ein besseres Matching sorgen können, ist hingegen gut vorstellbar. Werden etwa die Steuerschulden der Unternehmen und Bürger und Bürgerinnen über eine Plattform abgewickelt, die mithilfe verschiedenster Datenquellen und Analysetools Steuervergehen deutlich erschwert und dazu beiträgt, die »Tax Gap«[227] zu schließen, sollte die Mehrheit der Regierten, die »ehrlichen Steuerzahler«, von einem höheren Steueraufkommen profitieren. Und zwar mit steigender Nutzerzahl immer stärker. Werden adaptive, situative Verkehrsregeln über eine digitale Plattform im Auto vermittelt, könnte sich der Nutzen erhöhen, indem der Straßenverkehr sicherer wird und sich das Stauaufkommen oder der Parksuchverkehr vermindert. Das hätte gleichzeitig positive Effekte auf die Umwelt, was ebenfalls den (anderen) Regierten zugutekäme. Sinkt die Fehlerquote bei der Antragsstellung über eine Plattform, etwa beim Elterngeld,[228] würde der Personalbedarf für die Kontrolle der Anträge deutlich sinken. Ausgaben könnten entweder gespart oder Personal würde frei werden für andere Aufgaben, etwa individuelle Beratungsgespräche, von der ebenfalls viele profitieren können.

Bürger könnten sich je nach Art der Plattform dort auch gegenseitig Feedback geben und sich von ihren jeweiligen Erfahrungen berichten, etwa indem sie die Gründe für die Ablehnung eines Antrages anführen. Auf diese Weise würden sie verstärkt Transparenz in die Behördenentscheidungen bringen. Optimistisch gedacht, wäre es sogar denkbar, dass die administrative Plattform über dieses Feedback oder andere anfallende Daten mehr über die Regierten und ihre Präferenzen lernt. Mit diesen Daten könnte die Plattform weiterentwickelt werden und die Vermittlung von staatlichen Regeln vereinfachen oder angenehmer gestalten. Der bürokratische Aufwand könnte beispielsweise stetig sinken.

Auch wenn sich die andere Seite vergrößert, also die Anzahl der vermittelten Regeln auf einer Plattform steigt, sind positive Same-Side-Netzwerkeffekte denkbar. Dafür müsste der Nutzen für die Regeln steigen, wenn weitere Regeln in die Plattform integriert werden. Auf den ersten Blick mag das merkwürdig klingen, auf den zweiten Blick schon nicht mehr. Denn die Vermittlung und die Durchsetzbarkeit von Regeln können sich offensichtlich vereinfachen, wenn sie in Verbindung mit anderen Regeln erfolgen oder von den Plattforminteraktionen anderer Regelvermittlungen profitieren.

So ließe sich etwa eine Echtzeitsteuerplattform um die Regeln (und Leistungen) der Arbeitslosenversicherung oder Grundsicherung erweitern. Viele Informationen für einen etwaigen Anspruch auf Arbeitslosengeld, etwa das zuvor erzielte Einkommen, sind auf der Steuerplattform vorhanden und oft bereits »verifiziert«.

Auch die von uns imaginierte in das Head-up-Display eines Autos integrierte Plattform zur Vermittlung der Verkehrsregeln könnte um die Regeln zur wiederkehrenden Hauptuntersuchung (DE), wiederkehrende Begutachtung (AT) oder Motorfahrzeugkontrolle (CH) erweitert werden. Diese gesetzlichen Regeln verlangen regelmäßige technische Untersuchungen zur Verkehrstauglichkeit und Umweltverträglichkeit in festgelegten Intervallen. Erkennt die Plattform das Überschreiten des Intervalls, könnte sie aus Sicherheitsgründen die in dem spezifischen Auto angezeigten Höchstgeschwindigkeiten nach unten anpassen. Die erlaubten Höchstgeschwindigkeiten könnten individuell mit fortschreitender Intervallüberschreitung sinken, sogar eine automatische Stilllegung des Fahrzeugs wäre technisch möglich. Andererseits würde die Plattform auch eine materialschonende Fahrweise erkennen und könnte entsprechend das Zeitintervall der Untersuchung verlängern.

Aus der »Perspektive« der Regeln beziehungsweise mit der Brille des Gesetzgebers betrachtet, dürfte das einen Nutzengewinn darstellen.

2. Positive Cross-Side-Netzwerkeffekte (indirekte Netzwerkeffekte):

Positive Cross-Side-Netzwerkeffekte wirken dann auf einer administrativen Plattform, wenn das Wachstum einer Gruppe günstige Auswirkungen auf die andere Gruppe hat.

Für die eine Art dieser Effekte müsste die Legislativseite von einer steigenden Anzahl Bürgern, Bürgerinnen oder Organisationen und Unternehmen auf einer Plattform profitieren. Das ist in vielfältiger Form möglich. Vermittelnde Plattformen sind, wie bereits erörtert, die Voraussetzung dafür, dass die Regelungsdichte zunehmen kann. Nur mithilfe vermittelnder Plattformen wird die Legislative in die Lage versetzt, noch komplexere und granularere Regeln in schnellerer Abfolge zu erlassen. Je mehr Bürger die Regeln digital »übersetzt« bekommen, desto stärker kann sich die Legislative »austoben«. Auch kann sie davon ausgehen, dass sich die Einhaltung der Regeln verbessert. Denn mehr Regierte auf einer Plattform bedeutet mehr Daten zur Analyse für etwaige Kontrollaufgaben. Gleiches gilt im Übrigen für die Identifikation von neuem Regelungsbedarf. Wird eine Plattform in einem Bereich von vielen Bürgern akzeptiert und genutzt, läuft sie stabil und effizient, kann sie »andere Regeln anlocken«, die den vorhandenen Bürgerzugang der Plattform ebenfalls nutzen und von ihrer Akzeptanz profitieren wollen.

Für die andere Art positiver Cross-Side-Netzwerkeffekte müsste die Zunahme von vermittelten Regeln auf einer Plattform den Nutzen für die Regierten erhöhen. Ein (indirekter) Nutzengewinn könnte sich ergeben, wenn eine wachsende Plattform wie bei den positiven Same-Side-Netzwerkeffekten den gesamtgesellschaftliche Nutzen erhöht. Das könnte der Fall sein, wenn sich beispielsweise die Compliance-Rate erhöht, etwa indem der Sozialleistungsbetrug durch den Abgleich verschiedener Datenpunkte innerhalb einer Plattform eingeschränkt würde. Auf individueller Ebene könnte für Unternehmen ein direkter Nutzengewinn darin liegen, dass der bürokratische Aufwand oder zumindest die Kosten infolge einer automatisierten Abwicklung über eine Plattform sinken. Für die Bürger könnte er darin liegen, zusätzliche Interaktionen mit staatlichen Stellen innerhalb einer vertrauten digitalen Umgebung durchführen zu können. Sie müssten sich nicht an viele verschiedene Plattformen gewöhnen, der Lern- und Einarbeitungsaufwand hielte sich in Grenzen (aus diesem Grund wird genau wie im privatwirtschaftlichen Umfeld zunehmend auch im staatlichen Umfeld der »One-Stop-Shop« propagiert). Auch der Aufwand bei der Datenerhebung ließe sich begrenzen, je mehr Regelungsinhalte über ein und dieselbe Plattform laufen (Stichwort: Once-Only-Prinzip). Auf diese Weise kann eine Dynamik entstehen, bei der die Bürger selbst darauf drängen, weitere Regelungen über eine spezifische Plattform abzuwickeln. Digitalisiert beispielsweise ein Gliedstaat erfolgreich mithilfe der Blockchain-Technologie sein Grundbuch und ermöglicht über eine digitale Plattform schnellere und billigere Grundbuchänderungen, wird sich das auch in anderen Gliedstaaten herumsprechen.[229] Die Bürger könnten aus rein praktischen Gründen Druck aufbauen, dass die anderen Gliedstaaten ihre Grundbuchänderung ebenfalls über diese Plattform abwickeln lassen.

Negative Netzwerkeffekte bei administrativen Plattformen

Wir schreiben derzeit nicht ohne Grund vorwiegend im Konjunktiv. Denn natürlich wird nicht alles Gold sein, was glänzt. Je nach Ausgestaltung, Design und vor allem Intention der entstehenden Plattformen können sich gerade im staatlichen Umfeld auch starke negative Netzwerkeffekte ergeben.

1. Negative Same-Side-Netzwerkeffekte (direkte Netzwerkeffekte):

Eine steigende Anzahl von Regierten kann sich auch auf einer administrativen Plattform negativ auf die »gleiche Seite« auswirken, wenn etwa die Plattform das

Wachstum nicht bewältigen kann und ihr Erreichbarkeit und Funktionsfähigkeit darunter leiden. Für andere Nutzer sind derartige technische Probleme nachteilig. Als während der COVID-19-Pandemie der digitale Impfausweis eingeführt wurde, konnten in Deutschland viele Apotheken die notwendigen QR-Codes zunächst nicht erzeugen, da das genutzte Portal immer wieder überlastet war.[230]

Auch negative Same-Side-Netzwerkeffekte sind durch die Integration zusätzlicher Regeln in eine Plattform denkbar. Sie stellen die Kehrseite der positiven Effekte dieser Art dar. So könnte die Vermittlung bestimmter Regeln gerade im Kontext oder Zusammenhang mit anderen Regeln die Akzeptanz der Regeln überraschend unterminieren. Auch könnten unbeabsichtigt Anreize für Ausweichbewegungen oder Vermeidungsstrategien entstehen. Eventuell notwendige Anpassungen der Regeln an die digitale Umgebung oder die Funktionsweise der Plattform könnten wiederum zu unerwarteten Kompetenzüberschneidungen führen und erhebliche Zuständigkeitskonflikte auslösen.

Darüber hinaus könnte der steigende Anpassungsbedarf bei einer wachsenden Zahl von Regeln die Plattformbetreiber vor Umsetzungsschwierigkeiten stellen, mit negativen Auswirkungen für die Regeln und ihre Umsetzung. Als ein einfaches Beispiel für diese Art von negativen Effekten können die Probleme der CovPass-App des Robert Koch-Instituts während der vierten Welle der COVID-19-Pandemie in Deutschland dienen. Die bloße Erweiterung der in der App implementierten Infektionsschutzregeln hatte hier bereits für erhebliche Probleme gesorgt. Die Fehler waren von Anfang im Regelwerk der App angelegt. Denn bei der Entwicklung der App war die Möglichkeit einer dritten Impfung schlicht nicht mitgedacht worden. Die nachträgliche Anpassung erwies sich als aufwendig. In der Folge konnte der Impfstatus von Genesenen und »Johnson-Geboosterten« lange nicht korrekt angezeigt werden.[231] Die korrekte Vollzug der Regeln war dadurch erheblich erschwert.

2. Negative Cross-Side-Netzwerkeffekte (indirekte Netzwerkeffekte):

Sänke auf einer administrativen Plattform der Nutzen der Regierten durch eine wachsende Anzahl von Regeln auf der Plattform oder umgekehrt, würde man von negativen Cross-Side-Netzwerkeffekten sprechen.

Ein sinkender Nutzen für die Legislativseite durch mehr Bürger auf einer Plattform könnte darin bestehen, dass die Wahrscheinlichkeit für manipulative

Angriffe jeglicher Art steigt. Sammelt die Plattform Feedback, könnte eine zunehmende Menge die Verarbeitung von Expertenfeedback erschweren. Auch könnte sich mit steigender Nutzerzahl der mediale und zivilgesellschaftliche Fokus auf eine Plattform erhöhen und die integrierten Regeln einer besonders kritischen Prüfung aussetzen.

Gleichzeitig nimmt das Risiko zu, dass sich datenoptimierende Strategien verbreiten, wenn mehr Bürger eine Plattform nutzen. Trifft beispielsweise eine Plattform Entscheidungen oder erteilt Genehmigungen aufgrund verschiedener zuvor erhobener Datenpunkte und sind diese Datenpunkte bekannt oder erkennbar, könnten die Regierten unerwartet schnell versuchen, diese Datenerhebungen zu beeinflussen oder zu manipulieren. Sie könnten infolgedessen die Intention und Wirkungsweise der Regeln unterlaufen und deren Vollzug erschweren. Vor allem in der Anfangszeit einer Plattform, in der kaum alle Eventualitäten vorsehbar sind, könnten private Dienstleister entstehen, die Beratungsdienstleistungen anbieten, um die Nutzung der Plattform zu »optimieren«.

Die stärksten nachteiligen Effekte drohen voraussichtlich bei den negativen Cross-Side-Netzwerkeffekten durch die Integration zusätzlicher Regeln auf einer Plattform.

Nachteile können sowohl durch technische als auch strukturelle Schwierigkeiten im Zuge der Erweiterung einer Plattform entstehen. An dieser Stelle kann wieder das Beispiel mit den Problemen der CovPass-App herangezogen werden. Sie haben zusätzlich negative Cross-Side-Effekte erzeugt, da sich auch erhebliche Nachteile für diejenigen Bürger ergaben, die ihren Impfstatus nicht nachweisen konnten.

Werden Regeln zu schnell oder auf ungünstige Art und Weise in einer Plattform implementiert, droht genau wie bei den privatwirtschaftlichen Pendants eine Überforderung der Nutzer. Insbesondere wenn das Matching, also die Vermittlung und Anwendung der Regeln auf den konkreten Fall, nur unzureichend funktioniert, könnte das vielfältige nachteilige Folgen für die Regierten haben.

Gravierender dürften die Nachteile aber dann sein, wenn über die Plattformen im Rahmen der Vermittlungstätigkeit ein Übermaß an digitaler Kontrolle ausgeübt wird. Aufgrund der Dynamik minimaler Grenzkosten kann das schnell der Fall sein.[232] Wenn die individuellen Handlungsmöglichkeiten zu stark eingeschränkt sind oder in bestimmten Bereichen ein permanenter Kontrolldruck entsteht, kann bei den Regierten rasch das negative Gefühl aufkommen, nur als bloße Verfügungsmasse fremder Entscheidungen zu dienen. Den potenziellen gesamtgesellschaftlichen Nutzen einer höheren Befolgungsrate infolge der Nutzung digitaler Plattformen haben wir oben beschrieben. Diese positive Netzwerkeffekte können sich unter bestimmten Umständen allerdings schnell in ihr Gegenteil verkehren.

Intensität der Netzwerkeffekte im staatlichen Umfeld

Wir haben aufgezeigt, dass Netzwerkeffekte auch auf von der Verwaltung betriebenen Plattformen wirken können. Im Folgenden versuchen wir abzuschätzen, ob sie dort eine ähnlich starke Intensität aufweisen und eine vergleichbare Dynamik entfalten können wie in der Wirtschaft. Die geänderten Rahmenbedingungen im staatlichen Umfeld können nicht ohne Auswirkungen auf die Netzwerkeffekte bleiben.

Die möglichen positiven Effekte durch mehr Regierte auf einer Plattform in Form von gesamtgesellschaftlichem Nutzen (Same-Side-Netzwerkeffekte) haben beispielsweise den Nachteil, dass sie keine unmittelbar erlebbare Wirkung für die Regierten entfalten. Die Folgen zeigten sich nur mittelbar über die Zeit, beispielsweise in der Statistik durch weniger Verkehrsunfälle. Auf privatwirtschaftlichen Plattformen zeigt sich der parallele positive Effekt einer effizient funktionierenden Plattform unmittelbar, etwa durch verbesserte, passgenauere Empfehlungen für den Nutzer. Dieser Effekt auf administrativen Plattformen wird deshalb viel schwächer ausfallen. Allerdings hängt das auch von den Präferenzen in einer Gesellschaft ab, also von der Frage, ob Sicherheit gegenüber Freiheit höher gewichtet wird oder ob eine individualistische oder eine kollektivistische Sichtweise dominiert. So könnte diese Abschwächung des Effektes zum Teil durch eine Art moralischen Imperativ ausgeglichen werden. In der Privatwirtschaft geht es ausdrücklich um den individuellen Nutzen, im staatlichen Kontext kann das anders sein. Ein behördlicher Plattformbetreiber könnte erfolgreich die Nutzung der Plattform zu einer moralischen Angelegenheit machen, mit der ein übergeordnetes gemeinschaftliches Ziel verfolgt wird, das gerade im Fokus steht (etwa die Bekämpfung des Klimawandels oder die Abwehr einer Bedrohung von außen). Der Vorteil, die Plattform zu nutzen, würde mit weiteren Nutzern steigen, da die Bürger besser signalisieren könnten, auf der »richtigen Seite« zu stehen. Das wird nicht bei jeder Plattform und nur unter bestimmten Bedingungen möglich sein. Insgesamt dürfte die Wirkung positiver Same-Side-Netzwerkeffekte durch mehr Regierte auf administrativen Plattformen sehr viel schwächer ausfallen als in der Privatwirtschaft.

Genau das Gegenteil dürfte für die andere Art von positiven Same-Side-Netzwerkeffekte gelten. Der Nutzen durch mehr Regeln für die anderen Regeln wird sehr viel stärker ausfallen als der Nutzen von mehr Anbietenden für andere Anbietende. Der Grund liegt darin, dass zwischen den Regeln kein vergleichbares Konkurrenzverhältnis besteht. Während in der Privatwirtschaft oft entweder das Produkt beziehungsweise die Dienstleistung von einem oder dem anderen Anbieter konsumiert wird, können und müssen Regeln meist kumulativ befolgt werden. Das Potenzial, sich gegenseitig zu ergänzen und die Befolgung insgesamt besser durchzusetzen, ist damit wesentlich höher. Positive Same-Side-Netzwerkeffekte durch mehr Regeln können auf administrativen Plattformen daher eine deutlich stärkere Wirkung entfalten als auf privaten Internetplattformen.

Als vergleichbar starke Treiber könnten sich auch die positiven Cross-Side-Netzwerkeffekte durch mehr Bürger erweisen. Auf administrativen Plattformen könnte der Nutzen für die Legislativseite durch eine wachsende Anzahl von Bürgern auf einer Plattform stark steigen. Unterstützt werden dürfte die entstehende Dynamik durch eher schwache positive Cross-Side-Netzwerkeffekte für die Bürger durch mehr Regeln auf einer Plattform. In der Privatwirtschaft ist ein steigendes Angebot für die Nutzer einer der stärksten Effekte. Eine vergleichbare Sogwirkung auf administrativen Plattformen ist kaum vorstellbar, da die Bürger sich nicht darum »reißen« werden, möglichst viele Regeln befolgen oder Anträge stellen zu dürfen. Dennoch ist der Faktor Bequemlichkeit ein nicht zu unterschätzender Faktor, der zu moderat positiven Effekten führen dürfte.

Andererseits dürfte im staatlichen Kontext die Chance erheblich größer sein, dass negative Netzwerkeffekte eine sehr viel stärkere bremsende Wirkung entfalten. Wächst etwa die Anzahl der Regierten auf einer Plattform (schnell) an, sind technische Probleme und Überlastungen und damit Nachteile für die anderen Nutzer (negative Same-Side-Netzwerkeffekte) sehr viel wahrscheinlicher als im privatwirtschaftlichen Umfeld. Für die jeweilige Verwaltungsinstitution als Plattformbetreiber bestehen nicht in gleichem Maße Anreize, sich so schnell anzupassen, wie im privaten Sektor, wo es oft um das wirtschaftliche Überleben und den eigenen Arbeitsplatz geht. Es existiert kein vergleichbarer scharfer Wettbewerbsdruck, und von Wahlen als Feedbackmechanismus ist die Verwaltung nicht unmittelbar betroffen. Ähnlich gelagerte technische Probleme, aber auch Design- und Implementierungsmängel drohen bei Integration von mehr Regeln, mit stark nachteiliger Wirkung für die Regierten (negative Cross-Side-Netzwerkeffekte).

Das gilt auch deshalb, weil das Risiko von Fehlern beim Aufsetzen einer Plattform aufgrund von Fachkräftemangel und einem geringeren Know-how-Niveau im öffentlichen Sektor größer ist. Das gilt vor allem in der Anfangszeit, bis eine Plattform sich eingespielt hat und stabil läuft. Darüber hinaus könnten sich die negativen Netzwerkeffekte für die Regierten noch einmal signifikant verstärken, wenn sie ein subjektiv-öffentliches Recht auf die Nutzung einer Plattform erhalten oder zur Nutzung einer Plattform gezwungen werden. Das gilt insbesondere, wenn keine Alternative angeboten wird (»Multihoming«, die Nutzung mehrerer Plattformen für denselben Zweck, wird im staatlichen Zusammenhang eine Seltenheit bleiben). Dann steigt die Anzahl der Regierten auf einer Plattform schlagartig und das Potenzial der Probleme ebenfalls.

Gerade in der Übergangszeit gehen wir aber nicht von einem derartigen Recht oder Zwang aus. Die Bevölkerung ist zu inhomogen in Bezug auf das Wissen und die Vertrautheit mit Technologie. Zugleich können die notwendigen Geräte, von Smartphone bis Computer, insbesondere bei der älteren Bevölkerung (noch) nicht vorausgesetzt werden. Wir erwarten, dass die Nutzung der meisten Plattformen zunächst auf freiwilliger Basis erfolgen wird.[233]

Als Ergebnis können wir festhalten, dass sich die stärkste positive Wirkung auf die Regelungsseite einer administrativen Plattform entweder durch eine steigende Anzahl von Regeln auf der Plattform (Same-Side) oder durch eine wachsende Anzahl von Regierten (Cross-Side) ergibt. Sie werden das Wachstum einer administrativen Plattform aus einer digitalen Dynamik heraus fördern. Die positiven Netzwerkeffekte für die Nutzerseite (die Regierten) fallen hingegen deutlich schwächer aus. Gleichzeitig ist das Potenzial für negative Netzwerkeffekte für die Seite der Regierten sehr viel höher als im privatwirtschaftlichen Umfeld. Sie könnten das Wachstum der Plattform signifikant bremsen.

Welche der Netzwerkeffekte könnten überwiegen?

Ein weiterer zentraler Unterschied zum privatwirtschaftlichen Umfeld wird die Entwicklung beeinflussen. Aufgrund der gegebenen Rahmenbedingungen muss man im öffentlichen Umfeld sehr viel stärker schauen, wer genau profitiert. Im privatwirtschaftlichen Kontext ist der Nutzengewinn der Kunden zentral, insgesamt vermutlich wichtiger als der Nutzen der Angebotsseite. Fehlt der Nutzen, schließen sich die Kunden einer anderen Plattform an. Im staatlichen Umfeld kehren sich die Verhältnisse genau um, da die Bürger diese Alternative nicht haben. Sie werden entweder die Möglichkeit haben, die vorhandene Plattform zu nutzen, den traditionellen analogen Weg zu gehen, oder sie werden per Gesetz zur Nutzung der Plattform gezwungen. Als zentraler Feedbackmechanismus bleibt die Wahl.

Zwar muss die Legislativseite grundsätzlich die Unzufriedenheit der Wähler mit einer Plattform fürchten, nicht aber die Verwaltungsinstanz, die die Plattform betreibt. Gleichzeitig können die zur Wahl stehenden Politiker die Schuld für Probleme auf einer Plattform auf die betreibende Verwaltung abschieben. Außerdem kann die nächste Wahl noch weit sein. Daher sind für die entstehende Dynamik im staatlichen Umfeld die Effekte für Vermittlung und Befolgung der Regeln (also die Angebotsseite) deutlich wichtiger und stärker zu gewichten als die Effekte für die Regierten (also die Nutzerseite). In Ländern mit einer ausgeprägten direkten Demokratie wie der Schweiz dürfte das eingeschränkter gelten. Hier könnte das Mittel der Volksabstimmung konkret gegen einzelne administrative Plattformen eingesetzt werden. Die negativen Netzwerkeffekte für die Regierten dürften daher eine relativ stärkere Rolle spielen als etwa in Deutschland.[234] Wie dargelegt, sind auf der Regelseite die positiven Netzwerkeffekte besonders stark ausgeprägt, die negativen eher schwach. Sie können daher eine starke Sogwirkung entfalten. Auf der Seite der Regierten dürften die positiven Effekte eher schwach sein, die negativen Effekte hingegen potenziell stark. Diese negativen Effekte können unter den staatlichen Rahmenbedingungen jedoch keine vergleichbar stark bremsende Wirkung entfalten.

Im Ergebnis lässt sich festhalten, dass Netzwerkeffekte auch auf von der Verwaltung betriebenen Plattformen eine Dynamik entfachen können, die eine Plattform konstant wachsen lässt. Auch wenn die Dynamik aus unserer Sicht nicht von vergleichbarer Intensität sein dürfte wie auf den privatwirtschaftlichen Winner-takes-most-Märkten, sollte sie nicht unterschätzt werden.

(3) Auswirkungen auf die vertikale Gewaltenteilung (Föderalismus): Verschiebung von Macht und Einfluss durch administrative Plattformen?

Als Erstes und am offensichtlichsten dürfte eine Dynamik entstehen, durch die sich die Aufgabenwahrnehmung und Ressortzuständigkeit innerhalb der Verwaltung verändern werden. Aufgaben, die bisher von einer Institution auf analogem Weg wahrgenommen wurden, könnten von einer anderen Institution (und ihrer digitalen Plattform) mit der Zeit übernommen werden – auch wenn die rechtlichen Vorgaben dem eigentlich entgegenstehen.

Aus unserer Sicht sind in vielen Ländern erste Anzeichen für den Beginn dieser digitalen Dynamik erkennbar, in Deutschland beispielsweise in einigen E-Government-Gesetzen der Länder. So erlaubt das bayerische E-Government-Gesetz sachlich und räumlich begrenzte Abweichungen von bestimmten Zuständigkeitsvorschriften zur »Einführung und Fortentwicklung elektronischer Verwaltungsinfrastrukturen«.[235] Noch sind diese Abweichungen nur für einen bestimmten Zeitraum erlaubt. Sollte in der Folge aber tatsächlich eine funktionierende technologische Infrastruktur in der Sphäre einer anderen Zuständigkeit aufgebaut werden, dürfte es schwer werden und wenig sinnvoll erscheinen, die Zuständigkeit wieder »rückzuübertragen«.

Aus staatsorganisationsrechtlicher Perspektive wird eine derartige Dynamik jedoch noch spannender, wenn diese Zuständigkeitsübertragungen auch Auswirkungen auf die vertikale Gewaltenteilung haben. Wir sehen die Gefahr, dass die Wirkungsmechanismen und Effekte von Plattformen und die darin liegende Tendenz zur Zentralisierung längerfristig in manchen Ländern den Föderalismus und das Bundesstaatsprinzip schwächen könnten.

Eine starke Gegenkraft zu den Netzwerkeffekten …

Natürlich gibt es starke Gegenkräfte, die wir bisher noch nicht detailliert angesprochen haben. Insbesondere der Umstand, dass viele Zuständigkeiten festgelegt sind. Eine erfolgreiche administrative Plattform kann nicht einfach wachsen, wie sie will. Sie kann nicht von sich aus zusätzliche Regelungsinhalte in die Plattform integrieren, nur weil sie erfolgreich ist. Das kann eine private Internetplattform im

Übrigen auch nicht. Privaten Internetplattformen ist es aber leichter möglich, eine »kritische Masse« von Nutzern zu erreichen. Insbesondere mithilfe finanzieller Anreize können sie eine Dynamik anschieben, die aufgrund der Netzwerkeffekte weitere Anbieter und Nutzer auf die Plattform lockt. Im staatlichen Umfeld stehen derartige finanzielle Anreize als Anschubhilfe nicht zur Verfügung. Eine vergleichbare Dynamik, welche nach und nach die bestehenden Zuständigkeiten zugunsten einer wachsenden Plattform ändert, dürfte daher schwieriger anzustoßen sein.

… und ihre Schwachstelle

Das gilt insbesondere für diejenigen Regeln, in denen der Föderalismus verankert ist. Sie haben oft Verfassungsrang und sind daher wesentlich schwerer zu ändern als einfache Gesetze. Das wird sich vermutlich und glücklicherweise als Hemmschuh für das Wachstum administrativer Plattformen erweisen und ihre Entwicklung verlangsamen. Es bedeutet aber aus unserer Sicht nicht, dass der Status quo so unveränderlich ist, wie viele Experten und Politiker meinen. Gerade in der Anfangszeit bestehen, wie dargelegt, auch starke Anreize für die Legislative, die Gesetzeslage anzupassen und das Aufkommen der Plattformen zu begünstigen.

Als erfolgreich könnten sich insbesondere solche administrativen Plattformen erweisen, die zunächst wechselseitige Vorteile ermöglichen, also sowohl die Regulierungsmöglichkeiten für den Gesetzgeber verbessern oder ihm unangenehme Aufgaben abnehmen als auch für hohe Akzeptanz auf Bürgerseite sorgen, etwa durch Vereinfachungen, bessere Erklärungen oder Methoden der Gamification. Die wirkenden Netzwerkeffekte könnten dann nach und nach einen starken faktischen Druck erzeugen, den vorhandenen gesetzlichen Rahmen anzupassen, damit immer weitere Regeln über diese Plattform abgewickelt werden können. Die korrespondierenden Zuständigkeiten dürften in der Folge ebenfalls auf die Plattform übergehen.

Diese Dynamik darf nicht unterschätzt werden. Gesetze, auch die Verfassung, sind nichts Statisches, sondern unterliegen äußeren Einflüsse. Das gilt insbesondere für digitale Dynamiken, gerade weil sie intransparent sind.

Die bei Bedarf erhebliche Flexibilität des gesetzlichen Rahmens zeigt sich plastisch im bereits angesprochenen Entwurf für einen europäischen Raum für Gesundheitsdaten. Er macht die Datenerhebung von der Einwilligung der Patienten unabhängig. Damit bricht er wie selbstverständlich mit den Grundsätzen der Datenschutz-Grundverordnung und dem Recht auf informationelle Selbstbestimmung. Der Entwurf stuft die Big-Data-Nutzung im Gesundheitsbereich einfach als wichtiger ein.[236]

Wir interpretieren auch die »Dresdner Forderungen« von Vertretern großer deutscher Städte vom März 2021 als ein Indiz für die Anfänge einer entsprechenden Entwicklung auf nationaler Ebene.[237] Demnach fordern die Kommunen im Rahmen der staatlichen Digitalisierung nicht weniger als eine »föderale Revolution«. Sie möchten ausdrücklich die komplexen Zuständigkeiten im föderalen System verringen und die Aufgaben zwischen Kommunen, Ländern und Bund zur ebenenübergreifenden Modernisierung neu verteilen. In diesem Zusammenhang verlangen sie explizit die Rückgabe von Pflichtaufgaben an den Bund und die Länder.[238] Sie möchten die Verantwortung für den Vollzug dieser Regeln abgeben.[239] Dass Institutionen von sich aus Kompetenzen an höhere staatliche Ebenen abgeben möchten, ist schon bemerkenswert.

Diese Entwicklungstendenz könnte sich durch weitere Faktoren verstärken. Gerade hinsichtlich der Digitalisierung der Verwaltungsaufgaben der Bundesländer wurde in Deutschland beispielsweise lange eine Art Arbeitsteilung angestrebt. Jeweils ein Land hatte in Zusammenarbeit mit einem Bundesressort für ein konkretes Themenfeld eine digitale Lösung zu entwickeln. Im Idealfall sollte die entwickelte Lösung von anderen Bundesländern ebenfalls genutzt werden. Das nennt sich dann »Einer für Alle/Viele«-Prinzip (EfA). Die Idee war, die Lösung zentral vom Landes-IT-Dienstleister des entwickelnden Bundeslandes betreiben zu lassen, sodass notwendige Anpassungen bei Gesetzesänderungen zentral erfolgen könnten. Den anderen Bundesländern würde die Lösung etwa als Software-as-a-Service angeboten, bei der die konkrete Anwendung direkt über die Cloud zur Verfügung gestellt wird.[240] Die dabei erfassten Daten sollten von dem Landes-IT-Dienstleister lediglich verarbeitet und standardisiert an die zuständige Stelle des anderen Bundeslandes maschinenlesbar übermittelt werden. Dort könnten sie direkt ins Fachverfahren übernommen und weiterverarbeitet werden.[241] Diese Sichtweise war offensichtlich teilweise illusorisch.

Aber allein schon der Umstand, die Datenerhebung zu kontrollieren, schafft eine Position mit erheblichem Einflusspotenzial.[242] Überdies stellte diese Sichtweise zu sehr auf die gegenwärtigen analogen Arbeitsprozesse ab. Werden jedoch mit fortschreitender Digitalisierung auch die Fachverfahren selbst digitalisiert und die Daten zunehmend automatisiert verarbeitet, werden immer weitere Teile des Entscheidungsprozesses in die bereits entstandene Lösung des bestimmten Bundeslandes integriert. Die anderen Bundesländer würden in diesem Bereich deutlich abhängiger.

Diese Entwicklung impliziert im Übrigen auch schon die Erwähnung des Software-as-a-Service-Modells. In der Privatwirtschaft kann der Aufstieg des Software-as-a-Service-Modells seit einigen Jahre beobachtet werden. Auf der einen Seite wird die Nutzung von Softwaredienstleistungen einfacher zu handhaben, schneller einsetzbar und komfortabler werden – was ihren Erfolg erklärt –, gleichzeitig steigt offensichtlich die Abhängigkeit vom jeweiligen Anbieter.[243]

In einer solchen Situation wäre es wenig überraschend, wenn sich einzelne Bundesländer ganz ähnlich wie die großen Internetplattformen verhielten. Sie könnten versuchen, in diesen Bereichen eine Art »Lock-in-Situation« zu schaffen, die von starken Netzwerkeffekten geschützt wäre. Andere Bundesländer wären zunehmend in der Softwarelösung des einen Bundeslandes »eingeschlossen«, weil die Kosten und der Aufwand für eigene oder alternative Lösungen mit der Nutzungsdauer kontinuierlich steigen würden.

Zwar ist der Wettbewerbsdruck und damit der Anreiz für staatliche Institutionen wesentlich geringer als in der Privatwirtschaft. Faktoren wie schnelles Wachstum und steigende »Marktanteile« sind im stattlichen Kontext weniger wichtig. Das Streben nach einem Lock-in könnte daher weniger ausgeprägt sein.

Die »Monetarisierung« der Gatekeeper-Position von Plattformen der staatlichen Verwaltung

Allerdings spielen andere Anreize eine wichtige Rolle, etwa der Wunsch, die eigene (Länder-)Position in Verhandlungen mithilfe einer administrativen Plattform zu stärken. Die Absicht, den generellen Einfluss auszubauen oder Zahlungen im Länderfinanzausgleich anzupassen, und das Streben nach Selbsterhaltung aus Angst vor Automatisierungsfolgen können ebenfalls starke treibende Faktoren im Föderalismus deutscher Prägung sein.

Solcherlei Ziele kann ein Bundesland erreichen, indem es die zentrale Gatekeeper-Position einer etablierten Plattform zu nutzen versucht. Das kennen wir ebenfalls bereits von den Internetplattformen. Sie beginnen ab einem bestimmten Zeitpunkt, ihre starke, von Netzwerkeffekten geschützte Stellung zu monetarisieren. Teilweise kassieren sie erhebliche Transaktionsgebühren. Man denke nur an die 30 Prozent, die Apple in der Regel bei Verkäufen im App Store verlangt.[244] Manche Plattformen sind sogar in der Lage, Gebühren für den Marktzugang zu fordern. Andere erheben Gebühren für erweiterte Möglichkeiten oder einen besonderen Service auf der Plattform (Freemium-Modell).

Institutionen der Länder, des Bundes und selbst Kommunalbehörden, die eine erfolgreiche Plattform mit einer starker Gatekeeper-Position betreiben, könnten sich zum Beispiel in Form von Personal, Einfluss oder Prestige »bezahlen« lassen.

Das Pendant für »angebotsseitige« Transaktionsgebühren auf staatlicher Ebene wäre etwa, mehr Personal oder ein höheres Budget zu verlangen. Der Betrieb einer Plattform ist schließlich aufwendig. Insbesondere bedarf es speziell ausgebildeten Personals für die Weiterentwicklung der Plattform, das Einpflegen neuer Regeln und Gesetzesänderungen, das Verhindern von Betrug und Missbrauch, für etwaige Kontrollaufgaben und vieles mehr. Gleichzeitig dürfte in der betreffenden Institution infolge der Verlagerung von Prozessen auf die Plattform traditionelles Personal frei werden. Die Institution könnte dieses Personal zu nutzen versuchen, um ihre Aktivitäten in andere Zuständigkeitsbereiche auszuweiten.

Das Pendant für ein Freemium-Modell wäre es, wenn sich eine administrative Plattform nur in der Lage sieht, konkrete Regeln und Aufgaben auf eine bestimmte Art und Weise in die Plattform zu integrieren, wenn ihr im Gegenzug bestimmte Zuständigkeiten übertragen werden. Ansonsten sei die Rechtssicherheit gefährdet. Zahlreiche weitere Möglichkeiten sind denkbar, wie der Betreiber einer administrativen Plattform diese zum Nachteil der föderalistischen Regeln »monetarisieren« könnte.

Mögliche Gegenspieler von administrativen Plattformen

Hat eine administrative Plattform erst einmal in einem Bereich eine zentrale Gatekeeper-Stellung erlangt, könnte sich ihre Position als noch beständiger und widerstandsfähiger erweisen als im privatwirtschaftlichen Umfeld. Und das will etwas heißen. Die »marktbeherrschende« Stellung großer Internetplattformen wird meist nicht einmal durch Imageschäden oder (zu) hohe Gebühren gefährdet. Zu stark ist die Wirkung der Netzwerkeffekte und zu gering der Einfluss der (einzelnen) Akteure auf der Plattform. Von der Marktseite haben sie in der Regel allein technologische Innovationen/Disruptionen zu fürchten, die ihre Tätigkeit überflüssig werden lässt. Allerdings müssen sie, und das wird derzeit immer offensichtlicher, eine ihnen übergeordnete Instanz fürchten. Staatliche Institutionen können den Einfluss und die Stellung der Internetplattformen direkt beschneiden. Parlamente und Regierungen können regulierend eingreifen, Kartellbehörden sich auf Basis des Wettbewerbsrecht einschalten.

Denken wir diese Situation einmal zu Ende und stellen uns eine wirklich große, ressortübergreifend etablierte, zum Beispiel auf Ebene der Bundesverwaltung angesiedelte Plattform vor, die eine Vielzahl von Regeln an die Regierten vermittelt, ihre Einhaltung kontrolliert, Gebühren erhebt und von den Regierten akzeptiert wird. Oder eine auf der Ebene des Bundeslandes angesiedelte Plattform, die in ihrem Themenbereich eine ähnliche vermittelnde Funktion für das ganze Bundesgebiet ausübt. Wer könnte gegen sie zu Felde ziehen, wenn die Verantwortlichen beginnen, ihre Stellung zu »monetarisieren«? Wer könnte ihren Einfluss zurückdrängen?

Die Legislative dürfte als Akteur auf der Plattform in der Zwischenzeit ganz ähnlich wie die Hersteller in der Privatwirtschaft von ihr abhängig sein und es daher aus den bereits beschriebenen Gründen als übergeordnete korrigierende Instanz schwer haben. Gleiches wird für andere, konkurrierende Institutionen der Verwaltung gelten. Unklar ist uns, ob sich (Neu-)Wahlen in einem solchen Szenario als Korrekturmechanismus erweisen könnten. Sie würden zwar die Zusammensetzung und Ausrichtung des Parlaments ändern, wenn die bisherige Opposition die Mehrheit erlangt. Fraglich ist dann aber, ob sich das neu zusammengesetzte Parlament überhaupt von den beschriebenen Abhängigkeiten lösen könnte, selbst wenn die Wähler es mit einem eindeutigen Votum ausstatten würden. Fraglich ist überdies, ob der (zukünftige) Wählerwillen überhaupt darauf ausgerichtet wäre, den Spielraum einer gut funktionierenden, bequemen Plattform einzuschränken. Die Wähler könnten auch gegen einen »Regulierungsflickenteppich« und für mehr Zentralisierung votieren. Die Regierung wird je nach Entwicklung entweder auf der abhängigen Seite der Legislative stehen oder als tatsächlich Verantwortlicher auf der Seite der Plattform.

Damit bliebe nur noch die Judikative übrig, also in der Regel der Gang zum Verfassungsgericht als »letzte Bastion«. Hat sich das Verfassungsgericht in der Zwischenzeit aber nicht selbstständig digitalisiert, betreibt es keine eigene IT-Infrastruktur und greift beispielsweise auf fremde Software-as-a-Service-Dienste zurück, könnte es ebenfalls von der Administration und der Seite der Plattform abhängig sein. Dem Verfassungsgericht könnte es auch an Personal, Sachverstand und Daten mangeln, um die Situation rechtlich zu erfassen und einzuhegen, um letztlich zum Nachteil der administrativen Plattform zu urteilen. Die Möglichkeiten des Verfassungsgerichtes, regulierend einzugreifen, könnten infolgedessen stark beschränkt sein. Zudem hat das Verfassungsgericht gegenüber anderen staatlichen Institutionen keine vergleichbar starke Stellung wie der Staat aufgrund des Gewaltmonopols gegenüber privatwirtschaftlichen Unternehmen. Die Betreiber einer administrativen Plattform könnten sich im Extremfall und bei ausreichend starker eigener Position dazu entschließen, das Urteil des Verfassungsgerichts einfach zu ignorieren.

Aus all diesen Gründen ist es essenziell, von den Digitalisierungserfahrungen der Privatwirtschaft zu lernen und ähnlich gelagerte Problemkonstellationen gar nicht erst entstehen zu lassen. Im staatlichen Kontext ist es wesentlich wichtiger als im privatwirtschaftlichen Setting, das Entstehen »monopolartiger«, plattformähnlicher Strukturen im Zuge der Digitalisierung von vornherein zu verhindern. Denn die nachträgliche Korrektur könnte sich als deutlich mühevoller erweisen. Ein paar Ideen, wie das gehen könnte, werden wir im dritten Teil des Buches liefern.

Potenzielle Keimzellen für administrative Plattformen: einige Beispiele

Die von uns beschriebenen administrativen Plattformen werden in den meisten Ländern wohl nicht am Reißbrett entworfen wie die privaten Internetplattformen. Voraussichtlich wird ihr Wachstum nicht einmal konkret geplant oder in diese Richtung bewusst vorangetrieben. Sie werden vielmehr in einer Art evolutionärem Prozess aus kleinen, sehr spezifischen Digitalisierungsprojekten entstehen und, einer eigenen digitalen Logik und deren Anreizen folgend, wachsen.

Nach unserem Verständnis kommen je nach Staat und ihren jeweiligen Digitalisierungsbestrebungen verschiedene Kategorien von Digitalisierungsvorhaben als Ausgangspunkte für das Entstehen von administrativen Plattformen in Betracht.

Zum einen wären das staatliche Chatbots oder virtuelle Assistenten. Sie könnten ihre Kommunikationsfunktion, ihren direkten Kontakt zu den Regierten und ihre Position als erste Anlaufstelle ausbauen. Ihre Hauptaufgabe dürfte bereits jetzt eine Art Vermittlungsfunktion light sein, indem sie bestehende Regulierungen erklären und diesbezügliche Fragen beantworten. Sie werden bereits weiterentwickelt, um Daten zu erheben oder andere, über die reine Kommunikation hinausgehende Interaktionen mit den Behörden abzuwickeln. Die spanischen Steuerbehörden haben beispielsweise einen virtuellen Assistenten entwickelt, der dem Steuerzahlenden (auch) direkte Unterstützung dabei anbietet, die Einkommenssteuererklärung auszufüllen.[245] Über die Zeit und auf Basis einer immer leistungsfähigeren künstlichen Intelligenz könnten solche Systeme zu Plattformen weiterentwickelt werden, die immer mehr Aufgaben übernehmen, Verwaltungsdienstleistungen abwickeln und Weiteres mehr. So hat sich das finnische Portal »Suomi.fi« bereits von einem staatlichen Informationsportal zu einem zentralen Verteilungsknoten zu den staatlichen Dienstleistungen und Institutionen mit Identifizierungsfunktion weiterentwickelt.[246]

Zum anderen könnten die derzeit überall entstehenden »Bürgerportale« als Ausgangspunkt für das Entstehen von Plattformen dienen. Je nach konkreter Architektur und Aufgabe sind sie am nächsten an der typischen Vorstellung einer klassischen Internetplattform dran. In der Regel ist ihre Tätigkeit derzeit auf den Zugang zu konkreten Verwaltungsdienstleistungen ausgerichtet. Von der anderen Richtung her – als virtuelle Assistenten – könnten sie um eine erklärende, kommunikative, also vermittelnde Funktion erweitert werden. Auch die datenerhebenden Funktionen könnten ausgebaut und um Kontrollaufgaben erweitert werden.

In diesem Zusammenhang sind auch elektronische Identifizierungsportale (Stichwort: E-ID) zu beachten. Sie könnten ebenfalls, ähnlich wie Chatbots, aus ihrer Position als erste Anlaufstelle Kapital schlagen. Zudem ließe sich ihre Funktion als besondere Vertrauensinstanz für die Regierten als Ausgangspunkt nutzen, um ihren Aufgabenkreis über die reine Identifizierung hinaus zu erweitern.

Die Wege zu einer administrativen Plattform sind vielfältig. Denkbar wären auch interne IT-Systeme, um die anderen Dimensionen zu erweitern. Das könnten etwa solche Tools sein, die externe Kontrolltätigkeiten automatisiert haben.

Sie müssten nur eine direkte Außenkomponente erhalten, um den Pfad in Richtung einer vermittelnden Plattform einschlagen zu können. So wäre es möglich, beispielsweise algorithmenbasierte Tools der Steuerverwaltung weiterzuentwickeln, die darauf ausgerichtet sind, die Steuererklärung zu überprüfen. Mithilfe vorhandener oder zusätzlicher Datenzugriffe, etwa auf Bankkonten, könnten sie in die Lage versetzt werden, die Steuerschuld automatisiert festzustellen (und ihre Begleichung zu veranlassen). Sie müssten darüber hinaus um eine Kommunikationskomponente ergänzt werden, welche die Steuererklärung begründet und vermittelt. Nach und nach könnten die Steuerbehörden den Zugriff auf die Bankdaten beziehungsweise die abgeleiteten Erkenntnisse auch anderen Institutionen zur Verfügung stellen oder ihre Vermittlungsposition für weitere Aufgaben nutzen.

12. »Long Tail« und Massenpersonalisierung: Noch mehr Regeln

Zum Einstieg: Eine mögliche Zukunft

Erleichtert und zufrieden setzte sich Sofia auf die Couch und machte sich zur Feier des Tages eine Flasche Champagner auf. Es war ein großer Tag gewesen. Darauf hatte sie so viele Jahre hingearbeitet. Genau genommen schon seit dem Studium. Ihre Eltern hatten nicht verstanden, warum sie diesen brandneuen Studiengang »Digitale Rechtssprache« an der kleinen Provinzuniversität studieren wollte. Warum sie nicht ein klassisches Studium der Rechtswissenschaften an einer der großen, ehrwürdigen Universitäten aufnehmen wollte wie schon ihre Mutter und ihre Großmutter und ihre Urgroßmutter vor ihr. Aber sie hatte schon damals geahnt, dass die Zukunft woanders lag. Zugegeben, die ersten Jahre waren hart. Im Studium DMSR (Deutsche Metasprache für Recht) zu lernen, fiel ihr nicht leicht. DMSR ist eine formale Kunstsprache und entsprechend wenig intuitiv. Das Besondere an ihr ist, dass sie sowohl von juristischen Fachexperten gelesen als auch von Maschinen als Code ausgeführt und geändert werden kann. In DSMR verschmelzen natürliche und Programmiersprache zu einer Sprache, die von beiden Instanzen verstanden und verarbeitet wird.

Auch im Ministerium war sie anfangs als Freak belächelt worden. Als jedoch die ersten Pilotprojekte erfolgreich waren und beschlossen wurde, dass neue Straßenverkehrsgesetz komplett in DMSR zu verfassen, begann ihr unaufhaltsamer Aufstieg im Ministerium. Das war wenig verwunderlich, denn es gab nicht viele DMSR-Experten im Land.

Das digitale Straßenverkehrsgesetz war ihr Meisterwerk. Überall im Land füttern seither Sensoren und andere Informationsquellen die zugehörige Datenbank und passen den Gesetzestext kontinuierlich an. Der angepasste Gesetzestext wiederum wurde automatisiert vom digitalen Verkehrsleitsystem, den digitalen Verkehrsschildern und auch von den selbstfahrenden Kfz ausgelesen. Anfangs waren die Menschen verwirrt, weil sich die Verkehrs-

regeln ständig änderten. Den immer zahlreicheren autonomen Fahrzeugen war es freilich egal. Sofia konnte sich noch gut an ein Gespräch mit ihrer Mutter erinnern. Wie diese den Kopf geschüttelt und gemeint hatte, sie sei auf dem Holzweg, so etwas werde sich nie durchsetzen. Es widerspreche der Grundidee der Rechtsetzung, und die Menschen würden es nie akzeptieren. Die Menschen hatten es dann überraschend schnell akzeptiert, als es plötzlich kaum noch Staus gab. Der Effizienzgewinn war einfach zu offensichtlich. Nur einige wenige in den ländlichen Gebieten gingen auf die Barrikaden.

Und heute lief ihr erstes großes Gesetz immer noch. Über die Jahre waren nur wenige Anpassungen notwendig geworden. Aufgrund ihrer herausragenden Expertise hat ihr Ministerium immer mehr Gesetzesentwürfe ausgearbeitet, mit der Zeit auch aus anderen Geschäftsbereichen. Und nun war sie endlich selbst zur Ministerin aufgestiegen.

In Kapitel 11 haben wir geschildert, wie der Boom der Internetplattformen mit einer bemerkenswerten Angebotsausweitung insbesondere im Bereich der digitalen Güter verknüpft ist. Das gestiegene Angebot in der Privatwirtschaft haben wir, neben der Globalisierung,[247] vor allem auf die minimalen Grenzkosten digitaler Güter zurückgeführt. Die in der analogen Welt notwendige künstliche Vorauswahl durch lokale Händler wird in der digitalen Welt obsolet. Die minimalen Grenzkosten ermöglichen es, die Konsumenten direkt aus dem »gesamten« Angebot auswählen zu lassen, welches um ein Vielfaches das Angebot in herkömmlichen Geschäften, Lagern und Papierkatalogen übersteigt. Nur wegen der geringen Vervielfältigungs- und Speicherkosten kann beispielsweise der einfache Zugriff auf Abermillionen (digitaler) Songs über eine Audio-Streaming-Plattform realisiert werden.

Wir möchten an dieser Stelle weiteren Entwicklungen, die zu der enormen Angebotsausweitung führen, ausführlicher auf den Grund gehen. Warum gibt es immer mehr Möglichkeiten auszuwählen? Der Wegfall der künstlichen Verknappung des Angebots durch die Händler ist nur die eine Seite der Medaille. Betrachten wir auch die andere Seite, werden wir feststellen, dass sich das Angebot darüber hinaus auch spürbar vergrößert und zugleich verändert. Für diese zusätzliche Ausweitung des Angebots sind zwei weitere digitale Dynamiken verantwortlich: der »Long Tail« und die »Mass Personalisation«.

(1) »Long Tail«

Der Begriff »Long Tail«, der auch im deutschen Sprachgebrauch üblich ist und so viel wie »langer Schweif« bedeutet, wurde von Chris Anderson und Clay Shirky popularisiert.[248] Er spielt auf das »rechte«, immer länger werdende Ende einer Kurve in einem Koordinatensystem an, welches auf der Y-Achse die verkauften Güter anzeigt und auf der X-Achse deren Popularität (siehe Abbildung 4). Auf der »linken« Seite finden sich die populären Produkte, die oft verkauft werden. Je weiter der Blick nach rechts schweift, desto weniger populär werden die Produkte und desto geringer die Verkaufszahlen.

Abbildung 4: Der »Long Tail«

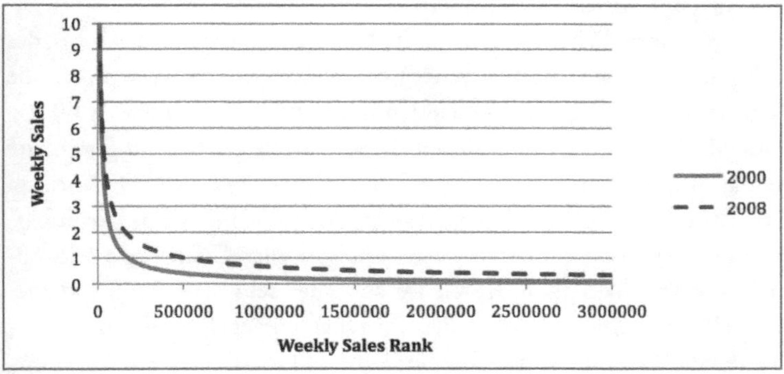

Quelle: Brynjolfsson, E., Hu, Y., Smith, M. D., The Longer Tail: The Changing Shape of Amazon's Sales Distribution Curve, 2010, SSRN, S. 5.

Insbesondere in der Welt digitaler Güter wird dieser Schweif nun immer länger. Es werden also zunehmend weniger populäre Produkte und Dienstleistungen angeboten und in (teilweise sehr) geringer Stückzahl verkauft. Das bedeutet nichts anderes, als dass es sich im Digitalen plötzlich lohnt, Nischenprodukte anzubieten und bisher unrentable Marktlücken zu erschließen.

Als logische Konsequenz stieg die Zahl der angebotenen »Information Goods« in den letzten Jahren stark an.[249] Wurden beispielsweise im Jahr 2000 noch circa 4000 Spielfilme veröffentlicht, sind es in der digitalen Netflix-Ära 20 Jahre später schon über 10 000.[250] Noch beeindruckender ist der Anstieg bei E-Books. Allein zwischen 2008 und 2012 stieg die Menge der (im Eigenverlag) veröffentlichten E-Books von ein paar tausend auf über 150 000 an.[251]

Die Gründe liegen auf der Hand. Auf der Angebotsseite sind die Lager- und Distributionskosten für digitale Güter minimal, da das Speichern und der Download von Bits und Bytes kaum etwas kostet. Dank Automatisierung sinken die Produktionskosten.[252] Gleichzeitig sinken dank der Plattformen und des von ihnen ermöglichten Matchings die Suchkosten für den Konsumenten.[253]

Das Zusammenspiel von minimalen Grenzkosten, Automatisierung und Plattformen führt also nicht nur dazu, dass sich die Auswahlmöglichkeiten aus dem bereits vorhandenen Angebot erhöhen, sondern sich das Angebot insgesamt vergrößert.

Ein anschauliches Beispiel dafür liefert der Textroboter »Tobi« des Schweizer Medienunternehmens TX Group AG. Er verwandelt die Wahlresultate aller 2222 Gemeinden in der Schweiz in mehr als 40 000 individualisierte Artikel, in denen die jeweiligen Abstimmungsresultate gemäß den Präferenzen des Lesers eingeordnet werden.[254] Die meisten Leser rufen nur den Artikel einer einzigen Gemeinde auf. Demzufolge gibt es einige wenige Artikel bevölkerungsreicher Gemeinden wie Zürich, die sehr häufig aufgerufen werden, und sehr viele Artikel kleiner Gemeinden wie etwa Flerden, die sehr selten aufgerufen werden. Die individuelle Textproduktion für diese kleineren Gemeinden (für den »Long Tail«) ist erst dank der digitalen Automatisierung auf rentable Art und Weise möglich.

(2) »Mass Personalisation«

Das Phänomen des »Long Tail« weitet das vorhandene Angebot aus, indem es die Angebotspalette vergrößert. Darüber hinaus wirkt in der Digitalen Ökonomie eine weitere Dynamik, welche das Angebot ausweitet, aus dem die Konsumenten auswählen können: Die angebotenen Güter werden individuell verändert. Diese Dynamik ist unter verschiedenen Stichworten bekannt. Je nach Sachgebiet und Grad der Ausprägung wird von Personalisierung, Individualisierung, von »Customization« (kundenspezifische Anpassung), von »tailor-made« (maßgeschneidert) oder neuerdings von »Mass Customization« beziehungsweise »Mass Personalisation« (personalisierte Massenfertigung) gesprochen.[255] Unabhängig von den Begrifflichkeiten ist damit die Ausdifferenzierung von Produkten oder Dienstleistungen gemäß den Charakteristiken und Präferenzen der Konsumenten gemeint.[256] Güter werden also in steigendem Maße für jeden Kunden individuell »maßgeschneidert«.

Diese Dynamik entstand zunächst im Bereich des Marketings. Personalisierte Onlinewerbung dürfte den meisten vertraut sein. Nach anfänglicher Skepsis scheint inzwischen vor allem bei jungen Konsumenten der empfundene Nutzen personalisierter Werbung höher zu sein als deren Ablehnung.[257] Ebenso alltäglich sind derweil personalisierte Newsfeeds in den sozialen Netzwerken oder die Anpassung des Onlineangebots, etwa von traditionellen Medien, abhängig vom geografischen Standort (»Geolocation«).[258] Der »DIGITAL Economy Monitoring Report 2018« des deutschen Bundeswirtschaftsministeriums ordnet diese Entwicklung als einen der Haupttreiber für die Digitalisierung der Wirtschaft ein.[259] Allein im Einzelhandel, Gesundheitswesen und bei Finanzdienstleistungen wurde der Markt für personalisierte Güter in den letzten fünf Jahren auf über 800 Milliarden US-Dollar geschätzt.[260]

Die Industrialisierung war unter anderem deshalb so erfolgreich, weil sie bisher individuelle und lokal gefertigte Güter (und Prozesse) standardisierte und ihre Herstellung vereinheitlichte. Das erlaubte es, vereinfacht gesagt, die Effizienz der Produktion zu erhöhen sowie erfolgreich zu skalieren, um den Marktpreis für die Güter deutlich senken zu können. Die Kombination von minimalen Grenzkosten, Automatisierung und Internetplattformen erlaubt in einem nächsten Entwicklungsschritt die Skalierung der personalisierten Produktion mit einer ähnlichen Effizienz zu einem ähnlich geringen Preis wie die standardisierte Herstellung. In Anspielung an die »Mass Production« (Massenfertigung) wird daher zunehmend von »Mass Personalisation« (personalisierte Massenfertigung) gesprochen.[261]

Während schwerpunktmäßig die Kombination aus minimalen Grenzkosten und Internetplattformen die Bedienung des »Long Tail« ermöglichen, sind primär die Fortschritte bei der Automatisierung für den Trend zur personalisierten Massenfertigung verantwortlich. Die neuen technologischen Möglichkeiten haben die Erwartungshaltung der Konsumenten hin zu mehr Individualisierung erhöht, was diese Entwicklung konstant weiter antreibt. Neuerdings wird argumentiert, dass maßgeschneiderte Produkte helfen würden, Nachhaltigkeitsziele besser zu erreichen, da sie zu einem nachhaltigeren Konsum führten.[262]

Im Ergebnis tragen beide Dynamiken auf unterschiedliche Art und Weise dazu bei, das zur Auswahl stehende Angebot für den Konsumenten erheblich zu vergrößern. Es ist uns jedoch wichtig zu betonen, dass diese Angebotsausweitung ihren Preis hat. Neben etwaigen direkten, monetären Kosten müssen die Konsumenten auch indirekte Kosten tragen, indem sie persönliche Daten bereitstellen. Für Personalisierung und die Bedienung der Nische sind Datenerhebungen zwingende Voraussetzung. Ohne Kenntnisse über die Charakteristiken und Präferenzen des jeweiligen Konsumenten können die Güter weder individuell personalisiert noch passende Güter für die Nische kreiert werden. Die notwendigen Daten können automatisiert erhoben und verarbeitet werden, etwa durch dauernde digitale Nachverfolgung der Aktivität des Konsumenten oder durch Tracking der Tätigkeit seiner Geräte (Stichwort: Internet of Things). Sie können aber auch in einen direkten Mehraufwand für den Konsumenten münden, wenn er die notwendigen Datenpunkte aktiv bereitzustellen hat, etwa indem er das gewünschte individuelle Design selbst gestalten muss.

(3) Erweiterung des Regelungsanspruchs und »Adaptive Regulation«

Wir stellen uns nun die Frage, welche Auswirkungen die beiden beschriebenen Dynamiken im Rahmen der digitalen Transformation des Staates haben werden. Gemäß unserem Übersetzungsschlüssel gleichen die Produzenten der Legislative und die Konsumenten und Konsumentinnen den Bürgern und Bürgerinnen. Die Legislative »produziert« die förmlichen Gesetze und damit den bedeutendsten Teil der Regeln, die den Bürgern, Bürgerinnen und Unternehmen ein bestimmtes Verhalten vorschreiben. Die Bürger wiederum »konsumieren« das bereitgestellte »Regelungsangebot«, indem sie mehrheitlich die Regeln befolgen und täglich die Vielzahl staatlicher Vorgaben erfüllen.

Wenn also die digitalen Dynamiken des »Long Tails« und der »Mass Personalisation« das zur Auswahl stehende Güterangebot für die Kunden in der Privatwirtschaft ausweiten, liegt es nahe zu erwarten, dass parallel gelagerte Dynamiken im öffentlichen Bereich das Gleiche mit dem »Regelungsangebot« tun. Mit zunehmender Digitalisierung werden beide Dynamiken auf unterschiedliche Art und Weise dazu beitragen, die Menge an Regeln (formellen Gesetzen) zu vergrößern und die Regelungsdichte spürbar (weiter) zu erhöhen. Auch hier sind in erster Linie wieder solche Regeln betroffen, die die Verwaltung bei der Anwendung der Regeln, zum Beispiel als Kontrollinstanz, involvieren.

Es lässt sich bereits jetzt beobachten, wie eine andere mit der Digitalisierung verknüpfte Entwicklung (die Globalisierung) sich zunächst in der Privatwirtschaft entfalten hat. Nach und nach, mehr oder weniger zwangsläufig, mehr oder weniger zeitverzögert, mehr oder weniger abgewandelt, wurde diese Entwicklung dann vom staatlichen Bereich nachvollzogen. Während sich die Wirtschaft in den letzten 20 Jahren immer stärker globalisierte, kam es in der Folge auch zu einer Art globaler Verrechtlichung. Auf nationaler Ebene musste zunehmend supranationales oder das Recht anderer Staaten berücksichtigt werden.[263] Bereits der Ausweitung des Güterangebots durch die Globalisierung folgte also zeitversetzt eine Ausweitung des »Regelungsangebots«.

Der »Long Tail« im staatlichen Kontext

Betrachten wir nur den »Long Tail«, wird diese digitale Dynamik sicherlich in den meisten Staaten zu einer (noch) höheren Regelungsintensität und einem weiteren Anstieg des Regelungsumfangs führen. Viele (Lebens-)Sachverhalte sind bisher nicht oder nur teilweise reguliert geblieben. Entweder ist der Aufwand zu groß gewesen, weil der Sachverhalt inhaltlich beziehungsweise rechtlich schwierig zu erfassen war, oder der Nutzen ist zu gering gewesen, weil etwa nur wenige Bürger oder Unternehmen betroffen waren beziehungsweise die Regulierung schlichtweg nicht sinnvoll zu kontrollieren war. Solche weißen Flecken des Rechts oder auch bestehende Grauzonen (die »Nischen«) werden zukünftig vermehrt auf dem Radar der Legislative und der Politiker auftauchen, weil digitale Technologien ganz neue Möglichkeiten bieten.

Diese Tendenz lässt sich derzeit gut im Zusammenhang mit der Klimapolitik beobachten. Das europäische CO_2-Grenzausgleichssystem ließe sich etwa in einer analogen Umgebung kaum umsetzen und berechnen. Auch etwaige verpflichtende Energiesparmaßnahmen können erst in einer digitalen Umgebung effektiv realisiert werden.

Gleichzeitig kann bei bereits vorhandener gesetzlicher Regelung die Eingriffstiefe erhöht werden, indem mit digitaler Hilfe die Regeln immer detaillierter ausgestaltet und durchgesetzt werden können. Wenn dank der Kombination aus minimalen Grenzkosten und administrativen Plattformen die Kosten (der Aufwand) sowohl für Distribution und »Konsum« (das »An-den-Mann-Bringen« der Regeln) als auch für die Durchsetzung deutlich sinken, wird es plötzlich möglich, rechtliche Randbereiche zu erfassen und den »Regulierungs-Long-Tail« zu bedienen.

Im vorangegangenen Kapitel haben wir vor allem auf die Politiker und ihre Anreize abgestellt, diesen Weg zu beschreiten und die Möglichkeiten der neuen digitalen Technologien tatsächlich für eine Ausweitung des Regelungsanspruchs zu nutzen. Zum einen können sie das gestiegene Sicherheitsbedürfnis der Bevölkerung in einer zunehmend komplexeren Welt mit einer stärkeren rechtlichen Erfassung bedienen. Auf diese Weise signalisieren sie ihren Wählern ohne viel Aufwand, dass sie die Probleme angehen und handeln. Werden mehr Sachverhalt rechtlich eingehegt, erhöht das zudem die Einfluss- und Steuerungsmöglichkeiten des Gesetzgebers. Die modernen Instrumente der digitalen Datenerhebung lassen den alten Traum von der evidenzbasierten Politik wieder aufleben. Gleichzeitig erschweren eine zunehmende Detailtiefe und Komplexität der Regelungen die Überprüfung durch die Judikative (Verfassungs- und Verwaltungsgerichtsbarkeit) und die Medien.

An dieser Stelle wollen wir die Argumentation noch um einen weiteren Anreiz oder Wirkungszusammenhang ergänzen. In der Privatwirtschaft wird der »Long Tail« bedient, weil es zunächst einmal eine Nachfrage nach Nischenprodukten gibt (und es nun rentabel geworden ist, sie zu bedienen). Im staatlichen Kontext könnte sich eine parallele, aber nicht identische Entwicklung beobachten lassen. Vermutlich werden die

Regierten nicht per se eine umfangreichere Regulierung verlangen. Es wird also keine vergleichbare direkte Nachfrage nach einem höheren Regelungsangebot geben.

Allerdings werden die verschiedensten Akteure Druck aufbauen (und auf diese Weise indirekt eine »Nachfrage erzeugen«), damit der Gesetzgeber die neuen Technologien nutzt, um die Regelungsintensität oder den Regelungsumfang für die anderen Akteure zu erhöhen. Sie werden verstärkt den Gesetzgeber mit der Frage konfrontieren, warum man denn die modernen Möglichkeiten, datenbasiert zu arbeiten und in der Folge granularer zu regulieren (noch immer), nicht nutzt. Denn so ließen sich übergeordnete, als besonders wichtig empfundene Ziele viel besser erreichen. Je nach Akteur kann es dabei um mehr Fairness, um gewünschte Wettbewerbsvorteile oder um Nachhaltigkeitsziele gehen und vieles mehr. Dieser Druck kann beispielsweise von den Medien ausgehen, aber auch von Unternehmen, NGOs und bestimmten Bevölkerungsgruppen.

Im Unterschied zur Privatwirtschaft werden sie eine granularere Regulierung oft für andere Akteure und nicht für sich selbst fordern. Das Resultat dürfte jedoch das gleiche sein. Gerade der gegenwärtige Zeitgeist wünscht mehr Rechte für verschiedenste, oft kleine Gruppen, weswegen einfache, undifferenzierte Regeln für Politiker schwerer zu vertreten sind. Insbesondere das gängige Argument der Unmöglichkeit oder praktischen Nichtumsetzbarkeit wird immer weniger ziehen. Schließlich verspricht die Digitalisierung nahezu jedes Maß an Ausdifferenzierung und Komplexität bewältigen zu können – und sei es mithilfe von »künstlicher Intelligenz«.

»Mass Personalisation« im staatlichen Kontext

Aufgrund der gleichen Anreize und Wirkungszusammenhänge wird sich zukünftig auch die Ausgestaltung der Regeln verändern und den von der Privatwirtschaft bereits vorgezeichneten Weg der »Mass Personalisation« gehen. Wer das instinktiv für abwegig hält, darf gerne einen Blick auf Estlands »Bürokratt«-Projekt werfen, welches einen Vorgeschmack bietet. Im Rahmen dieses Projekts wird ein »AI-basierter« virtueller Assistent mit den Daten und Eingaben, Anfragen und vorangegangenen Informationen der jeweiligen ihn nutzenden Bürgerin trainiert. Auf diese Weise soll er individualisierte, zu den konkreten Lebensumständen passende Informationen, Services und Anträge bereitstellen können. Bürokratt wird schon als die »ultimative Personalisierung des Staates« bezeichnet.[264]

Allerdings wird sich die Massenpersonalisierung der Regeln in abgewandelter Form vollziehen. Denn (formelle) Gesetze in Abhängigkeit von individuellen Charakteristiken zu personalisieren, würde bedeuten, die konkrete (personalisierte) Regel nur auf eine einzige Person anzuwenden.[265] Derartig ausgestaltete Gesetze könnten mit Gleichheitssätzen oder dem Verbot von Einzelfallgesetzen in Konflikt kommen, wie viele Rechtsordnungen sie in der einen oder anderen Form vorsehen.[266] Für ein solches Verbot gibt es gute Gründe. Die Grundrechtsträger sollen so vor gesetzlichem Sonderrecht geschützt werden, welches einzelne Bürger oder Bürgerinnen anders behandelt als andere.[267]

Das Maßschneidern von Gesetzen wird sich daher teilweise anders vollziehen als in der Privatwirtschaft. Der notwendige Detailgrad von Gesetzen, um die gewünschten Ziele wie etwa ein ausreichendes Maß an Fairness zu erlangen, muss vielmehr über objektive Umstände erreicht werden. Allgemeine (abstrakt-generelle) Gesetze werden daher zukünftig in zunehmendem Maße von Bedingungen, externen Faktoren und so weiter abhängig sein. Diese objektiven Umstände können etwa von Sensoren erfasst oder durch anderweitige Datenerhebungen »gemessen« werden und (direkt) in die Regelung einfließen.[268]

Erste Schritte in diese Richtung wurden bereits unternommen. In letzter Zeit sind zunehmend Probleme mit dem Regulierungsrahmen in den Gebieten offensichtlich geworden, die sich besonders schnell entwickeln. Der traditionelle Ansatz der statischen Gesetzgebung, auch als »regulate and forget« bekannt, erwies sich als zu langsam, um mit der hohen Geschwindigkeit der gesellschaftlichen, technologischen oder ökonomischen Entwicklung in manchen Bereichen mithalten zu können. Unerwünschte regelungsfreie Räume entstanden. Unter anderem unter dem Stichwort »Adaptive Regulation« wird nun ein dynamischerer Ansatz vorgeschlagen und diskutiert.[269] Die Idee ist, die verabschiedeten Gesetze nicht nur zeitnah zu evaluieren, sondern sie zu befähigen, fortwährend zu lernen und sich anzupassen. Diskutiert wird »Adaptive Regulation« bereits für den digitalen Gesundheitsmarkt aufgrund seiner hohen Innovationskraft bei der Zulassung von Arzneimitteln als Folge der COVID-19-Pandemie oder im Bereich der Regulierung kritischer Infrastruktur in der Folge von Überlastung oder von zunehmend extremen Wetterereignissen.

In einem weiteren, sich rasant entwickelnden Bereich wie dem autonomen Fahren, könnte das beispielsweise bedeuten, dass die Gesetze es dem Fahrer nur erlauben, in den selbstfahrenden Modus zu wechseln, wenn bestimmte Bedingungen erfüllt wären. Zulässig wäre der Modus beispielsweise nur auf bestimmten Straßen, bei bestimmten Wetterbedingungen oder zu einer bestimmten Uhrzeit. Die Daten, ob die konkrete Bedingung eingetreten wäre oder nicht, könnten automatisiert vom Fahrzeug oder einer anderen Instanz erhoben (und dann an das Fahrzeug vermittelt) werden. Im Laufe der Zeit erlaubten weitere Datenerhebungen (wie Unfallstatistiken und Ähnliches), die Bedingungen fortwährend anzupassen. Das wäre sogar automatisiert denkbar. Sänke etwa die Zahl der Unfälle für selbstfahrende Fahrzeuge auf speziell dafür freigegebenen Autobahnen auf unter zehn pro Jahr, dürften auch die direkt angrenzenden Autobahnen von Fahrzeugen autonom befahren werden und so weiter. Derart würden sich die zulässigen Strecken für selbstfahrende Fahrzeuge immer weiter ausdehnen oder auch wieder schrumpfen. Solche Änderungen der Bedingungen könnten ebenfalls automatisiert in den Gesetzestext einfließen, um dann direkt per Update oder Abruf über eine administrative Plattform an das Fahrzeug vermittelt zu werden. Der Gesetzgeber müsste sich, wie gewohnt, nur einmal mit der Sache befassen und einmalig den Rahmen festlegen. Die Anpassungen würden automatisch auf Grundlage eines vorher festgelegten Mechanismus und einer vordefinierten Datengrundlage erfolgen.

Voraussetzung für eine derartige Entwicklung ist das Zusammenspiel von minimalen Grenzkosten, vermittelnden Plattformen und Automatisierung. Die Hauptrolle als Wegbereiter der »Adaptiven Regulation« wird dabei der Automatisierung zufallen. Bisher wurde die »Gesetzesproduktion« zwar in vielen Ländern umfassend professionalisiert, sodass Output und Kapazitäten stark gesteigert werden konnten. Dennoch ist sie, wie im Kapitel zu den minimalen Grenzkosten geschildert, im Kern nach wie vor ein hochgradig manueller Prozess. Sicherlich wird das noch eine Weile so bleiben.

Neuartige Metasprachen

Ungeachtet dessen wurde schon die nächste Entwicklungsstufe gezündet. Es lassen sich insbesondere Bemühungen beobachten, die Gesetze auf eine Weise anzupassen, die ihre automatisierte Verarbeitung gestatten. So wurde mit EIGER eine sogenannte domänenspezifische Sprache entwickelt, in die traditionelle Gesetzestexte übersetzt werden können.[270] Diese Sprache kann sowohl von juristischen Fachexperten gelesen als auch von Maschinen als Code ausgeführt werden. Natürliche Sprache und Programmiersprache verschmelzen zu einer Kunstsprache, die von beiden Instanzen verstanden und verarbeitet werden kann.

In die gleiche Richtung geht die Agile Law Execution Factory (ALEF) der niederländischen Steuerbehörden.[271] Wie der Namen schon andeutet, ist es Aufgabe der »Factory«, die IT-Systeme der Steuerbehörden zur Berechnung der individuellen Steuerschuld automatisiert an die häufigen Änderungen der Steuergesetze anzupassen. Ändert sich beispielsweise der Steuertarif oder die Bemessungsgrundlage per Gesetz, so fließen diese Änderungen in den Niederlanden zunehmend automatisiert in die Software ein, welche die Steuerberechnungen durchführt.

Üblicherweise mussten die Steuerexperten der Behörde den IT-Experten der Behörde den Regelungsgehalt einer Gesetzesänderung erklären. Aufgabe der IT-Experten war es wiederum, die Änderungen zu implementieren, indem sie den Code der Software überarbeiteten. Vor der Anwendung, dem »Roll-out«, des Updates mussten die Steuerexperten kontrollieren, ob die neue Version der Software auch tut, was sie tun soll, und ob es nicht zu Missverständnissen und Fehlern bei der Implementierung gekommen war. Ein langwieriger, fehleranfälliger und teurer Vermittlungsprozess, der nun zunehmend durch die Agile Law Execution Factory automatisiert wird. Dazu wurde eigens eine »kontrollierte natürliche Sprache« namens »Regelspraak« entwickelt, die Mehrdeutigkeiten vermeidet und auch von Computern verstanden wird (vgl. Abbildung 5). Zunächst werden die von der Legislative erlassenen, formalen (Steuer-)Gesetze in Regelspraak »übersetzt«. Die Regelspraak-Regeln können kompiliert und automatisiert in Code transformiert werden. Der Code kann wiederum, ebenfalls automatisiert, in die IT-Systeme eingebaut werden und so beispielsweise die Berechnungssoftware per Update auf den neuesten Stand bringen.[272]

Abbildung 5: Beispiel einer Berechnungsregel in Regelspraak

Rule result tax amount first bracket 01
valid from 2014
legal source: https://wetten.overheid.nl/jci1.3:c:BWBR0011353&hoofdstuk=2&afdeling=2.3&artikel=2.10a&z=2021-01-01&g=2021-01-01

The result tax amount of the first bracket of a taxpayer must be set at the maximum value of A and B
If he meets all of the following conditions:
- applying table 2.10a is equal to 'no'
- the taxable income Box-1 minus the applied different rate is smaller or equal to the MAXIMUM AMOUNT TO WHICH THE FIRST DISC IS APPLIED

The following applies:
A is rounded down to whole euros (the taxable income Box-1 minus the applied different rate times the PERCENTAGE OF THE FIRST DISC)
B is 0.

Quelle: OECD (2021), Tax Administration 2021: Comparative Information on OECD and other Advanced and Emerging Economies, OECD Publishing, Paris, https://doi.org/10.1787/cef472b9-en.

Die integrierte Entwicklungsumgebung der »Factory« – insofern ist der Name sehr treffend gewählt – versetzt die Steuerbehörden also in die Lage, die Ausführung von Steuergesetzen immer weiter zu automatisieren.

In einem nächsten Schritt dürfte die Legislative den Gesetzestext zunehmend direkt in einer »Metasprache« formulieren und erlassen. Die OECD fordert genau das bereits in einem Working Paper.[273] Werden Gesetze erst einmal in einer maschinenlesbaren Metasprache verfasst, lassen sie sich nicht nur automatisiert weiterverarbeiten. Automatisierungsvorhaben lassen sich dann auch in die andere Richtung realisieren. Bestehende Gesetze könnten, wie zuvor anhand der selbstfahrenden Fahrzeuge beschrieben, auf unkomplizierte Art und Weise nachträglich und maschinell angepasst werden. In Abhängigkeit vom Eintritt spezifischer Bedingungen und datenbasiert können sie auf den aktuellen Stand gebracht werden, um derart mit der beschleunigten Entwicklung des jeweiligen Regulierungssachverhalts mithalten zu können.

Eine dementsprechende (digitale) Evolution des Rechts wird sicherlich auf den (erbitterten) Widerstand vieler (konservativer) Juristen treffen. Dennoch zeichnet sie sich in unseren Augen bereits ab und folgt damit dem vorgezeichneten Pfad der beschriebenen digitalen Dynamiken. So wird etwa das Bundesrecht in der Schweiz bereits im maschinenlesbaren XML-Format veröffentlicht. Ausdrückliches Ziel ist es, die (Gesetzes-)Daten automatisiert verarbeiten zu können.[274]

Verschiebung der Kräfte?

Sicherlich hätte diese Entwicklung viele Vorteile, allerdings sehen wir auch einige Risiken. Neben den offensichtlichen wie Missbrauchsgefahr und fehlerhafter Umsetzung könnte eine datenbasierte, adaptive Regelung erneut das Prinzip der Gewaltenteilung verwischen. Nur könnte dies nun zulasten der Exekutive und der Judikative geschehen. Nach dem Prinzip der Gewaltenteilung sind vor allem Verwaltung und Gerichte für die Einzelfallentscheidungen zuständig, also für die Anwendung des allgemeinen Rechts auf den konkreten Einzelfall. Je granularer und datenbasierter die formalen Gesetze werden, desto größer die Gefahr von Übergriffen der Legislative in den Funktionsbereich der Exekutive und Judikative.

Ein weiterer negativer Effekt könnte die Motivation der Bürger und Bürgerinnen betreffen, die Gesetze zu befolgen. Bisher halten sich viele freiwillig an die geltenden Regeln. Sie empfinden sie beispielsweise als sinnvoll und der Gemeinschaft dienlich, sie erachten sie als bewährt, oder sie möchten sich nicht in Widerspruch zu anderen Mitbürgern bringen. Sie sind intrinsisch motiviert und gehen daher oft nicht einmal an die Grenze des Erlaubten. Werden die Regeln aber immer granularer und dringen in immer mehr Lebensbereiche ein, steigt die Gefahr des »Crowding out«. Die intrinsische Motivation würde verdrängt, da die Regeln zunehmend als invasiv empfunden werden.[275] Als Folge müsste die (digitale) Kontrolle ausgeweitet werden. Im ungünstigsten Fall könnte so eine Negativspirale in Gang gesetzt werden.

13. Algorithmen, maschinelles Lernen und künstliche Intelligenz: Automatisierung und Zentralisierung der Aufgabenwahrnehmung

Zum Einstieg: Eine mögliche Zukunft

Eigentlich hätte Sebastian heute ausschlafen können. Aber seine innere Uhr weckte ihn wie immer um sechs Uhr. Seit mehr als 20 Jahren stand er pünktlich auf, also auch heute. Draußen war es noch dunkel. Er machte sich einen Kaffee und überlegte, was man an seinem ersten Tag als Arbeitsloser zu machen hat. Oder hieß das heutzutage Arbeitssuchender? War er überhaupt schon ein Arbeitssuchender? Er war bisher nur suspendiert. Aber ihm war klar, dass das Urteil schon endgültig gefallen war. Er zuckte mit den Achseln, setzte sich ans Fenster und begann zu grübeln, wie es so weit hatte kommen können. Vermutlich hatte es mit dem Personalmangel begonnen. Es waren einfach keine Sachbearbeiter mehr zu bekommen. Als Herr Schmidt und die anderen, die mit ihm angefangen hatten, in Rente gingen, konnte er die Stellen nicht mehr nachbesetzen. Es gab keine qualifizierten Bewerbenden mehr. Sie hatten es ein paarmal mit Geringqualifizierten versucht, die eigentlich eher Garnichtqualifizierte waren, aber das war aussichtslos. Die Aufgaben seiner Sachbearbeitenden waren zu komplex. Sobald jemand krank ausfiel, mussten sie dann die Schalter schließen. Dafür wurden sie von allen angegriffen, erst von wütenden Bürgern und Bürgerinnen, dann von der Presse, und schließlich hatte ihnen auch noch die Bürgermeisterin den Schwarzen Peter zugeschoben.

Das war eine unerträgliche Situation. Vor allen für ihn. Sebastian war ein Macher. So ging das nicht weiter. Das zentrale Verwaltungsverfahren in seinem Aufgabenbereich zu digitalisieren, war naheliegend. Wenn das digitale System erst einmal lief, würde es viel Arbeitslast von den Schultern der verbliebenen Sachbearbeitenden nehmen, und sie könnten den regulären

Betrieb mit den üblichen Öffnungszeiten wieder aufnehmen. Er hörte sich bei seinen Amtskollegen in ganz Deutschland um. Keiner hatte bisher den Schritt gewagt. Passende Software gab es auch nicht zu kaufen. Ein Kollege im Norden hatte in einem Pilotprojekt versucht, mit ein paar Programmierern eine passende Software zu entwickeln, aber bald das Handtuch geworfen. Das Verfahren war zu komplex, zu viele Faktoren mussten mit einbezogen werden. Die Entscheidungsbäume wurden riesig. Man konnte nicht alles berücksichtigen, unmöglich.

Und Sebastian hatte diesen drei jungen, hoch motivierten Mitarbeiterinnen in seiner IT-Abteilung, die ununterbrochen von den Wundern der künstlichen Intelligenz schwärmten. Die Zeitungen waren auch voll davon. Warum sollten sie es nicht einmal ausprobieren? Er hatte sich als Vorreiter gefühlt. Und die ersten Ergebnisse waren sehr vielversprechend. Alles lief vollautomatisiert und wie am Schnürchen. Hätte er ahnen können, dass die behördeneigenen Daten zum »domänenspezifischen Training des KI-Modells« in einem US-amerikanischen Rechenzentrum landen würden? Vielleicht. Er hätte hellhörig werden können, als die IT-Leute davon sprachen, eine KI für ihre Aufgabe zu »mieten«. Hatte er sich bewusst taub gestellt, weil er wollte, dass das Amt wieder funktionierte und die ständige Kritik verschwand? Er wusste es einfach nicht mehr. Wann hatte er verstanden, dass künstliche Intelligenz grundlegend anders funktionierte als die Software, die er kannte? Dass sie ihre Regeln selbst aufstellte und diese Regeln nicht immer mit den gültigen Gesetzen übereinstimmen mussten?

Als es so weit war, war es auf jeden Fall schon zu spät. Die von der KI erstellten ablehnenden Bescheide klangen schlüssig und waren sauber begründet, deswegen fiel es zunächst auch keinem auf. Aber dann beschwerten sich immer mehr Bürger und Bürgerinnen, weil die Bescheide nicht mit der Rechtslage überstimmten und eigentlich alle Voraussetzungen für einen positiven Bescheid vorlagen. Der Minister wurde aufmerksam, als die Presse das Thema aufgriff und anfing, über den behördlichen »Willkürskandal« zu schreiben. Dann war es ganz schnell gegangen. Das System wurde über Nacht abgeschaltet, und am nächsten Tag wurde ein Disziplinarverfahren gegen ihn wegen schwerer Verstöße gegen die Dienstpflichten eröffnet. Die Anträge begannen sich wieder zu stauen wie eh und je.

Sebastian holte sich noch einen Kaffee. Wenn er die Wahl gehabt hätte, hätte er noch einmal so entschieden? Hätte er noch einmal versucht, das Pro-

blem auf diesem Weg zu lösen? Sicherlich. In seiner Welt war Handeln immer besser, als nichts zu tun. Inzwischen hatte es angefangen zu regnen. Es graute ihm, wenn er an die bevorstehenden Anhörungen im Disziplinarverfahren dachte.

In vielen Ländern werden die staatlichen Regelungsaktivitäten im Fahrwasser der digitalen Dynamiken und neuen technologischen Möglichkeiten voraussichtlich weiter zunehmen. Gleichzeitig wird sich die Regelungsdichte zusätzlich erhöhen. Wie bereits erläutert, wird das vor allem diejenigen Regeln betreffen, in deren Ausführung oder Umsetzung die Verwaltung involviert ist. Erlässt die Legislative mehr und detailliertere Gesetze, vervielfachen sich in der Folge auch die sie konkretisierenden Exekutivvorschriften. Diese zusätzliche Flut an granulareren Regeln wird auch die Verwaltung selbst vor große Herausforderungen stellen.[276] Schließlich müssen Verwaltungsinstitutionen Regeln vollziehen oder zumindest ihre Einhaltung kontrollieren.

Die Verwaltung wird diesen Mehraufwand nur bewältigen können, wenn sie viele der dafür notwendigen Arbeitsschritte und Prozesse digitalisiert. Gerade auch angesichts des demografischen Wandels und des Arbeitskräftemangels bedeutet das, zunehmend Aufgaben vollständig oder in Teilen zu automatisieren.[277]

Staatliche Bürokratie, Verrechtlichung und Automatisierung

Ohnehin lässt sich in vielen Gesellschaften längst eine Tendenz zur Verrechtlichung staatlichen Handelns beobachten. In der Folge nimmt auch das Exekutivrecht zu. Die Konsequenzen spüren nicht nur die Regierten. Auch der Handlungs- und Ermessensspielraum der Staatsangestellten wird zunehmend eingeschränkt. In der Praxis müssen heute schon meist weisungsabhängige Staatsangestellte eine Abfolge von zunehmend genau festgelegten Prüfungsschritten befolgen, Checklisten abarbeiten oder bereits Softwareapplikationen mit exakt vorgegebenen Prozessschritten nutzen, bevor sie eine Entscheidung treffen können. Diese Art von rechtlichen Prüfungen ähnelt an sich bereits sehr den Handlungsvorschriften eines typischen Computeralgorithmus. Liegen die als Entscheidungsgrundlage dienenden Informationen erst einmal in digitaler Form vor, dann lassen sich derart verrechtlichte Prozesse leichter in einen (regelbasierten) Algorithmus übersetzen und automatisieren.[278]

Automatisierung, Verantwortlichkeit und Zentralisierung

Der Übergang von menschlichen Entscheidungsträgern zu automatisierten IT-Systemen bietet zudem für staatliche Institutionen einen zusätzlichen Anreiz. Dies gilt insbesondere dann, wenn direkte Interaktionen mit den Bürgern notwendig sind.

Die einzelnen Staatsbediensteten oder Institutionen werden durch die Automatisierung eines Vorgangs in die Lage versetzt, die Verantwortung für eine Entscheidung oder Handlung einer anderen Instanz zuzuweisen und von sich abzuschieben.[279] Sie können zugleich der menschlichen Neigung nachgeben, den softwarebasierten Output einfach »durchzuwinken« und sich hinter der algorithmischen Entscheidung zu »verstecken«.[280]

Insbesondere gegenüber dem Bürger lassen sich Beschlüsse damit leichter rechtfertigen, während gleichzeitig echte persönliche Anteilnahme geäußert werden kann: »Es tut mir leid, ich persönlich würde gern anders entscheiden, aber der Computer lässt das nicht zu. Ich habe gar keine Möglichkeit, etwas anders zu machen.« Diese Art der »Erklärung« dürfte auf deutlich weniger Widerspruch stoßen als die analogen Pendants, bei denen ebenfalls Verantwortung abgewälzt wird: »Die Vorschriften zwingen mich leider dazu.« Oder etwa: »Wir haben entsprechende Anweisungen.« Vorschriften und Anweisungen könnten durchaus kurzfristig anders ausgelegt oder interpretiert werden. Softwareanwendungen hingegen gelten als »unbeugsam«. Schließlich können sie meist nur aufwendig und auf einer höheren Ebene geändert werden.

Während der COVID-19-Pandemie ließ sich dieses Prinzip, Verantwortung an digitale Systeme zu übertragen und sensible Entscheidungen zentral zu steuern, bereits in einem anderen Kontext beobachten. Vielfach sahen sich Ärzte nicht in der Lage, die aufgrund von Personalknappheit und hohen Patientenzahlen notwendig gewordenen Triage-Entscheidungen zu treffen. Welcher Patient priorisiert behandelt wird und welcher nicht, war aus Ärztesicht nicht mit der notwendigen Geschwindigkeit auf vertretbare Art und Weise zu bestimmen. In Ländern wie Großbritannien und Frankreich kamen folgerichtig bereits KI-basierte Softwaresysteme zum Einsatz, die den Ärzten diese Entscheidung abnahmen. Softwaresysteme analysierten beispielsweise die Röntgenaufnahmen der Lungen und klassifizierten die darauf erkennbaren Anomalien. Sie entschieden so über die Schwere der COVID-19-Erkrankung des jeweiligen Patienten und damit über die Behandlungsreihenfolge.[281]

(1) Unterschiedliche Herangehensweisen bei der digitalen Automatisierung

Im Zuge der privatwirtschaftlichen Digitalisierung wurde viel praktische Erfahrung gewonnen, wie sich menschliches Tun automatisieren lässt. Insbesondere wurde mit der Zeit deutlicher, welche technologische Herangehensweise sich für die Automatisierung welcher Art von Arbeitsabläufen eignet oder auch nicht eignet. Die technologische Basis der Automatisierung bilden (Computer-)Algorithmen. Mithilfe von Algorithmen werden die ursprünglich menschlichen Tätigkeiten in die Welt der Informationstechnologie übertragen. Heutzutage kommen Algorithmen oft unter anderen Schlagworten daher. Auch »Machine Learning« beziehungsweise »maschinelles Lernen«, »Generative AI«, »Artificial Intelligence« beziehungsweise »künstliche Intelligenz« oder neuerdings »Automated Decision-making Systems« beziehungsweise »automatisierte Entscheidungssysteme« sind im Kern (komplizierte) Algorithmen. Der Begriff AI (Artificial Intelligence) oder KI (künstliche Intelligenz) meint entweder intellektuelle Fähigkeiten auf dem Niveau von Menschen und darüber hinaus (auch als »starke KI« bezeichnet). Von der Entwicklung einer derartigen AI sind wir noch weit entfernt. Alternativ wird AI oder KI neuerdings oft als Synonym für Machine Learning gebraucht (auch »schwache KI« genannt). Derartig verwendet, ist AI vor allem ein Marketingausdruck. Wir verwenden im Buch meist die präziseren und technisch saubereren Begriffe Machine Learning und Algorithmen. Gemäß dem allgemeinen Sprachgebrauch reden aber auch wir hin und wieder von KI oder AI.

Zu dem gesamten Themenkomplex wurde und wird in den unterschiedlichsten Disziplinen viel geforscht und noch mehr gesagt.[282] Das Spektrum reicht von ethischen Fragen und dem möglichen Auftreten von statistischen Verzerrungen über den Bedarf an Regulierung, der Problematik von Blackbox-Vorgängen und fehlender Transparenz bis zu den damit einhergehenden Themen der Verantwortung und Haftung beim Einsatz von Algorithmen und Fragestellungen rund um das (geistige) Eigentum.[283]

Wir wollen diesen Beiträgen nicht noch eine weitere Abhandlung hinzufügen, sondern uns an dieser Stelle vielmehr auf Aspekte beschränken, die wir für besonders wichtig im Zusammenhang mit der Automatisierung speziell staatlicher Aufgaben halten. Gerade in den dafür relevanten Sozialwissenschaften, etwa in den Rechtswissenschaften, aber auch auf Ebene der Politik und der zivilgesellschaftlichen Organisationen werden in unserer Wahrnehmung zwei sehr unterschiedliche Dinge unzureichend getrennt. Damit werden Debatten erschwert, und die Beteiligten reden häufig aneinander vorbei. Wir wollen eine grundlegende Differenzierung etablieren, die wir in den Diskussionen und für die Folgenabschätzung als wesentlich erachten. Aus technologischer Sicht lassen sich nämlich (vereinfachend)[284] zwei fundamental unterschiedliche Herangehensweise an die algorithmische Automatisierung voneinander abgrenzen.

»Klassische« (regelbasierte) Algorithmen

Auf der einen Seite stehen die »klassischen« Algorithmen. Sie haben sich als Erstes durchgesetzt und bilden seit Jahrzehnten die Basis der IT-Landschaft.[285] Sie verarbeiten Input (Eingaben/Informationen/Daten) nach festgelegten Schritten (Regeln) zu einem Output (Ergebnis). Sie funktionieren also nach dem Grundprinzip:

Input → Algorithmus (Regeln) → Output

Diese Herangehensweise ist regelbasiert in dem Sinne, dass die Regeln, nach denen der Algorithmus Daten verarbeitet, von Menschen vorgegeben werden.[286] Erst in einem zweiten Schritt werden die Regeln (oft noch manuell) in Form eines Computeralgorithmus formal erfasst. Dazu werden sie meist in konditionale Ausdrücke umgewandelt, also im Kern in unzählige If-then-(else-)Statements. Anders ausgedrückt, und das ist in unserem Kontext der springende Punkt: Die Regeln waren zuerst da und geben die Verarbeitung der Informationen vor.

Klassische Algorithmen sind in der Mehrheit deterministisch.[287] Die Wirkung und die Reihenfolge der einzelnen (Folge-)Schritte des Algorithmus sind also eindeutig bestimmt. Zu jedem Zeitpunkt seiner Ausführung besteht nur eine Fortsetzungsmöglichkeit. Deterministische Algorithmen sind folglich auch in dem Sinne determiniert, als dass der gleiche Input stets zu identischem Output führt.[288] Auch diese Eigenschaften sind gerade im Zusammenhang mit der hier vornehmlich betrachteten Verwaltungsautomatisierung von zentraler Bedeutung.

»Moderne« (datenbasierte) Machine-Learning-Algorithmen

Auch wenn seine Ursprünge weit zurückreichen, konnte das maschinelle Lernen erst in jüngerer Zeit seinen Durchbruch feiern. Insbesondere die Idee, sogenannte Large Language Models über Chats ansteuern zu können, hat der »künstlichen Intelligenz« Ende 2022 zum weltweiten Durchbruch verholfen. Das Aufkommen von ChatGPT & Co. hat einen ganz neuen Drive in die Automatisierungsdiskussion gebracht.[289] Mitverantwortlich waren dafür sicherlich die Fortschritte bei der Rechenleistung moderner Computerchips. Machine-Learning-Algorithmen (»Learner«) verfolgen eine ganz andere, fast schon diametral entgegengesetzte Herangehensweise im Vergleich zu klassischen Algorithmen. Sie verarbeiten Daten nicht gemäß vorgegebenen Regeln, sondern analysieren bereits vorhandene Daten, um selbst erst einmal die Regeln (Muster) zu erkennen und auszugeben.[290] Die (Trainings-)Daten können beispielsweise Input- und Outputdaten eines bekannten Datensets sein. Der »Learner« versucht nun selbstständig, ein Set von Regeln in Form eines Modells aufzustellen, wie er von den Inputdaten zu den Outputdaten kommen kann.[291] Je nach »Learner« kann er sich dabei sehr verschiedener Methodiken bedienen. Schematisch betrachtet, funktionieren Machine-Learning-Algorithmen nach dem Grundprinzip:

Input (und Output) → Learner (Algorithmus) →
Regeln (Modell/Algorithmus)

Sie arbeiten im Gegensatz zu klassischen Algorithmen also schwerpunktmäßig datenbasiert und nicht regelbasiert. Anders ausgedrückt und in unserem Kontext von entscheidender Bedeutung: Die Informationen waren zuerst da. Die Maschine stellt dann die Regeln selbst auf.[292] Erst im Anschluss kann sie diese selbst aufgestellten Regeln auf neue Daten anwenden.[293] Im Falle von ChatGPT & Co. bedeutet es beispielsweise, dass künstliche neuronale Netzwerke in sogenannten Large Language Models ein (vorhersagbares) Muster in der menschlichen Sprache entdeckt haben. Sie konnten eine Art (uns unbekannter) Struktur innerhalb der Gesamtheit des Trainingstexts ausfindig machen. Sie haben genügend Regeln erkannt, um auf Basis der menschlichen Eingabe, etwa einer Frage oder einer Anweisung, entsprechende Listen von Wahrscheinlichkeiten für die nächsten Worte zu erstellen, die dieser Eingabe folgen müssen, um einen sprachlich präzisen und in gewissem Rahmen einen inhaltlich korrekten Text zu ergeben.

Der Vorteil einer solchen datenbasierten Herangehensweise wird in komplexen Problemstellungen deutlich. Machine-Learning-Algorithmen sind auch viel besser in der Lage, bei unvollständigen Informationen zeitnah Lösungen zu liefern, als »klassische« (regelbasierte) Algorithmen.

Machine-Learning-Algorithmen lassen sich auf vielfältige Art und Weise weiter unterteilen. Üblich ist etwa die Einordnung nach der Art zu lernen. Besteht das Trainingsdatenset aus Input- und Outputdaten, dann spricht man von »Supervised Learning« (überwachtes Lernen). Es dürfte die am weitesten verbreitete Lernmethode sein. Als Ausgangspunkt können auch nur Inputdaten dienen. Dann versucht der Machine-Learning-Algorithmen selbstständig, Muster in den vorliegenden Informationen zu finden. In dem Fall spricht man von »Unsupervised Learning« (unüberwachtes Lernen).[294] Oft wird nach der angewandten Methodik des »Learners« differenziert.[295] Das datenbasierte Grundprinzip bleibt dabei immer gleich, weswegen diese Unterteilungen für uns an diesem Punkt wenig bedeutsam sind.

Machine-Learning-Algorithmen sind in der Mehrheit probabilistisch (respektive stochastisch oder statistisch), also wahrscheinlichkeitsbasiert, und damit als nicht deterministisch einzustufen.[296] Zugleich sind sie in der Praxis häufig nicht determiniert: Der gleiche Input führt also nicht immer zu identischem Output. Zwar liefert ein einmal trainiertes Machine-Learning-Modell bei gleichem Input meist den gleichen Output, aber aus Sicht der Anwender wird es dennoch als nicht determiniert wahrgenommen werden, da der »Learner« sein Modell permanent mit neuen Daten verfeinert und anpasst und sich dadurch der Output mit der Zeit ebenfalls ändert.

Die Unterschiede am Beispiel der Baugenehmigung

Wir wollen die fundamental unterschiedliche Herangehensweise von klassischen Algorithmen und modernen Machine-Learning-Algorithmen an einem (fiktiven) Beispiel veranschaulichen. Dazu betrachten wir, wie Baugenehmigungen oder Baubewilligungen von der öffentlichen Verwaltung vergeben werden. Eine solche muss in den meisten Rechtsordnungen vom Bauherrn eingeholt werden, bevor er eine bauliche Anlage errichten kann. Die zuständige Behörde prüft, ob das Bauvorhaben nach den Vorgaben des jeweiligen öffentlichen Baurechts zulässig ist. Stellen wir uns vor, dieser Vorgang würde mithilfe einer Softwareanwendung automatisiert.

Würde die Softwareanwendung auf klassischen Algorithmen basieren, müssten die gesetzlichen Voraussetzungen des Baurechts in unzählige If-then-(else-)Statements übersetzt werden. Sie müssten vorab alle theoretisch möglichen Sachverhalte sowie alle potenziellen Entscheidungsvarianten abbilden. In der Praxis ist dies angesichts des hohen Komplexitätsgrades sehr schwierig oder gar unmöglich zu erreichen. Viele Sachverhalte und Varianten dürften bei der Programmierung übersehen werden. Vermutlich wäre die Software oft nicht in der Lage, ein Ergebnis zu liefern. Sollte es dennoch gelingen, würde die Software bei gleichen Eingabeparametern (Bauanträgen) immer zum exakt gleichen Ergebnis (Baugenehmigung erteilt oder nicht erteilt) kommen, und jeder Prozessschritt wäre eindeutig nachvollziehbar.

Machine-Learning-Algorithmen kämen hingegen ganz ohne den Gesetzestext aus. Sie bräuchten stattdessen ein Trainingsdatenset. Die Trainingsdaten könnten beispielsweise aus allen Bauanträgen (Input) und den dazugehörigen Ergebnissen der behördlichen Prüfung, also Baugenehmigung erteilt oder nicht erteilt (Output),[297] über einen längeren Zeitraum bestehen. Ein Machine-Learning-Algorithmus würde dann selbst die Regeln eruieren (klassifizieren), nach denen eine Baugenehmigung in der Vergangenheit erteilt wurde oder eben nicht. Nach diesen selbst aufgestellten Regeln würde die Softwareanwendung zukünftige

Bauanträge beurteilen (vorhersagen). Im großen Unterschied zum klassischen Algorithmus wäre der Machine-Learning-Algorithmus immer in der Lage, ein Ergebnis zu liefern. Aufgrund der probabilistischen Herangehensweise funktioniert er auch bei unvollständigen Informationen. Dies gilt selbst dann, wenn in den Trainingsdaten nicht alle möglichen Sachverhalte und Varianten abgebildet sind, sondern der Algorithmus mit ihm unbekannten Situationen konfrontiert ist. Fehlt bei einem klassischen regelbasierten Algorithmus nur ein Puzzleteil, wird der Algorithmus nicht durchlaufen und keinen Output produzieren. Ein moderner datenbasierter Algorithmus hingegen wird dennoch eine (in der Regel brauchbare) Annäherungslösung hervorbringen.

In dieser Flexibilität liegt der besondere Vorteil des maschinellen Lernens. Allerdings wird dieser Vorteil zu einem hohen Preis erkauft. Aufgrund der probabilistischen Herangehensweise ist es denkbar, dass bei gleichen Eingabeparametern ein unterschiedliches Ergebnis herauskommt (nicht determiniert) und/oder der Weg dorthin schwer nachvollziehbar wäre.[298] Auf jeden Fall würden sich die Regeln anpassen, wenn das Datenset erweitert würde, etwa wenn zusätzliche Zeiträume oder Gebiete berücksichtigt werden.

Es lässt sich ein interessantes Gedankenexperiment anstellen. Hätten die Behörden in der Vergangenheit absolut korrekt und einheitlich gearbeitet, dann müssten die von einem einwandfreien »Learner« eruierten Regeln genau den Gesetzen des öffentlichen Baurechts entsprechen. Es ist offen, welche Muster ein solcher »Learner« tatsächlich finden würde und in welchem Maße diese Muster mit den tatsächlichen Gesetzen übereinstimmen. Möglicherweise würden interessante Verzerrungen in einzelnen Bauämtern oder zu bestimmten Tageszeiten, aber auch Korruption und ähnliche Abweichungen von den gesetzlichen Vorgaben offengelegt.

(2) Algorithmen in der staatlichen Verwaltung

Auf diese grundlegende Differenzierung zurückgreifend, lassen sich strukturierte Überlegungen anstellen, welche Herangehensweise sich für die Automatisierung welcher Verwaltungstätigkeit eignet oder eben auch nicht eignet und welche Herausforderungen sich jeweils ergeben.[299]

Vorab ist zu klären, welches die allgemeinen Aufgaben der Verwaltung sind, wenn sie von einer höheren Ebene aus betrachtet werden. Um diese Frage zu beantworten, müssen wir zunächst die Verwaltungstätigkeit als einzelne Prozessschritte abstrahieren: Die Verwaltung muss gemeinhin die generell-abstrakten Gesetze der Legislative interpretieren, sie also konkretisieren und auslegen. Ferner muss sie das Recht auf den konkreten Fall anwenden (individuell-konkret oder generell-konkret). Dazu gehört, den Sachverhalt zu ermitteln (Datenerhebung), Entscheidungen zu treffen und ein etwaiges Ermessen auszuüben. Darüber hinaus muss sie die Einhaltung der aufgestellten Regeln kontrollieren und unter Umständen auch durchsetzen. Zu ihren Aufgaben gehört auch, die Regeln zu kommunizieren und Auskünfte zu geben.

Die (externen) Prozesse der Anwendung der Regeln auf den konkreten Einzelfall sowie die potenzielle Kontrolle und Durchsetzung haben wir bereits im Kapitel zur Plattformrevolution angesprochen und sprachlich abstrakt als »Vermittlung« oder unter dem Begriff des »Matchings« zusammengefasst. In vielen Ländern könnte mit fortschreitender Digitalisierung diese Vermittlungstätigkeit von administrativen Plattformen übernommen und automatisiert werden. Auch das Ergebnis interner Prozesse wie die Interpretation der Gesetzestexte könnten innerhalb der Plattform zum Tragen kommen. An dieser Stelle wollen wir es jedoch nicht dabei belassen, sondern etwas tiefer bohren. Wir wollen uns anschauen, auf welche der beiden algorithmischen Herangehensweisen die administrativen Plattformen für die jeweilige Verwaltungstätigkeit zurückgreifen werden beziehungsweise sollten. Die Erkenntnisse sind übertragbar, wenn statt einer administrativen Plattform die jeweilige Tätigkeit durch eine singuläre Softwareanwendung automatisiert wird.

Anwendung der Gesetze auf den konkreten Einzelfall

Die Verwaltungsdigitalisierung fokussiert sich derzeit prioritär darauf, solche administrativen Tätigkeiten zu automatisieren, die für Bürger, Bürgerinnen und Unternehmen sofort erfahrbar und damit sichtbar sind.[300] Im Fokus stehen Tätigkeiten im Zusammenhang mit Anträgen und behördlichen Bescheiden, Erlaubnissen oder Leistungen. Bevorzugt digitalisiert werden beispielsweise Anträge auf Ausstellung eines Personalausweises, eines Schwerbehindertenausweises oder einer Waffenerlaubnis, Anträge auf Eheschließung, auf Einbürgerung und Ähnliches, An- und Ummeldungen von Fahrzeugen, Leistungen zum Infektionsschutz oder das Elterngeld.[301]

Bei diesen administrativen Prozessen werden wenige, meist unkomplizierte Voraussetzungen geprüft. Als Ergebnis der Prüfung ist ein Dokument auszustellen, welches den Adressaten zu bestimmten Handlungen berechtigt oder den Zugang zu konkreten Leistungen ermöglicht. In diesem Bereich prägen eindeutige, umfassende gesetzliche Vorgaben das Verwaltungshandeln. Konkretisiert durch Satzungen, Rechtsverordnungen und Verwaltungsvorschriften, ist die behördliche Tätigkeit klar vorgegeben und strukturiert. Genau genommen ist sie bereits in starkem Maße »algorithmisiert«. Darüber hinaus ist die Anzahl möglicher Fallgestaltungen begrenzt, und es besteht üblicherweise eine langjährige Anwendungspraxis. Derartige Prozesse lassen sich bei Weitem am einfachsten automatisieren. Sobald die notwendigen Inputdaten digital erhoben werden, können sie mithilfe von klassischen (regelbasierten) Algorithmen digitalisiert werden. Basierend auf Entscheidungsbäumen (Decision Trees) mit der typischen If-then-(else-)Struktur, werden die behördlichen Prüfungsschritte nahezu eins zu eins ohne Änderungen der Herangehensweise in die digitale Sphäre »übertragen«. Da in diesem Fall die digitale Automatisierung nur die menschliche Herangehensweise imitiert, lassen sich auch die rechtlichen Rahmenbedingungen, wie Verfahrensgarantien oder Diskriminierungsverbote,[302] einhalten, obwohl sie für die analoge Welt entwickelt wurden. Da die klassischen Algorithmen deterministisch und determiniert sind, bleibt das digitalisierte Verfahren zudem für die Betroffenen in gleichem Maße wie bisher erkenn- und nachvollziehbar.

Die aktuellen Digitalisierungsprojekte zeigen allerdings bereits die Grenzen dieses Ansatzes auf. Klassische (regelbasierte) Algorithmen können Sachverhalte ab einem bestimmten Komplexitätsgrad schlicht nicht mehr abbilden. Sie können nur eine bestimmte Anzahl von Entscheidungsparametern integrieren. Es lassen sich nie alle Möglichkeiten/Eventualitäten vielschichtiger, multidimensionaler Sachverhalte antizipieren und vorab als mögliche Fallgestaltungen in einem Entscheidungsbaum erfassen. Treten bei der Anwendung dann unvorhergesehene Sachverhaltskonstellationen auf, sind auf klassischen Algorithmen basierende Softwareanwendungen nicht in der Lage, automatisiert zu reagieren und selbstständig Lösungsansätze zu finden. Vielmehr muss die Softwareanwendung manuell umprogrammiert werden. Ein zeitaufwendiger und fehleranfälliger Prozess. Gleichzeitig wird es immer schwieriger für Sachbearbeitende, an der Softwareanwendung »vorbei« zu entscheiden. Treten zu viele unberücksichtigte Sonderkonstellationen auf, verliert die Softwareanwendung schnell ihre Praxistauglichkeit, da sie mehr Arbeit verursacht, als sie abnimmt.

Das bereits erwähnte Verfahren zur Genehmigung eines Bauvorhabens etwa dürfte in den meisten Ländern bereits einen zu hohen Komplexitätsgrad aufweisen, um es mithilfe klassischer Algorithmen zu digitalisieren. Gerade beim Bauen ist die menschliche Erfindungsgabe nahezu unbegrenzt, und entsprechend zahlreich sind die möglichen Fallgestaltungen. Gleichzeitig müssen vielschichtige Wertungen wie Rücksichtnahmegebot oder Einfügungsgebot in die behördliche Entscheidung einfließen. Sie sprengen ebenfalls den Rahmen von vorab festgelegten Entscheidungsbäumen.

Bei derart komplexen Rahmenbedingungen könnten hingegen datenbasierte Machine-Learning-Algorithmen ihre Stärke ausspielen, da sie auch bei unvollständigen Informationen Lösungen finden. Sie wären in der Lage, die mittels Trainingsdaten erlernten Regeln (das Modell) selbstständig und damit automatisiert auf unerwartete Sachverhaltskonstellationen anzuwenden. Auch wenn der konkrete Sachverhalt sich nicht in den Trainingsdaten findet, würde das Modell auf Grundlage vorangegangener Wertungen eine Entscheidung treffen können, etwa ob sich das konkrete Bauvorhaben in die Umgebung »einfügt«.

Machine-Learning-Algorithmen sind in der Praxis deutlich flexibler und ad hoc anpassungsfähig. Für diese zeitsparende Flexibilität wird allerdings ein hoher »Preis« fällig, weil der datenbasierte Ansatz in starkem Kontrast zum traditionellen Vorgehen steht. Er wird oft mit dem vorgegebenen rechtlichen Rahmen in Konflikt geraten. Beispielsweise würden Machine-Learning-Algorithmen in diesem Bereich in der Regel schon gegen das Legalitätsprinzip beziehungsweise gegen den Grundsatz der Gesetzmäßigkeit der Verwaltung verstoßen. Ein »Learner« setzt keine vorhandenen Gesetze Schritt für Schritt um, sondern findet in historischen

Daten seine eigenen »Gesetze« (Regeln). Zugleich müssen diese Regeln nicht immer klar verständlich sein (Blackbox-Problematik), was etwa für die Nachvollziehbarkeit problematisch ist. Das permanente Weiterlernen und der nicht determinierte Output können in Konflikt geraten mit dem Gleichbehandlungsgrundsatz beziehungsweise Diskriminierungsverbot und besonderen Ausprägungen davon, etwa dem Grundsatz der Selbstbindung der Verwaltung. Die derzeitigen rechtlichen Rahmenbedingungen werden deshalb den Einsatz von Machine-Learning-Algorithmen in vielen Bereichen verhindern.

Aus der bisherigen Digitalisierungspraxis in der Privatwirtschaft wird deutlich, dass Machine-Learning-Algorithmen zunächst für einzelne Teilschritte eines Prozesses ausprobiert werden. Auf ähnliche Art und Weise werden einzelne Verwaltungsinstitutionen, oft aus der praktischen Notwendigkeit des Personalmangels heraus, den Einsatz von modernen, datenbasierten Algorithmen für einzelne Teilschritte administrativer Tätigkeiten testen. Mit derartigen Pilotprojekten werden die Diskussionen um den Einsatz von Machine Learning kontinuierlich angefacht. Aus diesem Grund wollen wir die Unterschiede von modernen datenbasierten Algorithmen im Kontrast zu klassischen regelbasierten Algorithmen für zwei besonders wichtige Teilschritte noch etwas näher beleuchten.

Eins: Datenerhebung und Zuordnung der Regel zu einem Sachverhalt

Bevor die Verwaltung ein Gesetz auf den konkreten Einzelfall anwenden kann, muss sie zunächst den Sachverhalt aufklären und die dafür notwendigen Datenpunkte in irgendeiner Form erheben (Untersuchungsgrundsatz/Sachverhaltsaufklärung). Außerdem ist die anzuwendende Regel einem konkreten Sachverhalt zuzuordnen. Soll dieser Vorgang automatisiert werden, stellt sich zunächst die Frage, welche Art von Algorithmen eingesetzt werden sollen. Die Daten können einerseits »ganz normal« mithilfe klassischer regelbasierter Algorithmen automatisiert gesammelt werden. In dem Fall wird vorab exakt festgelegt, welche Daten in welcher Form erhoben werden. Auch der Anwendungsbereich wird zuvor genau definiert.

Würden hingegen modernde datenbasierte Algorithmen für die Automatisierung der Datenerhebung herangezogen werden, müssten sie selbst (etwa anhand von Trainingsdaten) lernen, welche Informationen für die vorgesehene Aufgabe relevant sind. Über die Zeit könnte der Machine-Learning-Algorithmus lernen, andere oder zusätzliche Datenpunkte einzubeziehen. Die Betroffenen könnten dann im Vorfeld gar nicht wissen, welche Informationen in eine Entscheidung einfließen und welche nicht. Würden moderne datenbasierte Algorithmen für die Automatisierung der Zuordnung herangezogen, würden die Betroffenen vorab nicht sicher wissen, ob eine konkrete Regel für sie gilt oder nicht und ob sich der Umstand auch ändern könnte. In vielen Bereichen des Verwaltungshandeln, etwa in der Eingriffs- und Leistungsverwaltung, wäre ein solches Vorgehen rechtlich problematisch.

Auf den ersten Blick scheint daher ein derartiger datenbasierter Ansatz vor allem aus juristischer Perspektive schwer vorstellbar. Der Bereich der Datenerhebung und Zuordnung bliebe allein Domäne für die Automatisierung mithilfe klassischer regelbasierter Algorithmen.

Betrachtet man die Dinge aus einer eher ökonomischen oder technischen Perspektive der Effizienz, könnte der Einsatz von Machine-Learning-Algorithmen jedoch von anderen Stakeholdern gewünscht werden. Denn sie eröffnen ganz neue Möglichkeiten. Versuchen wir den Unterschied anhand des bereits vertrauten Beispiels der Verkehrsregelung zu veranschaulichen:

Sensoren könnten den Nebel oder Regen auf einem vorher genau definierten Streckenabschnitt messen. Bei einer Sichtweite unter 100 m oder Regen von weniger als 2,5 mm/h würde das Head-up-Display des Fahrzeugs dann eine erlaubte Höchstgeschwindigkeit von beispielsweise 80 km/h anzeigen, bei einer Sichtweite unter 50 m oder mehr als 2,5 mm/h Regen nur noch 60 km/h und so weiter. Vorab wäre somit festgelegt, für welche Verkehrsteilnehmer welche Höchstgeschwindigkeit gelten. Das wäre der Weg über klassische regelbasierte Algorithmen.

Machine-Learning-Algorithmen hingegen könnten über die Zeit mit genügend Daten versuchen, die Determinanten für die »optimale« Höchstgeschwindigkeit herauszufinden. »Optimal« in diesem Zusammenhang könnte eine Höchstgeschwindigkeit beispielsweise sein, wenn die wenigsten Unfälle passieren bei gleichzeitig möglichst hoher Geschwindigkeit oder bestmöglichem Verkehrsfluss. Um die zulässige Höchstgeschwindigkeit zu optimieren, könnte der Machine-Learning-

Algorithmus lernen, andere Daten miteinzubeziehen. Über die Zeit und mit mehr Daten könnten er auch Informationen hinsichtlich der Auslastung der Straße, des Streckenverlaufs, des Neigungswinkels der Straße oder der Art des Fahrzeugs berücksichtigen.

Im Ergebnis könnte er dann für unterschiedliche Streckenabschnitte oder unterschiedliche Fahrzeugklassen die Höchstgeschwindigkeiten variieren und an das Head-up-Display senden. Für Lastkraftwagen etwa könnten bei Regen andere Höchstgeschwindigkeiten gelten als für Personenkraftwagen. Sogar eine Differenzierung nach Hersteller wäre zumindest denkbar. Werden moderne datenbasierte Algorithmen derart für diese Aufgabe eingesetzt, wüsste der Fahrzeugführer vorab nicht, welche konkrete Höchstgeschwindigkeit aktuell gilt, bis sie ihm im Head-up-Display während der Fahrt angezeigt wird. Auch könnte zwei Wochen später bei gleichen Bedingungen eine andere Höchstgeschwindigkeit gelten, weil sich der Learner weiterentwickelt hat.

Es ist offensichtlich, dass die zweite Herangehensweise viele Probleme mit sich bringt und bei den heute geltenden Rahmenbedingungen für das Verwaltungshandeln kaum umsetzbar erscheint. Andererseits wird die Aussicht, insbesondere bei steigender Verkehrsteilnehmerzahl sowohl Sicherheit als auch Geschwindigkeit optimieren zu können, seine lautstarken Anhänger finden.

Wir wollen die unterschiedlichen Herangehensweisen nicht bewerten, aber noch einen Punkt zu bedenken geben. Je granularer und komplexer die Regeln werden, desto schwieriger können sie mithilfe klassischer regelbasierter Algorithmen umgesetzt werden. Gleichzeitig eröffnen moderne datenbasierte Algorithmen ganz neuen Möglichkeiten.

Zwei: Entscheidungen mit Ermessen und Beurteilungsspielräumen

Noch interessanter und auch komplizierter wird der Einsatz von Algorithmen im weiten Feld der Ermessensentscheidungen.

Aus technischer Perspektive ist es kaum möglich, derartige Entscheidungen auf Basis klassischer regelbasierter Algorithmen zu automatisieren. Zu komplex ist die oft werteorientierte Entscheidungsfindung. Die Gesetze der Kombinatorik erlauben nur in den seltensten Fällen, alle relevanten Faktoren in Kombination mit den vielfältigen Eventualitäten der möglichen Sachverhalte vorab zu erfassen. Anders ausgedrückt: Viele behördliche Tätigkeiten sind zu kompliziert für Entscheidungsbäumen mit der typischen If-then-(else-)Struktur.

Oft wäre eine derartige Automatisierung auch gar nicht erwünscht. Die starke Verrechtlichung von Verwaltungshandlungen verursacht bereits eine gewisse Erstarrung des Verwaltungsapparates. Entscheidungen mit Ermessens- oder Beurteilungsspielraum bieten eine elegante Lösung. Sie erlauben es, in einem gewissen Rahmen auf ungewöhnliche Situationen flexibel zu reagieren. Konstellationen, an die der Gesetzgeber nicht gedacht oder die er bewusst offengelassen hat, lassen sich handhaben. Würden Ermessensentscheidungen vorab »algorithmisiert«, folgte de facto eine Standardisierung. Damit wäre die mit der »juristischen Methode« gewonnene Flexibilität wieder verloren.[303] Da bei jeder ungewöhnlichen Situation erst die Software angepasst werden müsste, käme es in der Praxis zu einer noch stärkeren Erstarrung des Verwaltungsapparates bis hin zur Handlungsunfähigkeit.

Ganz anders stellt sich das Bild dar, wenn Ermessensentscheidungen auf Basis von Machine-Learning-Algorithmen automatisiert werden. Aus technischer Sicht können Learner anhand von großen Datenmengen ein Modell entwickeln, wie (bestimmte) Behörden üblicherweise ihr Ermessen ausüben. Sie können dieses erlernte Muster auch auf neue und ungewöhnliche Situationen anwenden. Die Qualität des Ergebnisses hängt eher von technischen Fragen ab. Sie ist unter anderem bedingt durch die Qualität der Trainingsdaten (dazu zählt auch die Freiheit von menschlichen Verzerrungen in den Daten), die vorgenommenen Gewichtungen sowie die Qualität und Geeignetheit des zum Einsatz kommenden Algorithmus. In der Praxis ist es möglich, zukunftsorientierte Ermessensentscheidungen im Einzelfall auf Grundlage historischer Informationen automatisiert mit einer gewissen Qualität zu treffen. Dies gilt insbesondere, wenn der technische Fortschritt die Qualität des Outputs konstant weiter erhöht.

Mit dieser technischen Ausgangslage konfrontiert, betonen Juristen meist die besonderen Fähigkeiten des Menschen. Nach der derzeit weit überwiegenden Ansicht sind Ermessensentscheidungen nur auf Grundlage personeller Beurteilung möglich. Demnach könnten nur Menschen die konkreten Umstände des Einzelfalles miteinbeziehen und eine wirklich angemessene und sachgerechte Lösung finden.[304] Algorithmen wären nicht gleichwertig in der Lage, tatsächlich Einzelfallgerechtigkeit herzustellen, da sie insbesondere Sachverhalte nicht richtig bewerten und vor allem nicht gewichten könnten.[305]

Diese Annahme ist inzwischen von anderen Disziplinen, insbesondere durch die psychologische Forschung, stark angezweifelt worden. Schon die Vorstellung, Menschen wären in der Lage, mit ihrem bewussten Verstand unabhängig von ihrem emotionalen Unterbewusstsein vielfältigste Aspekte in eine Entscheidung einfließen zu lassen, stellt sich nach neueren Erkenntnissen immer mehr als unzutreffend heraus.[306] Auf maschinellem Lernen basierende Anwendungen dürften bei ausreichender Datengrundlage viel mehr Faktoren »bewusst« bei einer Entscheidung berücksichtigen als Menschen.

Auch die Vorstellung von sachgerechten Einzelfallentscheidungen lässt sich nur schwer aufrechterhalten, wenn beispielsweise neuere, auf großen Datenmengen basierende Studien (1,5 Millionen Gerichtsurteile aus drei Jahrzehnten) zu dem Ergebnis kommen, dass viele für ein Gerichtsurteil irrelevante Faktoren in die Entscheidungen der Richter einfließen. Sie urteilen zum Beispiel signifikant strenger, wenn die lokale Footballmannschaft verloren hat oder das Wetter schlecht ist.[307] Sogar die Außentemperatur beeinflusst die behördliche Entscheidungsfindung spürbar.[308] Betrachtet man viele (staatliche) Entscheidungen auf aggregierter Ebene, sind sie oft so »verrauscht«, weichen also bei gleicher oder sehr ähnlicher Sachlage auf eine Art und Weise voneinander ab, dass sie in hohem und für die meisten unerwartetem Ausmaß eine zufällige Streuung aufweisen.[309] Die menschliche Flexibilität und Einzelfallbeurteilung werden damit in erheblichem Maße als Zufall (um nicht zu sagen: Willkür) entlarvt.

Die bei menschlicher Entscheidungsfindung auftretenden Probleme werden voraussichtlich immer stärker in den Fokus der Öffentlichkeit geraten. Entsprechende wissenschaftliche Erkenntnisse werden zunehmen und sich stärker verbreiten. Der juristische Standpunkt, der üblicherweise ein Hohelied auf die menschliche Entscheidung (allerdings ihrer Zunft, also Entscheidungen von juristisch ausgebildeten Menschen) singt, dürfte damit weiter unter Druck geraten. Die Kritik an der menschlichen Urteilsfindung wird damit, ob sie will oder nicht, Wegbereiter einer zunehmenden Automatisierung von menschlichen Entscheidungen auf Basis moderner datenbasierter Algorithmen. Ob diese sich auf Dauer als das kleinere oder das größere Übel herausstellen werden, wird allerdings erst die Zeit zeigen.

Auslegung und Konkretisierung der Gesetze

Gehen wir nochmals einen Schritt zurück. Bevor die Verwaltung die von der Legislative neu erlassenen Gesetze oder Gesetzesänderungen auf einen konkreten Einzelfall anwenden kann, muss sie häufig die Gesetze zunächst interpretieren oder deuten. Sie muss beispielsweise unbestimmte Rechtsbegriffe oder Generalklauseln auslegen und konkretisieren. Diese Verständnisarbeit unterscheidet sich in einem zentralen Aspekt erheblich von der zuvor besprochenen Anwendung (bereits interpretierter) Gesetze auf den konkreten Einzelfall. Der Grund dafür ist, dass es sich um eine Tätigkeit handelt, die stark von Unsicherheit und Unwissenheit geprägt ist. Ex ante kann die Verwaltung nicht wissen, welche Gesetzesvorhaben vom Parlament angepackt werden, auf welchen Anwendungsbereich sie abzielen, welche Regelungstechniken zur Anwendung kommen oder welche Änderungen und Kompromisse sich während des Gesetzgebungsverfahrens ergeben. Der finale Gesetzestext steht in der Regel erst in zeitlicher Nähe zur Verkündung fest.

Entsprechend können vorab auch keine Algorithmen mithilfe von Entscheidungsbäumen programmiert werden, welche die Gesetzestexte auslegen. Das Maß an Unsicherheit und Unwissenheit ist zu hoch. Die Tätigkeit eignet sich ihrer Natur nach nicht, klassische regelbasierte Algorithmen anzuwenden.

Aber auch moderne datenbasierte Algorithmen dürften hier schnell an ihre Grenzen kommen. Die Gesetze oder Gesetzesänderungen sind neu. Es geht also bei ihrer Interpretation darum, wertebasierte, auf die Zukunft ausgerichtete menschliche Entscheidungen zu verstehen. Da es sich damit nicht um vergangenheitsbezogene, repetitive Vorgänge handelt, können auch keine adäquaten Trainingsdaten vorliegen. Historische Daten von anderen, älteren Gesetzen oder anderen Rechtsgebieten eignen sich nur sehr bedingt zum Training. Es ist ein großer Unterschied, ob ein Learner – wie bei der zuvor diskutierten Gesetzesanwendung – im Kontext eines (bekannten) Gesetzesrahmens aus historischen Daten auf neue Lebenssachveralte und neue Konstellationen schließen soll oder ob es darum geht, von historischen Daten eines Regelungsbereiches auf einen ganz anderen zu schließen.

Lernt etwa ein Maschine-Learning-Algorithmus anhand von Daten hinsichtlich dem (deutschen) Gesetz gegen den unlauteren Wettbewerb, was unter »Treu und Glauben« konkret zu verstehen ist, werden ihm die erlernten Muster nicht helfen, »Treu und Glauben« in der Datenschutz-Grundverordnung auszulegen. Zu unterschiedlich sind Fallgruppen und Zusammenhänge. Genauso wenig ist das »öffentliche Interesse« in der (deutschen) Abgabenordnung deckungsgleich mit dem »öffentlichen Interesse« in der Gewerbeordnung und kann inhaltlich mühelos übertragen werden. Vereinfacht ausgedrückt: Es ist nicht ohne Weiteres möglich, von der Interpretation vorhandener Gesetze auf die Interpretation neuer Gesetze zu schließen.

Das weite Aufgabenfeld der Interpretation von Gesetzen eignet sich aus den geschilderten Gründen (noch eine ganze Weile) nicht für die digitale Automatisierung. Es wird vermutlich am längsten eine menschliche Domäne bleiben und sich noch viele Jahre (oder gar Jahrzehnte) der Automatisierung entziehen. Im Gegenteil, es wird vielmehr die Spielwiese für hoch spezialisierte und gut bezahlte Experten, welche die Welt des Rechts mit der Welt der Informatik verbinden. Da diese Experten in einer digitalen Welt deutlich mehr Einfluss haben werden als bisher, wird es spannend zu beobachten, wo sie angesiedelt sein werden. Werden sie weiterhin in der Verwaltung bleiben, wird die Regierung sie an sich ziehen, oder wird das Parlament versuchen, sie zu beheimaten?

Kontrolltätigkeiten

Behördliche Kontrolltätigkeiten sind derzeit ebenfalls eines der Hauptziele staatlicher Automatisierungsbemühungen, wie sich an vielen aktuellen Digitalisierungsvorhaben beobachten lässt. Das hat zum einen sicherlich mit der Anreizstruktur zu tun. Die Nichteinhaltung von Regeln durch die Bürger, Bürgerinnen und Unternehmen hat in der Regel (auch) eine Geldbuße oder -strafe zur Folge. Können die Behörden effizienter die Einhaltung der Regeln kontrollieren und mehr Verstöße entdecken, erhöhen sich direkt (zumindest kurzfristig) die staatlichen

Einnahmen. Damit ergeben sich gute Argumente, in die digitale Automatisierung zu investieren. Die anfänglich hohen Investitionskosten sind dann keine reine Kostenstelle, sondern lassen sich durch die zusätzlichen Einnahmen amortisieren. Der »Return on Investment« ist gesichert. Zum anderen sind in diesem behördlichen Aufgabenbereich die rechtlichen Rahmenbedingungen nicht so eng, und die Verwaltung genießt mehr Freiheiten, ihre Tätigkeit auszugestalten.

Je nach Art der Kontrolltätigkeit können sich beide Arten von Algorithmen eignen. Allerdings genießen die modernen datenbasierten Algorithmen einen strukturellen Vorteil. Kommen klassische regelbasierte Algorithmen zum Einsatz, müssen die Programmierer und ihr Projektteam vorab jede mögliche Art von Regelverstoß und jede potenzielle Umgehung antizipieren, um sie bei der Automatisierungsanwendung zu berücksichtigen. Damit ergäbe sich insbesondere im Bereich der absichtlichen Regelverstöße eine Art Katz-und-Maus-Spiel, mit dem Ziel herauszufinden, wer cleverer ist, die antizipierenden Behörden oder der gesetzeswidrig Handelnde.

Die modernen Algorithmen hingegen gehen mit ihrem datenbasierten Ansatz ganz anders an die Aufgabe heran. Sie vergleichen im Prinzip menschliches Verhalten miteinander. Dabei können sie stark von der Tatsache profitieren, dass die meisten Menschen und Unternehmen sich (freiwillig) regelkonform verhalten. Jeder Regelverstoß fällt dem Modell eines Machine-Learning-Algorithmus als »Outlier« oder Ausreißer auf, weil er von dem erlernten Muster der sich korrekt Verhaltenden abweicht. Je vermeintlich cleverer das Fehlverhalten beziehungsweise je komplexer die Verschleierungsaktivitäten sind, desto eher fallen sie auf.

Für Machine-Learning-Algorithmen ist grundsätzlich die Art des Regelverstoßes gleichgültig. Der Regelverstoß muss auch nicht antizipiert werden, solange er nur in ausreichendem Maße vom Verhalten der Regelkonformen abweicht. Um moderne datenbasierte Algorithmen zu »überlisten«, müsste sich das Fehlverhalten vielmehr möglichst unauffällig als korrektes Verhalten tarnen. Freilich kann sich der Learner auch derartige neue Taktiken zeitnah antrainieren. Aufgrund dieses strukturellen Vorteils und der gegebenen Anreizstruktur werden staatliche Kontrolltätigkeiten sicherlich ein erstes Hauptanwendungsgebiet für moderne datenbasierte Algorithmen.

Kommunikation und Auskünfte

Das zweite Hauptanwendungsgebiet für moderne datenbasierte Algorithmen wird die Kommunikation mit den Bürgern, Bürgerinnen und Unternehmen. Erste Versuche in diese Richtung auf Grundlage klassischer regelbasierter Algorithmen waren wenig erfolgreich. Die digitale Kommunikation mit den Behörden über Entscheidungsbäume und Drop-down-Menüs war für die Regierten meist eher ein Ärgernis und konnte den personellen Kontakt nicht ersetzen. Nun erlebt dieses Gebiet dank der modernen datenbasierten Algorithmen vor allem im Gewande von »Natural Language Processing« eine Renaissance. Chatbots und »Virtual Assistants« werden immer leistungsfähiger und bilden eine echte Alternative zum personellen Kontakt. Weltweit setzen diese bereits mehr als die Hälfte der Steuerbehörden mit steigender Tendenz ein.[310]

Auch hier hat die Verwaltung besondere Anreize, in die Digitalisierung zu investieren. Kaum etwas dürfte im Arbeitsalltag das Personal in der Verwaltung derart binden wie die Kommunikation nach außen, insbesondere die zahlreichen Anfragen der Bürger, Bürgerinnen und Unternehmen. In Zeiten des Personalmangels werden die Arbeitskräfte häufig an anderer Stelle gebraucht. Wenn die Behörden gleichzeitig ihre Mitarbeiterzufriedenheit steigern und den Krankenstand senken können, wenn sie den Austausch mit (unzufriedenen) Bürgern reduzieren,[311] ergibt sich aus staatlicher Sicht eine Win-win-Situation. Für die Regierten ist diese Entwicklung dann vorteilhaft, wenn sich im Zuge der digitalen Automatisierung die durchschnittliche Qualität der Auskünfte erhöht und sich ein einheitlicher, zuverlässiger Qualitätsstandard etabliert. Voraussetzung dafür ist, dass die Bürger den Kommunikationsinhalten vertrauen können und dürfen.

Die Gretchenfrage

Es dürfte klar geworden sein, dass es derzeit im staatlichen Digitalisierungskontext eine schwerwiegende »Automatisierungslücke« gibt. Manche Tätigkeiten eignen sich nicht für klassische regelbasierte Algorithmen, weil sie zu komplex sind. Gleichzeitig können moderne Machine-Learning-Algorithmen aufgrund ihrer Herangehensweise nicht eingesetzt werden, da sie mit den gegenwärtigen rechtlichen Vorgaben kollidieren würden.

Infolgedessen wird sich bei vielen staatlichen Digitalisierungsvorhaben irgendwann zwangsläufig die Gretchenfrage stellen. Der Ansatz mithilfe von traditionellen (regelbasierten) Algorithmen zu digitalisieren, wird sich zunehmend als unpraktikabel erweisen. Der andere Ansatz mittels moderner (datenbasierter) Algorithmen wird sich als rechtlich nicht zulässig erweisen. Aus unserer Sicht kann nur ein Paradigmenwechsel aus diesem grundlegenden Dilemma führen. Die für analoge Prozesse entwickelten rechtlichen Rahmenbedingungen müssen neu überlegt und konzipiert werden. Nur dann kann der Konflikt zwischen den Notwendigkeiten in der Anwendungspraxis und den rechtlichen Vorgaben dauerhaft überwunden werden. Fragen, wie sich das Legalitätsprinzip oder, präziser, wie sich der Sinn und Zweck des Legalitätsprinzips auch beim Einsatz von maschinellem Lernen verwirklichen lassen, müssen geklärt werden. Es genügt nicht, eine allgemeine Rechtsgrundlage zu schaffen, die den Einsatz von Machine-Learning-Algorithmen in einem Bereich erlaubt. Eine solche Rechtsgrundlage würde nicht alle anderen gesetzlichen Anwendungsvoraussetzungen ersetzen können.

Die Automatisierung der Automatisierung

Zum Abschluss wollen wir noch kurz auf die nächste Entwicklungsstufe hinweisen. Eines der großen Ziele des maschinellen Lernens ist die Automatisierung der Automatisierung. Machine-Learning-Algorithmen können bereits jetzt in bestimmten Bereichen Programmierer ersetzen.

Sie können also dafür eingesetzt werden, klassische regelbasierte Algorithmen zu codieren. Demnächst werden sie in der Lage sein, klassische Algorithmen von einer bisher ungeahnten Komplexitätsstufe zu »fabrizieren«. Die Grenze, was an Komplexität von klassischen Algorithmen handhabbar ist, dürfte damit verschoben werden. Übergangsweise könnten diese programmierenden Machine-Learning-Algorithmen, die hochkomplexe Software auf Basis klassischer regelbasierter Algorithmen (mit all ihren Vorteilen aus rechtlicher Sicht) erstellen, die entstandene »Automatisierungslücke« zumindest teilweise füllen.

(3) Auswirkungen der digitalen Automatisierung von Verwaltungstätigkeiten

Die fortschreitende Digitalisierung und Automatisierung von Verwaltungstätigkeiten werden viele Vorteile mit sich bringen, die wir nicht näher erläutern müssen. Neben den Vorteilen sind jedoch auch einige Nachteile zu beachten. Bekannte und viel diskutierte Probleme wie mögliche statistische Verzerrungen, Diskriminierung oder das berühmt-berüchtigte »Collaborative Filtering«, bei dem vom Gruppenverhalten auf Individualverhalten geschlossen wird, aber auch Intransparenz und Fragen der Verantwortungszurechnung möchten wir an dieser Stelle nicht adressieren.

Wir möchten vielmehr eine grundlegende Auswirkung auf das institutionelle Gefüge in den Mittelpunkt rücken, die unserer Auffassung nach meist übersehen oder zumindest stark unterschätzt wird.

Werden Verwaltungsaufgaben digital automatisiert, werden immer auch viele Entscheidungen zentralisiert. Entscheidungen, die bisher individuelle und dezentrale Mitarbeiter von Tag zu Tag getroffen haben, werden im Zuge des Digitalisierungsprozesses antizipiert und vorab von einer zentralen Instanz getroffen. Je nach Ausgestaltung des Digitalisierungsprozesses kann die zentrale Instanz beispielsweise ein Projektteam aus Experten, die IT-Abteilung, die Leitung der jeweiligen Institution oder sogar ein externer Dienstleister sein.

Bei klassischen regelbasierten Algorithmen ist der Wechsel von alltäglichen, dezentralen Entscheidungen zu zentralen, antizipierten Entscheidungen aufgrund der Herangehensweise ziemlich offensichtlich. Er gilt aber auch bei modernen datenbasierten Algorithmen. Auch Machine-Learning-Algorithmen sind keine autonomen Systeme. Vielmehr steuern zentral von Menschen getroffene Entscheidungen den Learner. Zwar wirken die personellen Entscheidungen nicht unmittelbar auf den Output wie bei klassischen regelbasierten Algorithmen. Dennoch beeinflussen und steuern sie den Output erheblich. Die zentralen, menschlichen Entscheidungen und Steuerungsmöglichkeiten zeigen sich etwa schon darin, welche Trainingsdaten ausgewählt werden. Auch das Design und die Art der Implementation des jeweiligen Algorithmus beeinflussen den Output spürbar. Das gilt im Übrigen selbst für künstliche neuronale

Netzwerke. Selbst bei ihnen kann während des Betriebs über das Korrigieren von Gewichtungen (»Tweaken«) permanent steuernd eingegriffen werden. Wenn der Output neuronaler Netzwerke teilweise nicht nachvollziehbar ist (»Blackbox-Problem«), hat dies weniger mit Autonomie, sondern vor allem mit kombinatorischer Komplexität zu tun.

Selbstverständlich treffen Verwaltungsangestellte auch bisher keine vollständig autonomen Entscheidungen, sondern agieren innerhalb stark hierarchischer Umgebungen. Sie unterliegen der Gehorsamspflicht, sind meist weisungsabhängig und haben behördeninterne Vorgaben zu berücksichtigen. Dennoch ist in der Praxis der personelle Entscheidungsspielraum größer, als er auf den ersten Blick erscheinen mag. Ob Verwaltungsmitarbeiter tätig werden oder wie sie den Sachverhalt ermitteln, erlaubt ihnen oft einen ganz erheblichen individuellen Einfluss auf die Entscheidungsfindung. Zudem lässt sich nicht jeder Mitarbeiter permanent kontrollieren und auf Linie bringen.

Übernehmen Algorithmen die Tätigkeiten, können Entscheidungen »top down« getroffen und einheitlich über die Softwareanwendung durchgesetzt werden. Alles erscheint wie aus einem Guss. Digitale Systeme akkumulieren Einfluss und konzentrieren die Kräfte zentral, was der institutionellen Leitung noch mehr Einfluss verschaffen kann.[312] In der Privatwirtschaft wird die damit einhergehende, letztendlich auf einer Informationsasymmetrie beruhende Verschiebung der Kräfteverhältnisse hin zu einigen wenigen als »New Digital Divide«, also als digitale Kluft oder digitale Spaltung, konzeptualisiert.[313] Digitale Systeme sind daher zwangsläufig viel anfälliger für Machtmissbrauch jeglicher Art. Aber auch kleinere Manipulationen für andere Ziele, etwa für die Verhaltensbeeinflussung der Bürger (mithilfe von »Nudging« bis »Dark Patterns«), lassen sich wesentlich leichter lenken und umsetzen.

Die Tendenz zur Zentralisierung und Vereinheitlichung der Aufgabenwahrnehmung verstärkt sich noch weiter, wenn auch interne Prozesse digitalisiert und automatisiert werden. Der Blick über den Tellerrand erlaubt auch hier wieder einen Ausblick in die potenzielle Zukunft der internen Verwaltungsdigitalisierung. Digitalisieren große Unternehmen ihre internen Prozesse, wird meist auch versucht, die gesamte Prozesskette digital zu erfassen. Im Sprachgebrauch der Unternehmen bedeutet es, eine integrierte, digitale »End-to-End«-Lösung für den »Contact-to-Cash-Cycle« zu etablieren. Innerhalb der neuen digitalen Umgebung kann jeder einzelne Schritt der Kette (beispielsweise von »Create Opportunity« und »Manage Contact« über »Ressource Planning«, »Risk Process« bis hin zum »Billing«) individuell und aggregiert beobachtet und ausgewertet werden. Gleichzeitig können nun selbst die Teilschritte, die noch nicht automatisiert sind, direkt und zentral gesteuert werden. Diese Steuerungsmöglichkeiten können die unterschiedlichsten Formen annehmen. In den Tools können Erinnerungen und Warnungen aufpoppen, wenn etwas vergessen wurde, oder es können konkrete Anweisungen erscheinen. Zuweilen können nachfolgende Prozessschritte erst eingeleitet werden, wenn sie eine höhere Instanz genehmigt hat oder zum Beispiel ein bestimmter Schwellenwert erreicht wurde und so weiter – immer mit dem Ziel, dem Topmanagement eine einheitliche realistische Sicht auf die Vorgänge im Unternehmen zu geben und ihm zu helfen, seine Entscheidungen besser (zentral) durchsetzen zu können.

Die zentralisierende Wirkung der Automatisierung wird sich leider nicht nur innerhalb einer Institution auf der Mikroebene zeigen. Auch auf der ressortübergreifenden Makroebene wird sie Spuren hinterlassen. Die Verteilung von Zuständigkeiten in unterschiedliche funktionale Einheiten, etwa in verschiedene Arten von Ministerien, in Deutschland als Ressortprinzip bezeichnet, wird ebenfalls unter Druck geraten. Denn es existiert ein weiterer Anreiz für die digitale Automatisierung. Oft sollen Automatisierungsbemühungen Kosten senken. In der Praxis lassen sich Kostensenkungen vor allem dann realisieren, wenn Skaleneffekte (Größenvorteile) ausgenutzt werden. Das bedeutet auch, Automatisierungsanwendungen von möglichst wenigen Akteuren bereitzustellen, aber von möglichst vielen Akteuren nutzen zu lassen. Anders ausgedrückt: Digitale Dezentralisierung ist teuer. Verteilte Systeme, standardisierte Datenformate, Schnittstellen und Protokolle, etliche Datenbanken oder Rechenzentren machen Vorhaben komplexer, aufwendiger und kostenintensiver.

Eine gemeinsame Lösung für alle Beteiligten bereitzustellen, ist oft einfacher umzusetzen und günstiger. Am sichtbarsten ist diese Dynamik beim Cloud Computing. Japan versucht beispielsweise gerade, eine landesweite einheitliche Cloud-Lösung aufzubauen. Diese, wenig überraschend auf Bundesebene angesiedelte »Government Cloud« soll die eigenen Systeme der Kommunalverwaltungen ersetzen.[314]

Im Gegensatz dazu werden beispielsweise in der Schweiz viele Daten (noch) auf Kantons- oder gar Gemeindeebene erhoben und verarbeitet. Entsprechend gibt es gegenwärtig große Probleme, die Daten auf Bundesebene zu konsolidieren und nutzbar zu machen. Die zugrunde liegende föderale Struktur wird von Kritikern als Hauptursache für die nur langsam voranschreitende Digitalisierung ausgemacht und daher permanent kritisiert.[315] In dieser Kritik äußert sich der Wunsch nach einer stärkeren Zentralisierung. Aus anderen Gründen, aber mit identischer Stoßrichtung verlangen die Vertreter großer deutscher Städte in den »Dresdner Forderungen«, kommunale Onlineservices zentral vom Bund oder den Ländern bereitstellen zu lassen.[316]

Ziel all dieser Überlegungen ist es, die Komplexität digitaler Lösungen zu reduzieren und die Kosten zu senken. Diese kurzfristige Sichtweise vergisst, wie fundamental die konkrete Ausgestaltung der digitalen Automatisierung heute dafür ist, ob langfristig die Vor- oder Nachteile überwiegen.

14. Big Data und Informationsblasen: Rückwärtsorientierung und verhinderte Neuanfänge

Zum Einstieg: Eine mögliche Zukunft

Das Gefühl der Ohnmacht ist überwältigend. Es überkommt Kim auch jetzt wieder, als er die Nachricht des Bundessozialgerichts liest. Dieses Gefühl, immer wieder gegen eine schwarze Wand zu rennen, ist ohne Frage das Schlimmste an der ganzen Geschichte. Als er die erste Nachricht von der Agentur für Arbeit bekam, hatte er es erst für einen Witz, dann für einen kleinen Fehler gehalten, der sich leicht aus der Welt schaffen ließe. Das war ein Irrtum gewesen. Die Arbeitsagentur meldete sich erstmals vor mehr als drei Jahren und verlangte von ihm 23 000 Euro. Vor fünf Jahren war er für ein Jahr arbeitslos gewesen und hatte Arbeitslosengeld bezogen. Die gesamte Summe sollte er nun zurückzahlen plus 5000 Euro Strafe. Das neue digitale Risikomanagementsystem der Arbeitsagentur AFD 4.0 (Algorithmic Fraud Detection 4.0) hatte ihn als Betrüger markiert. Das konnte unmöglich sein.

Jahrelang war Kim gut im Geschäft gewesen, ein gefragter Künstler, seine Videoinstallationen und Bilder zur afrikanischen Stadt der Zukunft waren wegweisend. Sie inspirierten viele und durften auf keiner wichtigen Ausstellung zur zeitgenössischen Kunst fehlen. Sogar auf Smart-City-Tagungen hielt er Vorträge. Doch dann hatte sich scheinbar der Zeitgeist gedreht. Außerdem konnte nun jeder mit KI-Unterstützung in Sekunden abgefahrene Visionen erstellen. Seine Werke wirkten plötzlich altbacken, und er war schneller out, als er bis drei zählen konnte. Die Aufträge brachen ein, er wurde nicht mehr angestellt und beantragte Arbeitslosengeld. Er versuchte ein Jahr lang, wieder am Kunstmarkt Fuß zu fassen. Zwar hatte er immer noch nicht ganz aufgegeben, aber seit einer Weile hielt er sich mit einem Aushilfsjob über Wasser. Wie kam AFD 4.0 nur darauf, ihn als Betrüger zu labeln? Seit drei Jahren versuchte er, das herauszufinden. Am Anfang hatte die Agentur total gemauert und auf die angeblich nahezu einhundertprozentige Fehlerfreiheit des Systems verwiesen. Im Laufe der letzten Jahre war ihm eines klar geworden. Die Verantwortlichen vertrauten AFD 4.0 wirklich. Sie verschanzten sich nicht hinter dem System, nein, sie waren wirklich von seiner Makellosigkeit überzeugt.

Kim konnte von Glück sagen, dass er Till hatte. Sein alter Schulkamerad war inzwischen erfolgreicher Anwalt und versuchte ihm zu helfen. Was machten die Leute, die keinen hoch motivierten und cleveren Anwalt zum Freund hatten? Till hatte inzwischen einiges herausgefunden. Werke von Kim waren in zwei Ausstellungen zu sehen gewesen, als er Arbeitslosengeld bezog. Allerdings waren beide Ausstellungen schon zwei Jahre zuvor geplant worden. Auch die Vergütungen und die kurzzeitigen Anstellungsverhältnisse waren auf das Planungsjahr zuvor datiert gewesen. Das konnte er nachweisen. Nichtsdestotrotz tauchten die Werke natürlich im »falschen Jahr« auf den Websites der beiden Museen auf. Damit musste es etwas zu tun haben. AFD 4.0 hatte diese Informationen wohl mitverarbeitet. Ein weiterer einflussreicher Faktor schien sein Wohnort zu sein. Es wirkte sich nicht positiv aus, dass er mittlerweile in seinem Atelier lebte, einem leicht heruntergekommenen Loft in einer armen Gegend der Stadt, in der vorwiegend Arbeitsmigranten wohnten.

Aber ausschlaggebend war wohl ein anderer Umstand. Er hatte schon einmal betrogen. Mein Gott, das war ewig her. Er hatte es schon fast vergessen, als Till ihn danach fragte. Er war 19 Jahre alt gewesen. Er hatte ein Jahr in New York verbracht. Er war in die Kunstszene der Stadt eingetaucht. Dieses Jahr war verrückt gewesen. Es hatte ihn zu den Visionen inspiriert, die zehn Jahre lang ziemlich gefragt waren. Zumindest so gefragt, dass er gut davon leben konnte. Für die Zeit in New York hatte er einen Abzweigungsantrag gestellt und weiter Kindergeld bezogen, weil er vorgab, in einem sozialen Projekt in Harlem Freiwilligenarbeit zu leisten. Das war keine gute Idee gewesen, wie sich nun herausstellte. Auch wenn er schon damals alles zurückgezahlt hatte, jeden einzelnen Cent.

Beklommen starrte Kim auf die Nachricht des Bundesozialgerichts. Die Agentur für Arbeit hatte wieder Berufung eingelegt. Sie gaben einfach nicht klein bei, sie verteidigten ihr digitales System mit allem, was sie hatten. Und das bedeutete, dass ihn auch weiterhin alle Kreditratingagenturen als überschuldet führen würden. Solange das Gerichtsverfahren andauerte, würde er nicht einmal einen Handyvertrag bekommen. Mindestens ein weiteres Jahr würde sein Leben in der Warteschleife festhängen.

Moderne Machine-Learning-Algorithmen beziehungsweise künstliche Intelligenz, wie wir sie im vorherigen Kapitel beschrieben haben, arbeiten datenbasiert. Sie bedürfen einer ausreichend großen Datengrundlage, um zweckmäßige Ergebnisse liefern zu können. Staatliche Institutionen werden genau deshalb große Datensammlungen aufbauen (müssen), wenn sie ihre Tätigkeiten mithilfe der modernen Technologien zu automatisieren beginnen. Aber auch die reine Auswertung von großen Datenmengen hält Einzug in die öffentliche Verwaltung.[317] Mithilfe moderner Analysetechnologien wird versucht, neue Einsichten zu gewinnen. Sie sollen als Entscheidungsgrundlage dienen oder staatliche Kontrolltätigkeiten effizienter machen. Die Behörden beginnen daher, neue digitale Datenquellen zu erschließen und die in zahllosen Aktenordnern bereits vorhandenen (strukturierten) Datenschätze zu digitalisieren. Die digitalen Daten werden von vielfältiger Natur sein und schneller erhoben werden können. Wie die Privatwirtschaft treten die staatlichen Institutionen allmählich in die Big-Data-Ära ein.[318] Diese Ära folgt ein paar ganz eigenen Dynamiken und Logiken, wie die großen Technologieunternehmen uns gelehrt haben. Diese werden die staatliche Evolution zusätzlich formen und einen erheblichen Einfluss auf die gesellschaftliche Entwicklung ausüben. Die Konsequenzen werden auch für die Bürger zu spüren sein.

(1) Big Data ist (inzwischen) überall

In der Privatwirtschaft hat die Big-Data-Ära schon vor einiger Zeit begonnen. Die globalen Zahlen sind beeindruckend. Bereits 2020 wurden 60 Zettabyte oder 60 Billionen Gigabyte an Daten produziert. Das entspricht ungefähr 600 Millionen der größten verfügbaren[319] Festplatten. Ende 2023 dürfte sich die Datenproduktion nochmals verdreifacht haben. Die große Mehrheit dieser Daten wird inzwischen auch dauerhaft gespeichert. Die Hauptdatenquellen sind Bilder (von der medizinischen Bildgebung bis zu den Aufnahmen von Überwachungskameras), Texte (von Nachrichten bis zu den Inhalten sozialer Medien), Stimmen (von Telefonaten bis Sprachanweisungen) sowie Inhalte von Produktion und Verwaltung (von Softwareanwendungen bis zum Internet of

Things).[320] Ende 2023 dürften ungefähr 30 Milliarden Geräte mit dem Internetnetzwerk verbunden sein. Mehr als die Hälfte des globalen Datenstroms wird dann nur von der Kommunikation der Geräte untereinander verursacht.[321]

In der Big-Data-Ära wird daran gearbeitet, diese Unmengen an Rohdaten mithilfe moderner Machine-Learning-Algorithmen und der neuen Analysemethoden des Data-Minings in nutzbare Informationen umzuwandeln. Diese Informationen werden entweder selbst als Güter gehandelt oder verbessern bereits vorhandene Güter und Dienstleistungen. Sie bilden auch die Grundlage für mannigfaltige Automatisierungsprozesse. Vermehrt, und das ist von zentraler Bedeutung, bereitet die algorithmische Auswertung großer Datenmengen den Boden für vielfältige Entscheidungen. Die Nutzbarmachung von Big Data hat viele (potenziell) positive Effekte. Im privatwirtschaftlichen Umfeld kann sie dazu beitragen, die Kundenzufriedenheit zu erhöhen, bessere und maßgeschneiderte Güter und Dienstleistungen zu entwickeln und die Effizienz der Operationen zu steigern. Die in Kapitel 12 angesprochene Individualisierung und Massenpersonalisierung von Gütern und Dienstleistungen werden damit überhaupt erst möglich. In der neuen Big-Data-Welt können sogar wichtige Informationen aus gänzlich unerwarteten Quellen generiert werden, insbesondere aus der Kommunikation der Maschinen untereinander. So ist man neuerdings in der Lage, die zwischen Mobilfunkmasten ausgetauschten elektronischen Signale zu nutzen, um Niederschläge landesweit akkurat zu messen.[322]

(2) Problemstellungen und Logiken in der Big-Data-Welt

Große Datensammlungen bergen auch einige offensichtliche Probleme. Insbesondere wenn sie personenbezogene Daten enthalten, könnten diese gezielt genutzt werden, um die Betroffenen zu manipulieren, zu steuern oder zu bestrafen. Im staatlichen Kontext macht China es gerade mit seinem Sozialkreditsystem und stärker noch mit diversen lokalen Sicherheitssystemen vor. Mit ihnen werden über die einzelnen Bürger große Mengen an digitalen Daten, teils in Echtzeit, gesammelt. Überwachungskameras und Gesichtserkennungssoftware filmen und werten beispielsweise ihr Verhalten aus, Algorithmen tracken ihre Onlineaktivitäten oder Finanztransaktionen. Auf Basis dieser Informationen können die Bürger und Bürgerinnen evaluiert und bei unerwünschtem Verhalten bestraft werden. Die Palette reicht von langsamen Internetverbindungen über den Ausschluss von bestimmten Jobs oder Schulen bis hin zu Reiseverboten.[323] Weniger bekannt sind die umfassenden Fähigkeiten der Nationalen Behörde für elektronische Sicherheit (Nesa) der Vereinigten Arabischen Emirate, die auf die gesamte Kommunikation im Land zugreifen kann.[324]

Aber auch staatliche Institutionen in demokratischen Ländern verfügen bereits über beeindruckende Datensammlungen mit Personenbezug. Neben den Sicherheitsbehörden gilt dies derzeit vor allem für die Steuerbehörden. In Großbritannien betreibt beispielsweise die Steuer- und Zollbehörde Ihrer Majestät (HMRC) ein ehrgeiziges Programm zur Datenerhebung und -analyse. Das »Connect-System« integriert Informationen aus mehr als 30 privaten und staatlichen Datenquellen. Die Bandbreite reicht von Informationen über Steuerklärungen, Bankkonten, Pensionskassen und Versicherungsunternehmen, Daten digitaler Dienstleister wie PayPal oder Google Street View bis hin zu Informationen über Transaktionen auf Onlinemarktplätzen und in sozialen Netzwerken.[325] Die australische Steuerbehörde (ATO) wiederum betreibt sowohl ein riesiges Data Warehouse von Teradata (für strukturierte Daten) als auch ein Enterprise Data Hub von Cloudera (für unstrukturierte Daten), um die Unmenge an gesammelten Daten zu speichern. Mithilfe von ANGIE, der sogenannten Automated Network & Grouping Identification Engine, arbeiten sie daran, die Daten auf Basis modernster Graphdatenbank-Technologie auszuwerten.[326]

Die Gefahr des Missbrauchs personenbezogener Daten bleibt im Übrigen selbst dann latent, wenn die Daten nur in anonymisierter oder gar nur in pseudonymisierter Form verwendet werden. Denn eine dauerhafte garantierte Anonymisierung von großen Datenmengen ist nur schwer umzusetzen, und eine Deanonymisierung bleibt oft möglich.

Berühmt geworden ist auch die Nutzung von personenbezogenem Big Data in Barack Obamas Wahlkampagnen. Jeder einzelne Wahlberechtigte erhielt innerhalb des Analysesystems zwei Scores, welche die Wahrscheinlichkeit ausdrückten, dass er erstens überhaupt wählen geht und zweitens Obama unterstützt. Die individuellen Scores wurden von Algorithmen auf Basis zahlloser Datenerhebungen mit bis zu 1000 verschiedenen Variablen berechnet. Auf Grundlage dieser Scores wurde entschieden, welche Bürger durch direkten Kontakt mit den Mitarbeitern der Kampagne gezielt überzeugt werden sollten. Systematische Experimente mit kleinen Gruppen potenzieller Wähler halfen die Effizienz der Überzeugungsarbeit vorab zu messen und das Vorgehen entsprechend anzupassen.[327] Eine ähnlich gezielte datenbasierte Vorgehensweise kann aber auch genutzt werden, um die Legitimation demokratischer Institutionen bewusst zu untergraben, Angst zu schüren, die Spaltung der Gesellschaft voranzutreiben und der Bevölkerung einen autokratischeren Weg als Lösung zu präsentieren. Soziale Medien offerieren ganz neue Möglichkeiten, die Erkenntnisse aus Datenanalysen der Allgemeinheit zu vermitteln und auf die Bürger und Bürgerinnen direkt einzuwirken. Die politischen Entwicklungen und Wahlkampagnen in Ungarn, Brasilien oder den Philippinen zeigen dies eindrücklich.[328]

Der »Big-Data-Effekt«

Neben der Gefahr des Missbrauchs personenbezogener Daten birgt der Umgang mit Big Data auch einige weniger offensichtliche Probleme. Die folgende Auswahl halten wir gerade im öffentlich-rechtlichen Kontext für besonders relevant.

Studien weisen vermehrt auf einen »Big-Data-Effekt« hin: Große Datenmengen erzeugen schon an sich Vertrauen und werden als starkes Signal für hohe Qualität von algorithmischem Output wahrgenommen – insbesondere auch im Zusammenhang mit staatlicher Tätigkeit.[329] Denn Big Data beinhaltet schon begrifflich das Versprechen, ein vollständigeres und damit besseres Abbild der realen Gegebenheiten zu liefern, als einzelne Zufallsstichproben es könnten. Tatsächlich werden in den meisten Fällen die Stichproben nur wesentlich größer. In der Regel sind wir noch weit davon entfernt, alle relevanten Informationen ins Digitale überführen zu können. Im Digitalisierungs- und Datenerhebungsprozess gehen oft grundlegende Informationen verloren. Als Folge bilden die Daten nachher nur einen bestimmten Ausschnitt des Geschehens ab. Es ist also derzeit eine Illusion, die gesamte Realität mittels digitaler Daten erfassen zu können. Diese Illusion ist insbesondere dann gefährlich, wenn ausgedehnte Datenauswertungen nicht hinterfragt werden, weil sie große Sicherheit hinsichtlich der gefundenen Erkenntnisse oder der darauf basierenden Automatisierungsprozesse ausstrahlen. Zuvor ambivalente Sachverhalte können auf einmal klar und eindeutig erscheinen. Es droht eine Übervereinfachung von komplexen Problemen. Aus unserer Sicht noch bedeutender ist die bereits erkennbare Tendenz, diejenigen Sachverhalte stärker zu beachten und zu gewichten, die sich überhaupt digital erfassen lassen.

Damit in Zusammenhang steht eine Problematik, die oft als Generalisierungsproblem bezeichnet wird: Welche Datengrundlage erlaubt überhaupt weitergehende Schlussfolgerungen? Dafür muss beispielsweise im Detail geklärt werden, wer genau von den Daten repräsentiert wird und wer nicht oder was von den Daten exakt erfasst wird und was eben nicht.

Die damit verbundenen Risiken werden in der Regel verstärkt, wenn der Umgang mit Big Data den IT-Fachleuten überlassen wird. Denn diese sind nur darin geschult, Muster und Korrelationen zu erkennen. Die Interpretation wird deswegen oft nicht von theoretischen Überlegungen begleitet, die dazu beitragen, die Informationen in den richtigen Kontext zu setzen.[330] Denn oft spielen Annahmen, insbesondere implizite, bei der Interpretation eine wichtige Rolle, und Kausalitäten werden nicht richtig erfasst und erkannt.

In der Privatwirtschaft sind beispielsweise digitale Empfehlungsdienste wie etwa Amazons »Empfohlene Artikel, die dir gefallen könnten« inzwischen allgegenwärtig. In der Fachsprache als »Recommender Systems« bekannt, begegneten sie uns bereits im Kapitel 11 zur Plattformrevolution. Die Empfehlungsdienste helfen, eine Vorauswahl aus dem riesigen Angebot an Waren und Dienstleistungen auf einer Internetplattform zu treffen, indem sie Empfehlungen für den Kunden aussprechen. In der Praxis nutzen sie zur Generalisierung oft eine Technik, die als »Collaborative Filtering« bezeichnet wird. Beim Collaborative Filtering wird von den Vorlieben einer Gruppe auf die Vorlieben eines Individuums aus derselben Gruppe geschlossen. Gefallen beispielsweise einer Gruppe von Kunden auf einer Videostreamingplattform die gleichen fünf Filme und gefällt ein sechster Film vielen Personen dieser Gruppe, so wird daraus geschlossen, dass der sechste Film auch den restlichen Personen dieser Gruppe gefallen wird. Entsprechend dieser Logik wird der sechste Film denjenigen in der Gruppe vorgeschlagen, die ihn noch nicht gesehen haben.

Auch wenn in der Praxis das Collaborative Filtering gut zu funktionieren scheint, wird es sich in der Regel nicht für die Generalisierung im staatlichen Kontext eignen. Zu offensichtlich ist die Gefahr von Fehlannahmen und Verzerrungen, die dann schwerwiegendere Konsequenzen hätten als eine schlechte Empfehlung auf einer Internetplattform.

Intern diskutieren wir das Generalisierungsproblem, also den Umstand, Schlussfolgerungen auf Grundlage einer eigentlich unzureichenden Datengrundlage zu ziehen, die jedoch gleichzeitig das Gegenteil suggeriert, unter dem Stichwort Informations-/Datenblasen. Der Begriff ist bei uns vermutlich in Anlehnung an den bekannten Begriff der Filterblase[331] entstanden. Das Auftreten von Informations-/Datenblasen wird dann noch weiter zunehmen, wenn Algorithmen beginnen, automatisiert darüber zu entscheiden, welche Informationen erhoben werden und welche nicht.

Es besteht die große Gefahr, dass die in den Daten ungenau abgebildeten Sachverhalte die reale Welt (negativ) beeinflussen. Es könnten beispielsweise bisher nicht vorhandene Verzerrungen entstehen, indem vermeintlich ungleiche Sachverhalte technologiebasiert tatsächlich ungleich behandelt würden.

Das gilt im Übrigen auch, wenn bestehende Verzerrungen (Bias) aus der realen Welt in den Daten korrekt abgebildet und dadurch perpetuiert werden. Die auf einem derart verzerrten Datenmodell basierenden Algorithmen würden den Bias noch weiter verstärken und nicht abbauen. Dieser Effekt wird meist als »Reinforcement« bezeichnet. Gerade im staatlichen Umfeld ist aber oft das Gegenteil erwünscht. Im Rahmen der Strafverfolgung lässt sich der Reinforcement-Effekt gut nachvollziehen. Big-Data-Auswertungen könnten ergeben, dass ein bestimmter, geografisch oder anderweitig identifizierbarer Teil der Bevölkerung überdurchschnittlich viele Vergehen begeht. Wird daraufhin manuell oder automatisiert entschieden, diese Bevölkerungsgruppe stärker zu kontrollieren, werden logischerweise (noch) mehr Vergehen entdeckt. Je mehr kontrolliert wird, desto mehr wird auch gefunden. Eine unerwünschte Negativspirale kann in Gang gesetzt werden, die Unterschiede zementiert, anstatt sie zu beseitigen.

(3) Datenbasierte Rückwärtsorientierung und verhinderte Neubeginne

Wenig thematisiert wird eine andere Logik der Big-Data-Nutzung und -Auswertung, die aus unserer Sicht insbesondere im staatlichen Umfeld zentrale Risiken birgt. Im Zuge der Dateneuphorie wird oft unterschätzt, dass Daten ausschließlich Informationen und Vorgänge aus der Vergangenheit beinhalten.[332] Gerade die modernen Machine-Learning-Algorithmen wenden im Kern vielfach induktive Methoden (»Inductive Reasoning«) an.[333] Sie versuchen Muster in vergangenen Informationen zu finden und auf Grundlage dieser Muster gültige Vorhersagen für die Zukunft zu treffen. Wie die privatwirtschaftliche Praxis zeigt, lässt sich zwar aus den vergangenen Daten in bestimmten Fällen viel lernen. Dies gilt insbesondere dann, wenn die Zukunft der Logik der Vergangenheit folgt. Dennoch bleibt die Zukunft ein dynamischer Prozess, der durchdrungen ist von unvorhergesehenen Ereignissen und überraschendem adaptiven Verhalten.

In vielen Fällen kann die Vergangenheit daher wenig zum Verständnis der Zukunft beitragen.[334] Man sollte sich stets bewusst sein, dass die Vorhersagekraft von vergangenheitsbezogenen Informationen begrenzt ist.[335] Im Prinzip handelt es sich um eine moderne digitale Ausprägung des alten, von David Hume bereits in der ersten Hälfte des 18. Jahrhunderts beschriebenen Induktionsproblems.[336] Ausprägungen dieses Problems werden in den unterschiedlichen Wissenschaftsbereichen immer wieder diskutiert, etwa als »Lucas Critique« oder »Goodhart's Law« in den Wirtschaftswissenschaften. In der Informatik wird es meist anhand des »Truthahnproblems« veranschaulicht, welches von Nassim Taleb formuliert wurde. Demnach erhebt ein Truthahn Daten darüber, wie er von den Menschen behandelt wird. Jeden Tag wird er gefüttert und gepflegt. Jede einzelne Fütterung festigt den Glauben des Vogels daran, es sei eine allgemeingültige Regel, jeden Tag von freundlichen Mitgliedern der menschlichen Rasse gefüttert zu werden. Jede Fütterung stärkt das Vertrauen des Vogels in die korrekte Vorhersagefähigkeit der erhobenen Informationen. Kurz vor Thanksgiving wird dem Truthahn etwas Unerwartetes passieren. Seine Vorhersage wird sich als falsch herausstellen.[337] Die Konsequenzen der fehlerhaften Vorhersage werden schwer wiegen.

Auf gesellschaftlicher Ebene …

Für uns liegt das Hauptproblem auf gesellschaftlicher Ebene nicht in wenig exakten Vorhersagen. Noch schwerer wiegt für uns, dass die datenbasierte digitale Transformation auf Dauer die Weiterentwicklung der Gesellschaft erschweren könnte. Im ersten Moment mag diese Aussage wie ein Paradox klingen. Schließlich gilt die Digitalisierung als Inbegriff des Fortschritts. Betrachtet man jedoch eingehender, wie solche Anwendungen und Entscheidungssysteme funktionieren, die ausschließlich auf Datenbasis automatisiert wurden, wird deutlich, dass der Status quo oft zu viel Gewicht erhält.

Bewusste Abweichungen vom Status quo, basierend vor allem auf menschlichen Werturteilen, werden im Zuge der digitalen Transformation erschwert. Je mehr sich datenbasierte Entscheidungen und Vollautomatisierung im staatlichen Umfeld ausbreiten, desto eher erstarrt das bürokratische System. Erstarren ist hier nicht im Sinne von unflexibel gemeint, da datenbasierte Ansätze auch flexibel auf ungewohnte Situationen reagieren können. Allerdings tun sie das stets mit Mustern, die sie aus der Vergangenheit gelernt haben. Erstarren ist hier im Sinne des Abhandenkommens einer progressiven bewussten Weiterentwicklung gemeint. So weit wie der Vizepräsident des Schweizer E-Government Symposiums Riedl, der eine mögliche »Geschichtsbremse« diagnostiziert,[338] wollen wir nicht gehen. Wird aber diese der modernen Datenwelt inhärente Logik nicht ausreichend berücksichtigt und zu einem gewissen Grad aufgebrochen, kann sich die digitale Transformation durchaus als Hemmschuh für die gesellschaftliche Weiterentwicklung erweisen.

Diese Problematik sei wieder am Beispiel der Baugenehmigung verdeutlicht: Entscheiden datenbasierte Machine-Learning-Algorithmen (ohne Zufallskomponente) über die Genehmigung von Bauwerken, würden sie das aktuelle ästhetische Empfinden und das gegenwärtige Stadtbild perpetuieren. Eine optische und auch funktionale Evolution des Charakters einer Stadt wäre nicht mehr ohne Weiteres möglich. Das wäre nur im Fall einer historischen Altstadt, die genauso bleiben soll, wie sie ist, erstrebenswert.[339] Gleichzeitig könnte es für Personen auf lokaler Ebene schwerer werden, steuernd einzugreifen. Denn in der Praxis dürften die Algorithmen zentral, etwa auf Ebene des Bundes, angesiedelt sein.

Zweifellos erwachsen gesellschaftliche Ziele und Regeln immer aus der Vergangenheit. Allerdings werden sie dabei stark vom aktuellen Zeitgeist beeinflusst und unterliegen somit stetigem Wandel. Entsprechend beeinflusst der Zeitgeist auch die (menschliche) Erhebung und Interpretation von Daten. Diese Art der Dynamik könnten datenbasierte Algorithmen ein Stück weit und vielleicht in zu starkem Maße brechen, wenn keine angemessenen Vorsichtsmaßnahmen ergriffen werden.

… und auf individueller Ebene

Auch auf individueller Ebene sehen wir Risiken für die Bürger in der inhärenten Rückwärtsorientierung von Daten. Aufgrund der niedrigen Kosten, Daten zu speichern, wird die jeweilige Big-Data-Basis zunehmend einen immer größer werdenden Zeitraum umfassen. Wenn die Daten (zu) lange in die Vergangenheit reichen, könnten auch der individuelle Wandel und die persönliche Weiterentwickelung behindert werden. Etwa wenn jugendliches Fehlverhalten immer wieder von risikoevaluierenden Systemen berücksichtigt wird und die Betroffenen immer wieder als Outlier »aufzupoppen« drohen. Ein Neubeginn nach gesetzeswidrigem Fehlverhalten würde behindert, wenn die Fehler der Vergangenheit dauerhaft stärker gewichtet werden als das Potenzial für die Zukunft. Die Vorstellung, dass prinzipiell alle Menschen sich zum Positiven ändern könnten, würde ausgehebelt. Auch Bürgern mit »wenig geradlinigen Lebensläufen« könnten eine Art digitaler Stigmatisierung widerfahren.[340] Dies betrifft etwa Künstler, die sich immer wieder jenseits der üblichen Normen bewegen, aber gerade dadurch ihren Beitrag zur gesellschaftlichen Fortentwicklung leisten. Derartige Auswirkungen der datenbasierten Rückwärtsorientierung sind im staatlichen Kontext potenziell gravierender als in der Privatwirtschaft. Der betroffene Bürger kann ihnen noch weniger ausweichen.

In Großbritannien ließen sich bereits die Folgen von algorithmischen Entscheidungen (Vorhersagen) beobachten, die allein auf historischen Daten basieren. Im Zuge der COVID-19-Pandemie wurden die landesweit standardisierten Schulabschlussprüfungen (A-Level und GCSE) abgesagt und durch eine datenbasierte algorithmische Bewertung ersetzt. Zunächst wurden die Lehrer aufgefordert, die Noten vorherzusagen, die ihre Schüler in der Prüfung erreichen würden. Diese hypothetischen Noten wurden dann mithilfe des »Ofqual Exam Results Algorithm« angepasst und landesweit »standardisiert«, bevor sie den Schülern mitgeteilt wurden. Der Algorithmus ließ in die Standardisierung die historische Notenverteilung in der jeweiligen Schule und manchmal auch die vergangene Performance des jeweiligen Schülers einfließen. Die Folgen dürften nicht überraschen: Der Algorithmus verbesserte im Wesentlichen die von den Lehrern vorhergesagten Noten der Schüler von kleinen privaten Schulen und verschlechterte die Noten der Schüler von großen öffentlichen Schulen. Das algorithmische Modell lernte dabei nicht unbedingt in den Trainingsdaten inhärente Vorurteile (im Sinne von Verzerrungen/Bias), sondern zementierte den gegenwärtigen gesellschaftlichen Status quo und den sozioökonomischen Hintergrund der Schüler primär durch den Vergangenheitsbezug.[341] Zukünftige Veränderungen, hier im Sinne eines sozialen Aufstiegs durch Bildung, sind in einem solchen Szenario kaum mehr möglich. Denn überraschende Ausreißer nach oben, etwa von Schülern oder Schülerinnen, die sich spät entwickelt haben oder zum ersten Mal im Leben eine Prüfung ernst nehmen und richtig lernen, werden verhindert.

Um dieses strukturelle Problem noch gravierender zu machen: Diejenigen, die derartige datenbasierte Systeme betreiben, haben einen starken Anreiz, den Status quo zu erhalten und eine Fortentwicklung so weit wie möglich zu behindern. In der Privatwirtschaft etwa haben die großen Internetplattformen kein Interesse daran, dass die Nutzer ihre Präferenzen und ihren Geschmack spontan weiterentwickeln. Denn unerwartete Weiterentwicklungen bedeuten immer auch unvorhergesehene Veränderungen. Unvorhergesehene Veränderungen aber sind unerwünscht. Das vom Algorithmus erlernte Modell funktioniert dann nicht mehr so gut, und die vorgeschlagenen Empfehlungen passen mit einem Mal nicht mehr zu den Kunden.

15. IT-Outsourcing und die Cloud: Neue Risiken für die Bevölkerung

Zum Einstieg: Eine mögliche Zukunft

Die Schweizer Bundes- und Kantonsverwaltungen haben viele ihrer Dienstleistungen digital automatisiert. Insbesondere im Bereich Smart Mobility hat sich die Schweiz zum internationalen Vorreiter gemausert. Die verschiedenen Mobilitätsanbieter, der öffentliche Nahverkehr und die immer weniger werdenden Auto- und Motorradbesitzer werden effizient und in Echtzeit über die brandneue staatliche Mobilitätsdateninfrastruktur (MDI) koordiniert. Selbst der obligatorische Stau vor dem Gotthard gehört endlich der Vergangenheit an! MDI läuft auf Microsofts Azure-Cloud, und auch viele Anwendungen werden (als Software-as-a-Service) von Microsoft bereitgestellt.

Derweil stürzt sich die Volksrepublik China in eine kriegerische Auseinandersetzung im Südchinesischen Meer, welche die USA prompt zu harten unilateralen Sanktionen gegen die Volksrepublik verleiten. Die Europäische Union ist nicht bereit, die Sanktionen lückenlos mitzutragen. Die Schweiz gerät deshalb zwischen die Fronten und wird von den Vereinigten Staaten massiv unter Druck gesetzt, die Sanktionen vollumfänglich mitzutragen. Als der Schweizer Bundesrat sich weigert, befürchtet Microsoft angesichts der dramatischen geopolitischen Lage und der durch eine Medienkampagne aufgeheizten Stimmung, wegen Mithilfe zur Umgehung von US-Sanktionen angeklagt zu werden. Der Konzern kündigt deshalb mit sofortiger Wirkung die Verträge mit den Schweizer Behörden, weil schwerwiegend gegen die Vertragsbedingungen verstoßen worden wäre. Über Nacht unterbindet er den Zugriff der Behörden auf Teile seiner Serverlandschaft.

Stark betroffen ist insbesondere MDI. Die Auswirkungen in der Schweiz sind gravierend. Durch den kompletten Ausfall des digitalen Verkehrsleitsystems ereignen sich zahllose Unfälle. Der Verkehr im ganzen Land kommt zum Erliegen. Zwar kann die Alpenrepublik – wie so oft – das »Missver-

ständnis« schnell auf diplomatischem Wege klären und nach wenigen Tagen MDI wieder in Betrieb nehmen, dennoch geht der Schaden in die Millionen Franken.

Schlimmer als der kurzfristige Schaden dürfte jedoch der langfristige Vertrauensverlust wiegen. Bis dato war den Schweizer Bürgern und Bürgerinnen nicht wirklich klar, in welchem Maße ihre Politiker zentrale Komponenten der digitalen Infrastruktur nach außen verlagert hatten.

Einer letzten großen und überaus wichtigen Digitalisierungsdynamik, die gleichzeitig auch eine der ältesten ist, nehmen wir uns an dieser Stelle an: Immer mehr Unternehmen lagern zentrale Aufgaben der Informationstechnologie an externe Dienstleister aus. Früher dominierte das klassische Outsourcing, bei dem genau definierte Aufgabenfelder von einem Dienstleister vollständig übernommen wurden. Üblich war es auch, sich den IT-Dienstleister direkt ins Haus zu holen, um das eigene Know-how durch externes zu erweitern und auf diese Weise eine maßgeschneiderte interne Lösung zu entwickeln.

Ein anderer Trend hat jedoch inzwischen das klassische Outsourcing abgelöst. Er lässt sich unter dem Schlagwort »Cloud Computing« zusammenfassen. Beim Cloud Computing nehmen die Mitarbeiter des Unternehmens die inhaltlichen Aufgaben weiterhin selbst wahr. Der externe IT-Dienstleister stellt lediglich die verschiedenen technologischen Ressourcen oder Werkzeuge bereit, die zur Aufgabenwahrnehmung benötigt werden, und speichert die Daten. Die Ressourcen oder Werkzeuge schweben, bildlich gesprochen, gleich einer »Wolke« über dem Nutzenden, und dieser kann mittels des lokalen Rechners und des Internetnetzwerks jederzeit darauf zugreifen. Der Zugriff über die lokalen Rechner lässt eine grundlegende Wahrheit oft vergessen, die man sich aber immer vergegenwärtigen sollte:

»There is no cloud – there is only someone else's computer.«[342]

Bei der Nutzung der Cloud unterscheidet man verschiedene Ausprägungen, je nachdem, welcher Aufgabenumfang an den Dienstleister delegiert wird. Es können nur elementare Aufgaben sein, wie der Zugriff auf die Hardware in Form von Server- oder Plattformumgebungen.[343] Zunehmend werden inzwischen ganze Softwareanwendungen oder sogar nur einzelne Funktionen auf der Hardware der Dienstleister bereitgestellt und vom Nutzer »gemietet«.[344]

(1) Sehnsuchtsort Cloud

Das Cloud Computing hat sich in den letzten Jahren rasant in immer sensiblere Bereiche der Unternehmen ausgebreitet. Das geht inzwischen so weit, dass bereits mehr als ein Drittel der deutschen Unternehmen angibt, ihre gesamte IT oder zumindest große Teile davon an Fremdanbieter ausgelagert zu haben.[345] Die Gründe für diese Entwicklung sind vielfältig. Zum einen steigen die Anforderungen an die technischen Lösungen stetig, während das Know-how über neue digitale Entwicklungen in den Unternehmen eher sinkt. Die Hardwareumgebungen, die Softwareanforderungen und die Ansprüche an die Netzwerksicherheit (Cyber Security) werden immer vielschichtiger. In größeren Unternehmen treiben vor allem die Komplexität der eigenen generisch gewachsenen Systeme, der Fachkräftemangel und die Veränderungsaversion der Mitarbeiter die Entwicklung weg von eigenen IT-Lösungen hin zur Cloud. In kleineren Firmen sind es vor allem die Kosten, die dazu verleiten, den Technologiebedarf »billig« von außen einzukaufen.

Darüber hinaus wird der Siegeszug der cloudbasierten Anwendungen sicherlich durch eine Illusion begünstigt. Die meisten Unternehmen geben sich der Vorstellung hin, das wertvollste Know-how bliebe trotz Cloud weiterhin innerhalb der eigenen Firma. Zwar mögen externe (Software-)Werkzeuge genutzt und große Teile der eigenen Daten extern gespeichert werden, die Anwendungen und Prozesse sowie die Entscheidungen würden jedoch weiterhin von den eigenen Mitarbeitern gesteuert. Wird allerdings der nächste Schritt der digitalen Evolution in den Überlegungen berücksichtigt – nämlich die Automatisierung der Prozesse und Entscheidungen –, wird der Denkfehler dieser Argumentation mehr als deutlich. Denn man darf getrost davon ausgehen, dass die Automatisierungsanwendungen auch in der Cloud laufen werden. »Form follows function«, würden die Architekten und Designer sagen.

Das Ausmaß der Cloud-Dynamik lässt sich anhand der Marktzahlen ablesen. So versechsfachte sich der weltweite Umsatz der Cloud-Computing-Anbieter von 105 Milliarden US-Dollar im Jahre 2015 auf voraussichtlich 592 Milliarden US im Jahre 2023.[346] Allein in Deutschland stiegt die Nutzung von Cloud Computing in den Unternehmen innerhalb der letzten zehn Jahre von 37 Prozent auf 84 Prozent.[347] Zugleich ist der Markt stark konzentriert. Weltweit gibt es nur sechs große Cloud-Anbieter: Amazon Web Services, Microsoft, Google, IBM, Salesforce und Alibaba. Allein die ersten drei vereinigten Ende 2022 fast zwei Drittel der Marktanteile auf sich.[348]

(2) Die staatliche Verwaltung beißt an

Die angloamerikanischen Länder hatten nicht überraschend weniger Berührungsängste. Sie banden private Akteure früher, umfangreicher und direkter in ihre Digitalisierungsbemühungen ein. Entsprechend ist in diesen Ländern der Trend zum Outsourcing bereits weiter fortgeschritten. Wie das Beispiel der australischen Steuerbehörde im vorherigen Kapitel eindrücklich zeigt, greifen dort manche staatlichen Institutionen bereits im großen Stil auf die Dienste von Cloud-Anbietern zurück.

Aber auch hierzulande, wenn auch eine Nummer kleiner, ist der Trend angekommen. In der Schweiz etwa hat Anfang 2022 der Kanton Zürich das Siegel für seine Verwaltung gebrochen. Knapp ein Jahr später folgte der schweizerische Bund und stieg ebenfalls auf Microsofts cloudbasierte Office-Lösung 365 um.[349] Selbst für die Befürworter scheint der Umstieg nicht unproblematisch zu sein. Das zeigt das Verbot für Mitarbeiter und Mitarbeiterinnen, »besonders schützenswerte Daten« in der Cloud von Microsoft zu speichern. Wie das Verbot konkret umgesetzt werden soll und welche Daten als »besonders schützenswert« gelten, ist freilich unklar. Nach einer öffentlichen Ausschreibung, zahlreichen Diskussionen, Beschwerden und Klagen hat die Bundesverwaltung darüber hinaus Rahmenverträge mit Microsoft, Oracle, IBM, AWS sowie – und das ist wirklich bemerkenswert – mit dem chinesischen Anbieter Alibaba geschlossen.[350] Der Auftrag »Public Clouds Bund« umfasst immerhin ein Volumen von 110 Millionen Franken.[351]

In Deutschland war man hingegen deutlich zurückhaltender. Gemäß der Deutschen Verwaltungscloud-Strategie (DVS) wird ein Multi-Cloud-Ansatz verfolgt, also die parallele Nutzung verschiedenster Anbieter angestrebt. Zwar sollen die IT-Dienstleister der öffentlichen Hand bevorzugt, aber auch externe Anbieter können berücksichtigt zu werden.[352] So überrascht es nicht, dass eines der großen staatlichen Cloud-Projekte mit Investitionen im dreistelligen Millionenbereich auf Microsofts Azure-Cloud basiert und von SAP und Arvato (Bertelsmann) vorangetrieben wird.[353] Im Nachgang einer neuen Rahmenvereinbarung mit Oracle im Sommer 2023, die überraschend auch die Nutzung der Oracle-Cloud ermöglicht, wurden nun jedoch auch Ausschreibungen angekündigt, welche der Bundesverwaltung die Cloud-Nutzung auch durch andere Anbieter ermöglichen soll.[354]

Wir möchten herausstreichen: Viele Staaten folgen diesem Trend nicht nur freiwillig. Der Druck vonseiten der großen Technologieanbieter wird immer größer. Sie nutzen leider ihre immense Marktmacht, um den Umstieg zu forcieren. Teilweise zwingen sie die Anwendenden regelrecht in die Cloud. Für die Anbieter hat die Cloud viele Vorteile. Zum einen steigt die Abhängigkeit der Kunden und sorgt damit für eine stabile Kundenbasis. Zum anderen sind etwa monatliche Abonnement- oder Servicegebühren für die Cloud deutlich attraktiver als eine einmalige Vergütung oder Lizenzzahlungen für die lokale Nutzung, sogenannte On-Premises-Lösungen.

Im angloamerikanischen Raum hat man in der Zwischenzeit deutlich mehr Erfahrung mit dem Outsourcing sammeln können. Bezeichnend ist das Fazit des Chief Digital Officers von London in einem Interview mit dem *Tagesspiegel:*

> *»Das heißt, die öffentliche Verwaltung hat eigentlich noch viel mehr Daten, kommt aber nicht an sie ran?*
>
> *Genau. Viele der 32 Boroughs [Londoner Stadtbezirke] haben Software von großen Tech-Unternehmen gekauft, in deren Systemen sich nun die Daten befinden. Wir versuchen nun, uns diese Daten zurückzuholen, auch mit bestimmten Verträgen zu arbeiten und zu überlegen, wie wir das in Zukunft ändern können.«*[355]

(3) Folgen eines steigenden staatlichen Outsourcings in die Cloud

Aufgaben, Anwendungen oder IT-Infrastruktur in die Cloud outzusourcen, kann viele Vorteile haben. Im günstigsten Fall werden effiziente, einfach skalierbare, flexible Werkzeuge eingekauft, und es wird vom konzentrierten Spezialwissen der Technologieanbieter profitiert. Leider haben diese Vorteile auch ihren (nichtmonetären) Preis. Insbesondere im staatlichen Kontext können die negativen Auswirkungen vielfältig sein.

Am größten ist sicherlich die Gefahr für die Bevölkerung und die Behörden, wenn kritische Abhängigkeiten entstehen. Je mehr und je wichtigere Tätigkeiten vollständig oder teilweise in die Cloud verlagert werden, je größer die Marktmacht und je geringer der Wettbewerb zwischen den Anbietern, desto anfälliger werden staatliche Institutionen für gezieltes Lobbying. Sogenannte Lock-in-Effekte vertiefen die Abhängigkeiten weiter. Denn der finanzielle und technologische Aufwand, eine eigene Cloud aufzusetzen oder zu einem anderen Anbieter zu wechseln, steigt mit der Zeit immer weiter an, weil notwendige offene Standards und Schnittstellen weder eingeführt noch durchgesetzt wurden. Den großen Technologieanbietern wird es immer leichter fallen, Einfluss zu nehmen. Wie zu erwarten, kommt eine Studie im Auftrag des deutschen Bundesinnenministeriums zu dem Schluss, dass bereits jetzt »starke Abhängigkeiten« bestehen und sich diese noch zu verstärken drohen, wenn auf cloudbasierte Lösungen umgestellt wird.[356]

Die großen IT-Dienstleister sind allgegenwärtig geworden und inzwischen kaum aus dem Leben der meisten Bürger, Bürgerinnen und Unternehmen wegzudenken. Würde ein Staat etwa Microsoft oder Alphabet (Google) als Strafe von seinem Markt ausschließen, dürften die Folgen nach aktueller Lage der Dinge für Wirtschaft und Gesellschaft des betreffenden Staates schwerwiegender sein als für Microsoft oder Google. Entsprechend schwer fällt es selbst der EU, die großen Technologiekonzerne wirksam zu regulieren. Wie viel schwerer wird es erst, wenn eine Handvoll Unternehmen auch noch den staatlichen Datenschatz hortet und die Werkzeuge für eine Vielzahl staatlicher Dienstleistungen bereitstellt? Überdies würde dadurch die starke Marktmacht der großen IT-Dienstleister noch weiter zementiert, wenn sie umfangreiche staatliche Aufträge erhielten.

Wenn in der weiteren Zukunft auch die übrigen digitalen Dynamiken zunehmend ihre Wirkung entfalten, könnte sich das Bild noch weiter verdüstern. Im Worst-Case-Szenario beispielsweise, wenn ganze von der Privatwirtschaft betriebene administrative Plattformen auf externen Clouds liefen, fände man sich schnell in einer auch aus rechtlicher Sicht problematischen Situation wieder. Denn essenzielle Aufgaben der Staatsorganisation wären faktisch privatisiert.

Geopolitische Risiken

Die technologische Abhängigkeit von den großen IT-Dienstleistern birgt auch geopolitische Risiken, insbesondere wenn sich das gesammelte IT-Know-how in einem einzigen Land ballt. Microsoft hat beispielsweise seinen Hauptsitz in Redmond und unterliegt dem US-amerikanischen Cloud Act. US-amerikanische Behörden könnten demnach gemäß US-Recht (aus ihrer Sicht rechtmäßig) die Herausgabe von Daten Schweizer Bürger verlangen, die im Rahmen der Nutzung von Microsoft 365 in die Cloud hochgeladen wurden. Der Züricher Regierungsrat ist sich bewusst, dass dieser Zugriff gegen Schweizer Gesetz verstoßen würde. Dennoch stuft er dieses Risiko als gering ein, da ein derartiger Zugriff nach Auskunft von Microsoft (!) bisher noch nicht vorgekommen sei. Diese Argumentation grenzt, je nach Blickwinkel, entweder an Blauäugigkeit oder an Ohnmacht mangels Alternative. Mit Microsoft geschlossene Zusatzvereinbarungen sehen lediglich vor, dass die Schweizer Behörden benachrichtigt werden, falls es tatsächlich zu einem Zugriff kommen sollte.[357]

Die Datenströme überschreiten auf dem Weg in die Serverzentren, die die Cloud physisch beheimaten, oft Ländergrenzen oder gar Kontinente. Dadurch ergeben sich neuartige elementare Sicherheitsrisiken. Die Transportwege über das Internetnetzwerk bieten nicht nur (privaten wie staatlichen) Hackern neue Angriffsflächen, die ausgelagerten IT-Systeme werden auch anfälliger für Netzwerkausfälle. Man denke nur an das chinesische »Fischerboot«, das Anfang 2023 – natürlich aus Versehen – ein Unterseekabel durchtrennte, welches für die Anbindung der zu Taiwan gehörenden Matsu-Inseln an das Internet bedeutsam war.[358]

Werden nur einige wenige Anbieter und Serverzentren genutzt, entsteht schnell ein Klumpenrisiko. Damit war die Schweiz inzwischen bereits konfrontiert. Im Juni 2022 hieß es »Clear the Sky«, und für mehr als fünf Stunden musste der gesamte Schweizer Luftraum geräumt werden und alle Flieger auf dem Boden bleiben. Das Schweizer Flugsicherungsunternehmen Skyguide hostete seit 2018 zentrale Anwendungen in einer Cloud, die nur an einem einzigen Standort angesiedelt war. Als dort ein Netzwerkcomputer aufgrund eines fehlenden Updates ausfiel und den Datenverkehr nicht mehr weiterleitete, funktionierte der Fernzugriff der Fluglotsen auf die Flugplandaten nicht mehr, und mangels Redundanz streikten die Warnsysteme.[359] Von kurz nach 3:00 Uhr bis 8.30 Uhr kamen die Anwohner der Flugschneisen einmal in den Genuss einer unerwarteten Nachtruhe.

16. Ausblick: Was könnte geschehen, wenn primär die digitalen Dynamiken und Anreize die Entwicklung antreiben?

Zum Einstieg: Eine mögliche Zukunft

Ursprünglich war Smart & Easy Tax, eine App des Bundesfinanzministeriums, nur dafür gedacht, Teile der Steuerklärung zu automatisieren und den Bürgern, Bürgerinnen und Unternehmen höchst unpopuläre Arbeit abzunehmen. Diese staatliche App war im Gegensatz zu vielen anderen hervorragend umgesetzt, zuverlässig und sehr beliebt. Mehr als die Hälfte der Bevölkerung nutzte die App bereits regelmäßig und war mit ihr vertraut, als sie verpflichtend für alle wurde.

In der Folge begann sie sich unter dem Namen SET zu verselbstständigen. Immer mehr Aufgaben und Regelvermittlungen wurden integriert. Zunächst waren das andere auf Finanzen ausgerichtete Vorschriften, Anträge oder Leistungen und damit einhergehende Kontrollaufgaben, wie etwa die Auszahlung des Arbeitslosengeldes oder der Grundsicherung.

Der (heimliche) Zugriff der SET-App auf die GPS-Daten des Smartphones war eingangs nur bei Verdacht auf schwere Steuerhinterziehung oder schweren Betrug bei der Beziehung staatlicher Leistungen und mit richterlichem Beschluss möglich. Diese strengen Voraussetzungen wurden schrittweise aufgeweicht und auf andere Vergehen ausgeweitet. Irgendwann hatte sich die Bevölkerung an den Zugriff von SET auf die GPS-Daten gewöhnt. Aus dem Ausnahme- wurde der Regelfall.

Wegen der hohen Verbreitung und Akzeptanz von SET war es naheliegend, die SET-App und ihren Zugriff auf die GPS-Daten auch als Plattform für die Vermittlung der neuartigen smarten Verkehrsregeln zu nutzen. Zumal die ursprünglich vom Verkehrsministerium entwickelte Mobilitätsplattform an vielen Kinderkrankheiten litt.

SET vermittelt seitdem auch die meisten Verkehrsregeln, entweder auf das Smartphone oder über eine neue Erweiterung direkt auf den Bordcom-

puter des Fahrzeugs. Es zeigt an, wie schnell angesichts der jeweiligen Wetter- und Verkehrslage aktuell gefahren werden darf, steuert über die Vorfahrtsregeln die Verkehrsströme in den Stoßzeiten und so weiter.

Da SET ursprünglich als App für die automatisierte Steuererklärung konzipiert worden war, konnte sie bereits in einem frühen Stadium über eine eigene Programmierschnittstelle auf die Bankkonten der Regierten zugreifen. Auf technischer und rechtlicher Ebene waren die Hürden dementsprechend gering, nun auch Bußgelder aufgrund von Verkehrsverstößen automatisiert einzuziehen. Praktischerweise kann das System aufgrund der Verknüpfung mit den Finanzdaten auch vollautomatisch erkennen, wenn die Bußgelder eine »außergewöhnliche Belastung« darstellen und deswegen ausnahmsweise im Rahmen der Steuererklärung zu berücksichtigen sind.

Insgesamt sind Bürger und Bürgerinnen und auch die Unternehmen ganz zufrieden mit SET. Der virtuelle persönliche Assistent des SET-Systems kommuniziert immer freundlich und zuvorkommend und sorgt mit allerlei Tricks und kleineren Belohnungen für gute Laune. Manch ein Bürger hat inzwischen richtigen Ehrgeiz entwickelt, im Ranking des Community-Features der App aufzusteigen. Angesichts der vielen neuen Regeln und Grenzwerte, die sich durchaus während des Tages ändern können, würde man auch gar nicht mehr ohne die App klarkommen. Übersteigt beispielsweise die lokale Feinstaub- oder Lärmbelastung einen bestimmten Grenzwert, müssen mancherorts die Fahrzeuge mit Verbrennungsmotoren für ein paar Stunden oder sogar tagelang stehen bleiben. Ist der örtliche UV-Index höher als acht, also »sehr hoch«, und hält man sich länger als zwei Stunden im Freien auf, wird man von der App gewarnt. Sie weist auch auf die notwendige UV-schützende Kleidung hin, die als Wearable (Smart Clothing) für die App erkennbar ist. Diese Warnungen sind nur Empfehlungen und haben keine direkten Konsequenzen. Auch wenn vermutet wird, dass die Anzahl der Warnungen demnächst in die Berechnung des individuellen Krankenkassenbeitrags einfließen könnte.

Die neu gewählte und sehr populäre Kanzlerin der Grünen wollte die Aufgabenfülle der SET-App beschneiden. Obwohl es sich um eine Plattform des Bundes handelt, hatte das Finanzministerium damit begonnen, faktisch auch Aufgaben aus dem Zuständigkeitsbereich der Länder, vor allem im polizeilichen Bereich, und sogar vereinzelte kommunale Tätigkeiten in die ad-

ministrative Plattform zu integrieren. SET war so immer stärker und offensichtlicher in Konflikt mit der Verfassung geraten.

Das ging vielen dann doch zu weit. Die Kanzlerin konnte sich sogar auf drei Verfassungsgerichtsurteile stützen, deren Umsetzung das Finanzministerium seit mehreren Jahren unter verschiedenen, vor allem technischen Vorwänden verschleppt hatte. Bisher war der Protest der Judikative gegen die Verfassungsverstöße erstaunlich verhalten ausgefallen. Das lag vermutlich an der Angst vor einem schleichenden Bedeutungsverlust durch einen neuen Streitschlichtungsmechanismus innerhalb der SET-App, der bereits erfolgreich getestet, aber noch nicht final implementiert worden war und den sie hoffte noch abwenden zu können.

Doch das Gesetzesvorhaben kam trotz klarer Machtverhältnisse im Parlament nicht voran. Das Bundesfinanzministerium führte gewichtige Gründe an, warum »konkurrierende« Apps oder Plattformen von anderen (Bundes- oder Landes-)Ministerien die jeweiligen Aufgaben nicht übernehmen könnten. Sie hätten beispielsweise nicht die notwendige digitale Reichweite, auch fehle ihnen das technologische Know-how. Ein ähnliches Vorhaben war schon vor Jahren aufgrund der laienhaften Umsetzung durch diverse Länderbehörden im Fiasko geendet. Darüber hinaus würde ihnen der Zugang zu zentralen Daten fehlen. Einer weiteren App oder gar mehreren Apps Zugriff auf diese sensiblen Daten zu gewähren, höhle jedoch den Datenschutz aus.

Auch die erheblichen zusätzlichen Kosten einer parallelen Infrastruktur hatten bereits den Bundesrechnungshof auf den Plan gerufen. Letztendlich würde die SET-Plattform doch sehr gut funktionieren und wäre bei den Bürgern sehr beliebt (wie die Nutzungsdaten der App eindeutig belegten). Die Regierten präferierten nun einmal eine One-Stop-Lösung und wollten sich nicht an eine zusätzliche Plattform mit anderen Funktionalitäten gewöhnen. Die Regierungsmehrheit, um die eigene Popularität besorgt, zögerte deshalb, das Gesetzesvorhaben zu beschließen und die Nutzung von SET einzuschränken.

Auch ein weiteres großes Gesetzesvorhaben musste das Parlament ebenfalls zurückziehen. Das datenbasierte Assessment durch das Finanzministerium war eindeutig negativ ausgefallen. Spätestens als die Presse über die Ergebnisse dieser KI-Simulation berichtete, welche die Folgen des Vorhabens negativ darstellte, war das Vorhaben tot.

Ein anderes, bereits beschlossenes Gesetz konnte unterdessen nicht umgesetzt werden. Auf der Prioritätenliste der SET-Taskforce hatte es sich zunächst weit hinten einordnen müssen. Und dann war die Taskforce nach eingehender Prüfung zu dem Ergebnis gekommen, dass das Gesetzesvorhaben sich derzeit im Rahmen der technischen Möglichkeiten nicht in das SET-System integrieren lasse. Aufgrund seiner zentralen Stellung als Gatekeeper konnte SET auch nicht umgangen werden. Selbst die zweite große administrative Plattform (die des Innenministeriums) bot keine Abhilfe. Sie verfügte nicht über die für die Umsetzung des Gesetzes notwendigen Datenschnittstellen.

Ein drittes für die Regierung wichtiges Gesetz wurde auf Basis der vom Finanzministerium und der SET-App gelieferten Informationen im Nachgang »optimiert«. Es wurde also mithilfe von gesammelten Daten nachträglich und vollautomatisiert angepasst. Dafür musste das Parlament nicht mehr involviert werden. Derartigen Anpassungen hatte es blanko und vorab als »Adaptive Regulation« zugestimmt.

Gerade konservative Medien nahmen den Vorfall wieder zum Anlass, die Frage aufzuwerfen, warum es das »überbezahlte und aufgeblähte« Parlament überhaupt noch brauche. Kurzzeitig hatte sich auch Widerstand in der Bevölkerung geregt, und es kam zu vereinzelten Demonstrationen gegen die nachträgliche »Optimierung«. Die Datenlage zeigte allerdings so eindeutig einen allgemeinen Nutzen, dass die Medien und auch die Politiker die Änderungen gutheißen mussten und die Proteste schnell wieder abflauten.

Dafür tauchten in der Folge im Darknet mehrere »Hacks« beziehungsweise »Jailbreaks« auf. Sie manipulieren die Sensoren des Smartphones und verfälschen Daten, die von der SET-App erhoben werden. In welchem Ausmaß sich diese »Hacks« verbreitet haben, lässt sich derzeit noch nicht abschätzen. Daher ist auch nicht klar, ob die Regeln des betroffenen optimierten Gesetzes in der Praxis tatsächlich befolgt werden. In einigen Teilen der Bevölkerung scheint der Bereich der Dark Regulation, also der Bereich, in dem Regeln nicht befolgt und die Nichteinhaltung technologisch verschleiert wird, zuzunehmen. Darauf deutet auf jeden Fall das erhebliche Traffic-Wachstum des Darknets hin. Websites mit entsprechenden zwielichtigen Dienstleistungen, die nur über obskure, eigentlich seit geraumer Zeit illegale Kryptowährungen bezahlt werden können, feiern dort gerade Hochkonjunktur. Das Finanzministerium sucht derzeit noch nach einer technischen Lösung des »Problems«.

Mehrere von der Regierung in Auftrag gegebene Studien sollten derweil herausfinden, warum die Innovationskraft im Land so stark gelitten hat und warum es seine einstige Vorrangstellung vor allem im Mittelstand und bei den industriellen Erfindungen eingebüßt hat. Denn die Anzahl der angemeldeten Patente ist seit Jahren stark rückläufig.

Die Studien kamen zu dem Schluss, dass es ganz grundsätzlich an Risikofreude und Motivation mangelt, Neuerungen auszuprobieren und Wandel anzustoßen. Es gebe zu wenig Reibung und Widerspruch im gesamten System, an dem sich Ideen und Veränderungswillen manifestieren könnten. Gerade bei Kreativen würden die intelligenten, permanent »mitdenkenden« und hinweisenden staatlichen IT-Systeme neuartige Ideenimpulse hemmen. Auch scheinen solche Personen, die sowohl das Potenzial als auch die Energie hätten, Veränderungen anzustoßen, von den datenbasierte Algorithmen benachteiligt zu werden. Aufgrund der Einbeziehung und Gewichtung von teils lang zurückliegenden Vorkommnissen kämen sie letztendlich nie in leitende Positionen. Gerade die allgegenwärtige SET-App kennt vielfältige und ausgeklügelte Methoden, um abweichendes Verhalten zu sanktionieren und regelkonformes Verhalten zu belohnen. Die tonangebende SET-Taskforce des Finanzministeriums blockiert jedoch immer wieder Versuche, die Datenmodelle grundlegend zu reformieren, und weigert sich, neue Herangehensweisen auszuprobieren. Zum einen funktioniere doch alles, argumentiert sie, zum anderen verweist sie auf die unklare Datenlage von regulatorischem Neuland.

Letzten Endes wurde der langjährige Finanzminister dann doch sehr schnell abgesetzt. Die drei großen Cloud- und Software-as-a-Service-Anbieter, die den zentralen Teil der SET-Infrastruktur betreiben, warfen ihm in einem gemeinsam veröffentlichten Statement veraltetes technologisches Fachwissen und Inkompetenz vor, als er versucht hatte, die Schuld für den Datendiebstahl wertvoller GPS-Daten durch eine fremdländische Hackergruppe den drei Anbietern in die Schuhe zu schieben.

Dieses fiktive Beispiel wirft einen (zugespitzten) Blick auf ein Panorama möglicher Fehlentwicklungen. Es soll veranschaulichen, was sich ereignen könnte, wenn die digitalen Dynamiken und Entwicklungstendenzen die digitale Evolution des Staates auf ähnliche Art und Weise prägen, wie sie es mit der Privatwirtschaft getan haben.

Auch wenn wir in diesem Zukunftsszenarium den Teufel an die Wand malen, kann es sein, dass manche Demokratien gerne dem Pfad folgen, den die digitalen Dynamiken vorgeben, oder zumindest einzelne Entwicklungen in diese Richtung gutheißen.

Die Gründe dafür können vielfältig sein. Sie mögen in einem speziellen kulturellen Hintergrund liegen, etwa wenn Gesellschaften die Ziele des Kollektivs im Verhältnis zur individuellen Freiheit höher werten. Gesellschaften können Fehlentwicklungen im Zuge der digitalen Transformation auch als das kleinere Übel im Vergleich zu anderen Problemen, wie etwa der Korruption, erachten. Manchen Gesellschaften wird womöglich auch schlicht die Kraft oder Organisationsfähigkeit fehlen, um gegensteuernd einzugreifen.

In anderen Ländern wiederum könnten sich die Machthaber aus ihren ganz eigenen Gründen und über die Köpfe der Bevölkerung hinweg beispielsweise dafür entscheiden, eine Kontrollflatrate einzurichten. »History doesn't repeat itself, but it rhymes«, wie es so schön heißt. Gerade in Krisenzeiten und wenn die Rufe nach dem »starken Mann« oder der »starken Frau« wieder lauter werden, hat der Totalitarismus sicherlich keine Mühe, irgendwo eine neue Maske zu finden und als »normativer Totalitarismus« oder »digitaler Behaviorismus« ein Comeback zu feiern.

Wir sind jedoch davon überzeugt, dass in den meisten funktionierenden Demokratien eine derartige (extreme) Entwicklung nicht einsetzen wird. Zu stark werden die gesellschaftlichen und politischen Gegenkräfte sein, die sich den digitalen Dynamiken entgegenstellen.

Das von uns skizzierten Szenario soll aber noch einmal verdeutlichen, wie wichtig diese Gegenkräfte sind und warum die Gegenstimmen von Anfang an ernst genommen werden müssen. Wenn die digitalen Dynamiken erst einmal Fahrt aufgenommen haben, lassen sie sich nur noch schwer stoppen. Haben sich erst einmal der Demokratie abträgliche digitale Systeme manifestiert, können sie nur sehr schwer wieder gezähmt werden. Ein paar Vorschläge, wie man die digitalen Dynamiken brechen könnte, wollen wir im anschließenden dritten Teil des Buches selbst vorstellen.

Die umfassende digitale Transformation des Staates hat begonnen. Das Rad der Zeit lässt sich nicht mehr zurückdrehen. Die Demokratie von morgen muss sich anpassen und im Digitalen neu erfinden. Sie tut es oder sie scheitert – zulasten von Demokratie, Wohlstand und Gesellschaft.

Teil III

Die Neuerfindung der Demokratie im digitalen Zeitalter: Sieben konkrete Maßnahmen

Den ersten Teil des Buches hatten wir der Geburt des digitalen Staates gewidmet. In einer zunehmend technologischen Welt wird auch der Staat in großem Stil digitale Daten sammeln und automatisiert verarbeiten (müssen). Wir haben auch erläutert, warum diese Entwicklung nicht aufzuhalten ist. Im zweiten Teil haben wir uns dann den wichtigsten Dynamiken und Entwicklungstendenzen zugewendet, welche die digitale Transformation der Wirtschaft und Gesellschaft bisher geprägt haben. Wir haben aufgezeigt, was sie im staatlichen Kontext bedeuten und wie sie das vertraute Zusammenspiel der staatlichen Institutionen verändern könnten. Wir haben beschrieben, zu welchen Verwerfungen sie in einer Automated Democracy womöglich führen und wie sich Einfluss und Macht in einem digitalen Staat neu verteilen können.

Sieben konkrete Vorschläge, …

Im dritten Teil des Buches schlagen wir nun sieben konkrete Maßnahmen für institutionelle Gegenmaßnahmen und geänderte Rahmenbedingungen vor. Mancher Vorschlag mag auf den ersten Blick kontraintuitiv erscheinen und für den einen oder die andere nicht einfach zu verdauen sein. Jeder Vorschlag ergibt sich jedoch aus der Logik der digitalen Dynamiken. Auch uns fällt es nicht leicht zu akzeptieren, dass sich mitunter der Teufel nur mit dem Beelzebub austreiben lässt.

Gegenwärtig kreisen die Diskussionen rund um die staatliche Digitalisierung im Wesentlichen darum, wie sich die Daten der Bürger schützen lassen, wie die Manipulation der öffentlichen Meinung verhindert werden kann und unter welchen Bedingungen der staatliche Einsatz von algorithmischer Automatisierung legitim und ethisch vertretbar sei. Wenn auch hin und wieder Vorschläge anzutreffen sind, die auf die technische Ebene abzielen, dominieren rechtliche Lösungsansätze die Diskussionen. Es geht fast immer primär um Vorschriften, Rechtsgrundlagen und Regulierungen, um die identifizierten Probleme in den Griff zu bekommen. Ein rechtlicher Ansatz bedeutet jedoch nur, dass sich der Staat selbst bestimmte Regeln auferlegt. Im Endeffekt wird im Sinne von »Dos and Don'ts« festgelegt, was die jeweiligen staatlichen Institutionen nicht dürfen, obwohl sie es könnten.

Die entsprechenden Diskussionen und die damit einhergehenden rechtlichen Lösungsansätze sind gut und notwendig. Aber sie sind aus unserer Sicht nicht ausreichend, wenn es darum geht, das stabile Funktionieren der Institutionen in einer Demokratie dauerhaft zu garantieren. Datenschutzrecht ist beispielsweise Individualrechtsschutz und kann damit auch nur im Einzelfall durchgesetzt werden.[1] Außerdem zeigen die Erfahrungen mit dem Datenschutz, wie schnell Gesetze »angepasst« oder nicht durchgesetzt werden können, wenn ein »wichtiger« Grund vorliegt oder der politische Wind sich dreht. Auch wird im Nachgang der COVID-19-Pandemie allzu leicht wieder auf Notrecht zurückgegriffen.

… um Fakten zu schaffen

Wir bringen daher sieben Vorschläge jenseits des »klassischen« rechtlichen Repertoires. Es geht uns auch darum, institutionelle Fakten zu schaffen. Das demokratische Gefüge darf sich eben nicht einfach aushebeln lassen, indem man den gesetzlichen Rahmen ändert oder außer Kraft setzt. Ein Blick auf die politischen Entwicklungen im Osten Europas sollte als mahnende Warnung genügen. Es erscheint uns insbesondere ratsam, die gegenwärtige Machtbalance zwischen den Institutionen auch in der digitalen Welt sicherzustellen. Eine umwälzende Neuverteilung von Macht und Einfluss im sich digitalisierenden Staat sollte verhindert werden, um die Demokratie auch in der Zukunft fest zu verankern.

17. Maßnahme eins: Datenunterstützte Parlamente – Die Legislative technologisch aufrüsten

Der Vorschlag, Parlamente mit eigenen umfangreichen Fähigkeiten der Datenanalyse und unter Umständen auch mit der Möglichkeit der begrenzten Datenerhebung auszustatten, ergibt sich direkt aus der Logik digitaler Dynamiken. Auch die unerwünschten Folgen der auch im öffentlichen Sektor zu erwartenden Plattformrevolution – der wir das ganze 11. Kapitel gewidmet haben – könnten so aufgefangen und abgefedert werden. Es wäre wenig wünschenswert, wenn die öffentliche Verwaltung aufgrund von digitalen Werkzeugen und überlegenen datenbasierten Informationen eine zunehmend zentralere Machtposition im demokratischen Gefüge erhielte. Dadurch könnte sie ihren inhaltlichen Einfluss auf die Ausgestaltung der Gesetze stetig ausweiten. Dennoch dürfte es sich um den kontroversesten unserer sieben Vorschläge handeln. Wie wir in Diskussionen immer wieder feststellen, wird der Vorschlag, Parlamente mit eigenen Datenfähigkeiten auszustatten, auf den ersten Blick als ungewöhnlich und kontraintuitiv wahrgenommen. Das dürfte auch mit einem in vielen Köpfen noch fest verankerten Narrativ zusammenhängen, wonach es grundsätzlich erstrebenswert sei, das Datensammeln und Analysieren durch den Staat so weit wie möglich zu begrenzen. Das Letzte, was es daher brauche, sei eine weitere staatliche Instanz, die Daten erhebt und auswertet.

Diesem Argument haben wir uns im ersten Teil ausführlich gewidmet.[2] In einer digitalisierten Welt wird es gar nicht möglich sein, insbesondere die Verwaltung von der großflächigen digitalen Datennutzung auszuschließen – zumindest nicht, solange ein funktionierender Staatsapparat als erstrebenswert erachtet wird. Der galoppierende technologische Fortschritt lässt es immer weniger zu, Gesellschaft und Wirtschaft hauptsächlich mit menschlicher Arbeitskraft, Scanner, Drucker und Dateiablagesystem in geordnete Bahnen zu lenken. Auch demografischer

Wandel und das fehlende Personal fördern die Entwicklung hin zur datengetriebenen Automatisierung auf staatlicher Ebene. Selbst geostrategische Argumente sprechen für die Digitalisierung. Gerade die europäischen Länder brauchen einen effizienten Staat mit moderner Bürokratie, um sich ohne Rohstoffe im globalen Wettbewerb behaupten zu können. Und letzten Endes verlangen die meisten Bürger, Bürgerinnen und Unternehmen von Behörden inzwischen das, was sie aus ihrem digitalen Alltag gewohnt sind.[3]

Wir stellen uns daher den Gegebenheiten: Die staatliche Verwaltung wird sich – ob man das gut findet oder nicht – auf allen Ebenen unaufhaltsam und mit zunehmender Geschwindigkeit digitalisieren. Als logische Folge betrachten wir eine Welt, in der die Behörden und Ministerien in immer größerem Stil digitale Daten sammeln und diese Daten als Grundlage für sehr viele Entscheidungen dienen – ein Prozess, der längst begonnen hat. Betrachten wir nun die längerfristigen Konsequenzen und folgen dem Pfad der digitalen Dynamiken, wird das drohende Dilemma offensichtlich. Ein institutionelles Ungleichgewicht von erheblichem Ausmaß kommt auf uns zu. Dieses Ungleichgewicht hat das Potenzial, das Fundament der horizontalen Gewaltenteilung, also die Aufteilung des Einflusses im Staat in die drei Sphären Parlamente, Regierung/Verwaltung und Gerichte, zu untergraben.

Denn wie soll ein analoges Parlament seinen Aufgaben in einer digitalisierten Welt nachkommen? Wie soll es weiterhin als Gegengewicht zur Regierung und zur Verwaltung dienen, wenn es von zentralen Datenströmen und damit Informationsflüssen abgeschnitten ist? Wie kann ein Parlament seine zentrale Rolle als Gesetzgeber erfüllen, wenn es die Präferenzen der Bürgerinnen und die zu erfüllenden Aufgaben sehr viel weniger gut kennt als andere in den Prozess involvierte Institutionen? Wie kann verhindert werden, dass es zu einem Organ degradiert wird, welches die Mehrheit der Gesetze nur noch abnickt? Wie soll es seine Kontrollfunktion weiterhin ausüben, wenn eigene datenbasierte Perspektiven und technologisches Know-how fehlen? Wie sollen die Abgeordneten Auskünfte fundiert in Zweifel ziehen, wenn der Kontrollierte im Prinzip erzählen kann, was er will, weil er seine Tätigkeiten hinter einem technologischen Komplexitätsschleier verbergen kann und damit die alleinige Interpretationshoheit über »seine« Daten innehat?

Nationale Parlamente auf dem Rückzug

In vielen Demokratien lässt sich bereits seit einiger Zeit ein schleichender Bedeutungsverlust des nationalen Parlaments sowie etwaiger Parlamente in den Gliedstaaten (Landtage), diagnostizieren.[4] Die Ursachen sind vielfältig. Manchmal ist es eine bewusste politische Willensentscheidung, Kompetenzen an supranationale Organisation wie die EU zu delegieren oder, wie in Polen, Ungarn oder der Türkei, in Richtung der Exekutive zu verlagern. In anderen Fällen erscheint die Entwicklung eher aus der Not geboren, wenn etwa im Zuge von Krisen die »Stunde der Exekutive« ausgerufen wird. Durch rasches Regierungshandeln werden plötzlich Fakten geschaffen und Einflusssphären verschoben. Mangelt es an Konsequenzen, kann das Übergehen des Parlaments von der absoluten Ausnahme sukzessive zum wiederkehrenden Normalfall werden. In der Schweiz zeigt sich diese Entwicklung gerade besonders deutlich. Nachdem sich die schweizerische Regierung im Rahmen der COVID-19-Krise immer wieder auf Notrecht berufen hatte, griff sie im Nachgang in ungewöhnlich schneller Abfolge erneut darauf zurück. Auch die Entscheidungen zum Bau eines Reservekraftwerks in Birr und zur Erhöhung der Kapazitäten von Übertragungsleitungen im Zuge der Energiekrise sowie zur Übernahme der Credit Suisse durch die UBS im Zuge einer neuerlichen Bankenkrise wurden auf Notrecht gestützt. Immer wieder kommt es auch zu einer mitunter sogar unbeabsichtigten Kompetenzverlagerung, die mit der Komplexität der jeweiligen Materie begründet wird. Im Bereich des Steuerrechts etwa finden unverbindliche Empfehlungen der Organisation für wirtschaftliche Zusammenarbeit und Entwicklung (OECD) nahezu unverändert ihren Weg über EU-Richtlinien in die nationalen Umsetzungsgesetze, die dem nationalen Parlament kaum noch Spielraum lassen.

Verpassen die Parlamente nun auch noch die digitale Transformation – und danach sieht es derzeit aus –, wird sich diese Entwicklung weiter beschleunigen. Die Parlamente könnten in einem Maße an Bedeutung einbüßen, welches auch für gut etablierte Demokratien ein Risiko darstellen dürfte.

Die Parlamente haben derzeit noch ein weiteres Problem. In einer Welt des beschleunigten Wandels reagieren sie oft zu langsam auf notwendige Veränderungen. Im Prinzip kommt es zu einer Desynchronisation von Zeitstrukturen.[5] Das Gesetzgebungsverfahren in Demokratien ist – eigentlich aus gutem Grund – ein komplexer und damit langsamer Prozess. Gleichzeitig hat die Geschwindigkeit des gesellschaftlichen und wirtschaftlichen Wandels spürbar zugenommen. Daraus ergibt sich ein offensichtlicher Konflikt, der auf Dauer nicht bestehen bleiben kann. Da es derzeit nicht möglich scheint oder nicht gewollt ist, den Wandel zu verlangsamen, bleibt der Legislative gegenwärtig nichts anderes übrig, als ebenfalls Geschwindigkeit aufzunehmen.

Noch ein Wort zur Regierung. Ihr kommt aufgrund ihrer promintenten Position eine Sonderrolle zu, deren zukünftige Stellung im Institutionengefüge schwer vorherzusagen ist. Sie hat Potenzial für alle Eventualitäten. In parlamentarischen Systemen bildet die Regierung zusammen mit der Verwaltung die Exekutive. Über Kanäle wie Fraktionszwang oder Parteiamt übt sie aber in der Praxis meist einen starken Einfluss auf die Legislative aus. In dieser Rolle könnte sie das Schicksal der Parlamente teilen. Behauptet sie hingegen ihre Rolle als »Kopf der Verwaltung« und eignet sich deren Datenbasis an, könnte sie ihre ohnehin starke Position gegenüber dem Parlament noch deutlich ausbauen.

Die Regierung kann zudem (beabsichtigt oder unbeabsichtigt) sowohl als treibende als auch als bremsende Kraft – in die eine oder andere Richtung – wirken. Sie könnte also die Digitalisierung der Verwaltung in einer Art und Weise vorantreiben, die sich zugunsten oder zulasten ihrer eigenen Position auswirkt. Ihre Position erlaubte es ihr, gleichermaßen die Administrative (zu ihrem eigenen Vorteil oder zum Vorteil des Parlaments) auszubremsen, womöglich zum Preis eines immer weniger schlagkräftigen Verwaltungsapparates.

Für die Regierung und ihre jeweilige Rolle gilt daher in Bezug auf die Konsequenzen entweder das zu den Parlamenten oder das zur Verwaltung Gesagte. Wir erwähnen sie im Folgenden nicht jedes Mal explizit.

Keine Aktion ohne Reaktion – digitale Parlamente

Freilich gibt es selten eine Aktion ohne Reaktion. Schließlich besteht auch für die Legislative die Möglichkeit, technologisch aufzurüsten. Erfindet sich die Legislative als »digitales Parlament« neu, kann sie zwei

Fliegen mit einer Klappe schlagen. Sie kann drohendes Unheil von vornherein abwenden und aktuelle Missstände beseitigen. Es ergibt sich die Gelegenheit, die erstrebenswerte Machtbalance mit der Exekutive – auf einer neuen, digitalen Ebene – wiederherzustellen. Aber was soll ein »digitales Parlament« genau bedeuten? Um diese Frage beantworten zu können, müssen wir uns den Zielen widmen, die mit der Digitalisierung des Parlaments verfolgt werden. Grundsätzlich lassen sich zwei Stoßrichtungen unterscheiden.

(1) Die Digitalisierung des Gesetzgebungsverfahrens (Prozessebene)

Zum einen können die Digitalisierungsbemühungen darauf ausgerichtet sein, den parlamentarischen Teil des Gesetzgebungsprozesses selbst zu digitalisieren. Daran denken vermutlich die meisten, wenn von einem digitalen Parlament die Rede ist. Digitale Tools und neue Workflows könnten die Arbeit der Abgeordneten beschleunigen, vereinfachen und resilienter gestalten. Das mögliche Spektrum reicht von virtuellen Sitzungen und Abstimmungen über Kollaborationssoftware für Beratungen und digitales Knowledge-Management bis hin zu einer »vollständig digitalen Fertigungskette für Gesetzestexte«.[6]

In der Zukunft werden Gesetzesentwürfe sicherlich anders erarbeitet werden, sei es im Parlament selbst oder auf Exekutivebene. Einige Unternehmen zeigen bereits die Richtung an. Sie entwickeln neuartige Schreibsoftware, eine Art Word 4.0. Diese Software erlaubt es, über Programmierschnittstellen Daten und Information direkt in das Dokument einfließen zu lassen und speziell für den Einsatzbereich trainierte Large Language Models zu integrieren. Derartige Tools werden es erlauben, deutlich mehr und sehr viel differenziertere und feiner abgestimmte Gesetze in kürzerer Zeit zu erstellen. Den Konsequenzen hatten wir uns schon in Kapitel 11 und 12 gewidmet.

Nicht verschweigen wollen wir daher auch das umgekehrte Szenario. Technologie würde es einem digitalisierten Parlament auch erlauben »durchzuregieren«. Unter dem Stichwort »Machine executable regulation«, zu Deutsch etwa »von Computern ausführbare Regulierung«, können Gesetze in eine Form gebracht werden, die von Maschinen direkt verarbeitet werden kann. Erste ernsthafte Versuche in diese Richtung gab es bereits 2017 von der britischen Financial Conduct Authority.[7] Derartige Gesetze erlaubten eine automatisierte Verarbeitung durch die Software der Regierten. Bei Gesetzesänderungen würden die IT-Systeme quasi über Nacht automatisch auf den neuesten Stand gebracht und sich gemäß den neuen Regeln verhalten. In dafür geeigneten Bereichen könnte die Legislative damit die Verwaltung und ihre Vermittlungsfunktion obsolet machen. Dieses Prinzip hatten wir ebenfalls in Kapitel 12 angesprochen. Auch das dort erwähnte ALEF-Projekt der niederländischen Steuerbehörden gehört dazu. Allerdings halten wir ein solches Szenario in der Fläche für sehr unwahrscheinlich. Die Ausbreitung dieser Entwicklung über regulatorische Nischen hinaus würden wir nicht gutheißen, verschöbe sie doch das Gleichgewicht zu sehr zugunsten des Parlaments.

Die meisten Bestrebungen, die sich derzeit in der Praxis beobachten lassen, sind erheblich bescheidener, gehören aber auch in die Kategorie, den Workflow selbst zu digitalisieren. In Deutschland etwa gab es unter der Flagge »E-Parlament« oder »virtuelles Parlament« im Zuge der COVID-19-Krise erste, noch sehr zarte Vorstöße in diese Richtung. Gemeint waren nämlich lediglich virtuelle Parlamentssitzungen, die auf die physische Anwesenheit der Abgeordneten im Plenarsaal verzichteten. Sie sollten ad hoc die drohende Beschlussunfähigkeit des Bundestages verhindern.[8] Diese Überlegungen waren jedoch schnell wieder vom Tisch, als eine Ausarbeitung des Wissenschaftlichen Dienstes des Bundestages zu dem Schluss kam, virtuelle Sitzungen bedürften einer Verfassungsänderung.[9] In der Schweiz gab es ganz ähnliche Probleme und Überlegungen.[10] Im Gegensatz zum Nachbarn sind die Eidgenossen am Ball geblieben. Der Nationalrat hat inzwischen die Möglichkeit von Onlinesitzungen im Ausnahmefall beschlossen.[11]

Einen anderen Weg hat das Europäische Parlament eingeschlagen, welches als eines der fortschrittlichsten Parlamente der Welt gilt. Bereits 2012 gab die Studie »MEP 2025 – Preparing the Future Work Environment for Members of the European Parliament« die Richtung vor.[12] Inzwischen ermöglicht das hauseigene ICT4MEP-System den Parlamentariern immerhin, remote zu arbeiten, als wären sie vor Ort in ihrem Büro.[13]

(2) Datenunterstützte Parlamente (Inhaltsebene)

So weit, so gut, so naheliegend. Aber genügen diese Bestrebungen, die zentrale Rolle der Parlamente auch in einer digitalisierten Welt zu garantieren?

Vermutlich nicht. Daher sollten die digitalen Bestrebungen noch auf ein anderes Ziel ausgerichtet sein: heraufziehende, potenziell disruptive Informationsasymmetrien zu verhindern und bestehende abzubauen. Dieses Ziel ist aus unserer Sicht wesentlich wichtiger, wird jedoch in den derzeitigen Diskussionen und Bestrebungen kaum beachtet. Bereits heute ist ein Parlament in vielerlei Hinsicht auf Informationen aus der Sphäre der Exekutive angewiesen. Zum Teil ist das durchaus gewollt und der staatsorganisatorischen Arbeitsteilung geschuldet. In einer immer stärker datengetriebenen Welt wird sich diese Situation aber erheblich verschärfen. Denn erfahrungsgemäß wird datenbasierten Informationen ein sehr hoher Stellenwert eingeräumt.

Gegenwärtig erhalten die Abgeordneten ihre Informationen aus Quellen, die sich in den letzten 100 Jahren kaum geändert haben. Jenseits der Informationen aus dem Bereich der Exekutive analysieren Parlamentarier die Ergebnisse von repräsentativen Umfragen und das Medienecho. Sie führen Diskussionen im Wahlkreis, werten die Eingaben von Interessenvertretungen aus und berücksichtigen die Standpunkte supranationaler Organisationen. Neu dürfte lediglich ein zunehmender Fokus auf die sozialen Medien sein. Der zentralste Informationskanal bleibt aber für die meisten Abgeordneten immer noch die eigene Partei. In ihr werden die Interessen der Mitglieder und Wähler in unstrukturierter und oft auch unklarer Form aggregiert und gelangen entweder auf informellem Wege oder über Programme, Beschlüsse und Aussprachen in der Partei zu den Abgeordneten. In vielen demokratischen Systemen sind die Fraktionsdisziplin und ihre Pendants von überragender Bedeutung, was den Abgeordneten viele Entscheidungen abnimmt.

Auf diesem traditionellen Weg gewonnene Informationen werden in einer digitalen Welt zunehmend von datenfundierten Informationen infrage gestellt werden. Die politische Erzählweise und die Narrative müssen sich anpassen. Es geht uns dabei nicht darum zu behaupten, datenbasierte Informationen seien per se besser oder führten grundsätzlich zu besseren Entscheidungen. Diese Diskussion wurde und wird auch weiterhin an anderer Stelle teils erbittert geführt – in Zusammenhang mit politischen Entscheidungen etwa unter dem Stichwort »evidenzbasierte Politik«. Unabhängig von diesen Diskussionen lässt sich in einer zunehmend digitalen Welt die schleichende Entwertung der qualitativen Informationsgewinnung zugunsten eines quantitativen datengetrieben Ansatzes beobachten. Datenbasierte Informationen erfahren inzwischen mehr Aufmerksamkeit und werden mit steigender Tendenz höher gewichtet.[14] Inzwischen werden sie von immer mehr Menschen als überlegen erachtet.[15] Studien sprechen auch von einem »Big-Data-Effekt«: Große Datenmengen erzeugen Vertrauen und werden – insbesondere auch im Zusammenhang mit staatlicher Tätigkeit – als starkes Signal für die hohe Qualität von algorithmischem Output wahrgenommen.[16] Philip B. Stark hat in diesem Zusammenhang den Begriff »Quantifauxcation« geprägt. Er beschreibt damit, wie quantitative Daten genutzt werden, um einer Aussage Glaubwürdigkeit zu verleihen, welche durch die Daten gar nicht gedeckt ist. Erstaunlicherweise scheinen solche »zahlenmäßige« Informationen umso glaubwürdiger für Menschen zu sein, je komplexer und damit undurchsichtiger das System ist, aus dem sie kommen.[17]

In der logischen Folge wird es der Legislative immer schwerer fallen, der Bevölkerung Gesetzesvorhaben oder Anpassungen auf dem traditionellen Weg plausibel zu erklären oder gegenüber den Medien zu verteidigen. Vor allem, wenn sie dabei gegen eine datenfundierte Position der Verwaltung argumentieren müssen, ohne selbst auf datenbasierte Begründungen zurückgreifen zu können. Dieses Szenario versuchen wir nachfolgend anhand eines weiteren fiktiven Beispiels zu veranschaulichen.

In der Bundesrepublik gab es mal wieder erbitterten Streit darum, welche »Bundesverkehrswege« ausgebaut werden sollten. Insbesondere zwei Großprojekte konkurrierten um die knappen Bundesmittel. Die Entscheidung, welches der Projekte realisiert würde, musste im Rahmen der »Bedarfsplanung« fallen.[18] Das Verkehrsministerium prüfte und bewertete im Zuge der Planung sämtliche eingereichten Vorschläge für konkrete Infrastrukturvorhaben.

Eine Landesregierung hatte schon jahrelang vor, ein Infrastrukturgroßprojekt anzumelden. Der Vorschlag beabsichtigte, den bisher unvollständig gebliebenen Autobahnring um eine Großstadt zu schließen. Das Vorhaben würde allein schon aufgrund der hohen Kosten umstritten sein und hatte das Potenzial, landesweit für Diskussionen zu sorgen. Im Vorfeld der Projektanmeldung hatte die Landesregierung daher beschlossen, völlig neue Wege zu beschreiten.

Die lokalen Behörden hatten schon Jahre zuvor perspektivisch den Auftrag bekommen, die örtlichen Verkehrsflüsse umfassend mit neuen digitalen Mitteln zu erfassen. Über die üblichen »Verkehrszählstellen« auf bestimmten Straßen hinaus wurden großflächig ultradünne Sensoren installiert und weitere Daten, etwa von diversen Mobilitätsanbietern, eingekauft.

Als besonderen Clou stellte ein Landesministerium zusätzliche Daten der eigene, administrativen Plattform zur Verfügung. Auf Grundlage dieser umfassenden Informationen konnten mithilfe der angemieteten immensen Rechenleistung eines US-amerikanischen Anbieters sehr detaillierte Verkehrssimulationen durchgeführt werden. Diese neuartigen Simulationen modellierten auf einer breiten Datenbasis verschiedene Szenarien und halfen so, die Folgen des Projekts zu quantifizieren. Insbesondere konnten so viele Vorteile, von Verkehrssicherheit über Reisezeit bis hin zur Verminderung der Abgasbelastung, genau »belegt« werden. Auf dieser Grundlage wurde dem Projekt ein überragendes »Kosten-Nutzen-Verhältnis« attestiert, und es schnitt bei der Bewertung durch das Verkehrsministerium entsprechend gut ab.[19]

Das zweite Großprojekt im Rennen, der Vorschlag des beschleunigten Ausbaus einer Nord-Süd-Verbindung im Rahmen einer europäischen Entwicklungsachse, konnte da nicht mithalten. Es wurde vom Verkehrsministerium nur als »Weiterer Bedarf« eingestuft und konnte deshalb im Planungszeitraum nicht berücksichtigt werden.

Nach einigen Diskussionen beschloss die letzte Bundesregierung, den Autobahnring schließen zu lassen.[20] *Die Bundesregierung selbst kann jedoch nicht den Bau von Bundesautobahnen beschließen. Das kann laut Grundgesetz nur der Bundestag.*[21]

Die Mehrheit der Abgeordneten des neu gewählten Bundestages hatte mittlerweile aber ganz andere Pläne. Erstens hatte sich die Ge-

mengelage innerhalb der EU geändert, zweitens veränderte sich die geopolitische Situation in unerwarteter Geschwindigkeit. Als Konsequenz sich schnell verändernder Lieferketten bekam der beschleunigte Ausbau der Nord-Süd-Verbindung eine ganze neue, zentrale Bedeutung für den europäischen Wirtschaftsraum. Der Autobahnring hingegen würde nur ein begrenztes, lokales Problem lösen. So sahen es zumindest die Abgeordneten inzwischen und wähnten auch die Mehrheit der Bevölkerung auf ihrer Seite.

Als die betroffenen Landespolitiker und Behörden von dem Meinungsumschwung Wind bekamen, gingen sie sofort in die Offensive. Sie präsentierten den Medien und der Bevölkerung die »harten Fakten« auf Grundlage ihrer breiten Datenbasis. In der Tat schnitt der Ausbau der Nord-Süd-Verbindung in Anbetracht der wenigen vorhandenen Daten in ihren Vergleichssimulationen deutlich schlechter ab. Diverse Annahmen, welche die Bundestagsabgeordneten trafen, etwa zu den Auswirkungen der geopolitischen Situation auf die zukünftigen Lieferketten, ließen sich nicht in gleicher Weise mit (historischen) Daten »untermauern«. Die Befürworter des Autobahnringprojektes warfen daher dem Bundestag vor, »Entscheidungen aus dem Bauch heraus« zu treffen und die »Faktenlage« zu ignorieren. Es gelang der Kampagne sehr gut, die konkreten kurzfristigen Vorteile des Autobahnrings zu belegen. Zusätzlich beeindruckten das neue Maß an Transparenz und die grafischen Computersimulationen die Journalisten. In der Folge konnten die Landespolitiker immer größere Teile der Medien von ihrem Standpunkt überzeugen. Nach und nach kippte auch die Stimmung in der Bevölkerung. Als der öffentliche Druck zu groß wurde, gaben die Abgeordneten nach.

Die Entscheidung, die Nord-Süd-Verbindung auf die lange Bank zu schieben, brachte Deutschland viel Kritik auf internationaler Ebene ein. Im Nachgang spekulierten die Abgeordneten daher darüber, ob der Ausgang des Konflikts ein anderer hätte sein können.

Was wäre gewesen, wenn die Abgeordneten die Informationsoffensive der Landespolitiker von Anfang auf Basis eigener Datenauswertungen hätten kontern können? Später ergaben sich nämlich Zweifel, ob die umfangreichen Daten zum Autobahnring nicht auch anders hätten interpretiert werden können. Die Analyse eigentlich vorhandener EU-In-

formationen hätte zudem die Nord-Süd-Verbindung in ein günstigeres Licht rücken können. Vielleicht hätte es schon genügt, belegen zu können, dass die Mehrheit der Bevölkerung aufseiten des Parlaments steht und einen allgemeineren, wenn auch noch zukünftigen und abstrakten Nutzen in dem Ausbau der Nord-Süd-Verbindung sieht. Das hätte der medialen Diskussion von Anfang an eine andere Dynamik verleihen können.

Die Fähigkeit, selbst Daten zu nutzen, wird in nicht allzu ferner Zukunft von großer Bedeutung für die Parlamente sein. Zum einen, wenn es darum geht, eine überzeugende argumentative Gegenposition zur Administration und ihren aufkommenden digitalen Plattformen präsentieren zu können. Darüber hinaus lieferten Daten den Parlamenten möglicherweise auch andere Einsichten, die wesentlich sein können, um eine immer komplexere Welt erfolgreich zu regulieren. Neue Einsichten könnten es ihnen auch erlauben, grundlegend neue gesetzgeberische Wege zu beschreiten. So könnte beispielsweise die Auswertung von Metadaten staatlicher Datenbanken zu neuen Denkanstößen für das Gesetzgebungsverfahren führen.[22] Zu guter Letzt wird die Fähigkeit zur Datennutzung essenziell sein, wenn es darum geht, die datengetriebenen Tätigkeiten der Verwaltung zu kontrollieren. Ohne eigene Datenkompetenzen droht eine immer stärkere Abhängigkeit, die selbst Teile der Verwaltung nicht gutheißen werden.

Der erneute Blick auf die Digitale Ökonomie hilft, greifbarer zu machen, welche Risiken bestehen. Die Abhängigkeit der Hersteller von den großen Internetplattformen wächst kontinuierlich, weil diese ihre überlegene Informationsposition in einer digitalisierten Umgebung tatsächlich nutzen, um sich als zentraler Gatekeeper zu positionieren und diese Stellung zu zementieren. Das gleiche Schicksal könnte auch den Parlamenten blühen, wenn bestimmte Behörden beginnen, sich ähnlich zu verhalten. Und sei es nur aus einer guten Intention heraus. Die Tatsache, ob man selbst über (gleichwertige) Informationen verfügt oder ob man auf die Informationen anderer angewiesen ist, spiegelt immer auch ein verborgenes Ungleichgewicht in den jeweiligen institutionellen Infrastrukturen wider.[23] Die digitale Transformation gibt den Parlamenten nun die (einzigartige) Chance, aus einer bestehenden oder drohenden informativen Abhängigkeit herauszukommen.

Ein parlamentarisches Datenzentrum

Parlamente sollten eine eigene interne strukturelle Einheit schaffen, welche in der Lage ist, digitale Daten sinnvoll zu verarbeiten, auszuwerten, grafisch aufzubereiten und zu interpretieren. Damit ist es jedoch nicht getan. Weitere wichtige Aufgaben gehen damit einher. Die Daten müssen sicher verwahrt und gemanagt werden. Eine Datenarchitektur muss implementiert und ein Datengovernance-Framework entwickelt werden, welche Konsistenz und Integrität der Daten gewährleisten. Fragen der Zuständigkeit und Geheimhaltung müssen geklärt werden und so weiter. Eine solche Einheit, die sich mit all diesen Themen auseinandersetzt, könnte die Bezeichnung parlamentarisches Datenzentrum tragen.[24] Sie würde diejenigen Aufgaben vereinen, für die in einem Unternehmen der Chief Data Officer (CDO) und der Chief Analytics Officer (CAO) verantwortlich sind. Auch wenn es sich beim CDO und CAO dem Namen nach um Einzelpersonen handelt, stehen die Bezeichnungen meist für ganze Unternehmensfunktionen.

Bleibt noch zu klären, woher die digitalen Daten kommen. Diese muss sich das Parlament vorab besorgen. Verschiedene Optionen sind denkbar. Erste Anlaufstelle sollte die staatliche Verwaltung sein. In Betracht käme eine Pflicht, wonach die Behörden bestimmte, für ein konkretes Gesetzesvorhaben bedeutsame digitale Daten an das Parlament weiterzuleiten haben. Alternativ könnte auch ein Recht den Abgeordneten erlauben, relevante digitale Informationen anzufragen. Wichtig ist, dass die Daten auf sicherem Weg in Form sogenannter Roh- oder Primärdaten an das Parlament übermittelt werden. Die weitergeleiteten Daten müssen deswegen noch unbearbeitet sein, da die erhebende Behörde die Daten ansonsten gemäß den eigenen Vorstellungen und Zielen interpretieren oder deuten könnte. Das Parlament liefe Gefahr, nur eine verzerrte oder voreingenommene Sicht präsentiert zu bekommen.

Eine weitere Möglichkeit illustriert die Europäische Kommission mit ihrer »Strategy on supervisory data in EU financial services«.[25] Die EU belegt Finanzinstitutionen mit weitgehenden Berichtspflichten und möchte diese digitalisieren. Dafür entwickelt sie spezielle Standards, Formate und Regeln, die den automatisierten Abruf und die digitale Analyse erlauben sollen. Ähnlich gestaltete digitale Berichtspflichten könnten die Parlamente auch Teilen der staatlichen Administration auferlegen.

Eine weitere mögliche Quelle stellen frei verfügbare Daten dar. Die Open-Data-Bewegung war in den letzten Jahren recht erfolgreich. Immer mehr Privatpersonen, Unternehmen, die Forschung und in zunehmendem Maße auch die staatliche Verwaltung stellen digitale Informationen öffentlich bereit.

Eigene Datenerhebungen

In begrenztem Umfang könnte man auch darüber nachdenken, die Parlamente zu befähigen, selbst Daten zu erheben und in die eigene Auswertung einfließen zu lassen. Der primäre Fokus des Parlaments sollte aber auf der Datenanalyse liegen. Wir zählen an dieser Stelle einige potenzielle Datenquellen auf, erheben aber nicht den Anspruch auf Vollständigkeit. Welches Parlament sich letzten Endes auf welche Datenquellen stützen sollte, hängt von den institutionellen Bedingungen und der digitalen Entwicklung im jeweiligen Land ab.

- E-Polling, Onlinepetitionen und Bürgerplattformen

Die digitalen Datenquellen in dieser Kategorie zielen primär darauf ab, die politischen Entscheidungsträger besser über die Vorlieben der Wähler zu informieren. Jenseits der eigenen parteilichen Blase, des medialen Echos und der Ergebnisse von stichprobenartigen repräsentativen Umfragen könnten sie umfangreichere und detailliertere Vorstellungen der Betroffenen vermitteln. Digitale Informationen dieser Art könnten besonders geeignet sein, datenbasierten regulatorischen »Druck« vonseiten der Exekutive einzuordnen und im Bedarfsfall abzuwehren, um eine eigene, abweichende Position zu rechtfertigen.

Die Bezeichnung »E-Polling« steht als neuer Sammelbegriff für extensive Onlineumfragen. Digitale Tools erlauben sehr viel großflächigere Befragungen als traditionelle Meinungsforschung per Telefon. Barack Obamas bereits erwähnte Wahlkampagne führt die erweiterten Möglichkeiten von groß angelegten digitalen Erhebungen plastisch vor Auge. Riesige Datensets erlaubten es der Wahlkampagne, individuelle Scores für jeden einzelnen Wahlberechtigten zu vergeben. Die Scores wurden von Algorithmen auf Basis zahlloser Datenerhebungen mit bis zu 1000 verschiedenen Variablen berechnet. Darauf basierend, konnte Überzeugungsarbeit ganz gezielt geplant und letztendlich erfolgreich geleistet werden.[26] Onlineumfragen haben freilich ihre eigenen Hindernisse. Insbesondere der vermeintlich »einfache Weg«, soziale Medien für die Befragung zu nutzen oder, noch weniger aufwendig, Statements in sozialen Medien auszuwerten, führt schnell zu einem verzerrten Bild. Denn Social-Media-Nutzer sind keineswegs repräsentativ für die Gesamtheit der Wahlberechtigten.[27]

Auch die in einigen Ländern bereits verankerte Onlinepetition gehört in diese Kategorie. Aufgrund spezieller förmlicher Verfahren führt sie jedoch oft ein Schattendasein.

Parlamente könnten auch eigene Plattformen für öffentliche Konsultationen einrichten, ähnlich wie im schweizerischen Vernehmlassungsverfahren, bei dem ein Vorentwurf (meist öffentlich) zur Diskussion gestellt wird und das Feedback im Idealfall in den Entwurf mit einfließt. Ist das eingehende Feedback umfangreich, könnten die neu entwickelten Analysemethoden des Data-Minings (Big Data Analytics) helfen, das Feedback systematisch auszuwerten.

Nimmt man all diese Ansätze zusammen, sind auch parlamentarische digitale Bürgerplattformen denkbar, wie sie vor allem auf kommunaler Ebene pilotiert werden. In Baden-Württemberg wurde die Schmalspurversion eines solchen Portals sogar auf Landesebene in Betrieb genommen.[28] Solche Plattformen können als zentrale Anlaufstelle für Ideen dienen und sogar direkte Kollaboration ermöglichen. Weiter ausgebaut, erlauben sie es den Bürgern und Bürgerinnen, Daten über die Plattform zur Verfügung zu stellen, wie es etwa bei der wohl bekanntesten lokalen Bürgerplattform »decidim.Barcelona« schon der Fall ist.[29]

Einen interessanten Schritt in diese Richtung, allerdings auf Parteien-, nicht auf Parlamentsebene, hat die schweizerische Partei GRÜNE Schweiz jüngst gemacht. Sie hat beschlossen, einen Großteil der größten Einzelspende ihrer Geschichte in Höhe von einer Million Franken in eine neue App zu investieren. Mit der App soll das Engagement der Mitglieder und Sympathisanten gesteigert werden. Sie sollen sich über die App »in den Wahlkampf einklinken, sich informieren und Aufgaben übernehmen können«.[30]

- »E-Partizipation« und direkte Demokratie

Datenquellen aus dieser Kategorie gehen noch einen Schritt weiter. Sie aggregieren nicht nur Informationen, sondern gestatten den Regierten, direkten Einfluss auf politische Entscheidungen zu nehmen. Die direkte Beteiligung von Bürgern und Bürgerinnen kann vielfältige Formen annehmen. Das Spektrum reicht vom Bürgerhaushalt bis zum »Crowd Law Making«. Beim Bürgerhaushalt können Bürgerinnen in einem vorher definierten Prozess mitentscheiden, wofür bestimmte Teile des Haushalts verwendet werden. In der Schweiz war die Stadt Lausanne auf lokaler Ebene Vorreiter. Seit 2019 erlaubt sie ihren Einwohnern, konkrete Projekte vorzuschlagen und über die Mittelvergabe abzustimmen.[31] Beim Crowd Law Making hingegen können die Bürger etwa über speziell entwickelte Software direkt am entstehenden Gesetzesentwurf mitarbeiten.[32]

Die weitreichendsten Mitspracherechte ergeben sich bei der Kombination von direkter Demokratie mit der elektronischen Stimmabgabe (»E-Voting«). Direktdemokratische Elemente können unterschiedlich ausgestaltet sein. In der Schweiz etwa erlaubt die »Initiative« es den Bürgerinnen, Vorschläge zur Änderung oder Erweiterung der Verfassung einzureichen. Mit dem »Referendum« können die Bürger endgültig über Gesetze und andere Erlasse entscheiden.

Es gibt viele gute Gründe für mehr direkte Bürgerbeteiligung. So verschiebt sich in direktdemokratischen Ländern die Bandbreite der diskutierten Themen zugunsten der Wähler und Wählerinnen. Sie werden auch nachhaltiger in den politischen Prozess einbezogen und entwickeln ein stärkeres Zugehörigkeitsgefühl. Sie sind besser informiert und akzeptieren politische Entscheidungen eher. Gleichzeitig müssen die politischen Entscheidungsträger Vorhaben ausführlicher erklären.[33] An dieser Stelle wollen wir allerdings den Fokus auf einen anderen Grund richten. Jenseits all dieser »idealistischen« Ziele möchten wir ein machtpolitisches Argument vorbringen. Bisher betrachten viele Abgeordnete und Politiker direktdemokratische Elemente als Gefahr, die ihre eigenen Entscheidungsspielräume einschränken und hin zur Bevölkerung verschieben. Gleichzeitig wird der Bevölkerung nicht zugetraut, ein informiertes Abstimmungsverhalten an den Tag zu legen. Dies ist eine vor allem in Deutschland weitverbreitete Einstellung. In einer digitalisierten Welt kehrt sich die Situation jedoch um. Direktdemokratische Elemente bietet eine konkrete Möglichkeit, das drohende Abwandern von Einfluss in Richtung öffentliche Verwaltung zu verhindern. Die Abgeordneten sollten sie als Chance begreifen. Über direktdemokratische Elemente kann das Parlament einen sehr direkten Zugang zur Bevölkerung aufbauen und diesen als Gegenpol zu einer mithilfe von digitaler Technologie erstarkenden Verwaltung nutzen.

Es ist seit einiger Zeit viel vom Niedergang der Demokratie und vom Aufstieg der Autokraten und Populisten die Rede oder vom »Zeitalter der starken Männer«[34]. Jegliche Veränderung am politischen System, welche die direkte Einbeziehung des Bürgers in irgendeiner Form von E-Partizipation institutionell verankert, macht es potenziellen Autokraten schwerer, Einfluss auszubauen und die Macht an sich zu reißen. Insofern können partizipative Elemente nicht nur das Gleichgewicht zwischen den Gewalten stabilisieren, sondern, quasi als Nebeneffekt, die Demokratie insgesamt wehrhafter und resilienter machen.

Gerade in Zeiten gezielter Desinformationskampagnen, von Fake News und ChatGPT wird die direkte Einbindung des Wahlvolks nicht etwa gefährlicher, sondern noch wichtiger. Denn falsche Informationen als solche zu entlarven, bedeutet für den Einzelnen viel Aufwand. Er muss die verdächtige Information, beispielsweise aus einem sozialen Netzwerk, mithilfe anderer von der Gesellschaft als vertraulich eingestufter Quellen überprüfen und als Lüge enttarnen. Der Anreiz, diesen Aufwand zu betreiben, ist um ein Vielfaches größer, wenn es um etwas Wichtiges geht. Und das ist viel eher der Fall, wenn Informationen nicht nur als Zerstreuung konsumiert werden, sondern als Grundlage für eigene Entscheidungen dienen. Entscheidungen, die in Form regelmäßiger Abstimmungen über konkrete Sachfragen tatsächlich miteinbezogen werden.

- Sensoren und Messtechnologie

Last, but not least könnten Parlamente auch eigene Sensoren und Messtechnologie installieren lassen. Das dürfte aufgrund der staatsorganisatorischen Arbeitsteilung mit der Verwaltung aber nur in Ausnahmefällen legitim sein. In besonders sensiblen Bereichen, etwa wenn es um die nationale Sicherheit geht, könnte es manchmal von Vorteil sein, Daten doppelt zu erheben. Redundante Erhebungen würden es einzelnen Behörden sehr viel schwerer machen, Missgeschicke zu vertuschen, oder ausländischen Hackergruppen weniger leicht, Daten zu manipulieren.

Eine Mammutaufgabe

Die Parlamente stehen also vor der Herausforderung, ein parlamentarisches Datenzentrum aufzubauen. Diese Aufgabe sollte nicht unterschätzt werden. Zumal die meisten Abgeordneten ein entsprechendes Mindset erst entwickeln müssen und Fachkräfte schwer zu bekommen sind. Es werden Investitionen in zwei- bis dreistelliger Millionenhöhe benötigt. Doch wo soll das Geld herkommen? Glücklicherweise beschließen die Parlamente den Haushalt. Es kann sich die notwendigen Mittel also selbst zuweisen. Würden diese Investitionen dabei helfen, das demokratische Gefüge auch in einer digitalisierten Welt zu erhalten, wäre es gut angelegtes Geld.

Ein datengetriebenes Zeitalter hat begonnen – ob man das gutheißt oder nicht. Als erste Gewalt beginnt die Exekutive bereits, sich anzupassen. Möchten die Parlamente ein bedeutender Player bleiben, müssen sie sich ebenfalls weiterentwickeln. Auf Augenhöhe mit den anderen Gewalten zu bleiben, ist allein schon deshalb besonders wichtig, weil die Legislative in vielen Ländern die einzige direkt demokratisch legitimierte Gewalt ist.

18. Maßnahme zwei: Ein gerichtlicher Digitalisierungs-Hub – Unabhängigkeit wahren und digitale Fähigkeiten aufbauen

In eine ähnliche Kerbe wie der Vorschlag zu den datenunterstützten Parlamenten schlägt die nächste Maßnahme. Sie verfolgt ebenfalls das Ziel, die horizontale Gewaltenteilung in einer digitalisierten Welt zu erhalten. Denn auch die dritte Gewalt im Staat, die Judikative, muss sich an die Entwicklung der Welt anpassen und digital aufrüsten. Die Gerichte werden aller Voraussicht nach noch vor den Parlamenten mit den umwälzenden Konsequenzen der Digitalisierung zu kämpfen haben und auch eher die Nachteile einer weiterhin primär manuellen Arbeitsweise zu spüren bekommen.

Ähnlich wie im vorangegangenen Kapitel zu den datenunterstützten Parlamenten denken wir vermutlich an etwas anderes als die meisten, wenn wir von »digitalen Gerichten« sprechen. Uns interessiert nicht primär die Digitalisierung des Gerichtsverfahrens. Das Verfahren technologisch auf den aktuellen Stand zu bringen, etwa indem benutzerfreundliche Lösungen für die digitale justizeigene Kommunikation oder Anwendungen für die digitalen Akte erarbeitet werden, ist als Fundament wichtig und unerlässlich. Der für uns weniger offensichtliche, aber deutlich wichtigere Faktor ist die Art und Weise der Digitalisierung des Inhalts, also die Frage, wie die Urteile zukünftig (digital) zustande kommen. Denn in einer sich zunehmend digitalisierenden Welt werden die Gerichtsverfahren inhaltlich rapide an technologischer Komplexität zunehmen. Die Gerichte werden gleichzeitig mit neuartigen und vielschichtigen Rechtsfragen konfrontiert werden, die vorher gar nicht existierten. Zudem wird die Anzahl der Verfahren höchstwahrscheinlich anwachsen – zumindest während der jahrelangen Transformationsphase.[35] Schließlich vervielfacht sich auch das Konfliktpotenzial durch die neue digitale Dimension.

Die Verwaltungsgerichtsbarkeit trifft auf eine digitale Verwaltung

Im Kontext dieses Buches gilt unser besonderes Interesse der Verwaltungsgerichtsbarkeit.[36] Denn die Verwaltungsgerichte und ihre Rechtsmittelinstanzen[37] werden im Verlauf der staatlichen Digitalisierung eine wichtige Rolle zu spielen haben. Das hat mit ihrer Aufgabe zu tun. Die Verwaltungsgerichte haben unter anderem staatliches Verwaltungshandeln zu überprüfen und die Bürger, Bürgerinnen und Unternehmen vor rechtswidrigem Handeln der Administrative zu schützen. Werden in naher Zukunft vermehrt Tätigkeiten der Verwaltung automatisiert, dann werden immer mehr behördliche Entscheidungen auf Algorithmen gestützt oder direkt von Computern getroffen. Bis die neuen digitalen Systeme sowohl eingespielt als auch von der Bevölkerung akzeptiert sind, wird es Zeit brauchen. Diese Übergangsphase bietet viel Potenzial für Streit. Betroffene werden regelmäßig mit dem Resultat nicht einverstanden sein und die Rechtmäßigkeit von halbautomatisierten und vollautomatisierten Behördenentscheidungen gerichtlich klären lassen. Die entstehenden staatlichen Softwaresysteme können auf hochkomplexen Algorithmen beruhen und Hunderte Determinanten miteinbeziehen. Ganz zu schweigen davon, wenn die Systeme auf Anwendungen maschinellen Lernens, also auf »künstlicher Intelligenz«, beruhen.

Klagt nun ein betroffener Bürger, etwa weil er überzeugt ist, diskriminiert worden zu sein, müssen sich die Verwaltungsgerichte zwangsläufig auch mit dem dahinterstehenden digitalen System beschäftigen. Die Vertreter der staatlichen Verwaltung werden ihr System vehement verteidigen und facettenreiche Begründungen für seine Rechtmäßigkeit und Fehlerfreiheit liefern. Diese Neigung ist zu erwarten, wie sich exemplarisch bei der Aufarbeitung der »Toeslagenaffaire« beobachten ließ. Die niederländischen Steuerbehörden ignorierten damals alle Einwände gegen einen stark verzerrenden Machine-Learning-Algorithmus und forderten auf seiner Grundlage fälschlicherweise Kindergeld in bis zu sechsstelliger Höhe von Zehntausenden Familien zurück.[38]

Blicken wir noch ein wenig weiter in die Zukunft, müssen wir auch an die in Kapitel 12 im Zusammenhang mit der Agile Law Execution Factory (ALEF) beschriebenen Gesetze denken, die in einer maschinenlesbaren Sprache verfasst sind. Bei Gesetzesänderung können derartige Gesetze automatisiert in Software übersetzt werden und quasi über Nacht die IT-Systeme entsprechend updaten. In einer solchen Situation entstehen für die Gerichte völlig neue Herausforderungen.

Wie können die Gerichte zukünftig sicherstellen, die technisch-komplexen Begründungen und Vorgänge innerhalb der Behörden zu verstehen? Dafür brauchen sie neben Know-how auch eigene digitale Fähigkeiten. Denn die Gerichte müssen das Zustandekommen der digitalen Entscheidungen in irgendeiner Form evaluieren. Bei komplexen datengetriebenen Algorithmen, die sich intransparent und als Blackbox darstellen, könnte das sogar bedeuten, das System empirisch testen zu müssen. Darüber hinaus müssen die Gerichte unter Umständen auch die Datengrundlage beurteilen, etwa welche Daten an welcher Stelle und warum einbezogen wurden. Sich fortwährend mit Gutachtern zu behelfen, dürfte keine nachhaltige Option sein, wenn derartige Verfahren erheblich zunehmen werden. Zum einen stiegen dadurch die Kosten der Verfahren stark an, zum anderen zögen sie sich in die Länge. Die Gerichte sollten eine solche Situation vermeiden. Sie werden deshalb nicht umhinkommen, genau wie die Parlamente eigenes digitales Know-how aufzubauen.

Scheitert die Verwaltungsgerichtsbarkeit an dieser Aufgabe und findet sie keine Möglichkeit, die absehbaren Konflikte zeitnah zu lösen, droht den staatlichen Digitalisierungsbestrebungen ein weiterer Flaschenhals. Gleichzeitig ergäben sich zusätzliche Anreize für die Verwaltung, selbst einzuspringen. Jenseits des ohnehin meist verwaltungsinternen Widerspruchsverfahrens könnten die Behörden im Rahmen von digitalen Plattformen, Portalen oder Chatbots eigene neuartige Streitschlichtungsverfahren etablieren.

Ganz nach dem Vorbild der großen Internetplattformen wie PayPal oder dem Dispute Resolution Center des chinesischen Internetriesen Alibaba könnte die Verwaltung versuchen, Konflikte mit den Bürgerinnen vermehrt in Eigenregie zu lösen.[39] Die Bürger sind derartige digitale Verfahren inzwischen gewohnt und könnten sie sogar nachfragen. Für die Verwaltung hätte ein solches spezielles digitales Streitschlichtungsverfahren Vorteile. Die Behörden würden das Verfahren in ihrem Sinne kontrollieren und könnten die Bürger durch eine spezielle Ausgestaltung zu einem bestimmten Verhalten verleiten. Die Verwaltungsgerichte blieben außen vor. Sie würden zwar entlastet, verlören aber gleichzeitig Einfluss auf die Entwicklung und eine ihnen übertragene Aufgabe.

Digitale Automatisierung als Retter für die Verwaltungsgerichtsbarkeit

Um dieses Schicksal abzuwenden, brauchen die Verwaltungsgerichte vor allem Zeit und freie Kapazitäten. Nur dann können sie das notwendige Know-how und die digitalen Fähigkeiten aufbauen, um eine digitale Verwaltung kontrollieren zu können. Doch aller Voraussicht nach arbeitet die aktuelle Entwicklung gegen sie und wird nicht für Entlastung sorgen. Im Gegenteil. Die Anzahl der Gerichtsverfahren droht noch aus einem anderen Grund zu steigen.

Die in den letzten Jahren gegründeten Start-ups aus dem Bereich Legal Tech, die sich mit der Digitalisierung und Automatisierung der juristischen Tätigkeit beschäftigen, weisen den Weg. Diese Start-ups automatisieren über Internetportale wie in Deutschland etwa geblitzt.de oder hartz4widerspruch.de in zunehmendem Maße die Möglichkeit, Widersprüche oder Einsprüche gegen Behördenentscheidungen zu erheben. Zeitverzögert könnte sich die steigende Anzahl von Widerspruchs- und Einspruchsverfahren auf die Gerichte überwälzen. Darüber hinaus werden es Chatbots auf der Basis künstlicher Intelligenz wie ChatGPT & Co. den Menschen in naher Zukunft erlauben, anspruchsvolle und umfangreiche Klageschriften »selbst« zu verfassen. Da vor den Verwaltungsgerichten in der Regel kein Anwaltszwang herrscht, sinken die Hürden erheblich, Klage zu erheben. Der Aufwand wird erheblich geringer, und die Kosten sinken, um unliebsame Behördenentscheidungen, von ungewollten Bauvorhaben in der Nachbarschaft bis zu nicht erteilten Genehmigungen, gerichtlich anzugreifen. Die entfesselte Logik ist so offensichtlich wie unumkehrbar. Wenn die eine Seite zunehmend automatisiert agiert, muss die andere Seite ebenfalls digital aufrüsten und kann nicht weiterhin manuell arbeiten. Täte sie es dennoch, wird sie nicht mehr Schritt halten können.

Die Situation ist somit ziemlich vertrackt. Die Verwaltungsgerichtsbarkeit steht gleichzeitig vor zwei miteinander verbundenen Herausforderungen. Sie braucht Zeit und freie Kapazitäten, um sich selbst zügig auf Augenhöhe mit einer digitalen staatlichen Verwaltung bringen zu können. Diese Zeit und freie Kapazitäten wird sich die Verwaltungsgerichtsbarkeit aber wohl nur »erkaufen« können, wenn sie schon bald einen Teil ihrer Standardfälle »wegautomatisiert«.[40]

Leichter gesagt als getan. Zumal Automatisierung nicht gleich Automatisierung ist. Von vornherein sollte intensiv über die praktische Umsetzung von gerichtlichen Automatisierungsvorhaben nachgedacht werden. Die grundlegenden Entscheidungen darüber, wer die nötige Infrastruktur betreibt, wer über die Beschaffung der digitalen Systeme bestimmt, wer die eingesetzte »künstliche Intelligenz« trainiert und über die Datenbasis befindet, können weitreichende Konsequenzen für die Balance im institutionellen System zwischen Exekutive und Justiz haben.

In den meisten Staaten wird den Gerichten selbst neben Zeit und der entsprechenden Einstellung vor allem das notwendige Startkapital fehlen, um ihre eigene Digitalisierung voranzutreiben. Auch würde es wenig Sinn ergeben, wenn jedes einzelne Gerichte in Eigenregie voranschritte. Es bedarf daher einer koordinierenden Einheit. Auf gerichtlicher Ebene dürfte eine solche Einheit in den meisten Staaten fehlen. Es erscheint daher naheliegend, wenn die Justizverwaltungen einspringen. Gleichzeitig sind Synergieeffekte zu erwarten, wenn die Gerichte die Infrastruktur, etwa die Server der staatlichen Verwaltung, mitnutzten. Und genau danach sieht es derzeit in vielen Staaten aus.

In der Schweiz etwa wird im Rahmen des Justitia-4.0-Projektes eine zentrale Plattform für die elektronische Kommunikation in der Justiz entwickelt. Aufgebaut und finanziert werden soll die Plattform von einer eigens gegründeten öffentlich-rechtlichen Körperschaft. Diese Körperschaft wird von Bund und Kantonen, also von der Exekutive, kontrolliert. Der aktuelle Gesetzesentwurf delegiert auch die damit einhergehenden Rechtsetzungsbefugnisse an die Exekutive. Dagegen wehren sich die Gerichte. Noch ist das letzte Wort nicht gesprochen. Das Parlament muss entscheiden.[41]

Auch in Deutschland übernehmen die jeweiligen Justizministerien der Länder die Aufgabe, die Digitalisierung der Gerichte voranzutreiben. So entscheiden der E-Justice-Rat und seine Bund-Länder-Kommission für Informationstechnik in der Justiz maßgeblich über die Verwendung der Mittel aus der »Digitalisierungsinitiative für die Justiz« in Höhe von 200 Millionen Euro. Sowohl der Rat als auch die Kommission werden von Mitgliedern der Justizverwaltungen dominiert.[42] Auch die Aufträge für die Entwicklung eines speziell auf die Bedürfnisse der Justiz abgestimmten Large Language Models, eine Art ChatGPT für die Gerichte, vergeben und kontrollieren derzeit die Justizministerien.[43]

Was auf den ersten Blick logisch und folgerichtig klingt, ist auf den zweiten Blick problematisch. Bleiben wir bei dem Beispiel eines ChatGPT-Pendants, welches die Richter beim Abfassen der Urteile unterstützen soll. Was den wenigsten klar sein dürfte: Derjenige, der das zugrunde liegende Large Language Model kontrolliert, erhält indirekt großen Einfluss auf die zukünftigen Urteile. Das beginnt schon mit der Entscheidung, auf welcher Datenbasis das Sprachmodell trainiert wird. Es betrifft die Frage, wer dem Modell Feedback nach welchen Regeln gibt und mit welchem Ziel das neuronale Netzwerk »getweakt« wird. Über all diese Wege werden die einem Sprachmodell zwangläufig innewohnenden Wertungen beeinflusst. Es könnte konservativer oder liberaler, umwelt- oder industriefreundlich ausgestaltet werden. Es könnte Minderheiten benachteiligen oder auch bevorzugen und so weiter. Selbst wenn ein solches Tool nur der Unterstützung diente und einen Vorschlag lieferte, würden die Wertungen des Sprachmodells die Richter in eine bestimmte Richtung prädisponieren. Zudem bedeutete jede nachträgliche manuelle Änderung des Textvorschlags steigenden Aufwand für die Richter.

Denken wir noch einen Schritt weiter. Irgendwann werden bestimmte Gerichtsverfahren vollautomatisiert entschieden. Läuft die Software dafür auf Servern der staatlichen Verwaltung, wurde sie unter Federführung der Justizministerien entwickelt, und alle relevanten Wertungsentscheidungen wurden ebenfalls dort getroffen. Die Urteile kommen somit plötzlich aus der Sphäre der Exekutive. Die Gerichte treten faktisch nur noch nach außen als Verkünder der Urteile auf. Gleich einem trojanischen Pferd, hätte die Technologie die unabhängige Entscheidungshoheit der Gerichte ausgehöhlt.[44]

Zugleich würde eine derartige Entwicklung ihre eigentliche Aufgabe erschweren. Je stärker sich die Verwaltungsgerichte automatisieren und sich dabei technologischer Hilfsmittel bedienen, welche von der staatlichen Verwaltung beaufsichtigt werden, desto schwerer wird es ihnen fallen, unabhängig das staatliche Verwaltungshandeln zu überprüfen. Wie sollen die Gerichte weiterhin einen Gegenpol zur Verwaltung im Sinne der Gewaltengteilung bilden, wenn die grundlegenden inhaltlichen Werkzeuge, die sie nutzen, von der Gegenseite kontrolliert werden?

Die Digitalisierung der Privatwirtschaft hat uns gezeigt: Den größten Einfluss kann derjenige ausüben, der die Daten und ihre Nutzung kontrolliert, sei es über Internetplattformen, »künstliche Intelligenz«, Cloud-Anwendungen oder Ähnliches. Sollten die Unternehmen ihren so gewonnenen Einfluss missbrauchen, kann der Staat unerwünschte Fehlentwicklungen korrigieren. Er kann immer regulierend eingreifen, weil er das Gewaltmonopol innehat und damit eine übergeordnete Instanz bildet. Das gilt auch, wenn sich in der Praxis Schwierigkeiten bei der Regulierung ergeben, etwa weil Staaten mit sehr unterschiedlichen Interessen nicht in der Lage sind, an einem Strang zu ziehen, um einen Gatekeeper in die Schranken zu weisen. Im Zusammenhang mit der staatlichen Digitalisierung muss man sich die fundamental andere Ausgangslage bewusst machen. Eine übergeordnete Instanz mit eigenem Machtmonopol, die Fehlentwicklungen korrigieren kann, fehlt gerade. Missstände bei der digitalen Rechtsanwendung durch die staatliche Verwaltung können einzig von den Gerichten korrigiert werden. Dafür müssen diese Gerichte aber tatsächlich unabhängig bleiben. Die Verwaltungsgerichtsbarkeit steht hier an vorderster Front.

Mit parallelen Problemen könnten im Übrigen die Verfassungsgerichte konfrontiert sein, wenn es zu verfassungswidrigen Kompetenzüberschreitungen durch die Regierung, Verwaltung oder Parlamente infolge der digitalen Transformation kommt.

Ein schwieriger Weg zum eigenen gerichtlichen Digitalisierungs-Hub

Die Verwaltungsgerichtsbarkeit muss digital aufrüsten. Sie sollte sich koordinieren und einen oder mehrere eigene gerichtliche Digitalisierungs-Hubs gründen, in denen ihre digitalen Fähigkeiten und ihr Knowhow entwickelt werden. Es geht darum, die digitale Transformation der Gerichte aus dem Verantwortungsbereich der Verwaltung zu lösen.

Analog zu dem im vorherigen Kapitel angedachten parlamentarischen Datenzentrum sollte ein solcher Hub in der Lage sein, mit Daten umzugehen, und entsprechende Fertigkeiten für die Gerichte bereitstellen. Der gerichtliche Digitalisierungs-Hub muss aber noch darüber hinausgehende Tätigkeiten entfalten. Er muss auch die notwendige eigene digitale Automatisierung vorantreiben und steuern. Zudem könnte der Hub zunächst als Basis, durchaus auch in Zusammenarbeit mit der Verwaltung, helfen, das Gerichtsverfahren zu digitalisieren. Er könnte also auch die Zuständigkeit bekommen, justizeigene Portale für den digitalen Rechtsverkehr zu entwickeln, eine Anwendung für die digitalen Akte zu erarbeiten und die gerichtlichen Mitarbeiter zu schulen. Um den Unterschied deutlich zu machen, nennen wir diese Einheit *Digitalisierungs*-Hub und nicht *Daten*-Zentrum. Der Hub könnte als kleines, agiles Powerhouse mit klaren Zuständigkeiten und kurzen Wegen operieren. Er könnte sogar eine eigene gerichtliche, von der Exekutive unabhängige IT-Infrastruktur betreiben. Diese Redundanz erzeugt zwar zusätzlich Kosten, hätte aber im Krisenfall Vorteile. Eine derartige neue bei den Gerichten angesiedelte Einheit könnte außerdem die notwendige digitale Transformation beschleunigen und die Prozesse vereinfachen. Sie würde die aktuellen Nachteile der komplizierten bürokratischen Prozeduren innerhalb der Justizministerien vermeiden.

Ein derartiger judikativer Digitalisierungs-Hub könnte auf Bundesebene angesiedelt werden. Skaleneffekte würden helfen, Kosten zu sparen, und für Synergien sorgen. Aus unserer Sicht wäre es noch erstrebenswerter, wenn sich mehrere Gliedstaaten zusammenschlössen und eigenen Digitalisierungs-Hub gründeten. Ein Land von der Größe Deutschlands könnte drei bis fünf gerichtliche Digitalisierungs-Hubs vertragen. Der entstehende Wettbewerb würde für zusätzliche Motivation sorgen und erlaubte Vergleiche. Würde ein Hub für eine Aufgabe eine exzellente Lösung entwickeln, könnten die anderen Hubs diese übernehmen.

In der Praxis wird es den Gerichten voraussichtlich schwerfallen, sich das notwendige Budget zu besorgen, vor allem wenn sie die digitale Transformation in Eigenregie angehen möchten. Die Gerichte haben keinen direkten Hebel. In Deutschland müssten sie die Justizverwaltungen überzeugen, die Mittel bereitzustellen, das heißt diejenigen, die sie kontrollieren, dazu bringen, einen Teil des Digitalisierungsbudgets abzugeben. Warum sollten die Justizministerien das tun? Ihre Anreize gehen in die entgegengesetzte Richtung. Alternativ können die Gerichte versuchen, das Parlament zu überzeugen, ihnen die notwendigen Mittel direkt über den Haushalt bereitzustellen. Das gelingt nur dann, wenn sie glaubhaft machen können, dass es auch im Interesse der Parlamente ist, eine allzu starke öffentliche Verwaltung zu verhindern.

Digitalisierungs-Hubs für die gesamte Judikative?

Im Kontext der staatlichen Digitalisierung sind die Verwaltungsgerichte von besonderer Bedeutung. Im Kern betreffen die angesprochenen Probleme aber alle Gerichte in allen Zweigen und Instanzen. Auch in den anderen Bereichen des Gerichtswesens vervielfacht sich das Konfliktpotenzial durch die neue digitale Dimension[45] und konfrontiert die Gerichte mit neuartigen Rechtsfragen. Vor 20 Jahren war der enorme Wert von großen Instagram-Accounts, von virtuellen Gegenständen in Massenonlinespielen oder von blockchainbasierten Token kaum vorstellbar. Inzwischen kann er in die Millionen Euro gehen. Sowenig relevant früher Fragen rund um Vererblichkeit oder Veräußerung derartiger virtueller Assets waren, desto schneller ändert sich das nun. Streitigkeiten im Zusammenhang mit dem Schutz von Marken, Patenten, Design sowie dem Urheberrecht bekommen durch das Aufkommen und die zunehmende Nutzung künstlicher Intelligenz und seiner kreativen Spielart Generative AI eine völlig neue Dimension.

Und in den entstehenden Welten virtueller Realität wie dem Metaverse stellen sich viele altbekannte rechtliche Fragen neu. Probleme und Wertungen etwa des Persönlichkeitsrechts, des Mietrechts, aber auch des Arbeitsrechts müssen in einem virtuellen Kontext vielleicht ganz anders beurteilt werden. Gleichzeitig multiplizieren sich die möglichen Konflikte, je größer und »realer« die digitale Welt wird. Alle Auseinandersetzungen in der echten Welt können zusätzlich und intensiver auch noch in der virtuellen ausgefochten werden. Die unablässige Verletzung der Persönlichkeitsrechte in den sozialen Medien ist ein gutes Beispiel für diesen Trend. Automatisieren die anderen Gerichtsbarkeiten nicht ebenfalls einen Teil ihrer Aufgaben, werden sie nicht die Zeit finden, sich den neuen Problemen zu widmen.[46] Insbesondere die Standardfälle, also häufig wiederkehrende Fallkonstellationen, deren zugrunde liegende Rechtsfragen längst geklärt sind, müssen den Richtern über kurz oder lang durch »Robo Judges«, also Roboterrichter, oder Ähnliches abgenommen werden. Schreiben die Richter auch in Zukunft all ihre Urteile noch selbst, werden sie das steigende Pensum kaum bewältigen können. Der von uns angedachte gerichtliche Digitalisierungs-Hub muss also nicht auf die Verwaltungsgerichtbarkeit beschränkt bleiben.

Von allen drei Gewalten ist die digitale Transformation für die Judikative am schwierigsten. Neben dem problematischen Finanzierungsproblem bedarf es ungewöhnlicher koordinierter Anstrengungen. Außerdem werden sich viele Richter vermutlich vehement gegen technologische Veränderungen wehren, denn sie sind nicht für ihre Technikoffenheit und Innovationsfreundlichkeit bekannt.

Dennoch werden die Gerichte kaum eine andere Wahl haben. Sie werden in den nächsten Jahrzehnten eine fundamentale Transformationsphase voller gesellschaftlicher Umbrüche begleiten und dabei in mannigfaltigen Konflikten Position beziehen müssen. Dazu werden sie nur in der Lage sein, wenn sie sicher auf eigenen (digitalen) Beinen stehen.

19. Maßnahme drei: Dezentrale Digitalisierung – Standards fördern, um Föderalismus zu erhalten und Gatekeeper zu verhindern

Auch mit der dritten Maßnahme bleiben wir beim Thema Gewaltenteilung und wie wir sie in einem digitalen Umfeld bewahren können. Ging es in den vorherigen beiden Kapiteln um die horizontale Gewaltenteilung, also um die Aufteilung des Einflusses im Staat in die drei Sphären Parlamente, Regierung/Verwaltung und Gerichte, richten wir unsere Aufmerksamkeit nun auf die vertikale Gewaltenteilung. Mit anderen Worten: Es geht um den Föderalismus. Die Digitalisierung mit ihrem Hang zur Zentralisierung bedroht gerade auch das dezentrale Organisationsprinzip in föderalen Staaten.

Derzeit werden die grundlegende Architektur und Funktionsweise der digitalen staatlichen Verwaltung verhandelt und festgelegt. Dabei sollten wir zwei miteinander verbundene Ziele nicht aus den Augen verlieren: Erstens sollte die Eigenständigkeit der Gliedstaaten in der herkömmlichen oder einer neuen Form wie etwa die Functional, Overlapping, Competing Jurisdictions (FOCJ)[47] dauerhaft erhalten bleiben. Zweitens muss das Entstehen zentraler Gatekeeper im öffentlichen Sektor, wie wir sie in Kapitel 11 beschrieben haben, verhindert werden. Vor allem letztgenannter Punkt, die Möglichkeit des Aufkommens enorm einflussreicher administrativer Plattformen in Analogie zu den mächtigen Internetplattformen, bereitet uns Sorge.

Föderalismus als Fluch oder Segen?

Beide Ziele zu erreichen, ist kein leichtes Unterfangen, denn die aktuellen digitalen Dynamiken arbeiten beharrlich gegen den Föderalismus. Deshalb genießt Dezentralisierung im Kontext der Digitalisierung auch keinen guten Ruf. Er wird konstant als einer der Hauptgründe angeführt, warum in manchen Staaten die Digitalisierung nur schleppend vorankommt. Insbesondere in Deutschland ist es en vogue, über den »föderalen Flickenteppich« zu schimpfen und den Föderalismus als »digitalen Bremsklotz« an den Pranger zu stellen. Stattdessen wird empfohlen, die Digitalisierung zur »Chefsache« zu machen. Und überhaupt sei Zentralstaaten per se im Vorteil, wenn es um die digitale Transformation geht.[48]

Auch IT-Manager sind in der Regel keine Fans von dezentralen Lösungen und der damit einhergehenden größeren Komplexität. Sie bauen immer wieder Druck auf, lieber zentrale Lösungen zu wählen, etwa eine einheitliche Datenbank als »Single Source of Truth« für alle. Aber die einfachste, billigste oder auch effizienteste Lösung ist auf lange Sicht nicht immer die beste. Denn was für Erfahrungen haben wir mit den langfristigen Konsequenzen von zentralen digitalen Lösungen bisher gemacht?

Ein erneuter Blick auf die digitale Wirtschaft hilft uns, die langfristigen Folgen zu verdeutlichen. Die Entwicklung der digitalen Kommunikation über das Internetnetzwerk liefert gutes Anschauungsmaterial. Das E-Mail-System ist vergleichsweise alt. Es entwickelte sich schon zu Zeiten des ARPANETs, des Vorgängers des heutigen Internetnetzwerks. Leitmotiv und Vorgabe bei der Entwicklung des ARPANETs war seine dezentrale Struktur. Entsprechend mussten besondere Wege gefunden werden, um Nachrichten zwischen verschiedenen Netzwerken und Computern mit verschiedenen Betriebssystemen austauschen zu können. Dafür wurden standardisierte Kommunikationsprotokolle entwickelt, die genau das erlauben. Sie legen allgemeingültige Regeln fest, wie die Datenübertragung abzulaufen hat. Die Nachfolger dieser ersten Protokolle, insbesondere die Protokolle SMTP, POP3 und IMAP, bilden auch heute noch das Fundament der E-Mail-Kommunikation.[49] Im heutigen E-Mail-System kann der Nutzer daher auf eine Vielfalt an E-Mail-Software und -Anbieter zurückgreifen. Die unterschiedlichen Mailserver der Anbieter sind auf Grundlage der Protokolle in der Lage, miteinander zu kommunizieren. Der Nutzer kann leicht von einem E-Mail-Anbieter zu einem anderen wechseln, ohne sein Kontaktnetzwerk zu verlieren. Infolgedessen haben die E-Mail-Anbieter kaum Bedeutung und wenig Einfluss auf das System.

Instant-Messaging-Anwendungen wie WhatsApp, Messenger oder Telegram hingegen feierten ihren Siegeszug erst sehr viel später auf dem Smartphone.

Dort hatte insbesondere der Vorreiter Apple Inc. mit dem iPhone die neue geschlossene Welt des App Stores etabliert. In dieser Welt wird Interoperabilität nicht gefördert. Die Messaging-Anwendungen kamen als »Apps« auf die Smartphones und verwendeten eigene, proprietäre und in der Regel nicht öffentlich einsehbare Kommunikationsprotokolle. Standardisierte interoperable Protokolle konnten sich nicht durchsetzen. Infolgedessen sind die Nutzer von Messenger-Apps an einen bestimmten Anbieter gebunden. Nachrichten von WhatsApp-Nutzern können nur an andere WhatsApp-Nutzer versendet werden, nicht aber an Telegram-Nutzer. So konnten sich die in Kapitel 11 beschriebenen Netzwerkeffekte entfalten und eine Winner-takes-most-Dynamik lostreten. Denn bei einem Wechsel des Anbieters würde der Nutzer sein gesamtes Kontaktnetzwerk auf einen Schlag verlieren. Im Gegensatz zum E-Mail-System mit seinen unzähligen auch nationalen und lokalen Anbietern dominieren heutzutage nur eine Handvoll Messenger den weltweiten Markt. Allein WhatsApp hat inzwischen mehr als zwei Milliarden Nutzer.[50] Diejenigen Unternehmen, die sich in den letzten Jahren durchgesetzt haben, profitieren heute enorm von ihrer zentralen Gatekeeper-Position. Die Bewertung der großen Messaging-Dienstanbieter geht entsprechend in die Milliarden Euro.

In kleinerem Maßstab, aber dafür im staatlichen Kontext können die Ereignisse rund um die Nachverfolgung von Kontaktpersonen während der COVID-19-Pandemie in Deutschland als Lehrstück dienen. Die Kontaktnachverfolgung fiel in den Zuständigkeitsbereich der Gesundheitsämter. Diese waren mit manuellen Listen natürlich rasch überfordert. In kürzester Zeit wurde daher eine Vielzahl von Apps von unterschiedlichsten Anbietern entwickelt und verbreitet. Die Gesundheitsämter hätten all diese Informationen aggregieren können, um ein möglichst vollständiges Bild zu erhalten. Allerdings konnten die Apps nicht mit den IT-Systemen der Gesundheitsämter kommunizieren. Dafür hätte eine einheitliche, also standardisierte Programmierschnittstelle entwickelt werden müssen. Anstelle diese in Auftrag zu geben, entschieden sich Bundeskanzlerin und die Ministerpräsidenten lieber dafür, eine einzelne App, die Luca App, ohne staatliche Ausschreibung »einzukaufen« und zu nutzen.[51] Sie sollte als zentrale Lösung für alle dienen und die anderen Apps ersetzen. Die Folgen dieses Vorgehens waren desaströs, wie heute wohlbekannt ist. Sie reichen von Sicherheitslücken über Ineffizienz und Geldverschwendung bis hin zum Missbrauch.[52]

In größerem Maßstab lassen sich die negativen Folgen eines zentralistischen Ansatzes bei der staatlichen Digitalisierung am besten in Brasilien beobachten. Mit dem Dekret 10.046 schuf dort der Präsident 2019 das Comitê Central de Governança de Dados, das Zentralkomitee für Datenverwaltung, und die Cadastro Base do Cidadão, das Bürgerbasisregister. Das Dekret verpflichtet die brasilianischen Bundesbehörden, die Mehrheit der Informationen, die sie über die Bürger und Bürgerinnen besitzen, in einer zentralen »Masterdatenbank« zusammenzuführen und diese zu nutzen.[53] Finanzdaten, Gesundheitsdaten, Vergehen und vieles mehr werden dort mit biometrischen Daten wie Fingerabdrücken, Gesichtsprofilen und Irisscans verknüpft. Alle Behörden können laut Dekret auf diese Informationen zugreifen. Verfügt eine Behörde beispielsweise über einen Fingerabdruck, kann sie auslesen, wo die Person bisher gearbeitet hat, ob sie Sozialleistungen empfangen hat, wie ihr Impfstatus ist, welche Strafzettel sie bekommen hat, ob sie sich als Hobbyfischer hat registrieren lassen und so weiter.[54] Das Missbrauchspotenzial einer derartigen zentralen Datenbank ist riesig. Der erste Skandal, bei dem der nationale Nachrichtendienst 75 Millionen Datensätze in einem Monat abfragte, ließ auch nicht lange auf sich warten.[55]

Trotz all dieser negativen Erfahrungen sind vielerorts zentralistische Bestrebungen bei der Digitalisierung im Aufwind. Und das hat viel mit den praktischen Schwierigkeiten der dezentralen Digitalisierung zu tun. In föderalen Staaten digitalisieren viele Institutionen unkoordiniert und autonom vor sich hin. Jeder sucht seinen eigenen Weg. Das Silodenken dominiert oft. Ohne über den Tellerrand zu schauen, werden immer wieder höchst individuelle Lösungen entwickelt, die eine Mehrfach- oder Nachnutzung verhindern und den nahtlosen Datenaustausch verunmöglichen. Daten müssen in der Folge von unterschiedlichen Stellen immer wieder neu erhoben werden. Gleichzeitig sind viele kleinere politische Einheiten, in Deutschland etwa die Kommunen, mit der Digitalisierung überfordert.

Offene Standards als Ausweg

Wenn aber digitale Zentralisierung keine wünschenswerte Lösung ist und föderale Strukturen in der Praxis die digitale Transformation zu stark ausbremsen, welcher Weg sollte dann eingeschlagen werden?

Es ist ein Weg zu finden, der den Nutzen beider Ansätze vereint, also die Vorteile der Zentralisierung mit den Vorteilen der Dezentralisierung verbindet – und die föderale »Komplexitätsfalle« zu überwinden hilft.[56] Es bedarf keiner zentralen Systeme, sondern zentraler Koordination. Viele werden bei diesem Stichwort an eine direkte Koordination denken, also an eine zentrale Koordinationseinheit wie einen Chief Digital Officer auf der Bundesebene eines Staates, der die verschiedenen Akteure an einen Tisch holt, Bedürfnisse abfragt, digitale Projekte aufeinander abstimmt, für den Austausch zwischen den Beteiligten sorgt und vieles mehr.

Uns schwebt hingegen eine hauptsächlich indirekte Koordination vor. Vornehmliche Aufgabe eines Chief Digital Officers auf nationaler Ebene (oder einer ähnlichen Stelle) sollte die Etablierung von offenen, harmonisierten Standards, insbesondere von Kommunikationsprotokollen, Datenformate und Schnittstellen sein. Nicht im Alleingang, sondern in einem Standardisierungsprozess unter Einbeziehung der Gliedstaaten, der Kommunen und vor allem von gesellschaftlicher Expertise in NGOs, Wissenschaft und Unternehmen. Offene, harmonisierte Standards bilden das Fundament einer erfolgreichen dezentralen Digitalisierung. Derartige orchestrierende Vorgaben würden es den Akteuren weiterhin erlauben, dezentral und eigenständig zu entscheiden, zu entwickeln und zu experimentieren, die entstandenen Lösungen würden am Ende dennoch »zusammenpassen«.[57] So würde beispielsweise die parallele Nutzung von verschiedensten Datenbanktechnologien und -infrastrukturen in einem Kosmos möglich. Koordination und Kommunikation ergäben sich mittelbar als Folge einer effizienten standardbasierten Vernetzung.

Insellösungen entstehen oft, weil es unter Zeitdruck ein konkretes Problem zu lösen gilt. Das allein ist in der Praxis oft schon schwer genug zu bewältigen. Sich in dieser Situation dann zusätzlich noch um die Kompatibilität der Lösung mit dem großen Ganzen innerhalb der Verwaltung zu kümmern, würde zusätzlich Zeit und weitere Kosten verursachen, ohne gleichzeitig direkten zusätzlichen Nutzen für den Akteur zu schaffen. Darüber hinaus fehlen ihm in der Regel auch die notwendige übergeordnete Perspektive und entsprechendes Know-how. Den einzelnen Akteurinnen kann man daher kaum Vorwürfe machen. In diese Lücke stoßen Standards. Sie machen den Akteuren konkrete Vorgaben, indem sie einen Rahmen vorgeben, auf welcher Art und Weise das Problem angegangen werden kann.

Harmonisierte, somit aufeinander abgestimmte und offene, also nicht proprietäre Standards zu definieren, vorzuschreiben und auch durchzusetzen, hat drei große Vorteile. Erstens gewährleisten Standards sowohl Effizienz als auch Vielfalt und Wettbewerb. Gerade langfristig wird es sich als Vorteil erweisen, wenn viele verschiedene Lösungsansätze miteinander konkurrieren. Zweitens werden Standards nicht nur den reibungslosen Austausch von Daten innerhalb der staatlichen Verwaltung und im Austausch mit den Bürgerinnen und Unternehmen ermöglichen, sondern auch mit den beiden anderen Gewalten. Dieser Datenaustausch wird notwendig werden, auch wenn ihn heute noch kaum jemand auf dem Schirm hat. Standards bilden das Fundament, damit auch das Parlament die Daten der Behörden benutzen kann, und erlauben den Gerichten bei Bedarf den hindernisfreien Zugang. Drittens werden einzelne allzu dominante Gatekeeper mit großer Wahrscheinlichkeit verhindert. Da Daten viel einfacher migriert werden und technische Lösungen durch Alternativen ersetzt werden können, müssen einzelne Institutionen viel eher den Verlust ihres Datenschatzes oder ihrer Plattform fürchten. Es wird ihnen daher schwerfallen, eine etwaige Gatekeeper-Position zum Nachteil anderer Institutionen auszunutzen.

Selbst in Ländern, die lange als digitale Vorbilder gepriesen wurden, etwa in Dänemark, wird nach Jahren der digitalen Zentralisierung nun versucht, den verloren gegangenen Wettbewerb in der Entwicklung von digitalen Lösungen wieder herzustellen.[58] Gerade in Deutschland sollte man mit den Vorteilen des Wettbewerbs vertraut sein. Denn die wirtschaftliche Stärke des Landes beruht eben nicht auf der Dominanz einiger weniger globaler Unternehmen, sondern auf einem breiten Mittelstand, der es gelernt hat, sich im scharfen Wettbewerb durchzusetzen.

Standardisierte Datenformate, Schnittstellen und Protokolle

Mit zunehmender Digitalisierung wird es immer wichtiger, Daten sinnvoll verarbeiten und effizient nutzen zu können. Das kann nur erreicht werden, wenn die Informationen nicht nur von den Erhebenden selbst und den digitalen Lösungen ihrer Silos genutzt werden, sondern sie bei Bedarf (rechtskonform) weitergegeben oder abgefragt werden können. Ein reibungsloser Austausch sowohl innerhalb der Verwaltung als auch in Beziehung zu Bevölkerung und Unternehmen muss ermöglicht werden. Der Austausch und die Nutzung müssen über die Grenzen verschiedener Systeme und Technologien gewährleistet sein. Gleichzeitig müssen auch die Systeme übertragbar und austauschbar sein und leicht von anderen Akteuren gebraucht werden können. Erfolgreiche Lösungen müssen in der Lage sein, sich zu verbreiten. Offene Standards müssen Interoperabilität, Portabilität, Nach- und Mehrfachnutzbarkeit (Usability) und Skalierbarkeit ermöglichen.[59]

Für die staatliche Digitalisierung sind vor allem standardisierte, offene Datenformate, Schnittstellen und Protokolle wichtig. Datenformate beschreiben die Struktur und Darstellung der Daten. Sie definieren Inhalte und die Art und Weise der Bearbeitung beziehungsweise Interpretation.[60] Datenschnittstellen wiederum legen fest, wie Datenformate von einem System oder einer Anwendung gelesen oder ausgegeben werden. Sie legen als eine Art Verbindungspunkt das Fundament für den Austausch zwischen verschiedenen Systemen oder Anwendungen.[61] Protokolle hingegen sind verantwortlich für die Kommunikation. Sie bestimmen die Regeln für den Ablauf des Austauschs. Während sich also Schnittstellen dem statischen Aspekt des Austauschs widmen, beschreiben Protokolle den dynamischen Aspekt.[62]

Ein koordinierendes Standardisierungszentrum

Nun braucht es aber nicht das Datenformat, die Schnittstelle oder das Protokoll, sondern viele davon.[63] Derartige Standards müssen für die verschiedensten Anwendungsfälle und Fachinstanzen ausgewählt oder entwickelt und etabliert werden. Zurzeit versuchen viele verschiedene Institutionen mit sehr unterschiedlichen Zielen, Ambitionen und Reichweiten, diese Aufgaben zu erfüllen. Globale und supranationale Organisationen, verschiedenste nationale Akteure und einzelne Unternehmen haben vielfältige Ansätze zur Standardisierung auf den Tisch gelegt.

In dieser Situation bedarf es einer Instanz, welche sämtliche Bedürfnisse, also die Nachfrageseite und die komplette Standardisierungslandschaft als Angebotsseite, überblickt. Es braucht ein Standardisierungszentrum für die gesamte (nationale) staatliche Digitalisierung, welches nicht nur die gesamte Verwaltung, sondern darüber hinaus alle drei Gewalten im Visier hat.[64]

Noch einmal zur Klarstellung: Das von uns angedachte Standardisierungszentrum muss nicht selbst Datenformate, Schnittstellen oder Protokolle entwickeln. Es muss vielmehr einen Überblick liefern, welche Standards von global bis lokal für welchen Bereich bereits existieren, und diese in einem transparenten, allgemein akzeptierten Prozess bewerten. Es muss dabei Konsens zwischen den verschiedenen Anspruchsgruppen herstellen und die geeigneten Standards auswählen, was in stark föderalistischen Staaten die schwierigste Aufgabe darstellt. Das Zentrum muss auch Standardisierungslücken identifizieren, ihre Schließung begleiten und fördern und in diesem Sinne für Vollständigkeit sorgen. Es muss die Pflege und Weiterentwicklung der ausgewählten Standards und ihre Kompatibilität gewährleisten. Darüber hinaus muss das Standardisierungszentrum die bestehenden Standards an die Nutzer kommunizieren und als (einzige) Anlaufstelle für diese dienen. Eine derartig komplexe Koordinationsleistung kann nur von einer zentralen Einheit erfolgreich erbracht werden, wenn sie in der Lage ist, die verschiedenen Ebenen der staatlichen Institutionen, die Forschung, NGOs und Industrie einzubinden.

Ein solches Standardisierungszentrum muss in vielen Staaten nicht eigens gegründet werden.[65] Oft können bereits bestehende Strukturen ausgebaut werden, wie beispielhaft der Blick auf Deutschland zeigt. Einerseits ist dort, wenig überraschend, die Standardisierungslandschaft sehr divers.[66] Andererseits wurden von politischer Seite grundsätzlich die Vorteile der Standardisierung bei der Digitalisierung der staatlichen Verwaltung früh erkannt und entsprechende Institutionen gegründet, etwa die 2011 gegründete Koordinierungsstelle für IT-Standards (KoSIT).[67]

Leider wurde der damals eingeschlagene Weg nicht konsequent verfolgt. 2020 wurde dann ein neuer Anlauf im Rahmen der Gründung der Föderalen IT-Kooperation (FITKO) genommen, die für den IT-Planungsrat auch die Aufgabe übernommen hat, die Standardisierungsagenda zu führen und zu pflegen.[68] Gleichzeitig wurden aber Befugnisse in diesem Bereich an das Bundesinnenministerium übertragen. Ein im Kern widersprüchliches Vorgehen.

Eigentlich würde es sich anbieten, eine der beiden genannten Institutionen weiter auszubauen und mit zusätzlichen Kompetenzen auszustatten. Darauf hatten nicht wenige gehofft, als die Beratungen zur Verlängerung des Onlinezugangsgesetzes aufgenommen wurden. Der Gesetzesentwurf zum Onlinezugangsgesetz 2.0 vom Mai 2023 sieht jedoch stattdessen vor, lediglich Standards und Schnittstellen zentral durch das Bundesinnenministerium veröffentlichen zu lassen.[69] Die aktuelle Entwicklung scheint sich somit von den bestehenden Institutionen zu entfernen und in Richtung des Bundes zu gehen. Daher wäre das im Sommer 2023 beschlossene Dateninstitut ebenfalls ein potenzieller Kandidat.[70] Denkbar wäre es auch, außerstaatliche Normierungsorganisationen wie das Deutsche Institut für Normung e. V. (DIN) mit dieser Aufgabe zu betrauen.

Letztendlich nützen aber alle Standardisierungsbemühungen wenig, wenn die Standards in der Praxis nicht auch tatsächlich berücksichtigt werden. Standards werden so lange zahnlose Tiger bleiben, solange ihre Verwendung nicht im gesamten Hoheitsbereich durchgesetzt wird.[71] Dafür müssen sie verbindlich vorgeschrieben werden oder zumindest für den Erhalt von Fördermitteln oder als Vergabekriterium bei öffentlichen Ausschreibungen zwingend vorausgesetzt werden.[72] Über seine Budgethoheit und die Möglichkeit, die IT-Mittel zu kürzen, verfügt das Parlament übrigens über einen starken Hebel, die Standardisierung voranzutreiben.[73]

Dezentrale Digitalisierung und Datenschutz

Eine besondere Herausforderung auch bei der dezentralen Digitalisierung stellt der Datenschutz dar. Zum Schutz personenbezogener Daten sollte jede öffentliche Institution nur auf die Informationen zugreifen können, die zur Erfüllung ihrer Aufgaben erforderlich ist.[74] Das deutsche Bundesverfassungsgericht bezeichnet dieses Prinzip sogar als »informationelle Gewaltenteilung«.[75] Damit wird neben dem funktionalen und räumlichen Aspekt eine dritte wichtige Art der Gewaltenteilung eingeführt. Juristen sprechen in diesem Zusammenhang allgemeiner auch von der zweckkonformen Nutzung von Daten oder ihrer Zweckbindung.

Eine auch im Digitalen dezentrale Datenhaltung in vielen verschiedenen Registern und Datenbanken, die in den verschiedenen Sachzuständigkeiten und auf den verschiedenen staatlichen Ebenen beheimatet sind, stellt bereits einen fundamentalen Schritt in diese Richtung dar. Damit wird jedoch allein noch nicht die Einhaltung des Prinzips gesichert. Dies gilt insbesondere dann nicht, wenn sich der Zugriff und auch die Zuordnung der jeweiligen Datensätze zum Betroffenen technisch mühelos bewerkstelligen lassen. Der Zugriff wird ja gerade durch Standards vereinfacht und die Zuordnung dann meist durch einen eigens eingeführten Identifikator, etwa eine Nummer oder ein biometrisches Merkmal. Aus diesem Grund sollte und wird die dezentrale Datenhaltung oft von drei weiteren Maßnahmen flankiert. Erstens gibt es normative Vorgaben. Sie regeln, wer Zugriff auf welche Daten bekommt. Theoretisch könnte man auf die Daten zugreifen, darf es aber nicht. Zweitens wird versucht, die übermäßige Datennutzung durch Transparenz zu verhindern. Der Betroffene soll die Kontrolle behalten, indem er jedes Mal informiert wird, wenn seine Daten genutzt werden. Drittens soll die organisatorische Umsetzung auf technischer Ebene mithilfe von Authentifizierungs-, Validierungs-, Protokollierungs- und Verschlüsselungsinstanzen und so weiter Missbrauch verhindern. Estland hat dafür beispielsweise mit »X-Road« einen eigenen »Data Exchange Layer« entwickelt.[76] Deutschland hat sich im Rahmen seiner »Registermodernisierung« für ein komplexes 4-Corner-Modell unter Einbeziehung von jeweils zwei IT-Dienstleistern entschieden.[77]

Nun lassen sich die Maßnahmen zum Schutz der Daten in der ersten Kategorie, den Regeln, allerdings ändern beziehungsweise im digitalen Raum einfacher umgehen. Das gilt selbst für verfassungsrechtlich abgesicherte Gesetze. Von Transparenz wiederum wird der Betroffene ab einer gewissen Häufung und Komplexität schnell überfordert sein. Daher ist die dritte Kategorie von Maßnahmen, die angemessene technisch-organisatorische Umsetzung, so wichtig. Sie auszuhebeln, ist in der Praxis aufwendig, und viele Akteure müssen involviert werden. Das gilt allerdings nur, wenn die Umsetzung den richtigen Grundsätzen folgt. Wird etwa der Datenzugriff bei der dezentralen Datenhaltung nur mithilfe eines zentralen »Vermittlers« umgesetzt, entsteht hingegen ein potenzieller Gatekeeper. Ein solcher Vermittler ist eine separate Instanz wie etwa die bereits erwähnten Zugangsstellen für Gesundheitsdaten im European Health Data Space, welche die jeweilige Zugriffsberechtigung kontrollieren und zusätzlich die Daten vom Absender in Empfang nehmen und an den Empfänger weiterschicken. Eine solche natürliche Gatekeeper-Position birgt langfristig vor allem ein erhebliches Gefahrenpotenzial.

Über diese drei Kategorien von Maßnahmen hinaus würden wir anregen, noch intensiver Lösungen zu nutzen und gegebenenfalls zu erforschen, die den Datenschutz technisch auch direkt auf Ebene der Daten absichern. Experten sprechen von »Privacy-enhancing Technologies« (PET).[78] Um mit Daten arbeiten zu können, muss heutzutage nicht mehr unbedingt der Zugriff auf alle Informationen gewährleistet sein. Unter Umständen müssen die Daten nicht einmal mehr unverschlüsselt vorliegen. So unvorstellbar das auch klingen mag, allererste Pilotprojekte versuchen, genau das in die Praxis umzusetzen.[79] So ermöglicht beispielsweise ein Ansatz die Pseudonymisierung von Daten, die in verschiedenen Datenbanken liegen, und zwar so, dass die pseudonymisierende Instanz weder die Pseudonyme noch die sensiblen Informationen kennt.[80] Ein anderer Ansatz geht noch einen ganzen Schritt weiter und ermöglicht Berechnungen direkt auf den verschlüsselten Daten. Analysen werden so möglich, ohne die Daten vorher entschlüsseln zu müssen.[81]

Kurzfristig Nachzügler, langfristig Vorreiter?

Zugegeben, dezentrale Digitalisierung ist kompliziert, verursacht Kosten und dauert lange. Im Gegenzug ermöglicht und fördert sie Wettbewerb als Antrieb, gute Lösungen zu entwickeln. Sie verhindert die Häufung von zu viel Einfluss an einem Ort und schützt dadurch die Demokratie.

Wir wollen noch einen weiteren langfristigen Vorteil ins Spiel bringen, der auch für zentralistische Einheitsstaaten interessant sein könnte: Resilienz. Insbesondere demokratische Staaten stehen vor gewaltigen

Herausforderungen. Zu nennen sind demografischer Wandel, Staatsverschuldung, Klimawandel, neue geopolitische Spannungen, die vielfältigen Begleiterscheinungen der technologischen Durchdringung unseres Lebens, um nur einige anzuführen. Weltfinanzkrise, Flüchtlingskrise, COVID-19-Pandemie, Ukrainekrieg und Energiekrise dürften nur der Auftakt für unruhige Jahrzehnte sein. Bei Störungen jeglicher Art sind dezentrale, auf offenen, harmonisierten Standards beruhende digitale Systeme und Dateninfrastrukturen widerstandsfähiger und sicherer. Sie werden bei einem Hackerangriff oder Ausfall selten vollständig versagen und können die erforderlichen Leistungen wesentlich eher aufrechterhalten als zentrale Systeme.[82] Ein auch in kritischen Situationen weiterhin effizient funktionierendes Staatswesen kann sich als Schlüssel für den zukünftigen Erfolg eines Landes erweisen. Den gewohnten Lebensstandard den eigenen Bürgern, Bürgerinnen und Unternehmen auch in Krisenzeiten zu erhalten, bringt entscheidende Vorteile im globalen Wettbewerb.

Insbesondere in sensiblen Bereichen sollte man den Economies of Scale, also den Kostenvorteilen durch Größe und Zentralisierung, nicht immer nachgeben. Ein mahnendes Beispiel hat jüngst wieder die globalisierte Wirtschaft geliefert. Während der COVID-19-Pandemie hat sich gezeigt, warum es keine gute Idee ist, wenn drei von fünf sterilen Einweghandschuhen in nur einem Land und größtenteils von einem Unternehmen hergestellt werden[83] oder wenn wesentliche Bestandteile von Arzneimitteln nur von einer Handvoll Lieferanten aus China und Indien stammen.[84] Auch die Konzentration der Chipindustrie auf einige wenige Unternehmen wird angesichts der sich intensivierenden Spannungen zwischen den USA und China noch genügend Anlass zur Sorge geben.[85]

Bewältigen Deutschland oder auch die Schweiz ihre Herausforderung und meistern die dezentrale staatliche Digitalisierung auf einem Fundament von standardisierten Datenformaten, Schnittstellen und Protokollen, können die gefundenen Lösungen als Vorbild für andere Länder dienen. In einer gleichzeitig immer globaleren und fragmentierteren Welt voller supranationaler Organisationen ist der Bedarf groß. Die von ihnen entwickelten Standards lassen sich weltweit exportieren und damit auch ihre in den Standards inkorporierten Werte.

20. Maßnahme vier: Doppelte Buchführung – Konzentration von Einfluss durch redundante Datenhaltung begrenzen

Neben den verschiedenen Arten der Gewaltenteilung verhindert in den meisten Staaten derzeit noch ein weiteres Prinzip die Anhäufung von zu viel Einfluss bei einer zentralen Instanz: die funktionale Aufteilung von Zuständigkeiten auf unterschiedliche Verwaltungseinheiten. Auf Bundesebene werden die Aufgaben auf die verschiedenen Geschäftsbereiche der Ministerien verteilt und von diesen eigenverantwortlich wahrgenommen. In Deutschland nennt man diese Aufteilung »Ressortprinzip«. In der Schweiz, wo die Ministerien als »Departemente« bezeichnet werden, spricht man vom »Departementalprinzip«. Auch auf Ebene der Gliedstaaten findet sich diese Aufteilung, ebenso in Form von mannigfaltigen Fachbereichen auf kommunaler Ebene.

Die funktionale Aufteilung, wie sie heute bekannt ist, wird im Fahrwasser der digitalen Dynamiken ebenfalls zunehmend unter Druck geraten. Einerseits, weil die datenbasierte Automatisierung eine immer stärkere Zentralisierung der Entscheidungsfindung an einem Ort nach sich zieht, wie wir insbesondere in Kapitel 13 dargelegt haben. Andererseits, weil digitale Gatekeeper entstehen werden, die auch im staatlichen Umfeld in gewissem Maße von der Dynamik der Netzwerkeffekte getrieben werden. In Kapitel 11 haben wir beschrieben, wie auch administrative Plattformen dazu tendieren werden, mit der Zeit zu expandieren. Zusammengenommen entsteht ein Sog, der sich allmählich immer mehr Zuständigkeiten einverleiben und Aufgaben an einem Ort bündeln könnte. Gut funktionierende und akzeptierte digitale Systeme oder zentrale Gatekeeper haben das Potenzial, rechtliche Schranken einzureißen und selbst althergebrachte Silomentalitäten zu überwinden. Die entstehenden Dynamiken wären fähig, auch das Ressortprinzip allmählich auszuhebeln. Auch aus diesem Grund könnten sich zunehmend Einfluss und Macht an einigen wenigen Stellen ballen.

In den nächsten Jahren werden im Verlauf der digitalen Transformation nicht nur analoge Vorgänge eins zu eins in den digitalen Raum überführt, wie sich das viele immer noch vorstellen. Zeitverzögert werden sich auch viele gewohnte Prozesse ändern und müssen neu gedacht werden. Zwangsläufig sind dann Zuständigkeiten in bestimmten Bereichen neu zu definieren und aufzuteilen. Etwa wenn erkennbar wird, wie sich mit den von einer Stelle erhobenen Daten und ihren Systemen noch andere Tätigkeiten effizient ausführen lassen. Gleichzeitig gilt es jedoch, übermäßiges Wachstum einer Verwaltungseinheit und eine damit einhergehende Dehnung des Rechtsrahmens zu verhindern. Über eine Neuaufteilung von Aufgaben hinausgehend, sollte keine Behörde oder kein Ministerium infolge der digitalen Transformation in der Lage sein, immer mehr Tätigkeiten an sich zu ziehen.

Die neue Quelle des Einflusses

Wie lässt sich eine derartige Entwicklung hin zu einer digitalen Machtkonzentration von vornherein erheblich erschweren? Auf welche Art und Weise können die damit einhergehenden Risiken nicht nur durch rechtliche Vorgaben, sondern zusätzlich durch eine institutionelle Maßnahme reduziert werden?

Um eine Antwort auf diese Frage zu finden, werden wir uns auf die neue Quelle des Einflusses konzentrieren. In einer digitalisierten Welt sind Datensätze überaus wertvoll. Nicht ohne Grund wird immer wieder das nicht ganz passende Bild von Daten als »wichtigstem Rohstoff der Zukunft« bemüht. Wer sich den Zugriff auf essenzielle Daten gesichert hat und sie zu verarbeiten weiß, kann daraus Einfluss und Kapital schlagen. Der steigende Einfluss kann wiederum genutzt werden, noch mehr relevante Daten zu akquirieren und zu nutzen. Anders ausgedrückt: Der Herrscher über einen Datenschatz wird diesen hüten und zu vermehren versuchen. Das ist die dunkle Kehrseite des auf den ersten Blick so bequemen und entsprechend oft propagierten Once-Only-Prinzips, nach dem Bürgerinnen und Unternehmen Daten nur einmal und an eine Institution übermitteln müssen.[86]

Daten haben allerdings gegenüber einem materiellen Schatz einen entscheidenden Vorteil. Sie können leicht dupliziert werden. Dieser Umstand lässt sich ausnutzen. Potenziell besonders einflussreiche Datenschätze sollten nicht mehr nur an einem Ort, in nur einer Datenbank oder einem Register, gespeichert werden. Und keine Institution sollte exklusiv auf bestimmte Datenbanken zugreifen können. In Anlehnung an das Prinzip der doppelten Buchführung sollte eine Art »Back-up«, also eine Kopie wichtiger Daten, parallel auch bei einer anderen staatlichen Institution gespeichert werden. Diese andere Institution kann, muss aber nicht auf die Daten zugreifen und sie nutzen können. Sie muss aber fähig sein, im Notfall zeitnah in die Bresche zu springen. Sollte eine Behörde zu viel Einfluss gewinnen und beginnen, diesen Umstand auszunutzen, würde eine solche redundante Datenhaltung helfen, ihren Einfluss wieder zu begrenzen. Sie würde es ermöglichen, mit verhältnismäßig wenig Aufwand Aufgaben an andere Institutionen zu delegieren. Diese Möglichkeit würde zudem wie ein Damoklesschwert dauernd über eine Behörde schweben und als Korrektiv dienen. Eine Institution könnte aus einer dominanten Stellung keinen zu großen Vorteil ziehen.

Technisch umsetzen ließe sich dieses Prinzip auf unterschiedlichsten Wegen. Sogenannte Distributed-Ledger-Technologie, fälschlicherweise und pauschal oft als Blockchain bezeichnet, wird in diesem Zusammenhang viel diskutiert.[87] Mithilfe kryptografischer Verfahren erlauben sie es, beispielsweise mehrere Kopien von Datenbanken dezentral, aber mit übereinstimmendem Inhalt zu unterhalten.

Ein fiktives Beispiel: Von der Fahrzeugsteuer zu einer möglichen Straßennutzungsgebühr

Diese abstrakten Überlegungen wollen wir anhand der Datenbanken veranschaulichen, die Informationen zu Fahrerlaubnis, Fahreignung und Fahrzeughalter beinhalten. Sie werden üblicherweise von einem Bundesamt oder einer ähnlichen Einrichtung geführt. Wird heutzutage einer Fahrerin die Fahrerlaubnis (temporär) entzogen, wird das in der entsprechenden Datenbank vermerkt. Sie kann jedoch das eigene Auto weiterhin nutzen, auch wenn dies eigentlich verboten ist und die Betroffene sich strafbar macht. Sollte sie von der Polizei kontrolliert werden, drohen folgenschwere Konsequenzen. Laut einer Studie der International Road Safety Association fahren in Deutschland rund 30 Prozent der Fahrer trotz Fahrverbots weiter und werden dabei erwischt.[88] Die Dunkelziffer dürfte noch höher sein.

Demnächst könnten die politischen Entscheidungsträger mit Zustimmung großer Teile der Gesellschaft beschließen, die Verkehrssicherheit weiter zu erhöhen. Dafür müsste das geltende Recht besser durchgesetzt werden. Die Anzahl der Menschen, die trotz fehlender Fahrerlaubnis durch die Gegend fahren, hätte erheblich zu sinken.

Um dieses Ziel zu erreichen, könnten polizeiliche Kontrollen intensiviert werden, ein teures, personal- und zeitintensives und unpopuläres Unterfangen. In einer zukünftigen, umfassender digitalisierten Welt ergäben sich ganz neue Möglichkeiten, Fahrverbote tatsächlich durchzusetzen. Modernen vernetzten Autos ist es technisch ein Leichtes, mittels Gesichtserkennung oder personalisiertem Schlüssel den Fahrenden zu erkennen und vor jedem Start die betreffenden Datenbanken abzufragen. Fiele der Abruf bei der Datenbank negativ aus, zündete der Fahrzeugmotor einfach nicht. Die Methode wäre ein digitales Update der Alkohol-Zündschlosssperre, wie sie in einigen Ländern inzwischen Pflicht ist.

Die Treiber einer derartigen digitalen Überprüfung der Fahrerlaubnis in Echtzeit könnten Carsharing-Anbieter sein. Denn einerseits versuchen die Anbieter, aus Kostengründen den menschlichen Kontakt zu den Nutzern zu vermeiden und über digitale Plattformen laufen zu lassen. Andererseits haben sie ein Interesse daran, die verbotene Nutzung ihrer Autos zu verhindern. Überlässt ein Anbieter einer Person, die aufgrund eines (temporären) Fahrverbots nicht fahren darf, ein Fahrzeug, kann er sich strafbar machen und sich mit den unangenehmen Folgen der Halterhaftung konfrontiert sehen.

Üblicherweise kontrolliert der Anbieter die Fahrerlaubnis bei der erstmaligen Nutzung. Die Fahrerin muss sich persönlich bei einer Carsharing-Niederlassung anmelden und dort ihren Führerschein im Original vorzeigen. Wird ihr später ein Fahrverbot auferlegt, ist sie in der Regel vertraglich verpflichtet, das Verbot zu melden. Unterlässt sie das, könnte sie dennoch weiterhin ein Auto mieten. Um dieses Risiko zu minimieren, muss der Carsharing-Anbieter die Fahrerlaubnis regelmäßig kontrollieren. Das bedeutet Aufwand und Kosten für alle Beteiligten. Die entsprechenden staatlichen Datenbanken in Echtzeit abzufragen, ist hingegen eine einfache, günstige und effiziente Alternativlösung.

In einem solchen Szenario würden die Datenbanken, welche Fahrerlaubnis und Fahreignung registrieren, immer wichtiger für die Mobilität des Einzelnen. Fehler, Manipulation, Störungen hätten gravierende Auswirkungen auf den Alltag der betroffenen Carsharing-Nutzer.

Jetzt gehen wir gedanklich noch einen Schritt weiter und stellen uns gleichzeitig eine zukünftige Welt vor, in der derartige Carsharing- und ähnliche Angebote immer mehr Verbreitung finden und allmählich das gewohnte Konzept von Individualverkehr und Autobesitz verdrängen.

Für die Staatshausalte bedeutete diese Entwicklung ein Problem. Das Aufkommen der Fahrzeugsteuer würde spürbar sinken, da es immer weniger Fahrzeughalter gäbe. Die entstehende Lücke im Haushalt müsste gefüllt werden. Manch ein Staat könnte auf die Idee kommen, als Ersatz eine Straßennutzungsgebühr zu erheben, welche von den tatsächlich gefahrenen Kilometern eines Fahrzeugs abhinge. Die relevanten Informationen müssten damit ebenfalls erhoben und verarbeitet werden. Die Kraftfahrtämter führen in der Regel ohnehin schon die Fahrzeugregister. Hätten sie in der Zwischenzeit auch noch, wie oben beschrieben, eine Echtzeitverbindung zu den Fahrzeugen etabliert, wäre es naheliegend, sie mit der Umsetzung der Straßennutzungsgebühr zu beauftragen.[89] Mit einem Schlag hätten sich Datenvolumen, Aufgabengebiet und Einfluss der Kraftfahrtämter in kurzer Zeit vermehrt. Ihre Bedeutung stiege erheblich, sowohl hinsichtlich der Mobilität des Einzelnen als auch für den Staatshaushalt. Die traditionelle Fahrzeugsteuer, für die sich üblicherweise die Zollverwaltung und damit das Finanzministerium verantwortlich zeigen, würde an Bedeutung verlieren. Die Straßennutzungsgebühr, die ein Bundesamt unter Obhut des Verkehrsministeriums erhöbe, würde hingegen wichtiger. Infolge der digitalen Transformation würde sich eine erhebliche, oft nicht zweckgebundene und daher besonders wertvolle staatliche Einnahmequelle aus der Einflusssphäre eines Ministeriums in den Bereich eines anderen Ministeriums verschieben.

Tritt eine solche Entwicklung ein, sollte ein regelmäßiges Back-up zentraler Daten bei einer anderen staatlichen Institution eingerichtet werden. Im beschriebenen Szenario wäre beispielsweise das Finanzministerium beziehungsweise die Zollverwaltung als »natürlicher Konkurrent« ein logischer Kandidat.

Eine »Cloud and Data Embassy«

In einigen Ländern wurde sogar darüber nachgedacht, umfangreiche Back-ups in anderen Staaten einzurichten. In dieser Hinsicht ist erneut Estland nicht nur gedanklich, sondern auch praktisch bereits einen Schritt weiter. Als Antwort auf die räumliche Nähe und Bedrohung durch Russland wurde das Konzept der »Cloud and Data Embassy« entwickelt.[90] Eine solche »Datenbotschaft« dient als Sicherungskopie der wichtigsten Daten und Systeme und kann im Falle einer militärischen Invasion, eines schwerwiegenden Hackerangriffs oder einer gravierenden Umweltkatastrophe die »digitale Kontinuität des estnischen Staates« sicherstellen. Eine erste estnische »E-Embassy« wurde in Luxemburg aufgebaut.[91] Und auch das Fürstentum von Monaco hat dort Kopien seiner sensiblen Daten in Sicherheit gebracht.[92]

Das von uns angeregte Prinzip einer redundanten Datenhaltung hätte noch weitere Vorteile. Sie würde nicht nur den potenziell ausufernden Einfluss einer Institution in Grenzen halten. Es würde auch schneller auffallen, wenn Daten manipuliert werden. Außerdem erhöhten sich die Ausfallsicherheit und Resilienz im Falle eines (Hacker-)Angriffs oder unerlaubten Zugriffs. Diese Vorteile sollten die zusätzlichen Kosten einer redundanten Datenhaltung mehr als aufwiegen. Darauf, wie gefährdet Datenschätze eigentlich sind, werden wir im nächsten Kapitel noch einmal zurückkommen.

21. Maßnahme fünf: Staatliche digitale Souveränität – Informationssicherheit gewährleisten, IT-Outsourcing begrenzen

In den vorangegangenen Kapiteln stand die sukzessive Neuverteilung von Macht und Einfluss innerhalb eines Staates infolge der digitalen Transformation im Zentrum unseres Interesses. Bis jetzt haben wir Maßnahmen vorgeschlagen, die darauf abzielen, die nachteiligen Folgen für die in Demokratien so wichtige institutionelle Machtbalance zu verhindern oder zumindest abzufedern. Nun erweitern wir den Fokus um die externe Perspektive und widmen uns dem Abwandern von Einfluss nach außen. Die digitale Vernetzung und Transformation der Welt lassen völlig neue Möglichkeiten der Einflussnahme durch äußere Mächte entstehen, sei es durch andere Staaten, kriminelle Gruppen oder Unternehmen. Zugleich bergen neue Abhängigkeiten ungewohnte Gefahren für Demokratien westlicher Prägung.

In diesem Zusammenhang sind gegenwärtig zwei Themenkomplexe in der politischen und öffentlichen Diskussion besonders präsent. Der eine große Themenkomplex betrifft die digitale Transformation der Privatwirtschaft und damit die Frage, in welchen Ländern die Technologie der Zukunft entwickelt und kontrolliert werden wird. Viele Regierungen suchen nach geeigneten Rahmenbedingungen und adäquaten wirtschaftspolitischen Mitteln, um die eigene Wirtschaft »zukunftsfest« zu machen. Der zweite große Themenkomplex dreht sich um die Einmischung ausländischer Akteure in die politische Willensbildung, etwa durch die Beeinflussung von Parteien oder die Manipulation von traditionellen und sozialen Medien. Wir wollen jedoch die Aufmerksamkeit auf zwei weitere, im allgemeinen Diskurs zu wenig beachtete Sachverhalte lenken: Informationssicherheit (»Cybersecurity«) sicherzustellen, wird immer schwieriger und aufwendiger. Zudem dürfte auch die wachsende Abhängigkeit von einigen wenigen privatwirtschaftlichen IT-Lösungen in Zukunft enorm an Bedeutung gewinnen.

Informationssicherheit gewährleisten

Vor allem das Thema Informationssicherheit wird fatalerweise noch immer unterschätzt. Sind Demokratien nicht in der Lage, die staatlichen Systeme, ihre Bevölkerung und die im Land ansässigen Unternehmen vor digitalen Angriffen zu schützen, wird nicht nur die eigene digitale Souveränität gefährdet, sondern auch die Position im globalen Wettbewerb erheblich geschwächt.

In Bezug auf die Intention lassen sich grob drei Arten von (Hacker-) Angriffen auf IT-Systeme unterscheiden. In der ersten Kategorie werden vom Angreifer rein monetäre Ziele verfolgt. Er verlangt in der Regel Zahlungen in Kryptowährungen, um (weitere) Angriffe zu unterlassen oder beim Angriff verschlüsselte Daten wieder freizugeben. In der zweiten Kategorie steht die Informationsbeschaffung in Form von Datendiebstahl oder (Industrie-)Spionage im Vordergrund. Derweil gewinnt eine dritte Kategorie von Angriffen in zunehmendem Maße an Bedeutung. Diese Angreifer verfolgen primär das Ziel, die Systeme des Opfers zu stören, zu unterbrechen oder zu manipulieren. Vor allem seit staatlich unterstützte Akteure die dritte Kategorie für sich entdeckt haben, hat sich das Gefährdungspotenzial vervielfacht. Das Problem hat in letzter Zeit eine ganz neue Dimension und Tragweite bekommen.

Im Mai 2022 hat beispielsweise Microsoft einen mysteriösen Computercode in den Telekommunikationssystemen der Pazifikinsel Guam entdeckt, wo die USA eine große Luftwaffenbasis unterhalten.[93] Nach und nach wurde gleichartiger schadhafter Code überall auf der Welt in Computernetzwerken gefunden, die Kommunikationssysteme, Stromnetze und Wasserversorgungen kontrollieren. Wie eine »tickende Zeitbombe« hielt die Schadsoftware still und versuchte unentdeckt zu bleiben. Im Falle eines Konflikts könnte sie jedoch aktiviert werden und würde militärische Operationen wie auch ziviles Leben massiv stören. Weil der Code sehr schwer zu entdecken ist, war zum Zeitpunkt der Drucklegung unseres Buches das volle Ausmaß des Angriffs noch unklar, und die Suche nach weiterem Schadcode dauerte an. Sowohl Microsoft als auch offizielle amerikanische Stellen schreiben den Angriff China zu.[94]

Individuen und einzelne Unternehmen sind angesichts staatlich unterstützter digitaler Angriffe weitgehend wehrlos, wenn sie auf sich allein gestellt bleiben. Das zeigen auch die Vorkommnisse rund um die »GoldenSpy«-Schadware. Im August 2020 warnten Bundeskriminalamt und Bundesamt für Verfassungsschutz in einer gemeinsamen Erklärung deutsche Unternehmen vor der chinesischen Steuersoftware »Intelligent Tax« beziehungsweise »Golden Tax«.[95] Ausländische Unternehmen sind verpflichtet, diese Software zu installieren, um automatisiert Steuern an das zuständige lokale Finanzamt zu zahlen. Mit der Steuersoftware installierten die Unternehmen jedoch ohne ihr Wissen zusätzlich eine Hintertür auf ihren Rechnern. Diese Hintertür ermöglichte das Nachladen von weiterem Schadcode, um die IT-Systeme des Unternehmens zu infiltrieren und sich weiter auszubreiten.[96]

Wie fragil und anfällig auch die eigenen Systeme sind, hat in Deutschland der Bundestag am eigenen Leib erfahren müssen. Sein Netzwerk wurde durch die vom russischen Staat unterstützte Hackergruppe »Fancy Bear« infiltriert.[97] Auch in der Schweiz sind jüngst umfangreiche staatliche Daten nach einem Angriff auf die Berner IT-Dienstleisterin Xplain unrechtmäßig veröffentlicht wurden.[98] Insbesondere die IT-Systeme von kleinen Kommunen und Institutionen sind oft noch unzureichend geschützt und können als Einfallstore für Angreifer dienen. So würde jüngst in Großbritannien die Datenbank der britischen Wahlkommission gehackt. Die Angreifer hatten Zugriff auf die Namen, Adressen und E-Mail-Adressen aller mehr als 40 Millionen Personen, die sich in den letzten Jahren als Wähler registriert hatten, inklusive Referenzexemplare der Wählerverzeichnisse.[99] Wer hinter den Angriffen steckt, ist noch unklar. Potenziell ergeben sich für ausländische Akteure mit diesen Informationen neue Möglichkeiten, die britischen Wahlen durch Microtargeting zu beeinflussen, wie wir es anhand der Wahlkampagne von Barack Obama beschrieben haben.[100]

Diese Art der Bedrohung aller digitalen Systeme eines Landes wird in den nächsten Jahren kontinuierlich zunehmen. Die Staaten müssen darauf eine Antwort finden und entsprechende Verteidigungsfähigkeiten entwickeln. Im Verlauf der digitalen Transformation wird es immer wichtiger werden, Kompetenzen in der Abwehr solcher Angriffe aufzubauen und die eigenen Systeme zu »härten«. Es reicht aber nicht, die öffentlichen digitalen Systeme und Netzwerke zu schützen. Staatliche Institutionen müssen im Notfall dieses Wissen auch den betroffenen Unternehmen und der Bevölkerung zur Verfügung stellen. Dazu gehört auch, Transparenz über Cyberangriffe herzustellen und die Zusammenarbeit sowie den Austausch von Know-how zwischen den Betroffenen zu fördern.

Im Prinzip geht es um eine moderne Form der Landesverteidigung, die eine traditionelle Kernaufgabe des Staates ist. Digitale Landesverteidigung sicherzustellen, bedeutet, die eigene Rolle »als Garantiemacht für wichtige Interessen« der Bevölkerung und der nationalen Unternehmen ernst zu nehmen.[101]

IT-Outsourcing begrenzen

Staaten können im Zuge der digitalen Transformation auch Teile ihrer Gestaltungshoheit einbüßen, wenn sie sich von einigen wenigen großen IT-Unternehmen abhängig machen. Aus verschiedenen Gründen hat sich die IT-Branche in manchen Sektoren stark konzentriert und ist auf einige wenige Anbieter zusammengeschrumpft. Das betrifft hauptsächlich die Bereiche Betriebssysteme, Bürolösungen, Datenbanken und die neue besonders sensible Kategorie der Cloud-Anbieter, wie wir in Kapitel 15 ausgeführt haben.[102] Da Alternativen gegenwärtig fehlen, sind staatliche Institutionen bei der digitalen Transformation auch auf (proprietäre) Lösungen dieser privaten Anbieter angewiesen und geraten sukzessive in immer stärkere Abhängigkeit.[103] Die heute schon enorme Marktmacht einzelner Hersteller kann man beispielsweise daran ablesen, wie sie ihre dominante Stellung nutzen, um ihre Kunden zum Umstieg von sogenannten On-Premises-Lösungen, also der Nutzung der Software auf der eigenen Infrastruktur, in die (fremde) Cloud zu zwingen.[104]

Als Beispiel für ein Worst-Case-Szenario – aus staatlicher Sicht – können die Ereignisse rund um Starlink dienen. Das von dem Unternehmen SpaceX betriebene Satellitennetzwerk hat nahezu eine Monopolstellung für die Kommunikation und Internetanbindung per Satellit. Als Russland in die Ukraine einmarschierte, legte gleichzeitig ein Hackerangriff das Satellitensystem lahm, welches das ukrainische Militär bisher genutzt hatte. Starlink sprang ein und ist seitdem ein entscheidender Faktor für die Bemühungen des ukrainischen Militärs. Die große Bedeutung und zentrale Rolle von Starlink nutzt SpaceX aus, um als privates Unternehmen gezielt Einfluss auf den Verlauf des Krieges zu nehmen.

Laut einem Bericht der *New York Times* besteht die Verbindung zu den Starlink-Satelliten nicht mehr, wenn die ukrainische Armee zu weit in von Russland okkupiertes Gebiet vordringt. Der Zugang zu den Satelliten wird den Ukrainern auch in der Nähe der Krim verweigert und für Drohnenangriffe mit großer Reichweite.[105] Die Möglichkeiten von SpaceX, geopolitisch Einfluss auszuüben, werden weiter steigen, je mehr der über 40 000 geplanten Satelliten in der Umlaufbahn angekommen sind. Überall auf der Welt kann das Unternehmen dann nach Belieben den Zugang zum Internetnetzwerk ermöglichen oder verweigern und damit nach eigenen Vorstellungen nationale Zensur- und Regulierungsmaßnahmen aushebeln.

Wenn eine Handvoll von Unternehmen nicht nur die Werkzeuge für eine Vielzahl staatlicher Dienstleistungen bereitstellen, sondern obendrein noch einen zunehmenden Teil des staatlichen Datenschatzes in ihren Clouds hosten, werden sich die Verhältnisse kaum bessern. Es könnte den staatlichen Institutionen immer schwerer fallen, über die Höhe der Lizenzgebühren zu verhandeln. Die Anbieter können mit der Zeit überhöhte Preise zulasten des Steuerzahlers durchsetzen. Noch heikler dürfte die starke Position der großen IT-Dienstleister sein, wenn die Staaten versuchen, sie zu regulieren und diese Regulierung auch durchzusetzen. Die Gestaltungsmöglichkeiten einzelner, vor allem kleiner Staaten könnten sich spürbar verkleinern.

Mit der Abhängigkeit von den IT-Dienstleistern kann zusätzlich eine Abhängigkeit von den Heimatstaaten dieser Dienstleister einhergehen, was sich im geopolitischen Wettstreit als nachteilig erweisen kann. Dass Staaten von dieser Möglichkeit Gebrauch machen, illustriert das Beispiel des chinesischen Smartphone-Herstellers Huawei. Diese Firma durfte auf Veranlassung der USA auf seinen neuen Smartphones mehr oder weniger über Nacht die lizenzierte Variante des Betriebssystems »Android« von Alphabet mit den entsprechenden Google-Diensten nicht mehr nutzen.[106] Als wäre das nicht schon unangenehm genug, drohen die staatlichen Institutionen auch das Vertrauen der Bürger zu verspielen, wenn sie immer mehr sensible Daten der Bevölkerung in die Sphäre der privatwirtschaftlichen Anbieter überführen.[107]

Aus dieser Zwickmühle werden sich die Staaten nur befreien können, wenn sie auf Alternativen zurückgreifen können. Erscheinen diese nicht von allein auf der Bildfläche, wird den Staaten nichts anderes übrig bleiben, als sie selbst zu entwickeln oder ihre Entwicklung zu fördern. Das bedeutet zum einen, den Wettbewerb im privaten Sektor zu erhalten. Beispielsweise sollten staatliche Institutionen bewusst auch Aufträge an alternative Anbieter vergeben, selbst wenn diese im Augenblick auf dem Markt nur die zweitbeste Lösung anbieten können. Sie ermöglichen diesen Anbietern damit, die notwendigen Investitionen zu tätigen, um den Marktführer nicht aus den Augen zu verlieren. Es sollte zum anderen auch bedeuten, die Entwicklung von quelloffenen Lösungen, sogenannten Open-Source-Lösungen, gezielt zu fördern oder in sensitiven Bereichen selbst auf den Weg zu bringen. Wir sprechen uns nicht grundsätzlich gegen IT-Outsourcing und die Nutzung proprietärer Software aus. Wie so oft kommt es auf die Mischung an. Für Staaten wird es ein Balanceakt, denn sie dürfen bei der Entwicklung eigener Lösungen auch nicht übertreiben. Ansonsten werden Innovation und Wettbewerb geschwächt. Aber danach sieht es derzeit nicht aus.

Deutschland hat in dieser Hinsicht beispielsweise gute Absichten geäußert. Gemäß der deutschen Verwaltungscloud-Strategie sind proprietäre Lösungen nicht ausgeschlossen, Open-Source-Lösungen werden aber priorisiert. Lock-in-Effekte, also die zwangsweise Bindung an ein Produkt aufgrund zu hoher Wechselkosten, sollen ausdrücklich vermieden werden.[108] Gute Absichten nutzen in der Praxis aber wenig, wenn alternative Open-Source-Lösungen gar nicht zur Verfügung stehen, nicht praktikabel oder von der Ausstattung her nicht konkurrenzfähig sind. Dataport, eine nicht unumstrittene Anstalt des öffentlichen Rechts in Schleswig-Holstein, versucht seit geraumer Zeit, mit der dPhoenixSuite eine »Open-Source«-Alternative zu Microsofts Bürosoftware 365 bereitzustellen.[109] Da Dataport ironischerweise den eigenen Quellcode gar nicht veröffentlicht und gleichzeitig mit Implementierungen der Suite nicht über den Status von Pilotprojekten hinauskommt, hat das Bundesinnenministerium anscheinend die Geduld verloren. Mit dem »Souveränen Arbeitsplatz für die öffentliche Verwaltung«, eigentlich einem Fork, also einer Abspaltung der dPhoenix-Suite, möchte das neu gegründete Zentrum für digitale Souveränität (ZenDiS) auf Bundesebene eine weitere Alternative auf den Weg bringen.[110] Nach den letzten Plänen der im Sommer 2023 regierenden

Koalition soll jedoch ausgerechnet dieses Projekt von massiven Kürzungen betroffen sein.[111]

Dass die Entwicklung oder Förderung von Open-Source-Lösung trotz ihrer langfristigen Bedeutung nur geringe Priorität besitzt, überrascht nicht. Kurzfristig winken den verantwortlichen Politikern keine schnellen vorzeigbaren Erfolge. Ganz im Gegenteil, die Gefahr, sich Häme vonseiten der Öffentlichkeit oder Frust bei den Verwaltungsangestellten einzuhandeln, weil die alternativen Lösungen nicht den Qualitätsanforderungen genügen oder den vorgegebenen Zeitrahmen sprengen, ist groß. Hohe Kosten und Abhängigkeiten in einer zukünftigen Legislaturperiode zu vermeiden, kollidiert mit den kurzfristigen Anreizen, denen Politiker unterliegen. Dieses Muster kann nur durchbrochen werden, wenn es gelingt, die digitale Transformation des Staates als zentrales Projekt der nächsten Jahrzehnte zu positionieren. Es ist aufzuzeigen, wie sehr sie als Fundament mit der Lösung anderer zentraler Anliegen unserer Zeit, von Energiewende und Ressourcenschonung über demografischen Wandel bis hin zur nationalen Sicherheit, verbunden ist.

22. Maßnahme sechs: Algorithmen einhegen I – Zufall einbauen und akzeptieren

Im Verlauf der digitalen Transformation werden sich die Beziehungen der Staaten untereinander, zu den IT-Unternehmen und noch stärker innerhalb eines Staates wandeln. Damit ist aber das Ende der Fahnenstange noch nicht erreicht. Bisher haben wir nur die Veränderungen der Beziehungen von Mensch zu Mensch betrachtet. Denn wenn sich beispielsweise der Einfluss vom Parlament zur Verwaltung verschiebt, wandert er von den Abgeordneten zu Ministern, Staatssekretären, Behördenleitern oder anderen Verwaltungsangestellten. Wenn sich vermehrt Möglichkeiten zur Einflussnahme durch IT-Unternehmen ergeben, verlieren Staatsangestellte Macht, dagegen gewinnen die Führungskräfte von Unternehmen an Bedeutung. Es gibt aber noch eine weitere Ebene. In einer digitalen Welt kann sich Einfluss auch von den Menschen wegbewegen und direkt zu den IT-Systemen verlagern. Ein Vorgang, der sich ungewollt und schleichend und daher unbemerkt vollziehen kann. Denkt man an allmächtige künstliche Intelligenzen (Artificial General Intelligence oder »starke KI«), wird der menschliche Machtverlust auf einen Schlag nachvollziehbar. Aber auch »schwache KI«, die wir unter dem Überbegriff datenbasierte algorithmische Automatisierung miterfasst haben, sowie andere Formen der digitalen Automatisierung sind bereits betroffen.

Im Zusammenhang mit der digitalen Automatisierung von menschlichen Tätigkeiten werden verschiedene Probleme viel diskutiert. Zu nennen wären die Risiken von statistischen Verzerrungen und Diskriminierung, die fehlende Erkenn- und Nachvollziehbarkeit, komplexe ethische Auswirkungen oder auch Fragen zu Verantwortungszurechenbarkeit und Haftung. Inzwischen liegen zahlreiche sehr unterschiedliche Ansätze auf dem Tisch, wie mit diesen Nachteilen umzugehen ist. Neben einigen technischen Vorschlägen[112] dominieren als Lösungsansätze rechtliche Vorgaben wie Informations- und Offenlegungspflichten, die Vorgabe von Mindestanforderungen, Pflichten zu Risikofolgenabschätzung oder unabhängiger Evaluierung sowie Verbote und Moratorien.

Gerade im staatlichen Kontext möchten wir die Aufmerksamkeit aber auf zwei andere weniger offensichtliche und kaum beachtete Problemkreise lenken, die jedoch die Möglichkeit der menschlichen Einflussnahme in unerwarteter Weise reduzieren. Erstens führt vor allem die datenbasierte algorithmische Automatisierung zu einer ausgeprägten Gewichtung des Status quo. Denn Daten enthalten Informationen und Vorgänge aus der Vergangenheit. In Kapitel 14 haben wir das als »datenbasierte Rückwärtsorientierung« bezeichnet. Diese Rückwärtsorientierung der Daten birgt auch die Gefahr, Bürger und Bürgerinnen mit »weniger geradlinigen Lebensläufen« dauerhaft zu stigmatisieren. Zweitens entstehen Dynamiken infolge minimaler Grenzkosten, die dazu führen, dass die Datenerhebungen und Auswertungen und damit (digitale) Kontrolltätigkeiten konstant ausgeweitet werden. In Kapitel 9 haben wir das drohende Resultat als staatliche »Kontrollflatrate« bezeichnet.

Zu diesen zwei Punkten möchten wir einen unkonventionellen Vorschlag unterbreiten, der gerade nicht auf der regulatorischen Ebene angesiedelt ist. Zwar kann und wird man versuchen, den angesprochenen beiden Nachteilen rechtlich beizukommen, doch Regeln und Gesetze können verhältnismäßig einfach geändert und angepasst werden. Die Gerichte könnten zudem im Zuge der digitalen Transformation geschwächt werden und in bestimmten Bereichen die Möglichkeit verlieren, bestehende Gesetze gegenüber der Verwaltung durchzusetzen. Gerade angesichts der Wucht der digitalen Dynamiken sehen wir es daher als geboten an, Gegenmaßnahmen zusätzlich institutionell-technisch zu verankern.

Eine kleine Rehabilitierung des Zufalls

Als solch eine institutionelle und gleichzeitig in die Technologie implementierte Maßnahme möchten wir den Zufall ins Spiel bringen. Vor allem bei automatisierten Tätigkeiten, welche die Bevölkerung direkt betreffen, sollten geringfügige Zufallskomponenten integraler Bestandteil algorithmischer Systeme sein. Basieren diese Systeme auf regelbasierten

Algorithmen, müssten minimale Zufallselemente künstlich eingebaut werden. Viele datenbasierte Systeme hingegen sind, wie wir in Kapitel 13 gesehen haben, ohnehin probabilistisch, also wahrscheinlichkeitsbasiert. Dort müssten Zufallselemente meist nicht gesondert eingefügt werden, es genügte, sie in minimalem Umfang zu akzeptieren. Konkret bedeutete das beispielsweise, digitale Kontrollsysteme nicht rund um die Uhr oder zumindest nicht durchgehend im gesamten Aufgabenbereich laufen zu lassen. Sie sollten vielmehr in geringem Umfang auch mal zufällig temporär pausieren. Es hieße auch, zufällig einmal einen Antrag positiv zu bescheiden und eine Leistung zu gewähren, obwohl nicht alle Anspruchsvoraussetzungen exakt vorliegen. Eine Baugenehmigung könnte zufällig doch erteilt werden, auch wenn das Bauvorhaben aus der datenbasierten Sicht des digitalen Systems gerade nicht den üblichen Voraussetzungen genügt, etwa weil es sich nicht »in die Umgebung einfügt«.

Bevor wir diesen Vorschlag noch weiter ausführen, möchten wir vorher noch eine Lanze für den Zufall brechen. Denn Zufall steht heutzutage in keinem guten Ruf. Zufall wird vorwiegend im Bereich des Irrationalen oder des Glücksspiels verortet und als Gegenpol zur menschlichen Vernunft gesehen. Der gegenwärtige Zeitgeist erachtet Planungssicherheit als besonders hohes Gut, und der Zufall scheint sein natürlicher Feind zu sein. Viele gesellschaftliche Bestrebungen bemühen sich, Zufallskomponenten auszuschalten oder durch möglichst exakte Vorhersagen in den Griff zu bekommen. Das Streben nach Perfektion verkörpert eher das erstrebenswerte Ideal unserer Zeit. Deshalb mag unser Vorschlag auf den ersten Blick irritierend anmuten.

Dabei hat, historisch betrachtet, der institutionalisierte Zufall immer eine wichtige Rolle bei der menschlichen Auswahl und Entscheidungsfindung gerade im staatlichen Umfeld gespielt. Schon der große Philosoph Aristoteles war der Ansicht, eine echte Demokratie müsse wesentliche Zufallselemente enthalten. Im klassischen Athen wurden die meisten Entscheidungsgremien mit zufällig ausgewählten Bürgern besetzt. Im Venedig des 13. bis 18. Jahrhunderts wurden die Dogen nach Vorauswahl durch qualifizierte Losverfahren ernannt. Auch in zahlreichen anderen oberitalienischen Stadtstaaten – zum Beispiel Florenz, Parma, Bologna, Siena, Lucca – kam das Losverfahren erfolgreich zum Einsatz, ebenso in Spanien und in Deutschland, etwa in Münster und Frankfurt.[113] Der Zufall wurde also gezielt und bewusst rational als nicht rationaler Entscheidungsmechanismus eingesetzt.

Selbst in der so nüchternen Forschung hat Zufall zu zahlreichen wichtigen Entdeckungen geführt. Bei der Nutzbarmachung der Röntgenstrahlung, der Entdeckung des Penicillins bzw. des Teflons oder der Entwicklung von Herzschrittmachern, überall hatte der Zufall seine Hände mit im Spiel. Erst durch die besondere Betonung des rationalen Verstandes in der Aufklärung und durch die Angst der Eliten vor unkontrolliertem Machtverlust während der Französischen Revolution kam der Zufall plötzlich in Verruf.[114] Im sich digitalisierenden Staat könnte der Zufall nun sein Comeback feiern, um unliebsame digitale Dynamiken zu brechen.

Zufall im Bereich staatlicher Kontrolle: Randomisiertes Pausieren

Eine dieser Dynamiken ist das erwähnte Phänomen extrem niedriger digitaler Grenzkosten: Der zusätzliche Aufwand und die zusätzlichen Kosten sind niedrig, um den Anwendungsbereich einmal angeschaffter Technologie zum digitalen Datensammeln und Auswerten stetig zu erweitern.[115] Vor allem im Bereich staatlicher Kontrolltätigkeiten kann diese Dynamik zu ungewollten Begleiterscheinungen führen – vergleichbar mit dem umfassenden digitalen Tracking der Kunden in der Digitalen Ökonomie. Nicht nur die Kosten sind niedrig, gleichzeitig sind auch die Anreize für die Verwaltung hoch, das Phänomen auszunutzen und ihre digitale Kontrolle dauernd auszudehnen. Umfassend digitalisierte Kontrolltätigkeiten bieten bisher nicht vorhandene Möglichkeiten, die rechtlichen Anforderungen zu erfüllen und die Befolgung von Normen in hohem Maße durchzusetzen. Gleichzeitig vermittelt die intensive Kontrolle das Gefühl, die Lage besser im Griff zu haben, und suggeriert Planungssicherheit.

Auch aus Gründen des Arbeitskräftemangels wird sich die kontinuierliche Ausbreitung der digital automatisierten Kontrolle nicht verhindern lassen. Daher ist es umso wichtiger, sie auf eine Art und Weise zu gestalten, die den Bürgerinnen und Bürgern nicht das Gefühl gibt, Väterchen Staat sitze ihnen permanent auf der Schulter und observiere sie auf Schritt und Tritt. Denn das Gefühl von permanenter Beobachtung und die Schmälerung von Rückzugsräumen bedeuten zusätzlichen Stress in ohnehin schon angespannten Gesellschaften.

Heutzutage ist das alltägliche Leben (noch) von rechtlichen Durchsetzungslücken durchzogen. Menschliche Kontrolleure können nicht überall gleichzeitig und jederzeit im Einsatz sein. Algorithmen hingegen werden niemals müde und sind überall gleichzeitig, wenn die Technologie erst einmal installiert ist. In Bereichen, in denen die Kontrolle digitalisiert wird, besteht daher die Gefahr einer nahezu vollständigen Kontrolle. Je umfassender die Kontrolle ist, desto größer sind die Einschränkungen der individuellen Freiheit. Die Freiheit der Menschen basiert eben auch auf kollektiver beziehungsweise staatlicher Unwissenheit – oder zumindest auf einer vereinbarten Nichtanwendung von Wissen.[116] Um diesen Zustand zu erreichen, können in der digitalen Welt an sich verschwindende Durchsetzungslücken künstlich nachgebildet werden. Damit wird verhindert, dass die Entscheidungshoheit vollständig an die digitalen Systeme abgegeben wird. Es ist ohne Weiteres möglich, die Systeme temporär auszuschalten oder ihren Fokus für eine Weile künstlich zu begrenzen.

Denkbar wäre ein zeitlicher »Blind Spot«: Indem ein digitales Kontrollsystem immer wieder zufällig für eine Weile pausiert, entstehen bewusst temporäre blinde Flecken. Die Bürgerin fühlt sich dann nicht konstant beobachtet, da das System gerade offline sein könnte. Der Bürger kann das Risiko kleiner Gesetzesübertretungen eingehen, in der Hoffnung, nicht erwischt zu werden, wenn das System gerade pausiert.

Möglich wäre auch ein räumlicher »Blind Spot«: Ein digitales Kontrollsystem könnte zwar durchgehend arbeiten, dafür aber zufällig Teile des Kontrollbereiches auslassen. Gleich einem rotierenden Scheinwerfer in der Nacht, kämen bestimmte Bereiche ins Licht, während andere Bereiche immer wieder temporär im Dunkeln und damit unbeobachtet blieben. Auch wenn es beispielsweise technisch möglich ist und in einigen Ländern gemacht wird, muss nicht jede digitale Steuererklärung automatisiert analysiert werden. Ein zufällig ausgewählter Prozentsatz könnte ungeprüft bleiben.

Das Zufallselement ist dabei fundamental wichtig. Wäre vorab bekannt, wann ein digitales Kontrollsystem nicht arbeitet oder welcher Bereich gerade nicht im Fokus steht, würden Teile der Bevölkerung sofort darauf reagieren und die Durchsetzungslücke gezielt ausnutzen. Gleiches würde passieren, wenn die blinden Flecken zwar nicht öffentlich bekannt, aber vorab festgelegt wären. Bürger oder Bürgerinnen mit den entsprechenden kognitiven und materiellen Ressourcen würden ihrerseits die Systeme beobachten und mit der Zeit Muster erkennen. Die digitalen Kontrollsysteme müssen also nach dem Zufallsprinzip pausieren. Es geht eben nicht darum, gesetzeswidriges Verhalten zu begünstigen, sondern lediglich darum, das Gefühl permanenter Beobachtung und den damit verbundenen Stress zu vermeiden.[117] Zudem könnte ein möglicher »Chilling Effect« sich negativ auswirken, indem er weite Teile der Bevölkerung dazu bringt, sich selbst zu beschränken und ihre legitimen (Grund-)Rechte nicht mehr wahrzunehmen, obwohl sie es dürften.[118]

Es muss nicht einheitlich festgelegt sein, wie groß die blinden Flecken sind, wie lange also ein solches System abgeschaltet wird oder wie groß der Bereich ist, den es immer wieder ignoriert. In Einsatzgebieten, in denen die Regeltreue üblicherweise hoch ist, können die blinden Flecken groß sein. Gleiches gilt für Fehlverhalten, das nur eine geringe Bedeutung für das Funktionieren der staatlichen Institution hat oder wenig negative Konsequenzen für andere Mitmenschen nach sich zieht. Umgekehrt könnte in besonders sensiblen Domänen die Zeit, in der das System nicht arbeitet, oder der Bereich, den es temporär nicht erfasst, gering gehalten werden.

Im Endeffekt geht es darum, das gegenwärtige Prinzip von unterschiedlich umfangreichen Stichprobenkontrollen durch Menschen in die digitale Welt zu übertragen. Neue digitale Methoden können auf diese Weise genutzt werden, ohne im gleichen Atemzug das Gefühl permanenter Kontrolle zu erzeugen.

Zufall als Helfer für kreative Weiterentwicklung und Vielfalt

Auch in anderen Bereichen jenseits der staatlichen Kontrollfunktion können positive, also dem Betroffenen zugutekommende Zufallselemente von Nutzen für die Gesellschaft insgesamt sein. Damit wird die unerbittliche Logik der digitalen Systeme aufgeweicht. Werden etwa Tätigkeiten im Zusammenhang mit Anträgen und behördlichen Bescheiden,

Erlaubnissen oder Leistungen, insbesondere auch Entscheidungen mit Ermessens- und Beurteilungsspielräumen, digital automatisiert, können positive Zufallskomponenten negative Auswirkungen abfedern. Wenn automatisierte Softwaresysteme übernehmen, werden sogenannte weiche, also menschliche Faktoren und soziale Kompetenzen wie Mitleid, Motivation, Vertrauen verdrängt. Kenntnisse über den Hintergrund des Betroffenen und Ähnliches können immer weniger im Datenverarbeitungsprozess berücksichtigt werden. Bei der menschlichen Entscheidungsfindung ist es beispielsweise Sachbearbeitenden möglich, in gewissem Rahmen sachfremde Erwägungen bei der Bewilligung von Anträgen anzustellen. Würde also zufällig und in geringem Umfang Arbeitslosengeld, Elterngeld oder Geldleistungen für die Bildungsförderung gewährt, obwohl nicht alle Voraussetzungen exakt vorliegen, könnte das die »Härte« digitaler Systeme mildern.

Aus heutiger analoger Sicht mag der Einsatz von Zufall nicht jedem auf den ersten Blick einleuchten. Manch einer könnte darin etwa eine Gefahr für den Gleichbehandlungsgrundsatz sehen, wonach alle Menschen vor dem Gesetz gleich zu behandeln seien. Eine absolute Gleichbehandlung ist freilich auch schon heute eine Illusion. Dies kann jeder bestätigen, der einmal mit einem übel gelaunten Sachbearbeitenden in einem Amt zu tun hatte. Überdies belegen zahlreiche Studien, wie sachfremde Faktoren, etwa Außentemperatur oder Sportergebnisse, Entscheidungen beispielsweise von Richtern beeinflussen.[119] Insgesamt dürften die langfristigen gesellschaftlichen Vorteile infolge des eng umgrenzten Einbaus von Zufallselementen deren Nachteile überwiegen.

Denn auch der Status quo verlöre an Gewicht. Zufallselemente würden die in den Daten eingebettete Rückwärtsorientierung aufbrechen und ein gewisses Maß an kreativem Fortschritt zulassen. Wird beispielsweise das Verfahren zur Baugenehmigung mithilfe datenbasierter Algorithmen automatisiert, würden Zufallskomponenten im Algorithmus eine Weiterentwicklung des Stadtbildes jenseits des Vertrauten erlauben. Antragstellende wüssten auch um die Zufallskomponente, und der eine oder andere wäre unter diesen Umständen bereit, mit ungewöhnlicheren Vorschlägen ins Genehmigungsverfahren zu gehen.

Darüber hinaus bliebe auch in einer digital automatisierten Welt die Vielfalt langfristig erhalten, wenn Zufallselemente eingebaut werden. Datenbasierte Entscheidungssysteme tendieren mittelfristig dazu, die Anzahl der Abweichungen vom Mittelwert zu verringen. Dadurch vermindern sich mit der Zeit stärkere Abweichungen sowohl nach oben als auch nach unten. Bei einem algorithmischen Entscheidungssystem kann es sich als genauso nachteilig erweisen, ein Ausreißer nach oben wie einer nach unten zu sein. Einerseits wird dadurch Betrug verhindert, gleichzeitig können aber besonders Clevere auch keine Abkürzung mehr nehmen.

Im Zuge einer zentralisierten digitalen Automatisierung staatlicher Tätigkeiten stellt sich die Frage noch einmal ganz neu, wie eine Gesellschaft mit (noch) nicht mehrheitlich akzeptierten Verhaltensweisen umgehen möchte. Zufallselemente könnten als Türöffner dienen, um abweichendes Verhalten, etwa durch Künstler, auch in einer digitalisierten Welt in akzeptablem Umfang zuzulassen. Denn nur in den Randbereichen einer Gesellschaft lassen sich fundamental neue Lösungsansätze entwickeln, alternative Lebensweisen ausprobieren oder die Grenzen von Technologien ausloten. Diese Art von Kreativität ermöglicht es einer Gesellschaft, sich ebenso fortzuentwickeln wie neue Waren und Dienstleistungen zu erfinden. Neues zuzulassen und zu fördern, ist eines der wichtigsten Vorzüge demokratischer Gesellschaften, gerade auch im geopolitischen Wettstreit mit autoritären Regimen.

Zufallskomponenten zu nutzen, mag nicht als optimale Lösung angesehen werden. In einer umfassend digitalisierten staatlichen Umgebung könnten sie sich jedoch als das kleinere Übel herausstellen. Zufallselemente können einen Beitrag leisten, vom vorgezeichneten Pfad der digitalen Dynamiken ein Stück weit abzuweichen. Sie können verhindern, eine Welt zu erschaffen, in der sich der Mensch ohne Einfluss und somit nur noch als kleines Rädchen in einer großen Maschinerie fühlt. Im Kern geht es darum, typisch menschliche Eigenheiten in der digitalen Welt näherungsweise zu replizieren. Denn die Welt muss nicht perfekt sein, sondern die Menschen müssen sich in ihr wohlfühlen.

23. Maßnahme sieben: Algorithmen einhegen II – Menschliche Hoheitsbereiche definieren und das digitale Vergessen künstlich organisieren

Mit dem siebten und letzten Maßnahmenpaar wollen wir wieder zeigen, wie sich im Verlauf der staatlichen Digitalisierung eine ungewollte, zu starke Verlagerung des Einflusses weg von den Menschen hin zu den digitalen Systemen verhindern lässt.

Derzeit sind wir noch weit davon entfernt, alle relevanten Informationen in den digitalen Raum überführen zu können. Im digitalen Transformationsprozess gehen daher oftmals Teile der Information verloren. Im Exkurs nach Kapitel 8 haben wir aufgezeigt, wie dadurch der Informationsgehalt verzerrt werden kann, etwa weil diejenigen Vorgänge oder Prozesse stärker beachtet und gewichtet werden, die sich überhaupt digital erfassen lassen. Menschliche Entscheidungsträger verlieren dabei Einfluss, weil sie bestimmte Informationen nicht mehr berücksichtigen können. Sie haben obendrein ihren Fokus verstärkt auf kurzfristige, digital erfassbare und messbare Folgen zu richten. Möglicherweise bedeutendere, langfristige, aber nicht digital erfassbare und messbare Ziele müssen sie hingegen ausblenden.

Zugleich erlauben die digitalen Technologien der Regulierung, sich in denjenigen Bereichen, die zumindest teilweise digital erfassbar sind, in bisher unbekanntem Maße auszubreiten. In Kapitel 11 und 12 haben wir beschrieben, wie infolge der digitalen Dynamiken die gesetzliche Steuerung mit immer höherem Detailgrad justieren und in bisher ungeregelte Bereiche vordringen kann. Die Möglichkeiten, bewusst regulatorische Freiräume zu gewähren, werden damit immer kleiner.

Darüber hinaus können aufgrund der niedrigen Kosten Daten über einen immer längeren Zeitraum gespeichert werden. Neben den bereits angesprochenen Problemen auf der gesellschaftlichen Ebene ergeben sich daraus auch welche auf individueller Ebene, wie wir in Kapitel 14 erörtert haben. Einen persönlichen Neuanfang zu gewähren, wird erschwert, wenn beispielsweise Fehlverhalten in der Jugend immer wieder von risikoevaluierenden Systemen berücksichtigt wird.

Analoge Enklaven: menschliche Hoheitsbereiche

In bestimmten, besonders sensiblen staatlichen Bereichen wird es nicht genügen, die beschriebenen negativen Folgen der Digitalisierung abzuschwächen, indem auf rechtliche Vorgaben oder institutionell-technische Maßnahmen wie den Zufall zurückgegriffen wird. Wir plädieren daher für eine radikale Maßnahme: Ausgewählte staatliche Tätigkeiten müssen von der digitalen Vermessung und (Teil-)Automatisierung ausgenommen werden und vollständig in Menschenhand bleiben. Sie müssen eine Art »analoge Enklave« bilden, die für Algorithmen gesperrt wird. In diesen Tätigkeitsbereichen können zwar grundlegende digitale Werkzeuge wie elektronische Akten und Kommunikationsmittel verwendet werden. Jedoch sollten weder entscheidungsrelevante Informationen digital vermessen werden, noch sollte Analysesoftware eingesetzt werden, welche Entscheidungsträger bei ihrem Urteil unterstützen. Nicht einmal einzelne Arbeitsschritte sollten automatisiert werden. Und auch im Nachgang darf nicht digital kontrolliert werden.

Bei der derzeit vorherrschenden Mentalität scheint es ansonsten nur schwer möglich, den in manchen Bereichen durchaus vorteilhaften digitalen Kreislauf zu vermeiden. Dieser Kreislauf besteht aus (vermeintlich) immer genaueren, immer umfangreicheren Informationen, immer besseren Analysemöglichkeiten, einer fortwährenden Optimierung und zunehmend granulareren Steuerung.

Selbst die Beschränkung auf halbautomatisierte Prozesse, bei denen das IT-System nur einen Vorschlag unterbreitet und die letzte Entscheidung bei Menschen verbleibt, genügt nicht unbedingt. Immer mehr Forschungsergebnisse weisen auf einen »Automation bias« hin. Danach hegen Beschäftigte gerade auch im öffentlichen Sektor übermäßiges Vertrauen in algorithmische Vorschläge. Sie folgen ihnen trotz vorhandener Warnsignale.[120] In diesem Fall verkäme die menschliche »Beaufsichtigung« der Algorithmen zu einer illusorischen Prüfung.

Im Prinzip handelt es sich um das Gegenteil eines »Digitalchecks«, wie er bereits in einigen Ländern eingeführt wurde. In Deutschland etwa müssen seit 2023 neue Gesetzesentwürfe und Verordnungen darauf geprüft werden, ob die digitale Umsetzung mitgedacht wurde und beispielsweise »stärker automatisierte Verwaltungsverfahren ermöglicht werden«.[121] Unser Vorschlag wird Widerstand bei denjenigen hervorrufen, die hart für den Digitalcheck gekämpft haben. Wir kritisieren keineswegs den Digitalcheck, sondern gehen lediglich einen Schritt weiter. Digitale Methoden und Mittel eignen sich nicht für alle Bereiche staatlichen Handelns. In einem zunehmend digitalisierten öffentlichen Sektor sollten daher auch »digitaluntaugliche« staatliche Tätigkeiten und Entscheidungen in einem »Analogcheck« definiert werden. Das können beispielsweise Tätigkeiten sein, bei denen es zu besonders schweren Grundrechtseingriffen kommt, wie etwa Handlungen rund um die Themen Vormundschaft, Beistandschaft, Betreuung, Geschäfts(un)fähigkeit oder auch Freiheitsentzug.[122] Es können auch Entscheidungen sein, bei denen typischerweise eine Vielzahl an menschlichen, digital schwer erfassbaren Faktoren zu berücksichtigen sind. Dazu zählen etwa Entscheide über die Anerkennung einer Invalidität, die Bewilligung eines Antrags auf Leistungen aus der staatlichen Pflegeversicherung oder umfassende menschliche Beurteilungen in Form von Schulnoten oder Arbeitszeugnissen.[123]

Eine künstliche Organisation des digitalen Vergessens

Gesellschaften, die dem humanistischen Ideal einer fortwährenden Verbesserung der menschlichen Lebensbedingungen folgen, brauchen ein gewisses Maß an Nonkonformität und Zufall, um sich weiterentwickeln und kreativen neuen Ansätzen Raum geben zu können. Dies gilt auch für Gesellschaften, die im geopolitischen Wettbewerb ihren technologischen Vorsprung bewahren möchten. Um wirklich innovativ zu sein, sind Respektlosigkeit gegenüber dem Status quo und eine gewisse Dreistigkeit notwendig, um bestehende Hürden zu überwinden. Den dafür notwendigen Freiraum sollten staatliche Institutionen auf individueller Ebene nicht nur durch die angesprochenen Durchsetzungslücken gewähren. Zusätzlich sollten die Kosten für diejenigen Individuen, die diese Weiterentwicklung durch unorthodoxe Vorgehensweisen vorantreiben, nicht zu hoch angesetzt werden. Wenn beispielsweise die Gründerin eines Startups die regulatorischen Vorgaben bei der Entwicklung eines neuen innovativen Produkts dehnt und dieses Fehlverhalten (nach der fälligen Strafe) nicht irgendwann »vergessen« wird, sondern in den Risikomanagementsystemen der zuständigen Kontrollbehörden fortlebt, »zahlt« sie ihr restliches Leben lang dafür. In dem Falle wird kaum jemand bereit sein, diese hohen Kosten zu tragen.

Auf einem in dieser Hinsicht bedenklichen Grat wandelt das britische Unternehmen Facewatch Limited. Es hat ein privatwirtschaftlich betriebenes, aber von den zuständigen Behörden inzwischen offiziell abgesegnetes »Gesichtserkennungssicherheitssystem« entwickelt.[124] Der (aktuelle) Fokus des Systems liegt (noch) darauf, Ladendiebstähle zu reduzieren. Das Facewatch-System scannt jede Person, die ein teilnehmendes Geschäft betritt, und erstellt ein biometrisches Gesichtsprofil. Dieses Profil wird mithilfe einer Gesichtserkennungs-KI mit der Facewatch-Datenbank abgeglichen. Ist dort eine Person als »Subject of Interest«, also als eine Person, bei welcher der »begründete Verdacht besteht, an einer Straftat beteiligt zu sein«, gespeichert, schlägt das System Alarm und benachrichtigt den Ladenbesitzer in Echtzeit.[125] Nach Angaben von Facewatch werden »Subjects of Interest« nach zwei Jahren aus der Datenbank gelöscht – es sei denn, Facewatch wurde von der Polizei explizit gebeten, dies nicht zu tun.[126] Wie lange in diesem Fall die Daten gespeichert werden (können) und wie lange das System weiterhin anschlägt, ist unklar.

In der analogen Welt sind die Informationen, welche von staatlicher Seite erhoben werden können, auf natürliche Weise begrenzt. Irgendwann lohnt sich der Aufwand nicht mehr. Zusätzlich bestehen für die meisten Register nach einem gewissen Zeitraum Löschpflichten. Auch für »Schriftgut« wie Akten gibt es Aufbewahrungsfristen.[127] Selbst wenn Akten sehr lange aufbewahrt werden, verschwinden sie irgendwann in Kellerarchiven und sind nur noch mit viel Aufwand sinnvoll einsehbar.

In einer digitalen Welt hingegen ist die Menge der Daten, die erhoben werden können, kaum begrenzt und steigt kontinuierlich an. Zugleich lassen sich in einer immer stärker vernetzten und zentralisierten digitalen Umgebung die Informationen grundsätzlich immer leichter und von immer mehr Stellen abrufen und verarbeiten. Digitale Spuren der Bevölkerung werden damit allgegenwärtig und lassen sich auch wesentlich kostengünstiger dauerhaft speichern.

Löschpflichten gibt es zwar auch für digitale staatliche Datenbanken, sie werden aber verstärkt in Konflikt mit dem Mantra unserer Zeit kommen, wonach es immer mehr und bessere Daten bräuchte.[128] Insbesondere moderne datenbasierte Machine-Learning-Algorithmen verlangen nach möglichst umfangreichen Trainingsdaten.

Darüber hinaus ist eine völlig neue Gefahr entstanden. Informationen können zwar aus den Datenbanken gelöscht werden, aber dennoch in KI-Modellen oder Risikomanagementsystemen »weiterleben«. In der neuen digitalen Welt genügt es daher nicht, den Betreibern staatlicher Datenbanken allgemeine Löschpflichten aufzuerlegen oder Einzelnen ein individuelles »Recht auf Vergessenwerden« einzuräumen, wie es einige Rechtsordnungen inzwischen kennen.[129] Vielmehr müssen neuartige Ansätze aus dem Bereich des »Machine Unlearnings« verfolgt werden.[130]

Demokratische Institutionen stehen vor der schwierigen Aufgabe, eine umfassende, fest verankerte »künstliche Organisation des Vergessens« zu entwickeln,[131] vor allem im Zusammenhang mit all den Daten, die sich in irgendeiner Form auf Personen beziehen lassen.

Schlussbemerkungen

Die digitale Transformation des Staates vollzieht sich in einer besonderen Gemengelage. Die nächsten Jahrzehnte halten gewaltige Herausforderungen bereit. Das Spektrum reicht von Klimawandel und Ressourcenknappheit bis zu neuen geopolitischen Spannungen und kriegerischen Auseinandersetzungen.

Aber auch innergesellschaftlich stellen massive Spannungen zahlreiche demokratische Länder auf die Probe. Angesichts einer alternden Bevölkerung und einer schrumpfenden Zahl von Erwerbstätigen stehen insbesondere viele Industriestaaten vor dem Problem, ihr Renten- und vor allem Gesundheitssystem bald nicht mehr finanzieren zu können. Eine oft hohe Staatsverschuldung vergrößert die Herausforderung zusätzlich. In Deutschland werden beispielsweise Zinszahlungen auf die Bundesschuld und alle Zuschüssen zur Rentenversicherung voraussichtlich schon mehr als ein Drittel des gesamten Bundeshaushalts 2024 ausmachen.[1] Die Tendenz ist steigend.

Politiker und Politikerinnen sowie Wähler und Wählerinnen gleichermaßen sind in naher Zukunft mit schwierigen Abwägungsentscheidungen konfrontiert, die aufreibende gesellschaftliche Verhandlungen verlangen und den Beteiligten schmerzhafte Kompromisse abnötigen werden. Eine optimale Lösung, die allen gerecht wird, ist kaum vorstellbar. Sowohl im Falle von etwa Steuererhöhungen oder Kürzungen von Renten- und Gesundheitsleistungen als auch bei Erhöhung des Renteneintrittsalters oder hoher Nettozuwanderung wird es immer Bevölkerungsgruppen geben, die verlieren oder sich benachteiligt sehen.

Um diese und andere immense Herausforderungen zu meistern, also gute Entscheidungen hervorzubringen und diese auch mehrheitsfähig vermitteln zu können, brauchen demokratische Gesellschaften mehr denn je ein Staatswesen mit stabil funktionierenden, widerstandsfähigen Institutionen. Gerade während der zu erwartenden harten Zeiten der Transformation bedeutet dies Wehrhaftigkeit gegen autokratische, populistische oder andere Versuchungen und Attacken, von innen wie von außen.

Wenn die institutionellen Voraussetzungen für das dauerhafte Fortbestehen der demokratischen Institutionen in einer digitalen Welt geschaffen wurden und wenn zudem auch noch bestimmte weitere missbrauchspräventive, datenschützende und netzwerksichernde Maßnahmen ergriffen wurden, dann kann sich die Gesellschaft auch in einer Automated Democracy auf die Verheißungen eines modernen, datenerhebenden und datenverarbeitenden Staatswesens einlassen.

Denn wie effizient, ressourcenschonend und vor allem komfortabel könnte ein fortschrittlicher digitaler Dienstleistungsstaat sein!

- In der digitalen Smart City sammelt ein ausgedehntes städtisches Sensorsystem Informationen über das Leben in der Stadt. Die Bewohner haben Zugriff auf diese Daten. Open-Source-Plattformen werten sie automatisiert aus, bereiten sie auf und stellen sie den Bewohnern und der Verwaltung zur Verfügung.
- Über Leitsysteme und Ampelsteuerung steuert ein sensorbasiertes digitales Verkehrsmanagementsystem die Verkehrsströme intelligent. Es liefert Informationen über freie Parkplätze, Verkehrsmittel oder die nächstliegende freie Ladestation. Staus und langwieriger Suchverkehr werden vermieden, die Nerven der Verkehrsteilnehmer geschont und das Verkehrsaufkommen generell gesenkt.
- Sensoren stellen Bewohnern Liveinformationen über Feuchtigkeit, Temperatur und Sonnenstrahlung bereit, um zum Beispiel Empfehlungen über die benötigte Menge Wasser für Pflanzen und Bäume abzugeben.[2] Das Überwässern wird reduziert und Wasser gespart.
- Ähnliche Sensoren informieren in Echtzeit über Lärmbelastung, Luftqualität und Auslastung des Stromnetzes.
- Volle und/oder unangenehm riechende (digital gesteuerte) Mülleimer leiten selbst eine Leerung in die Wege.
- Digitale Plattformen beziehen die Bewohner sowohl als Informationsquelle als auch als Entscheider direkt in die lokalen und städteplanerischen Aufgaben mit ein, etwa wenn es darum geht,

was für ein Bedarf an Geschäften oder Infrastruktur in ihrem Viertel besteht oder wo Reparaturen und Sanierungen zu priorisieren wären und so weiter.

Oder wie angenehm wäre zum Beispiel eine Welt ohne die Last lähmender, zeitraubender und immer komplexer werdender staatlicher Bürokratie! Die Vorstellung von technologischen Tools, welche die Bürokratie reduzieren, erscheint uns jedenfalls verlockend.

Eine »KI-Plattform« könnte die Steuererklärung selbstständig erstellen, indem sie die relevanten Datenpunkte in Eigenregie sammelt und direkt verarbeitet, ohne zugleich tiefe Sorgen über den Missbrauch der Daten auszulösen.

- Kontobewegungen und Kreditkartenabrechnungen stellen automatisch die relevanten Informationen über Einnahmen, Krankenversicherungskosten, die Ausgaben für die Kinderbetreuung oder Spenden und Ähnliches bereit.
- Rechnungen werden automatisiert als Reparatur- oder Werbungskosten erkannt und berücksichtigt.
- Ein GPS-Sender gibt Auskunft über die Fahrtkosten. Der integrierte Machine-Learning-Algorithmus erkennt Änderungen eigenständig.
- Am Ende veranlasst die KI-Plattform automatisch die fällige Steuerrückzahlung, ohne dass Steuerpflichtige einen Finger rühren müssen. Oder sie passt – in Echtzeit – die monatlichen Steuerzahlungen an, sodass gar nicht erst zu viele Steuern gezahlt werden. (Da würde es auch weniger stören, wenn das Steuerrecht bei dem Versuch, fairer zu sein, noch komplizierter würde. Den Mehraufwand übernähme schließlich die günstige KI-Plattform.)

Ähnlich attraktiv erscheint die Vorstellung, dass ein digitalisiertes Grundbuch den (kostenintensiven und zeitaufwendigen) Besuch beim Notar überflüssig macht.

- Stattdessen identifizieren sich die Beteiligten mit digitalen Signaturen, zum Beispiel in einer App,[3] die dann auch alle notwendi-

gen Informationen bezüglich des Grundstücks übersichtlich bereitstellt.
- Die Vertragsabwicklung erfolgte über Smart Contracts/Embedded Contracts, sodass die Bank, falls notwendig, direkt die Bewilligung eines Kredits im System bestätigen kann.
- Die Transaktion wird dann in Echtzeit mit allen relevanten Informationen in das blockchainbasierte Register eingetragen.[4]
- Betrug wird so massiv erschwert, da die der Transaktion zugrunde liegenden Statements jederzeit überprüfbar und nachträglich kaum zu manipulieren wären, ganz zu schweigen von der Menge Papier, die so gespart würde.
- Statt Hunderter oder Tausender Euro Gebühren wie bisher fallen dabei lediglich Beträge im einstelligen Euro- oder sogar im Cent-Bereich an.

Die Entwicklung solcher oder ähnlicher digitaler Ideen und Visionen ermöglichen und erlauben zu können, ohne zugleich permanent Angst vor zu viel Anhäufung von Einfluss an einem Ort, vor dem Missbrauch von Macht oder vor Diebstahl und Zweckentfremdung der Daten zu haben, ist eine Vorstellung, für die es sich zu kämpfen lohnt. Sie könnte überdies das große Ass der westlichen Demokratien im bereits heute heftig tobenden weltweiten Systemwettbewerb sein. Wenn die Digitalisierung nicht aufgehalten werden kann und – in Anbetracht ihrer Vorteile – auch nicht aufgehalten werden soll, müssen sich Demokratien in die Lage versetzen, ihre Institutionen anzupassen und so auszugestalten, dass sich die Bevölkerung und Unternehmen der digitalen Transformation des Staates (verhältnismäßig) guten Gewissens anvertrauen können.

Die institutionellen Gestaltungsvorschläge für eine moderne digitale Demokratie, die wir in Teil III dieses Buches gemacht haben, sollen dazu beitragen, dass eine widerstandsfähige bürgerfreundliche Version einer Automated Democracy als Gewinner aus diesem Wettbewerb hervorgeht.

Das Buch auf einen Blick

Die Eigenschaften einer Automated Democracy

Staatlicher Bereich	Eigenschaften
Gesetzgebung	Digitalisierter, teilautomatisierter Gesetzgebungsprozess, der es erlaubt, deutlich mehr und komplexere Regeln zu erlassen
	Gesetzliche Steuerung mit höherem Detailgrad (höhere Regelungsintensität)
	Gesetzliche Steuerung, die in bisher unregulierte Bereiche vordringt (höherer Regelungsumfang)
	Adaptive Gesetze in Abhängigkeit von digitalen Messungen
	Manche Gesetze werden in einer von Computern lesbaren Sprache verfasst und können direkt ausgeführt werden (ausführende Software kann damit vollautomatisiert an die neue Gesetzeslage angepasst werden, das Parlament kann quasi »durchregieren«)
Rechtsprechung	Gerichte sind mit neuartigen digitalen Sachverhalten und datenbasierten Argumenten konfrontiert
	Automatisierende Dienstleister und chatbasierte KIs (Large Language Models) demokratisieren das Rechtsverfahren weiter und erhöhen damit das Streitaufkommen
	Gerichtsverfahren werden (teilweise) digitalisiert
	Urteilsfindung wird bei Standardverfahren inhaltlich automatisiert, um das erhöhte Aufkommen zu bewältigen
	Digitale Infrastruktur, insbesondere unterstützende KI, wird jedoch von der Verwaltung betrieben und kontrolliert

Antreibende, digitale Dynamik/Phänomene	Gefahren/Risiken
Bedienung des »Long Tails« Digitale »Massenpersonalisierung« Minimale Grenzkosten bei digitalen Informationsgütern Drang zur Plattformisierung	Für die Bevölkerung durch Verlust von Freiheit, wenn viele Lebensumstände durch einen paternalistisch-digitalen Staat gelenkt werden Für die gesellschaftliche Stabilität durch den Crowding-out-Effekt, wenn intrinsische Motivation, Gesetze zu befolgen, verdrängt wird Für die Verwaltung, wenn sie durch maschinell lesbare Gesetze bei der Ausführung der Gesetze übergangen wird
Ausweitung der Datenerhebung und -auswertung Automatisierung und damit einhergehende Zentralisierung Hohe anfängliche Investitionskosten	Für die horizontale Gewaltenteilung (Gerichte verlieren an Einfluss): wenn die Gerichte Unabhängigkeit verlieren, weil sie technologisch von Verwaltung abhängig werden wenn die Gerichte durch alternative Streitschlichtungsverfahren umgangen werden, weil sie digitale Sachverhalte nicht adäquat erfassen können wenn die Rechtsprechung an Akzeptanz verliert, weil automatisierte Urteile etwa aufgrund von Verzerrungen in die Kritik geraten

Staatlicher Bereich	Eigenschaften
Verwaltung	Technologischer Vorsprung gegenüber den anderen Gewalten, da sich die Verwaltung zuerst digitalisiert Verwaltung kontrolliert den Zugriff und die Auswertung der vom Staat erhobenen digitalen Daten Sie baut eine starke datenbasierte Position auf und nutzt den »Big-Data-Effekt« aus (beginnt auf einer breiten Datenbasis, dem Parlament den regulatorischen Bedarf und die Ausgestaltung der Regeln anzuzeigen) Entwickelt und betreibt administrative Plattformen, welche die Vielzahl neuartiger Regeln an die Bevölkerung und Unternehmen vermitteln (neuartige digitale Gatekeeper-Position)
Organisation der Verwaltung	Einzelne administrative Plattformen und ähnliche digitale Systeme »wachsen« und ziehen immer mehr Aufgaben an sich Aufgabenwahrnehmung innerhalb einzelner Institution wird über digitale Systeme von der Spitze verstärkt gelenkt und zentralisiert

Antreibende, digitale Dynamik/Phänomene	**Gefahren/Risiken**
Drang zur Plattformisierung und positive Netzwerkeffekte Herausragende Stellung von digitalen Gatekeepern Hohe anfängliche Investitionskosten Ausweitung der Datenerhebung und -auswertung	Für die horizontale Gewaltenteilung (Parlamente und Gerichte verlieren an Einfluss im Verhältnis zur Verwaltung): wenn Informationsasymmetrien durch die Datenhoheit einer digitalisierten Verwaltung entstehen wenn die Verwaltung Teile der technologischen Infrastruktur der anderen Gewalten kontrolliert wenn starke Gatekeeper-Position von einzelnen Verwaltungsinstitutionen ausgenutzt wird wenn die Verwaltung verstärkt auf den Gesetzgebungsprozess einwirken kann wenn die Verwaltung verstärkt auf richterliche Auslegung des Gesetzestextes einwirken kann
Drang zur Plattformisierung und Netzwerkeffekte Zentralisierung der Entscheidungsfindung durch digitale Automatisierung Einflussanhäufung durch Kontrolle eines »Datenschatzes«	Für die vertikale Gewaltenteilung/den Föderalismus, wenn die Aufgabenzuteilung an die Länder und an die Kommunen im Zuge der digitalen Transformation untergraben wird Für die funktionale Aufteilung der Zuständigkeiten auf verschiedene Verwaltungseinheiten, etwa die verschiedenen Geschäftsbereiche der Ministerien (Ressortprinzip), wenn diese aufgeweicht wird

Staatlicher Bereich	Eigenschaften
Staatliche Aufgabenwahrnehmung durch die Verwaltung	Übernahme von Tätigkeiten durch IT-Systeme durch (Teil-) Automatisierung Datenerhebungen und -auswertungen werden konstant ausgeweitet Informationen werden dabei teilweise ausgeblendet, weil sie im Digitalisierungsprozess verloren gegangen sind/digital nicht erfasst oder berücksichtigt werden können
Staatliche Aufgabenwahrnehmung durch die Verwaltung im Bereich der Kontrolle/Einhaltung von Gesetzen	Automatisierte und auf digitale Prozesse optimierte staatliche Kontrolltätigkeiten IT-Systeme überprüfen in vielen Bereichen die Einhaltung der Vielzahl neuer Gesetze (Teil-)Automatisierung von Sanktionen Verantwortungsdelegierung an digitale Systeme
Staatliche Souveränität im Außenverhältnis	Dauerhafte (Hacker-)Angriffe auf staatliche und private Digitalinfrastruktur durch andere Staaten oder kriminelle Gruppen Permanente Versuche digitaler Einmischung ausländischer Akteure in politische Willensbildung Globaler Kampf um technologische Vorherrschaft Umfangreiches Mieten/Lizensieren der IT-Infrastruktur und -Dienstleistungen von Privaten

Antreibende, digitale Dynamik/Phänomene	**Gefahren/Risiken**
Starke Gewichtung des Status quo durch datenbasierte Rückwärtsorientierung Zentralisierung der Entscheidungsfindung Minimale Grenzkosten bei der Speicherung von Informationen	Für die Gesellschaft, wenn ihre Weiterentwicklung und die Anpassung an neuartige Umstände erschwert werden Für die Gesellschaft, wenn der Resonanzboden für ungewöhnliche Lösungsansätze schwindet Für gesellschaftliche Randbereiche, wenn digitale IT-Systeme sie stigmatisieren Für das Bestehen von nonkonformem und kreativ-unangepasstem Verhalten, wenn Informationen dauerhaft digital gespeichert werden, auch in Form von KI-Modellen Für menschliche Faktoren und soziale Kompetenzen wie Mitleid, Motivation, Vertrauen bei der staatlichen Aufgabenwahrnehmung, wenn sie verdrängt werden
Minimale Grenzkosten bei Informationsgütern (»Kontollflatrate«)	Für die Handlungsfreiheit der Bevölkerung, wenn die staatlichen Kontrolltätigkeiten in zeitlicher Hinsicht und in alle Lebensbereiche (massiv) ausgeweitet sowie wenn immer mehr Durchsetzungslücken geschlossen werden Für die Bevölkerung, wenn Neuanfänge nach Vergehen erschwert werden Für die Gestaltungshoheit von Teilen der Verwaltung bei der Ausführung von Gesetzen, wenn sie in IT-Systeme implementiert werden
Globale digitale Vernetzung Trend zum IT-Outsourcing	Für die Bevölkerung und Unternehmen, wenn die Cyber Security nicht gewährleistet wird Für Gestaltungshoheit staatlicher Institutionen, wenn zu große Abhängigkeiten von privaten IT-Unternehmen oder anderen Staaten bestehen

Sieben konkrete Maßnahmen für die Neuerfindung der Demokratie im digitalen Zeitalter

1. Datenunterstützte Parlamente: Die Legislative technologisch aufrüsten

Um auf Augenhöhe mit den anderen Gewalten im Staat, also den Gerichten sowie der Regierung und der Verwaltung, zu bleiben, sollten Parlamente eine eigene interne strukturelle Einheit schaffen, welche in der Lage ist, digitale Daten sinnvoll zu verarbeiten, auszuwerten, grafisch aufzubereiten und zu interpretieren. In begrenztem Umfang könnten die Parlamente sich auch befähigen, selbst Daten zu erheben und in die Auswertung einfließen zu lassen.

Ein parlamentarisches Datenzentrum mit derartigen Kompetenzen würde den Abgeordneten helfen, heraufziehende, potenziell disruptive Informationsasymmetrien im Verhältnis zur Exekutive zu vermeiden bzw. abzubauen. Es würde die Wahrscheinlichkeit verringern, dass die öffentliche Verwaltung aufgrund von digitalen Werkzeugen und überlegenen datenbasierten Informationen eine zunehmend zentralere Machtposition im demokratischen Gefüge erhielte. Es würde zudem die horizontale Gewaltenteilung auch in einer digitalisierten Welt absichern, denn die Fähigkeit zur Datennutzung wird in Zukunft eine notwendige Voraussetzung sein, wenn die Legislative die datengetriebenen Tätigkeiten der Verwaltung kontrollieren möchte. Darüber hinaus würden Daten den Parlamenten möglicherweise auch andere Einsichten liefern, die wesentlich sein können, um eine immer komplexere Welt erfolgreich zu regulieren und neue gesetzgeberische Wege zu beschreiten.

2. Ein gerichtlicher Digitalisierungs-Hub: Unabhängigkeit wahren und digitale Fähigkeiten aufbauen

Auch die dritte Gewalt im Staat, die Judikative, muss sich an die Entwicklung der Welt anpassen, digital aufrüsten und mit den anderen beiden Gewalten gleichziehen. Im Vergleich zur Digitalisierung des Gerichtsverfahrens ist die Digitalisierung der Inhaltsfindung, also die Frage, wie die Urteile zukünftig (digital unterstützt) zustande kommen, der entscheidendere Faktor.

Aufgrund ihrer besonderen Stellung im Gefüge der staatlichen Institutionen sollte sich insbesondere die Verwaltungs- und Verfassungsgerichtsbarkeit koordinieren und einen oder mehrere eigene gerichtliche Digitalisierungs-Hubs gründen, in denen ihre digitalen Fähigkeiten und ihr technologisches Know-how entwickelt werden. Die digitale Transformation der Gerichte würde so aus dem Verantwortungsbereich der Verwaltung gelöst und in die (Eigen-)Verantwortung der Gerichte überführt.

Nur dann können die Gerichte sicherstellen, die technisch-komplexen Begründungen und Vorgänge innerhalb von digitalen Behörden zu verstehen und überprüfen zu können.

Darüber hinaus brauchen die Verwaltungsgerichte vor allem Zeit und freie Kapazitäten, um absehbare neuartige Konflikte im digitalen Raum zeitnah zu lösen. Der gerichtliche Digitalisierungs-Hub muss daher auch digitale Werkzeuge bereitstellen, die es den Gerichten erlauben, Standardfälle automatisiert und ohne personellen Aufwand abzuurteilen. Aufgrund dieser zusätzlichen Herausforderung haben wir diese Einheit Digitalisierungs-Hub und nicht »Daten«-Zentrum, wie im parlamentarischen Kontext, genannt.

3. Dezentrale Digitalisierung: Standards fördern, um Föderalismus zu erhalten und Gatekeeper zu verhindern

Die Digitalisierung und die ihr eigene zentralisierende Dynamik bedrohen das dezentrale Organisationsprinzip in föderalen Staaten. Die Eigenständigkeit der Gliedstaaten könnte im Zuge der digitalen Transformation ausgehöhlt werden, insbesondere wenn im öffentlichen Sektor zentrale Gatekeeper in Form von einflussreichen administrativen Plattformen in Analogie zu den mächtigen Internetplattformen entstünden.

Die Etablierung von offenen, harmonisierten Standards, insbesondere von Kommunikationsprotokollen, Schnittstellen und Datenformaten, würde einer solchen Entwicklung entgegenwirken. Als orchestrierende Vorgaben würden diese Standards den Akteuren weiterhin erlauben, dezentral und eigenständig zu entscheiden, zu entwickeln und zu experimentieren. Dennoch würde die entstehende Palette an Lösungen am Ende miteinander harmonieren.

Ein Standardisierungszentrum für die gesamte (nationale) staatliche Digitalisierung, welches nicht nur die ganze Verwaltung, sondern darüber hinaus alle drei Gewalten im Visier hat, würde für eine indirekte Koordination sorgen. Ein solches Zentrum müsste einen Überblick über die Nachfrageseite und die komplette Standardisierungslandschaft als Angebotsseite liefern, geeignete Standards in einem akzeptierten und transparenten Prozess bewerten und auswählen, ihre Pflege fördern und den Beteiligten als erste Anlaufstelle dienen.

Standards, die auch durchgesetzt werden, sowohl Effizienz als auch Vielfalt und Wettbewerb ermöglichen. Sie würden nicht nur den reibungslosen Austausch von Daten innerhalb der staatlichen Verwaltung und im Austausch mit den Bürgerinnen und Unternehmen gestatten, sondern auch mit den beiden anderen Gewalten.

Bei Störungen jeglicher Art wären dezentrale, auf offenen harmonisierten Standards beruhende digitale Systeme und Dateninfrastrukturen widerstandsfähiger und sicherer. Sie würden etwa bei einem Hackerangriff oder Ausfall selten vollständig versagen und könnten die erforderlichen Leistungen wesentlich eher aufrechterhalten als zentrale Systeme.

4. Doppelte Buchführung: Konzentration von Einfluss durch redundante Datenhaltung begrenzen

Die funktionale Aufteilung von Zuständigkeiten innerhalb der Exekutive auf unterschiedliche Verwaltungseinheiten wird im Fahrwasser der digitalen Dynamiken ebenfalls zunehmend unter Druck geraten. Eine Ursache dieser Entwicklung wird die steigende Bedeutung von großen Datenschätzen, einem der wichtigsten »Rohstoffe« der Zukunft, sein. Wer sich den Zugriff auf essenzielle Daten gesichert hat und sie zu verarbeiten weiß, kann diese Fähigkeiten nutzen, um seinen Einfluss zu mehren.

Als weitere Maßnahme, die darauf abzielt, nachteilige Folgen für die in Demokratien so wichtige institutionelle Machtbalance zu verhindern oder zumindest abzufedern, regen wir daher an, potenziell besonders einflussreiche Datenschätze nicht mehr nur an einem Ort, in nur einer Datenbank oder einem Register zu speichern. Keine Institution sollte exklusiv auf bedeutsame Datenbanken zugreifen können. In Anlehnung an das Prinzip der doppelten Buchführung sollte eine Art Back-up, also eine Kopie wichtiger Daten, parallel auch bei einer anderen staatlichen Institution gespeichert werden.

Würde eine Behörde zu viel Einfluss gewinnen und beginnen, diesen Umstand auszunutzen, hälfe eine solche redundante Datenhaltung, ihren Einfluss wieder zu begrenzen. Sie würde es ermöglichen, mit verhältnismäßig wenig Aufwand Aufgaben an andere Institutionen zu delegieren. Diese Möglichkeit würde zudem wie ein Damoklesschwert permanent über einer Behörde schweben und als Korrektiv dienen.

Zugleich würde es schneller auffallen, wenn Daten manipuliert werden. Es würden sich auch die Ausfallsicherheit und Resilienz im Falle eines (Hacker-)Angriffs oder unerlaubten Zugriffs erhöhen.

5. Staatliche digitale Souveränität: Informationssicherheit gewährleisten, IT-Outsourcing begrenzen

Im Zuge der digitalen Transformation werden Macht und Einfluss aber nicht nur innerhalb eines Staates neu verteilt, sondern auch nach außen abwandern. Die digitale Vernetzung und Transformation der Welt lassen völlig neue Möglichkeiten für Interventionen durch äußere Mächte entstehen, sei es durch andere Staaten, kriminelle Gruppen oder Unternehmen.

Neben der Einmischung ausländischer Akteure in die politische Willensbildung stellen vor allem Angriffe auf die digitale Infrastruktur und die wachsende Abhängigkeit von einigen wenigen privatwirtschaftlichen IT-Lösungen Einfallstore für eine fremde Einflussnahme dar und schwächen die eigene Position im globalen Wettbewerb.

Insbesondere Demokratien sollten ihre Prioritäten überdenken und mehr für die Gewährleistung von Informationssicherheit tun. Im Verlauf der digitalen Transformation wird es immer wichtiger werden, Kompetenzen in der Abwehr von Cyberangriffen aufzubauen und die eigenen Systeme zu »härten«. Es reicht aber nicht, die öffentlichen digitalen Systeme und Netzwerke zu schützen. Digitale Landesverteidigung bedeutet auch, die Bevölkerung und die im Land ansässigen Unternehmen vor digitalen Attacken jeglicher Art zu schützen, indem den Betroffenen im Notfall Verteidigungsfähigkeiten und Wissen zur Verfügung gestellt werden.

Gleichzeitig gilt es, die Abhängigkeiten von einigen wenigen IT-Unternehmen zu begrenzen. Dafür sollten Staaten alternative digitale Lösungen selbst entwickeln oder ihre Entwicklung fördern. Das können sie, indem sie den Wettbewerb im privaten Sektor bewusst erhalten, etwa durch gezielte Aufträge an alternative Anbieter, selbst wenn diese im Augenblick auf dem Markt nur die zweitbeste Lösung anbieten können. Zum anderen sollten Demokratien die Entwicklung quelloffener Lösungen, sogenannter Open-Source-Lösungen, nachdrücklich und nachhaltig unterstützen.

6. Algorithmen einhegen I: Zufall einbauen und akzeptieren

Macht und Einfluss werden bei fortschreitender Digitalisierung auch weg von den Menschen und hin zu den IT-Systemen wandern. Was bei dem Gedanken an allmächtige künstliche Intelligenzen sofort einleuchtet, lässt sich auch bei anderen Formen der digitalen Automatisierung beobachten. Dort vollzieht sich die Machtverschiebung allerdings auf unerwartete Weise, meist schleichend und entsprechend unbemerkt.

Entscheidungshoheit wird beispielsweise an die digitalen Systeme abgegeben, wenn infolge der Dynamik minimaler Grenzkosten Kontrolltätigkeiten zunehmend an die Mustererkennung digitaler und automatisierter Systeme delegiert werden. Abhilfe ließe sich dadurch schaffen, dass das Prinzip von unterschiedlich umfangreichen Stichprobenkontrollen durch menschliche Kontrolleure in die digitale Welt übertragen wird. Digitale Kontrollsysteme sollten nach dem Zufallsprinzip pausieren – temporär oder räumlich –, um an sich verschwindende Rechtsdurchsetzungslücken im digitalen Raum künstlich nachzubilden. Das Zufallselement ist dabei fundamental wichtig. Wäre vorab bekannt, wann ein digitales Kontrollsystem nicht arbeitet oder welcher Bereich gerade nicht im Fokus steht, würden Teile der Bevölkerung sofort darauf reagieren und die Durchsetzungslücken gezielt ausnutzen.

Menschen werden auch Entscheidungshoheit einbüßen, weil die datenbasierte algorithmische Automatisierung zu einer ausgeprägten Gewichtung des Status quo führt. Diese Rückwärtsorientierung der Daten erschwert die gesellschaftliche Weiterentwicklung und birgt zudem die Gefahr der Stigmatisierung von bestimmten Bürgern und Bürgerinnen.

Positive, also den Betroffenen zugutekommende Zufallselemente können bei der digitalen Automatisierung von Tätigkeiten, etwa im Zusammenhang mit Anträgen und behördlichen Bescheiden, Erlaubnissen oder Leistungen, die unerbittliche Logik der digitalen Systeme aufweichen und ein gewisses Maß an kreativem Fortschritt erlauben. Zufallselemente können verhindern, eine Welt zu erschaffen, in der sich der Mensch ohne Einfluss und somit nur noch als kleines Rädchen in einer großen Maschinerie fühlt.

7. Algorithmen einhegen II: Menschliche Hoheitsbereiche definieren und das digitale Vergessen künstlich organisieren

Im digitalen Transformationsprozess gehen oftmals Teile der Information verloren, weil nicht alle relevanten Informationen in den digitalen Raum überführt werden können. Menschliche Entscheidungsträger verlieren folglich Einfluss, weil sie bestimmte Informationen nicht mehr berücksichtigen können. Weil die digitalen Technologien es der gesetzlichen Steuerung erlauben, mit immer höherem Detailgrad zu justieren und in bisher ungeregelte Bereiche vorzudringen, schwinden auch die Möglichkeiten, bewusst regulatorische Freiräume zu gewähren.

Um die negativen Konsequenzen einer solchen Entwicklung zu minimieren, sollten bestimmte, besonders sensible staatliche Bereiche, etwa Tätigkeiten, bei denen es zu besonders schweren Grundrechtseingriffen kommt, von der digitalen Vermessung und (Teil-)Automatisierung ausgenommen werden. Sie blieben vollständig in Menschenhand. In diesen Tätigkeitsbereichen könnten zwar grundlegende digitale Werkzeuge wie elektronische Akten und Kommunikationsmittel verwendet werden. Jedoch sollten entscheidungsrelevante Informationen weder digital vermessen noch Analysesoftware eingesetzt werden, welche die Entscheidungsträger bei ihrem Urteil unterstützen. Nicht einmal einzelne Arbeitsschritte sollten automatisiert werden. Und auch im Nachgang dürfte nicht digital kontrolliert werden. Diese »digitaluntauglichen« Bereiche sollten in einem Analogcheck definiert werden und eine Art »analoger Enklave« im sich digitalisierenden Staatswesen bilden.

Darüber hinaus ist es in der digitalen Welt möglich, Informationen über einen immer längeren Zeitraum zu speichern und kostengünstig abzurufen. Individuelles Fehlverhalten kann deshalb zu exorbitanten Kosten führen, etwa weil ein persönlicher Neuanfang dadurch erschwert wird, dass illegitimes Verhalten in der Jugend immer wieder von risikoevaluierenden Systemen berücksichtigt wird.

Gesellschaften, die dem humanistischen Ideal einer fortwährenden Verbesserung der menschlichen Lebensbedingungen folgen, brauchen ein gewisses Maß an Nonkonformität und Zufall, um sich fortzuentwickeln und kreativen neuen Ansätzen Raum geben zu können. Dies gilt auch für Gesellschaften, die im geopolitischen Wettbewerb ihren technologischen Vorsprung bewahren möchten.

Um den dafür notwendigen Freiraum zu gewähren, genügt es nicht, wenn den Betreibern staatlicher Datenbanken allgemeine Löschpflichten auferlegt werden oder Einzelnen ein individuelles »Recht auf Vergessenwerden« eingeräumt wird. Denn selbst aus Datenbanken gelöschte Informationen können in KI-Modellen oder Risikomanagementsystemen »weiterleben«. Demokratische Gesellschaften stehen daher vor der schwierigen Aufgabe, das umfassende künstliche Vergessen digitaler Systeme zu organisieren.

Danksagung

Ein solch umfangreiches Forschungsprojekt wie unseres zum digitalen Staat kommt nicht ohne Unterstützung aus. Unser ganz besonderer Dank gilt der Stiftung Infinite Elements, ohne die dieses Projekt nicht in der Form möglich gewesen wäre. Für zusätzliche Förderung möchten wir auch Damus-Donata e. V., der Freiwilligen Akademischen Gesellschaft (FAG) und der Stiftung zur Förderung der rechtlichen und wirtschaftlichen Forschung an der Universität Basel danken.

Nadja Braun Binder, Wolfgang Wohlers und Sven Fettback haben tatkräftig mitgeholfen, die Forschungsstelle für Digitalisierung in Staat und Verwaltung (e-PIAF) an der Juristischen Fakultät der Universität Basel ins Leben zu rufen und damit auch das Forschungsprojekt zum digitalen Staat optimal zu verankern und mit zusätzlichem Know-how zu vernetzen.

Nadja Braun Binder möchten wir darüber hinaus auch für ihre wertvollen Ideen, nutzbringenden Diskussionen und fundiertes Feedback danken. Das war uns eine große Hilfe. Wichtigen Input und Hinweise lieferten auch die weiteren Mitarbeitenden von e-PIAF: Apollo Dauag, Liliane Obrecht, Grace Wittmer, Svenja Wydler, Oliver Fischer und Cedric Pfister sowie Fadi Mansour vom Center for Research in Economics, Management and the Arts. Ihnen allen gilt unser Dank.

Dankbar sind wir auch Christian Peukert, Christian Rutzer, Alois Stutzer, Reto Cueni, Burkhard Ringlein, David Rieger und Till Meyer für wertvolle Diskussionen, Einblicke und den Zugang zu ihrer umfangreichen Expertise in ihren jeweiligen Fachbereichen, von dem wir lernen konnten und profitiert haben.

Jens Schadendorf hat tatkräftig mitgeholfen, das Manuskript in die passende Form zu gießen, wichtige Anregungen zu Inhalt und Veröffentlichung geliefert und die Tür zum Verlag Herder geöffnet. Patrick Oelze vom Verlag Herder hat uns umsichtig begleitet und das Buch sorgfältig lektoriert. Er hat uns zu ergänzenden Erläuterungen sowie verdeutlichenden Beispielen angeregt und das Buch letztendlich auf die Reise geschickt. Dafür und für die äußerst angenehme Zusammenarbeit gilt beiden unser herzlichster Dank.

Last, but not least möchten wir unseren Familien für ihre Motivation und liebevolle Geduld danken.

Anmerkungen

Vorwort

1 Collingridge, D., The Social Control of Technology, 1980, Frances Pinter (Publishers), S. 13 ff.

2 Allan, A., Warden, P., Got an iPhone or 3G iPad? Apple is recording your moves – A hidden file in iOS 4 is regularly recording the position of devices, 20.04.2011, Radar, abrufbar unter: http://radar.oreilly.com/2011/04/apple-location-tracking.html [September 2023].

3 Der »iPhone Tracker« von Warden/Allan, vgl. https://petewarden.github.io/iPhoneTracker/ [August 2023].

4 Für Informationen und die Möglichkeit, den eigenen Browser zu testen, siehe https://coveryourtracks.eff.org/ [September 2023]. Für weiterführende Informationen und Tests siehe https://browserleaks.com/ [September 2023].

Einleitung: Eine historische Zäsur

1 Unter anderem in Form einer besseren durchschnittlichen Gesundheit der Bevölkerung, einer höheren Lebenserwartung, eines höheren Einkommens, weniger extremer Armut und Hunger. Anschaulich beschrieben in Deaton, A., Der große Ausbruch, 2. Aufl., 2017, Klett-Cotta Verlag. Zur Diskussion über die Ungleichheit siehe auch: Milanovic, B., Die ungleiche Welt – Migration, das Eine Prozent und die Zukunft der Mittelschicht, 2016, Suhrkamp Verlag.

2 Siehe auch: Kendall-Taylor, A., Frantz, E., Wright, J., The digital dictators – how technology strengthens autocracy, 2020. Foreign Affairs, 99(2), S. 103 ff.

3 Für eine Übersicht über das Ausmaß der Sicherheitskräfte in 110 Ländern von 1960 bis 2010 siehe: De Bruin, E., Mapping coercive institutions: The State Security Forces dataset, 1960–2010, 2021, Journal of Peace Research, Vol. 58, 2, S. 315 ff., abrufbar unter: https://doi.org/10.1177/0022343320913089 [September 2023].

4 Anschaulich mit weiteren Nachweisen beschrieben in Walter, B. F., How Civil Wars Start – And How to Stop them, 2022, Viking, S. 19 ff. Abhängig davon, wie man eine Demokratie definiert, interpretieren andere Autoren die Datenlage vorsichtiger und sprechen lediglich davon, dass der Trend zur Demokratisierung stagniert, vgl. etwa (mit weiteren Nachweisen) Schröder, M., Warum es uns noch nie so gut ging – und wir trotzdem ständig von Krisen reden, 2018, Benevento Verlag, S. 160 ff.

Teil I: Die unvermeidliche Geburt des digitalen Staates

1 Vgl. Braun Binder, N., Fasler, R., Rechtsgrundlagen für automatisiertes Fahren in der Schweiz, in: Yen, R. et al. (Hrsg.), Automatisierter ÖPNV, 2023, Springer, abrufbar unter: https://link.springer.com/book/9783662669976 [September 2023].

2 Bspw. § 7e Klimaschutzgesetz Baden-Württemberg (KSG BW) neu gefasst durch Gesetz vom 12. Oktober 2021 (GBl. S. 837).

3 Siehe insbesondere Chapter V, Art. 14. Bereits in Fällen von »exceptional need« hat ein »data holder« Daten für »public sector bodies« oder für eine »Union institution, agency or body« verfügbar zu machen. Gemäß Art. 15 ist ein »exceptional need« bereits gegeben, wenn »the lack of available data prevents the public sector body or Union institution, agency or body from fulfilling a specific task in the public interest that has been explicitly provided by law; and (1) the public sector body or Union institution, agency or body has been unable to obtain such data by alternative means, including by purchasing the data on the market at market rates or by relying on existing obligations to make data available, and the adoption of new legislative measures cannot ensure the timely availability of the data; or (2) obtaining the data in line with the procedure laid down in this Chapter would substantively reduce the administrative burden for data holders or other enterprises.« »Data holder« ist definiert als »legal or natural person who has the right or obligation, in accordance with this Regulation, applicable Union law or national legislation implementing Union law, or in the case of non-personal data and through control of the technical design of the product and related services, the ability, to make available certain data«. »Data« is definiert als »any digital representation of acts, facts or information and any compilation of such acts, facts or information, including in the form of sound, visual or audio-visual recording«, vgl. den Proposal for a Regulation of the European Parliament and of the Council on harmonised rules on fair access to and use of data (Data Act) vom 20.02.2022.

4 Dazu ausführlich: Denga, M., Die Nutzungsgovernance im European Health Data Space als Problem des Immaterialgütermarkts, EuZW 2023, S. 25 ff.

5 Vgl. Schumpeter, Kapitalismus, Sozialismus und Demokratie, 1946; Griliches, Z., The Diffusion of Hybrid Corn Technology, 1957.

6 Im Kontext der Marktwirtschaft oft als »zur Marktreife bringen« bezeichnet.

7 Ausnahmen gibt es durchaus, man denke nur an die NASA oder die Firmen des Silicon Valley.

8 Für einen Überblick zu den sinkenden Kosten für Hardware wie zum Beispiel Datenspeicher siehe https://jcmit.net/diskprice.htm [September 2023].

9 Für eine gute Übersicht über die Entwicklung des digitalen Staates in Estland siehe Hartleb, F., Plädoyer für den digitalen Staat – Gestalten statt Verwalten, 2021, Frankfurter Allgemeine Buch, S. 74 ff.

10 Dieser Gewöhnungseffekt am Beispiel der Gesichtserkennung wird sehr anschaulich von Matthias Sanders beschrieben: Mein neues digitales Leben in China, NZZ, 22.10.2021, abrufbar unter: https://www.nzz.ch/technologie/mein-neues-digitales-leben-in-china-ld.1648916 [September 2023].

11 Meister, A., Bundesregierung beschließt Geheimdienst-Überwachung wie zu Snowden-Zeiten, 16.12.2020, Netzpolitik.org, abrufbar unter: https://netzpolitik.org/2020/bnd-gesetz-bundesregierung-beschliesst-geheimdienst-ueberwachung-wie-zu-snowden-zeiten/ [September 2023].

12 Vgl. Roser, M., Ritchie, H., Mathieu, E., Technological Change, 2023, abrufbar unter: https://ourworldindata.org/grapher/technology-adoption-by-households-in-the-united-states [September 2023].

13 Die Datenstrategie ist abrufbar unter: https://bmdv.bund.de/SharedDocs/DE/Anlage/K/nationale-datenstrategie.pdf?__blob=publicationFile [September 2023].

14 Die Plakate sind Teil einer Kommunikationskampagne des Forums Gesundheitsstandort Baden-Württemberg, welches auf Initiative des Ministerpräsidenten Winfried Kretschmann gegründet wurde und in der Landesgesellschaft BIOPRO Baden-Württemberg GmbH angesiedelt ist. Die Kommunikationskampagne wirbt daher auch mit dem Landeslogo von Baden-Württemberg. Zur Informationskampagne siehe: https://www.forum-ge-

sundheitsstandort-bw.de/gemeinsam-fuer-gesuender/kommunikationskampagne/downloads-zur-kommunikationskampagne [September 2023].

15 Helbing, D., Wie wir eine smarte, krisenfeste, digitale Gesellschaft bauen, 2015, abrufbar unter: https://ssrn.com/abstract=2559433 [September 2023].

16 So vielfach diagnostiziert u. a. von Böhme, G., Böhme, R., Über das Unbehagen im Wohlstand, 2021, Suhrkamp Verlag.

17 Dementsprechend wünscht sich die schweizerische Bevölkerung nach einer Studie im Auftrag der Swico am meisten Tempo und höchste Priorisierung bei der Entwicklung des Staates vor allem im Bereich Cybersicherheit und digitale Gewalt und am wenigsten Tempo und eine niedrige Priorisierung beim Ausbau der digitalen Demokratie, vgl. Büher, G., Hermann, M., Krähenbühl, D., Digitaler Staat in der Schweiz – Einschätzungen und Bedürfnisse der Bevölkerung, 2022, Sotomo, S. 12 f., abrufbar unter: https://sotomo.ch/site/wp-content/uploads/2022/01/sotomo_swico_digitaler_staat.pdf [September 2023].

18 Georgi, O., Nummer ziehen beim Bürgeramt – Deshalb versagen wir bei der Digitalisierung, 23.06.2023, FAZ.

19 So übersteigt laut DsiN-Sicherheitsindex 2021 inzwischen beispielsweise die Zahl der Bürger, die Bequemlichkeit im Umgang mit Bürgerportalen wichtiger als Sicherheit und Datenschutz finden, die Zahl derjenigen, die die Nutzung von Angeboten der öffentlichen Hand für gefährlich halten, vgl. DsiN-Sicherheitsindex 2021, S. 30, abrufbar unter: https://www.sicher-im-netz.de/dsin-sicherheitsindex-2021 [September 2023].

20 Nach Stremitzer, Chen, Tobia, Having Your Day in Robot Court, 2022, Harvard Journal of Law & Technology 36, abrufbar unter: https://papers.ssrn.com/sol3/papers.cfm?abstract_id=3841534 [September 2023], werden sogar »AI Judges« inzwischen nicht mehr als unfairer wahrgenommen.

21 Allein im Zuge der COVID-19-Pandemie verabschiedete der United States Congress zwei »Stimulus Bills« mit 335 bzw. 243 Seiten, den Infrastructure and Jobs Act mit 1039 Seiten sowie den Build Back Better Act mit 2468 Seiten.

22 Eine gute Übersicht bietet das Analysedokument der schweizerischen interdepartementalen Koordinationsgruppe DSM-CH zur EU-Digitalstrategie, siehe https://www.bakom.admin.ch/dam/bakom/de/dokumente/bakom/digitale_schweiz_und_internet/Strategie%20Digitale%20Schweiz/Strategie/Analysedokument%20-%20EU-Digitalstrategie.pdf.download.pdf/Analysedokument%20-%20EU-Digitalstrategie.pdf [September 2023].

23 Adams, G. S., Converse, B. A., Hales, A. H. et al., People systematically overlook subtractive changes, 2021, Nature 592, 258–261, abrufbar unter: https://www.nature.com/articles/s41586-021-03380-y [September 2023]. Ein Übersichtsartikel zum Thema mit Verweis auf weitere Studien: Meyvis, T., Yoon, H., Adding is favoured over subtracting in problem solving, 2021, abrufbar unter: https://www.nature.com/articles/d41586-021-00592-0 [September 2023], auch: Herger, P., Viele Privatanleger kaufen unnötige Produkte, NZZ v. 25.08.2021, S. 27.

24 Die seit der Bundestagswahl 2021 regierende Ampelkoalition unterhält die größte Bundesregierung aller Zeiten, sowohl in Bezug auf die Anzahl der Ministerien als auch in Bezug auf die parlamentarischen Staatssekretäre, die verbeamteten Staatssekretäre oder die Größe der Leitungsstäbe. Der Stellenbestand allein in den Bundesministerien ist seit 2010 von 17 080 auf 28 547 um 67 Prozent gewachsen, vgl. https://www.handelsblatt.com/politik/deutschland/staatsapparat-ampel-koalition-goennt-sich-ein-ueppiges-xxl-format-/27965320.html [September 2023].

25 Normenkontrollrat, Bürokratieabbau in der Zeitenwende, Jahresbericht 2022, S. 43 ff., abrufbar unter: https://www.bmj.de/SharedDocs/Publikationen/DE/Fachpublikationen/2022_

NKR_Jahresbericht.pdf [September 2023]. Zu den Kosten der Bürokratie siehe: Ludewig, J., Bürokratie, Regulierung, Verwaltung in der Krise, 2021, Nomos, S. 13 ff.

26 Es wird sogar eine Pflicht zur Automatisierung von Verwaltungsverfahren gefordert, siehe etwa Heilmann, T., Schön, N., Neustaat – Politik und Staat müssen sich ändern, 3. Aufl. 2020, Finanzbuch Verlag, S. 244 ff.

27 Diese Hoffnung ist beispielsweise auch klar erkennbar in dem Gutachten des Wissenschaftlichen Beirats beim Bundesministerium für Wirtschaft und Energie (BMWi): Digitalisierung in Deutschland – Lehren aus der Corona-Krise, 2021, abrufbar unter: https://www.bmwi.de/Redaktion/DE/Publikationen/Ministerium/Veroeffentlichung-Wissenschaftlicher-Beirat/gutachten-digitalisierung-in-deutschland.pdf [September 2023]. Auch im Bericht des Normenkontrollrates heißt es beispielsweise: »Die Digitalisierung der Verwaltung ist einer der wichtigsten Hebel zum Bürokratieabbau«, vgl. Normenkontrollrat, Bürokratieabbau in der Zeitenwende, Jahresbericht 2022, S. 31, abrufbar unter: https://www.bmj.de/SharedDocs/Publikationen/DE/Fachpublikationen/2022_NKR_Jahresbericht.pdf [September 2023].

28 In der Forschung konnte das Phänomen der »Automation-induced complacency« in zahlreichen Studien nachgewiesen werden. Mit diesem Begriff wird die Nachlässigkeit bei der Kontrolle automatisierter Systeme aufgrund übermäßigen Vertrauens bezeichnet. Für einen Überblick siehe: Parasuraman, R., Manzey, D. H., Complacency and Bias in Human Use of Automation: An Attentional Integration, 2010, Human Factors: The Journal of the Human Factors and Ergonomics Society, Vol. 52, Issue 3, abrufbar unter: https://journals.sagepub.com/doi/10.1177/0018720810376055 [September 2023].

29 Logg, J. M., Minson, J. A., Moore D. A., Algorithm Appreciation: People Prefer Algorithmic to Human Judgment, Organizational Behavior and Human Decision Processes, 2019, Vol. 151, S. 90–103.

30 Ein Überblick über die Historie gibt: Heßler, M., Kulturgeschichte der Technik, 2012, Campus Verlag.

31 Vgl. Rojas, R., Jiménez, J., As Officers Beat Tyre Nichols, a Crime-Fighting Camera Watched Over Them, 01.02.2023, New York Times, abrufbar unter: https://www.nytimes.com/2023/02/01/us/skycop-camera-tyre-nichols-memphis.html [September 2023].

32 Für die Schweiz haben gerade F. Geering und J. Merane ein entsprechendes Datenset (Swiss Federal Supreme Court Dataset) zusammengestellt, siehe https://doi.org/10.5281/zenodo.7793043 [September 2023]. In den USA gibt es derartige Auswertungen mit entsprechenden Ergebnissen schon länger, siehe bspw. Chen, D. L., Loecher, M., Mood and the Malleability of Moral Reasoning: The Impact of Irrelevant Factors on Judicial Decisions, 2019, abrufbar unter: https://papers.ssrn.com/sol3/papers.cfm?abstract_id=2740485 [September 2023].

33 Dazu ausführlich auch in Löbel, S., Schuppan T., Potenziale und Herausforderungen einer neuen Datenorientierung im Kontext öffentlicher Aufgabenwahrnehmung, Bericht des NEGZ Nr. 16, 2021, abrufbar unter: https://digi-gov.de/publikation/potenziale-und-herausforderung-einer-neuen-datenorientierung-im-kontext-oeffentlicher-aufgabenwahrnehmung/ [September 2023].

34 Frey, C. B., Osborne, M. A., The future of employment: How susceptible are jobs to computerisation?, 2017, Technological Forecasting & Social Change 114, S. 269 ff.

35 Statista, Europäische Union: Prognose zu den Staatsquoten in den Mitgliedstaaten von 2020 bis 2024, abrufbar unter: https://de.statista.com/statistik/daten/studie/369647/umfrage/prognose-zu-den-staatsquoten-in-den-eu-laendern/ [September 2023].

36 Für umfangreiche Statistiken zu diesem Thema, siehe Ortiz-Ospina, E., Roser, M., Government Spending, abrufbar unter: https://ourworldindata.org/government-spending [September 2023].

37 Vgl. https://de.statista.com/statistik/daten/studie/75248/umfrage/deutschland-ausgaben-des-staates-2008-bis-2013/ [September 2023].

38 In der Schweiz wuchs beispielsweise der offizielle Personalbestand des Bundes im Jahr 2020 auf 37 689 Vollzeitäquivalente und damit auf ein neues Allzeithoch, vgl. Leuzinger, L., Beamte im Glück, 2022, Schweizer Monat, Ausgabe 1094, S. 60. Siehe auch Portmann, M., Schaltegger, C., Staatliche und staatsnahe Beschäftigung in der Schweiz. Wo wächst der öffentliche Sektor?, 2022, IWP, abrufbar unter: https://www.iwp.swiss/paper/staatliche-und-staatsnahe-beschaeftigung-in-der-schweiz/ [September 2023].

39 Volksinitiative »Ja zum Verhüllungsverbot«, vgl. https://www.admin.ch/gov/de/start/dokumentation/abstimmungen/20210307/volksinitiative-ja-zum-verhuellungsverbot.html [September 2023].

40 Vgl. Mäder, L., Es hapert bei der Digitalisierung der Verwaltung, NZZ vom 08.09.2021, S. 22.

41 Rüthers B., Fischer C., Birk A., Rechtstheorie mit juristischer Methodenlehre, 10. Aufl., 2018, Verlag C.H. Beck, S. 47 ff.

42 Cooter, R.,Expressive Law and Economics, 1998, Journal of Legal Studies, 27, S. 585 ff.; Sunstein, C. R., On the Expressive Function of Law, 1996, University of Pennsylvania Law Review 144, S. 2021 ff.

43 Vgl. beispielsweise die Firma Vianova, die bereits über APIs und eine eigene Plattform versuchen, die städtische Verwaltung und die Mobilitätsanbieter zu verbinden: https://www.vianova.io/ [September 2023].

44 Final Report, National Security Commission on Artificial Intelligence, abrufbar unter: https://www.nscai.gov/wp-content/uploads/2021/03/Full-Report-Digital-1.pdf [September 2023].

45 Mitteilung der Kommission an das Europäische Parlament, den Europäischen Rat, den Rat, den Europäischen Wirtschafts- und Sozialausschuss und den Ausschuss der Regionen vom 25.04.2018 – Künstliche Intelligenz für Europa, abrufbar unter: https://eur-lex.europa.eu/legal-content/DE/TXT/?uri=CELEX:52018DC0237 [September 2023].

46 Das gilt nur ohne ausgleichende Nettomigration oder zusätzliche Arbeit (Partizipation) der älteren oder weiblichen Bevölkerung, vgl. Klinger, S., Fuchs, J., Wie sich der demografische Wandel auf den deutschen Arbeitsmarkt auswirkt, 2020, Institut für Arbeitsmarkt- und Berufsforschung, abrufbar unter: https://www.iab-forum.de/wie-sich-der-demografische-wandel-auf-den-deutschen-arbeitsmarkt-auswirkt/ [September 2023].

47 Beispielhaft: »Die Babyboomer gehen in Rente – Was das für die Kommunen bedeutet«, 2018, Thesenpapier des Berlin-Instituts für Bevölkerung und Entwicklung für die Körber-Stiftung, abrufbar unter: https://koerber-stiftung.de/site/assets/files/22390/2018_die_babyboomer_gehen_in_rente.pdf [September 2023].

48 Zu dem Ergebnis kommt eine neue McKinsey-Studie: Schulze-Spüntrup, F. et al., Action, bitte!, 2023, McKinsey & Company, abrufbar unter: https://www.mckinsey.de/~/media/mckinsey/locations/europe%20and%20middle%20east/deutschland/publikationen/2023-01-25%20it%20talent%20im%20public%20sector/action%20bittemckinsey.pdf [September 2023]. Der DBB Beamtenbund und Tarifunion geht davon aus, dass bereits jetzt 550 000 Mitarbeitende fehlen, vgl. Pressemitteilung, Personalmangel im öffentlichen Dienst, Oktober 2023, abrufbar unter: https://www.dbb.de/fileadmin/user_upload/globale_elemente/pdfs/2023/231107_dbb_Personalbedarfe_oeD.pdf [Oktober 2023].

49 Krankheitsbedingte Schließungen von ganzen Einrichtungen aufgrund von Personalmangel häufen sich, dem Eindruck nach in Deutschland insbesondere bei Kfz-Zulassungsstellen. Beispielhaft: »Zulassungsstelle bis auf weiteres geschlossen«, vgl. https://www.swr.de/swraktuell/rheinland-pfalz/kaiserslautern/pirmasens-zulassungsstelle-bis-auf-weiteres-geschlossen-100.html [September 2023] oder »Kfz-Zulassungsstelle in der Lauterstraße geschlossen«, vgl. https://www.rheinpfalz.de/lokal/kaiserslautern_artikel,-kfz-zulassungsstelle-in-der-lauterstra%C3%9Fe-geschlossen-_arid,5343437.html [September 2023].

50 Das betrifft nicht nur die Effizienz der internen Prozesse, sondern auch den Aufwand bei der Datenerhebung. Wenn Elterngeldanträge auf Papier eine Fehlerquote von 75–80 Prozent aufweisen und die Fehlerquote auf fünf Prozent sinkt, wenn die Daten über eine digitale Plattform mit Eingabemaske (ElterngeldDigital) erhoben werden, reduziert sich sofort der Personalbedarf für die Kontrolle der Anträge und die Anforderung fehlender Unterlagen. Knappe Personalressourcen können ausgeglichen werden. Die Angaben stammen aus einer Prozessanalyse von Karin Glashauser und Gisela Färber von der Deutschen Universität für Verwaltungswissenschaften Speyer, präsentiert im Rahmen eines Brownbag-Seminars des Instituts für Angewandte Wirtschaftsforschung e. V. vom 27.04.2022.

51 Goodhard, C., Pradhan, M., The Great Demographic Reversal, 2020, Palgrave Macmillan, S. 150.

52 Eilers, S., Oppel F., Die Besteuerung der digitalen Wirtschaft. Trends und Diskussionen, IStR 2018, S. 368 f.

53 Heinrich, S., Technik und Systeme der Inneren Sicherheit, in: Lange, H.-J., Ohly, H. P., Reichertz, J. (Hrsg.), Auf der Suche nach neuer Sicherheit, 2. Aufl., 2009, VS Verlag für Sozialwissenschaften.

54 Karsten, J., West D. M., A brief history of U.S. encryption policy, 19.04.2016, Brookings Institution, abrufbar unter: https://www.brookings.edu/blog/techtank/2016/04/19/a-brief-history-of-u-s-encryption-policy/ [September 2023]; Levy, S., Battle of the Clipper Chip, 12.06.1994, New York Times, abrufbar unter: https://www.nytimes.com/1994/06/12/magazine/battle-of-the-clipper-chip.html [September 2023].

55 The NSA files, The Guardian, abrufbar unter: https://www.theguardian.com/us-news/the-nsa-files [September 2023].

56 Ausführlich zu den chinesischen Überwachungssystemen, insbesondere in Xinjiang: Cain, G., The Perfect Police State: An Undercover Odyssey into China's Terrifying Surveillance Dystopia of the Future, 2021, PublicAffairs.

57 Jacobsen, A., Palantir's God's-Eye View of Afghanistan, 20.01.2021, Wired, abrufbar unter: https://www.wired.com/story/palantirs-gods-eye-view-of-afghanistan/ [September 2023].

58 Vgl. die Antwort der deutschen Bundesregierung auf eine Kleine Anfrage von Abgeordneten der Fraktion DIE LINKE, BT-Drucksache 17/6862, abrufbar unter: https://dserver.bundestag.de/btd/17/068/1706862.pdf [September 2023].

59 Zur Auswertung von Geräte diesen Typs siehe CCC, CCC erbeutet Biometrie-Datenbank des US-Militärs, 2022, abrufbar unter: https://www.ccc.de/de/updates/2022/afghanistan-biometrie [September 2023].

60 CORRECTIV, Grand Theft Europe, abrufbar unter: https://correctiv.org/top-stories/2019/05/06/grand-theft-europe/ [September 2023].

61 Rigney, P., The all seeing eye – an HMRC success story?, November/Dezember 2016, Institute of Financial Accountants, abrufbar unter: https://www.ifa.org.uk/media/653935/Tax-HMRC-Connect-system.pdf [September 2023].

62 Passen etwa die drei teuer gekauften Autos und die vielen Flüge des Steuersubjekts zum berichteten niedrigen Einkommen?

63 HMRC, 2010 to 2015 government policy: tax evasion and avoidance, 08.05.2015, abrufbar unter: https://www.gov.uk/government/publications/2010-to-2015-government-policy-tax-evasion-and-avoidance/2010-to-2015-government-policy-tax-evasion-and-avoidance [September 2023].

64 Sanghrajka, J., HMRC's Connect computer and investigations, 14.07.2020, abrufbar unter: https://www.taxation.co.uk/articles/hmrc-s-connect-computer-and-investigations [September 2023].

65 Das System wird mit Chestny ZNAK bezeichnet, was so viel wie »ehrliches« oder »zuverlässiges« (im Sinne von nichts zu verbergen haben) »Zeichen« bedeutet (gleichzeitig spielt die Bezeichnung mit »Denezhhnyj Znak«, dem russischen Wort für Geldschein). Weiterführende Informationen unter: https://chestnyznak.ru/ [September 2023].

66 Für detaillierter Informationen über die Funktionsweise: https://chestnyznak.ru/upload/iblock/f04/Presentation_Marking_of_light_industry_07.12_en_.pdf [September 2023].

67 Jones, J., Drones hunt down 1.7 million tax cheats in Spain, 26.07.2016, The Local, abrufbar unter https://www.thelocal.es/20160726/spain-uses-drones-to-hunt-tax-evaders [September 2023].

68 Reuters, Mexico data protection agency challenges taxpayer data reform, 23.12.2020, abrufbar unter: https://www.reuters.com/article/us-mexico-data-idUSKBN28X03I [September 2023].

69 Auch wenn sie inzwischen einen Teil der Daten löschen mussten, da die konkrete Ausgestaltung der Erhebung der Daten gegen das GDPR verstieß, vgl. Peachey, K., HMRC forced to delete five million voice files, 03.05.2019, BBC, abrufbar unter: https://www.bbc.com/news/business-48150575 [September 2023].

70 Eine Übersicht über die Maßnahmen des Paktes für den öffentlichen Gesundheitsdienst findet sich hier: https://www.bundesgesundheitsministerium.de/fileadmin/Dateien/3_Downloads/O/OEGD/Pakt_fuer_den_OEGD.pdf [September 2023].

71 Corona-Folgen bekämpfen, Wohlstand sichern, Zukunftsfähigkeit stärken, Ergebnis Koalitionsausschuss 3. Juni 2020, vgl. https://www.genossenschaftsverband.de/site/assets/files/54294/2020-06-03-eckpunktepapier.pdf [September 2023]; Das Gesetz zur Verbesserung des Onlinezugangs zu Verwaltungsleistungen (Onlinezugangsgesetz – OZG) verpflichtet Bund, Länder und Kommunen, bis Ende 2022 ihre Verwaltungsleistungen auch digital anzubieten, vgl. https://www.bmi.bund.de/DE/themen/moderne-verwaltung/verwaltungsmodernisierung/onlinezugangsgesetz/onlinezugangsgesetz-node.html [September 2023]. Der Fortschritt kann über das OZG-Dashboard verfolgt werden: https://dashboard.ozg-umsetzung.de/ [September 2023].

72 Für mehr Informationen und verschiedene Tests siehe: https://browserleaks.com/ [September 2023].

73 Zum Verordnungsentwurf für einen europäischen Raum für Gesundheitsdaten vom Mai 2022 siehe auch Denga, M., Die Nutzungsgovernance im European Health Data Space als Problem des Immaterialgütermarkts, EuZW 2023, S. 25 ff.

74 Die Reichweite wurde eingeschränkt, obwohl sich die Mitteilungen innerhalb des gesetzlichen Rahmens bewegten und auch nicht gegen die Vorgaben von Twitter verstießen. Betroffen war beispielsweise Jay Bhattacharya, Professor an der Stanford University, vgl. Hart, J., The Twitter Blacklisting of Jay Bhattacharya, 2022, The Wall Street Journal, abrufbar unter: https://www.wsj.com/articles/the-twitter-blacklisting-of-jay-bhattacharya-medical-ex-

pert-covid-lockdown-stanford-doctor-shadow-banned-censorship-11670621083 [September 2023].

75 Heikkilä, M., Dutch Scandal serves as a warning for Europe over risks of using algorithms, 2022, Politico, abrufbar unter: https://www.politico.eu/article/dutch-scandal-serves-as-a-warning-for-europe-over-risks-of-using-algorithms/ [September 2023].

76 Santora, M., 5 Million Bulgarians Have Their Personal Data Stolen in Hack, 17.07.2019, New York Times, abrufbar unter: https://www.nytimes.com/2019/07/17/world/europe/bulgaria-hack-cyberattack.html [September 2023].

77 Srivastava, S., How E-Government Curbs Corruption, 19.07.2018, Knowledge@HEC, abrufbar unter: https://www.hec.edu/en/knowledge/articles/how-e-government-curbs-corruption [September 2023]; Lupu, D., Lazar, C. G., Influence of e-government on the Level of Corruption in some EU and Non-EU States, 2015, Procedia Economics and Finance Vol. 20, S. 365 ff., abrufbar unter: https://www.sciencedirect.com/science/article/pii/S2212567115000854 [September 2023].

78 Bspw.: Zweig, K. A., 2. Arbeitspapier: Überprüfbarkeit von Algorithmen, 07.07.2016, abrufbar unter: https://algorithmwatch.org/de/zweites-arbeitspapier-ueberpruefbarkeit-algorithmen/ [September 2023].

79 Ausführlich zu Nachvollziehbarkeit und Transparenz am Beispiel der Schuleinzugsgebiete: von Bünau, L., Algorithmen und Transparenz, 2018, LRZ, abrufbar unter: https://lrz.legal/de/lrz/algorithmen-und-transparenz [September 2023].

80 Quach, K., We listened to more than 3 hours of US Congress testimony on facial recognition so you didn't have to go through it, 22.05.2019, The Register, abrufbar unter: https://www.theregister.com/2019/05/22/congress_facial_recognition/ [September 2023]; Full Committee Hearing – Artificial Intelligence: Societal and Ethical Implications, 26.06.2019, abrufbar unter: https://science.house.gov/hearings?ID=1244E6F6-7689-4ED8-B503-A0839626C5ED [September 2023].

81 Vgl. https://democraciaos.org/en/ [September 2023].

82 Eine gute Kurzübersicht zum Thema findet sich in: Kucklick, C., Die granulare Gesellschaft, 3. Aufl. 2017. Ullstein Buchverlage GmbH, S. 172 ff.

83 Etwa wenn die lokalen städtischen Freibäder bei Einführung eines E-Ticket-Systems bei der Anmeldung zusätzlich zum Namen auch zwangsweise die Adresse und die Geburtsdaten der gesamten Familie verlangen.

84 Vgl. beispielsweise Erwägungsgrund 39, Verordnung (EU) 2016/679 v. 27. April 2016, abrufbar unter: https://eur-lex.europa.eu/legal-content/DE/TXT/PDF/?uri=CELEX:32016R0679 [September 2023].

85 Vgl. Nouwens, M. et al., Dark Patterns after the GDPR: Scraping Consent Pop-ups and Demonstrating their Influence, 2020, arXiv:2001.02479, abrufbar unter: https://arxiv.org/abs/2001.02479 [September 2023]. Nach einer Untersuchung der EU-Kommission setzten 148 von 399 untersuchten Onlineshops »manipulative Praktiken« ein, vgl. https://germany.representation.ec.europa.eu/news/verbraucherschutz-manipulative-praktiken-bei-148-von-399-untersuchten-online-shops-2023-01-30_de [September 2023].

86 Lomas, N., Europe's cookie consent reckoning is coming, 31.05.2021, abrufbar unter: https://techcrunch.com/2021/05/30/europes-cookie-consent-reckoning-is-coming/ [September 2023].

87 Statcounter, Browser Market Share Worldwide, July 2022 – July 2023, abrufbar unter: https://gs.statcounter.com/browser-market-share [August 2023].

88 Vgl. https://www.privacysandbox.com/; zur Freischaltung des Piloten: Vale, M., Privacy, sustainability and the importance of «and", 30.03.2021, Blog Google, abrufbar unter: https://blog.google/products/chrome/privacy-sustainability-and-the-importance-of-and/ [September 2023].

89 Amadeo, R., Google gets its way, bakes a user-tracking ad platform directly into Chrome, 08.09.2023, Ars Technica, abrufbar unter: https://arstechnica.com/gadgets/2023/09/googles-widely-opposed-ad-platform-the-privacy-sandbox-launches-in-chrome/ [September 2023].

90 Zur Funktionsweise von FLoC: https://github.com/WICG/floc [September 2023].

91 Vgl. die Einschätzung der Electronic Frontier Foundation: Cyphers, B., Google's FLoC Is a Terrible Idea, 03.03.2021, abrufbar unter: https://www.eff.org/deeplinks/2021/03/googles-floc-terrible-idea [September 2023].

Teil II: Was den digitalen Staat antreibt und wie die Neuverteilung von Macht und Einfluss die Demokratie gefährdet

1 Der Blick in die Zukunft ist zwangsweise durch »objektive Unwissenheit« beschränkt. Erst rückblickend, im nachträglichen Prozess des Verstehens, erscheinen die Geschehnisse »logisch«. Die tatsächliche, reale Entwicklung, gestaltet durch gegensteuernde Reaktionen, ungewöhnliche Ereignisse und überraschende Erfindungen als Ergebnis besonderer kreativer Ideen (»Black Swans«), ist ihrer Natur nach unvorhersehbar. Vgl. auch die Ausführungen zur »objektiven Unwissenheit« und zum rückblickenden »Prozess des Verstehens« bei Kahneman, D., Sibony, O., Sunstein, C. R., Noise, Siedler Verlag, 2. Aufl., 2021, S. 152 ff. und 168 ff.

2 Die Digitalen Ökonomen sprechen von »Path Dependency«, etwa um zu erklären, warum in digitalen Märkten die Aussagen der ökonomischen Standardtheorie gerade nicht greifen, vgl. beispielsweise Øverby, H., Audestad, J. A., Introduction to Digital Ecnomics, 2021, 2. Aufl., Springer, S. 165 ff.

3 Zu diesem Beispiel siehe Muller, J. Z., The Tyranny of Metrics, 2019, Princeton University Press, S. 117 f.

4 Exemplarisch: Frank, R. H., Cartwright, E., Microeconomics and Behavior, 2020, MacGraw-Hill Education; Krugman, P., Wells, R. Macroeconomics, 5. Aufl., 2018, Macmillan Education.

5 Etwa Frey, B. S., Kirchgässner, G., Demokratische Wirtschaftspolitik, 2002, Verlag Franz Vahlen.

6 Beispielsweise: Fritsch, M., Wein T., Ewers, H. J., Marktversagen und Wirtschaftspolitik, 1993, Verlag Franz Vahlen; Schmidt, I., Wettbewerbspolitik und Kartellrecht, 1990, R. G. Fischer Verlag.

7 Vgl. McKenzie, R. B., Tullock, G., The New World of Economics, 1975, Richard D. Irwin Inc.; Becker, G. S., The Economic Approach to Human Behavior, 1976, Chicago University Press; Frey, B. S., Economics as a Science of Human Behaviour, 1999, 2. Aufl., Wolters Kluwer; Frey, B. S., Inspiring Economics – Human Motivation in Political Economy, Edward Elgar Publishing.

8 Vgl. etwa Maurer, H., Staatsrecht I, 6. Aufl., 2010, § 1, Rn. 7 ff.

9 Siehe Grund Nr. 3 im zweiten Kapitel (Point of no Return: Der digitale Staat ist nicht aufzuhalten).

10 Gemäß § 3 Hebammengesetz (in der Fassung vom 21.08.2023) besteht in Österreich die Pflicht, bei der Geburt eine Hebamme beizuziehen. In Deutschland hingegen ist es erlaubt,

allein zu gebären. Erleidet das Kind jedoch bei der Geburt Schäden, kann sich die Mutter der fahrlässigen Körperverletzung oder gar fahrlässigen Tötung gemäß §222 StGB beziehungsweise gemäß § 229 StGB schuldig machen.

11 Für solche Regeln des Privatrechts, in der der Staat lediglich in Form der Judikative die Aufgabe der Streitschlichtung übernimmt, gelten die Aussagen des Buches nur eingeschränkt.

12 In Deutschland wird der Bundesrat teilweise als Teil des Parlaments betrachtet, teilweise als Organ eigener Art, vgl. etwa Maurer, H., Staatsrecht I, 6. Aufl., 2010, § 16, Rn. 1 ff.

13 In der Praxis kommt zwar ein Großteil der für die Bürger, Bürgerinnen und Unternehmen relevanten Regeln von der Exekutive, etwa in Form von Rechtsverordnungen oder Satzungen. Allerdings haben aufgrund des allgemeinen Grundsatzes des Gesetzesvorbehalts in den meisten Fällen diese konkretisierenden Regeln ihren Ursprung und Ausgangspunkt in den Regeln (Gesetzen) der Legislative.

14 Beide bekommen auch eine Gegenleistung, interessanterweise allerdings von unterschiedlichen Instanzen: Während die Händler als Gegenleistung eine Vergütung (vom Kunden) bekommen, erhalten die Behörden ein gewisses Maß an Macht in Form von Interpretations- und Ermessensspielräumen (von der Legislative).

15 Für die nachfolgenden Ausführungen zur Neuen Politischen Ökonomie greifen wir insbesondere zurück auf: Frey, B. S., Kirchgässner, G., Demokratische Wirtschaftspolitik, 3. Aufl., 2002, Verlag Franz Vahlen; Frey, B. S., Internationale Politische Ökonomie, 1985, Verlag Franz Vahlen; Frey, B. S., Moderne Politische Ökonomie, 1977, Piper; Butler, E., Public Choice – A Primer, 2012, Institute of Economic Affairs; Besley, T., The New Political Economy, 2007, The Economic Journal Vol. 117, S. 570 ff.

16 Verstanden als die Fähigkeit, eine bestimmte Handlung oder Nichthandlung (auch gegen Widerstand) zu erwirken.

17 Unsere Ausführungen in diesem Teil basieren, neben eigenen beruflichen Erfahrungen, insbesondere auf Muller, J. Z., The Tyranny of Metrics, 2019, Princeton University Press, Frey B. S., Political Economy of Statistics: Manipulating Data, 2020, SSRN, abrufbar unter: https://papers.ssrn.com/sol3/papers.cfm?abstract_id=3705352 [September 2023].

18 Eine anschauliche Beschreibung des digitalen Transformationsprozesses eines Medienunternehmens findet sich in Rusbridger, A., Breaking News: The Remaking of Journalism and Why It Matters Now, 2019, Canongate Books.

19 Statista, Online- und Offlinevolumen des Werbemarktes in Deutschland in den Jahren 2013 bis 2021 und Prognosen für 2022 und 2023, abrufbar unter https://de.statista.com/statistik/daten/studie/459107/umfrage/online-und-offline-volumen-des-werbemarktes-in-deutschland/ [September 2023].

20 Stadt Ulm, Ultraschall-Sensoren prüfen die Gänstorbrücke, abrufbar unter: https://www.ulm.de/aktuelle-meldungen/z%C3%B6a/september-2020/ultraschall-sensoren-ueberwachen-zustand-der-gaenstorbruecke-aktuelle-meldung [September 2023].

21 Ullrich, F., Gedruckte Sensoren für Smart City, Innovation Lab, abrufbar unter: https://www.innovationlab.de/de/leistungen/use-cases-gedruckte-sensoren/gedruckte-sensoren-fuer-smart-city/ [September 2023].

22 Dazu auch: Simanowski, R., Data Love, 2014, Matthes & Seitz, S. 97 ff.

23 Briviba, A., Frey B. S., The Role of the Top Five Economics Journals in Germany, 2023, Das Hochschulwesen 71, S. 18 ff.; Scheidegger, F., Briviba, A., Frey, B. S., Behind the curtains of academic publishing: strategic responses of economists and business scholars, 2023, Scientometrics 128, S. 1 ff.

24 Atlas digitale Gesundheitswirtschaft, KI in der Krankenhausabrechnung, 2020, abrufbar unter: https://www.atlas-digitale-gesundheitswirtschaft.de/ki-in-der-krankenhausabrechnung/ [September 2023].

25 Shim, M., How much does it cost to make a CD?, 2015, abrufbar unter: https://www.meerenai.com/blog/2015/4/how-much-does-it-cost-to-make-a-cd [September 2023].

26 Vgl. etwa Scotchmer, S., Innovation and Incentives, 2004, MIT Press, S. 31.

27 Gleichzeitig sind sie nicht rivalisierend (»non-rival«), das heißt, sie werden nicht aufgebraucht, wenn sie konsumiert werden, vgl. dazu Brynjolfsson, E., McAfee, A., The Second Machine Age: Work, Progress, and Prosperity in a Time of Brilliant Technologies, 2014, W. W. Norton & Company, p. 62.

28 Diese Fixkosten sind allerdings ebenfalls durch die Digitalisierung gesunken, allerdings in geringerem Maße als die Grenzkosten. So sind beispielsweise die Fixkosten für Tonaufnahmen, Abmischen und Nachbearbeiten inzwischen deutlich niedriger, vgl. Waldfogel, J., Digitization and the Quality of New Media Products: The Case of Music, 2015, in: Goldfarb, A., Greenstein, S. M., Tucker, C. E. (eds.), Economic Analysis of the Digital Economy, National Bureau of Economic Research, p. 412.

29 Das gilt zumindest grundsätzlich und in Bezug auf die tatsächlichen (technologischen) Kosten für das Vervielfältigen und die Distribution. In der Praxis erfolgt die Distribution oft über »Plattformen«, die aufgrund ihrer Marktstellung in der Regel relativ hohe Gebühren von den Produzenten erheben können. Dazu im anschließenden Kapitel mehr. Die Kosten für Speicherplatz und Internetanbindung zählen wir zu den anfallenden Fixkosten.

30 Für einen Überblick, was für ein transformatives Potenzial diese Dynamik hat, siehe Rifkin, J., The Zero Marginal Cost Society – The Internet of Things, the Collaborative Commons, and the Eclipse of Capitalism, 2015, Palgrave Macmillan, insbesondere S. 83 ff.

31 Shapiro, C., Varian, H. R., Information Rules: A Strategic Guide to the Network Economy, 1999, Harvard Business School Press, S. 3, 19 ff.

32 Waldfogel, J., How Digitization Has Created a Golden Age of Music, Movies, Books, and Television, 2017, Journal of Economic Perspectives, Vol. 31, 3, S. 210 ff.

33 Bereits Bakos, Y., Brynjolfsson, E., Bundling Information Goods: Pricing, Profits, and Efficiency, 1999, Management Science, Vol. 45, No. 12.

34 Bundesverband Musikindustrie, Musikindustrie in Zahlen 2009, vgl. https://www.musikindustrie.de/fileadmin/bvmi/upload/06_Publikationen/MiZ_Jahrbuch/bvmi-2009-jahrbuch-musikindustrie-in-zahlen-epaper.pdf [September 2023].

35 Ausführlich zum deutschen Bundesgesetzgebungsverfahren siehe Maurer, H., Staatsrecht I, 6. Aufl., 2010, § 17, Rn. 51 ff.

36 Aufgrund der Komplexität moderner Gesetze dürften etwa 80 Prozent der Gesetzesentwürfe von der Bundesregierung initiiert werden, vgl. Maurer, H., Staatsrecht I, 6. Aufl., 2010, § 17, Rn. 55.

37 In Deutschland beispielsweise war es erst 2023 mit der Schaffung einer Verkündungsplattform auf https://www.recht.bund.de/de/home/home_node.html [September 2023] so weit. Bis dahin wurde das »digitale Bundesgesetzblatt« noch von einem privaten Verlag (teilweise kostenpflichtig: www.bgbl.de) beziehungsweise einem zivilgesellschaftlichen Projekt (offenegesetze.de) online bereitgestellt.

38 Dazu ausführlich bereits oben in Kapitel 2. Point of no Return: Der digitale Staat ist nicht aufzuhalten – 4. Grund: Besondere Eignung der staatlichen Aufgaben für die Digitalisierung.

39 Das deckt ein breites Spektrum ab: von der Überprüfung, ob bestimmte Anspruchsvoraussetzungen vorliegen, bis zur Verbuchung, ob ein Geldbetrag für die staatliche Leistung bezahlt wurde.

40 Inwiefern diese Pflicht zur Verfolgung von Parkverstößen besteht, ist natürlich abhängig von den Rechtsvorschriften im jeweiligen Staat. In Baden-Württemberg sind beispielsweise §§ 2 Abs. 1, 5 Abs. 1 Nr. 7 OWiZuVO BW i. V. m. § 36 OWiG i. V. m §§ 24, 26 Abs. 1 StVG i. V. m. zum Beispiel § 12 StVO einschlägig. Gemäß § 47 OWiG liegt dabei die Verfolgung von Ordnungswidrigkeiten im »pflichtgemäßen Ermessen der Verfolgungsbehörde«. Der Ermessensspielraum ist jedoch nicht schrankenlos, vgl. BeckOK OWiG, Graf, 30. Aufl., § 47, Rn. 7–8. Indem der Gesetzgeber einen Bußgeldtatbestand setzt, missbilligt er das beschriebene Verhalten und verlangt als normative Regel die Ahndung. Die Nichtahndung bedarf als Ausnahme eines zusätzlichen Kriteriums und einer Begründung, vgl. Karlsruher Kommentar zum OWiG-Mitsch, 5. Aufl., 2018, Einleitung, Rn. 155, 156.

41 Vgl. den Erlass zur Überwachung und Sanktionierung von Ordnungswidrigkeiten im ruhenden Verkehr vom 11.05.2020, Ministerium für Verkehr. Darüber hinaus: »Auch im Ordnungswidrigkeitenrecht gilt trotz des Opportunitätsprinzips der Grundsatz, dass gesetzwidrige Taten im Regelfall zu verfolgen sind.« Abrufbar unter: https://fragdenstaat.de/files/foi/507374/VMBW_ErlasszurberwachungundSanktionierungvonOrdnungswidrigkeitenimruhendenVerkehrvom11.Mai2020.pdf?download [September 2023].

42 Insbesondere da die Kosten die Einnahmen durch Bußgelder in Randgebieten und zu Randzeiten erheblich übersteigen.

43 In Leipzig beispielsweise wurde von der Stadtverwaltung bereits der Einsatz von Drohnen unter anderem für die Inspektion von Dächern erprobt, vgl. https://www.kommune21.de/meldung_36225_Drohnen+in+der+Kommunalverwaltung.html [September 2023].

44 Für Kalifornien vgl. Savide, N., Illegal parkers in California risk more tickets and fines under new bill, 2021, Times Herald, abrufbar unter: https://www.timesheraldonline.com/2021/03/03/dont-block-that-bus-stop-illegal-parkers-risk-more-tickets-and-fines-under-new-bill/ [September 2023]. Für New York siehe: Duggan, K., Don't even think of driving there!, 2021, AM NY, abrufbar unter: https://www.amny.com/news/busway-fines-three-times-more-14th-street/ [September 2023]. Die New Yorker Metropolitan Transportation Authority stellt von 2020 bis 2024 85 Millionen US-Dollar für den Ausbau dieses Kamerasystems bereit, vgl. Meyer, D., MTA's bus cameras catch 1.5K illegally parked cars in 10 days, 2019, New York Post, abrufbar unter: https://nypost.com/2019/10/17/mtas-bus-cameras-catch-1-5k-illegally-parked-cars-in-10-days/ [September 2023].

45 Zum Ganzen: Berndt, A., Amsterdam digitalisiert das Knöllchen-Schreiben, 24.10.2017, Computerwoche, abrufbar unter: https://www.computerwoche.de/a/amsterdam-digitalisiert-das-knoellchen-schreiben,3331839 [September 2023].

46 Wilkens, A., Berlin testet digitale Parkraumüberwachung mit Scancars, 07.12.2021, abrufbar unter: https://www.heise.de/news/Berlin-testet-digitale-Parkraumueberwachung-mit-Scancars-6288527.html [September 2023].

47 Karlstetter, F., BT Compute erleichtert die Arbeit für Parkwächter in Amsterdam, 10.05.2017, Cloudcomputing Insider, abrufbar unter: https://www.cloudcomputing-insider.de/bt-compute-erleichtert-die-arbeit-fuer-parkwaechter-in-amsterdam-a-605064/ [September 2023].

48 Präzise müsste es GNSS-Modul (Global Navigation Satellite System) heißen, da je nach Standort nicht nur Daten des US-amerikanischen GPS-Systems, sondern auch des russischen GLONASS-, des europäischen Galileo- oder des chinesischen Beidou-Systems verwendet werden.

49 Für eine Übersicht über die Daten, die modernde Autos sammeln und an den Herstellern übermitteln, siehe Meier, D., Das Auto als Spion. Was die Hersteller alles überwachen, NZZaS, 03.10.2021, vgl. https://nzzas.nzz.ch/hintergrund/das-auto-als-spion-was-die-hersteller-alles-ueberwachen-ld.1648524 [September 2023]. Laut einer Studie des Helmholtz Center for Information Security werden sogar die Anzahl der Insassen und ihr Gewicht übermittelt, vgl. Frassinelli, D., Park, S., Nürnberger, S., I Know Where You Parked Last Summer: Automated Reverse Engineering and Privacy Analysis of Modern Cars, 2020 IEEE Symposium on Security and Privacy (SP), vgl. https://ieeexplore.ieee.org/abstract/document/9152789 [September 2023].

50 Europäische Union, eCall – Kraftfahrzeugassistenzsystem für Notrufe an die europäische Notrufnummer 112, siehe https://europa.eu/youreurope/citizens/travel/security-and-emergencies/emergency-assistance-vehicles-ecall/index_de.htm [September 2023].

51 Sogenannte ereignisbezogene Datenaufzeichnung: »Die Daten, die im Zeitraum kurz vor, während und unmittelbar nach einem Zusammenstoß aufgezeichnet und gespeichert werden können, umfassen Fahrzeuggeschwindigkeit, Abbremsen, Position und Neigung des Fahrzeugs auf der Straße, Zustand und Grad der Aktivierung aller Sicherheitssysteme an Bord, das auf dem 112-Notruf basierende bordeigene eCall-System, Aktivierung der Bremsen sowie sonstige relevante Eingabeparameter für die bordseitigen aktiven Sicherheits- und Unfallvermeidungssysteme, wobei dafür gesorgt sein muss, dass die Daten höchst präzise sind und kein Datenverlust entsteht.« Vgl. Verordnung (EU) 2019/2144 des Europäischen Parlaments und des Rates vom 27. November 2019, abrufbar unter: https://eur-lex.europa.eu/legal-content/DE/TXT/PDF/?uri=CELEX:32019R2144&from=DE [September 2023].

52 Vgl. Art. 6 Abs. 4 d) Verordnung (EU) 2019/2144.

53 Eriksson, J. et al., The Pothole Patrol: Using a mobile sensor network for road surface monitoring, MobiSys 2008 – Proceedings of the 6th International Conference on Mobile Systems, Applications, and Services, abrufbar unter: https://dl.acm.org/doi/10.1145/1378600.1378605 [September 2023].

54 Vgl. beispielsweise das ähnlich gelagerte Pilotprojekt in Barcelona mithilfe des »Fastpark«-Systems des (damaligen) Unternehmens »Worldsensing«, vgl. https://www.parking.net/parking-news/worldsensing-s-l/fastprk-smart-parking-solution-barcelona-tourist-coaches [September 2023].

55 Für dieses gesamte Beispiel, siehe: Wang, X., Blockchain Hühnerfarm – Geschichten über Technologie und KI im ländlichen China, 2023, Diaphanes, S. 153 ff.

56 Hans Peter Bull stellt beispielsweise und völlig zutreffend fest, dass die »hundertprozentige« Durchsetzung sämtlicher Rechtsnormen nicht wünschenswert ist, vgl. Bull, H. P., Die Nummerierung der Bürger und die Angst vor dem Überwachungsstaat, 04/2022, DÖV, S. 267.

57 Denn natürlich wird es auch innerhalb des öffentlichen Systems Widerstand gegen eine Ausweitung digitaler Kontrolle geben, dazu weiter unten mehr.

58 Zur Funktionsweise des automatisierten Strafezahlens bei Fußgängerampeln in Shenzen siehe Sanders, M., Mein neues digitales Leben in China, NZZ, 22.10.2021, abrufbar unter: https://www.nzz.ch/technologie/mein-neues-digitales-leben-in-china-ld.1648916 [September 2023].

59 Um es mit den Worten von Kahneman, Sibony und Sunstein auszudrücken, vgl. Kahneman, D., Sibony, O., Sunstein, C. R., Noise, Siedler Verlag, 2. Aufl., 2021, S. 16.

60 In Großbritannien ist das beispielsweise schon seit geraumer Zeit Usus. Die dortige Steuerbehörde (HMRC) hat bereits 2018 eine Kooperationsvereinbarung mit den großen On-

linemarktplätzen getroffen, die der Datenübermittlung dient, vgl. etwa Tax Journal, HMRC publishes online marketplaces cooperation agreement, 03.05.2018, abrufbar unter: https://www.taxjournal.com/articles/hmrc-publishes-online-marketplaces-cooperation-agreement-03052018 [September 2023]. In Deutschland war zunächst bekannt geworden, dass Airbnb Vermieterdaten an die Hamburger Steuerfahndung zu steuerlichen Kontrollzwecken weitergegeben hat, vgl. Handelsblatt, Hamburger Behörde will Airbnb-Daten im September weitergeben, 11.09.2020, abrufbar unter: https://www.handelsblatt.com/unternehmen/dienstleister/kampf-gegen-steuerhinterziehung-hamburger-behoerde-will-airbnb-daten-im-september-weitergeben/26179892.html [September 2023]. Seit Januar besteht nun auch offiziell eine Pflicht für die Betreiber einer digitalen Plattform, oberhalb einer Bagatellgrenze die Transaktionen direkt an das Bundeszentralamt für Steuern zu melden, vgl. Pressemitteilung, Neue Meldepflicht für Betreiber digitaler Plattformen beschlossen, 10.11.2022, abrufbar unter: https://www.bundestag.de/dokumente/textarchiv/2022/kw45-de-modernisierung-steuerverfahrensrecht-920050 [September 2023].

61 Vgl. Redaktion, Rechtswidrige Polizeiermittlungen mit Daten aus der Luca-App, 10.01.2022, Beck-aktuell, abrufbar unter: https://rsw.beck.de/aktuell/daily/meldung/detail/rechtswidrige-polizeiermittlungen-mit-daten-aus-der-luca-app [September 2023].

62 SWR, Generalstaatsanwaltschaft bewertet Nutzung der Luca-App durch Mainzer Polizei als unzulässig, 13.01.2022, abrufbar unter: https://www.swr.de/swraktuell/rheinland-pfalz/luca-app-und-strafverfolgungsbehoerden-100.html [September 2023].

63 Hier am Beispiel eines neuen Features der Corona-Warn-App veranschaulicht: Reuter, M., Köver, C., Generalstaatsanwaltschaft bewertet Nutzung der Luca-App durch Mainzer Polizei als unzulässig, 10.01.2022, Netzpolitik.org, abrufbar unter: https://netzpolitik.org/2022/update-der-corona-warn-app-neue-impfstatus-pruefung-auf-kosten-der-anonymitaet/ [September 2023].

64 In China wird es bereits derart gehandhabt, vgl. Wang, X., Blockchain Hühnerfarm – Geschichten über Technologie und KI im ländlichen China, 2023, Diaphanes, S. 165.

65 Ala/dpa, Jeder zweite Verdächtige wiedererkannt – dank »Super-Recogniser«, 25.08.2021, abrufbar unter: https://www.spiegel.de/panorama/justiz/stuttgart-nach-krawallnacht-jeder-zweite-verdaechtige-wiedererkannt-dank-super-recogniser-a-b2d13120-0e5a-4e4c-a941-19bffd491314 [September 2023].

66 Pressemitteilung, Polizei etabliert »Super-Recogniser«, 11.03.2021, Baden-Württemberg, abrufbar unter: https://www.baden-wuerttemberg.de/de/service/presse/pressemitteilung/pid/polizei-etabliert-super-recogniser-1/ [September 2023].

67 Entsprechend und wenig überraschend wurde als Konsequenz der Stuttgarter Krawallnacht von 2020 bereits beschlossen, dass die Videoüberwachung auf ausgewählte Orte in Stuttgart erweitert wird, vgl. SWR, Mehr Kameras: Stuttgart erhöht Videoüberwachung in der Innenstadt, abrufbar unter: https://www.swr.de/swraktuell/baden-wuerttemberg/stuttgart/mehr-videoueberwachung-stuttgart-innenstadt-100.html [September 2023]. In London, dem europäischen Vorreiter auf diesem Gebiet, werden schon seit einigen Jahren auf belebten Plätze Versuche in Echtzeitgesichtserkennung durchgeführt, um vermisste Personen oder Kriminelle aufzuspüren, vgl. bspw. Gerny, D., Polizeikorps nutzen automatisierte Gesichtserkennung für die Fahndung. Bald könnte die Software auch nach Demos oder Fanmärschen eingesetzt werden, 02.07.2022, NZZ, abrufbar unter: https://www.nzz.ch/schweiz/gesichtserkennung-polizei-nutzt-software-fuer-fahndung-ld.1690155 [September 2023].

68 Der rechtliche Rahmen ist freilich in den meisten Ländern flexibel und kann sehr weitgehend angepasst werden. In anderen Ländern ist die Justiz nicht einmal unabhängig und kann den rechtlichen Rahmen, insbesondere die Verfassung, gar nicht durchsetzen.

69 Schriftliche Kleine Anfrage der Abgeordneten Antje Möller (GAL) vom 09.07.07 und Antwort des Hamburger Senats, abrufbar unter: https://www.buergerschaft-hh.de/ParlDok/dokument/20995/automatische-kennzeichenlesesysteme.pdf [September 2023].

70 Beispielhaft: Die Äußerungen des Generalbundesanwalts Nehms auf dem 44. Verkehrsgerichtstag in Goslar, abrufbar unter: Tagesschau, Nehm will Maut-Daten für Fahndungen freigeben, 26.01.2006, abrufbar unter: https://web.archive.org/web/20090427164922/http://www.tagesschau.de/inland/meldung136788.html [September 2023], oder die Diskussionen im Bundesrat beim Entwurf eines Gesetzes zur Fortentwicklung der Strafprozessordnung und zur Änderung weiterer Vorschriften, siehe: https://www.bundesrat.de/SharedDocs/TO/1001/tagesordnung-1001.html?cms_topNr=26#top-26 [September 2023].

71 Vgl. BVerfG, Urteil des Ersten Senats vom 11. März 2008, Az. 1 BvR 2074/05, abrufbar unter: http://www.bverfg.de/e/rs20080311_1bvr207405.html [September 2023].

72 Vgl. BVerfG, Beschluss des Ersten Senats vom 18. Dezember 2018, Az. 1 BvR 142/15, abrufbar unter: http://www.bverfg.de/e/rs20181218_1bvr014215.html [September 2023]. Sowie BVerfG, Beschluss des Ersten Senats vom 18. Dezember 2018, Az. 1 BvR 2795/09, abrufbar unter: http://www.bverfg.de/e/rs20080311_1bvr207405.html [September 2023].

73 Gesetz zur Fortentwicklung der Strafprozessordnung und zur Änderung weiterer Vorschriften, abrufbar unter: https://www.bmj.de/SharedDocs/Gesetzgebungsverfahren/DE/2020_StPO-Fortentwicklung.html [September 2023].

74 Vgl. etwa Meister, A., Spitzenbeamter fordert Stopp der Kennzeichenerfassung – und wird versetzt, 10.07.2019, Netzpolitik.org, abrufbar unter: https://netzpolitik.org/2019/brandenburg-spitzenbeamter-fordert-stopp-der-kennzeichenerfassung-und-wird-versetzt/ [September 2023], oder Wangemann, U., 21.06.2019, MAZ, abrufbar unter: https://www.maz-online.de/Brandenburg/Umstrittene-Kfz-Kennzeichenerfassung-Aufstand-im-Ministerium [September 2023].

75 Als ein Beispiel von vielen: AFP, BKA-Chef will Mautdaten zur Fahndung nutzen, 02.11.2014, Zeit, abrufbar unter: https://www.zeit.de/politik/deutschland/2014-11/bka-maut-daten [September 2023].

76 Vgl. Entwurf eines neunten Gesetzes zur Änderung des Straßenverkehrsgesetzes, abrufbar unter: https://www.bmvi.de/SharedDocs/DE/Anlage/Gesetze/Gesetze-19/entwurf-neuntes-gesetz-zur-aenderung-des-strassenverkehrsgesetzes.pdf?__blob=publicationFile [September 2023].

77 Jung, F., Dänemark: Ab März wird jedes Auto an der Grenze digital erfasst, 18.02.2016, sh:z, abrufbar unter: https://www.shz.de/deutschland-welt/schleswig-holstein/artikel/daenemark-ab-maerz-wird-jedes-auto-an-der-grenze-digital-erfasst-41556027 [September 2023].

78 Sprothen, V., Lockdown in 90 Minuten, 30.06.2021, abrufbar unter: https://www.zeit.de/politik/ausland/2021-06/delta-variante-australien-corona-ausbreitung-lockdown-einschraenkungen [September 2023]. Für eine Übersicht über die von den australischen Behörden eingesetzte Technologie zur Lockdown-Überwachung siehe: MALS, Automated Number Plate Recognition (ANPR) Surveillance During COVID-19, 24.09.2020, abrufbar unter: https://mals.au/2020/09/24/automated-number-plate-recognition-anpr-surveillance-during-covid-19/ [September 2023].

79 Für mehr Informationen zur Funktionsweise von KIVI siehe: Meineck, S., So überwacht die Medienaufsicht das Netz, 07.12.2022, Netzpolitik.org, abrufbar unter: https://netzpolitik.org/2022/interne-unterlagen-so-ueberwacht-die-medienaufsicht-das-netz/ [September 2023].

80 Dooley, B., Ueno, H., Where a Thousand Digital Eyes Keep Watch Over the Elderly, 02.02.2022, NYT, abrufbar unter: https://www.nytimes.com/2022/02/02/business/japan-elderly-surveillance.html [September 2023].

81 Vgl. FDA, FDA's Sentinel Initiative, 08.02.2023, abrufbar unter: https://www.fda.gov/safety/fdas-sentinel-initiative [September 2023].

82 Sentinel System Five-year Strategy 2019–2023, abrufbar unter: https://www.fda.gov/media/120333/download [September 2023].

83 Vgl. Sentinel Initiative, Sentinel Structure, abrufbar unter: https://www.sentinelinitiative.org/about/sentinel-structure#sentinel-innovation-center-ic [September 2023].

84 Beispielhaft: Bartholomae, F. W., Digital Transformation, International Competition and Specialization, 4/2018, CESifo Forum, Vol. 19 mit weiteren Nachweisen. Bereits: Shapiro, C., Varian, H. R., Information Rules: A Strategic Guide to the Network Economy, 1999, Harvard Business School Press, S. 20 ff.

85 Präziser: »Growth of total factor productivity«.

86 Vgl. Brynjolfsson, E., Rock, D., Syverson, C., The Productivity J-Curve: How Intangibles Complement General Purpose Technologies, 2021, American Economic Journal: Macroeconomics 2021, 13(1), S. 333 ff. Etwas weniger akademisch: Brynjolfsson, E., Rock, D., Syverson, C., The Productivity J-Curve: How Intangibles Complement General Purpose Technologies, MIT Initiative on the Digital Economy Research 2019, Vol. 2, abrufbar unter: https://ide.mit.edu/wp-content/uploads/2019/04/2019-04JCurvebrief.final2_.pdf [September 2023].

87 Zwischen 2010 und 2020 haben allein Google (Alphabet), Apple, Facebook, Amazon und Microsoft 400 verschiedene (Technologie-)Unternehmen gekauft, vgl. Affeldt, P., Kesler, R., Big Tech Acquisitions – Towards Empirical Evidence, 2021, Journal of European Competition Law & Practice, Vol. 12, No. 6. Allein in den drei Jahren zwischen 2015 und 2017 waren es weltweit 175 Unternehmen, die im Median nur drei beziehungsweise fünf Jahre alt waren, vgl. Gautier. A, Lamesch. J., Mergers in the digital economy, 2021, Information Economics and Policy 54, 100890. Eine Übersicht über Tausende von Mergers & Acquisitions im Technologiesektor findet sich auch auf: https://acquiredby.co. Bekannte Beispiele sind YouTube, Waze und Deep Mind, gekauft von Google (Alphabet), Instagram, WhatsApp und Oculus VR, gekauft von Facebook, Beats, gekauft von Apple, Twitch, gekauft von Amazon, sowie Skype und GitHub, gekauft von Microsoft. Für ausführliche Falluntersuchungen einiger dieser Akquisitionen, siehe Argentesi, E., Buccirossi, P., Calvano, E., Duso, T., Marrazzo, A., Nava, S., Ex-post Assessment of Merger Control Decisions in Digital Markets, 2019, Document prepared by Lear for the Competition Market Authority.

88 Es gibt unzählige Beispiele für derartige Nachahmungen. Bekannt sind beispielsweise Spotify und Apple Music, Slack und Microsoft Teams, Dropbox und iCloud, Microsoft One Drive oder Google Drive, Tableau und die Stand-alone-Version von Microsoft Power BI, Snapchat Stories und Instagram Stories oder TikTok und Instagram Reels, um nur einige zu nennen.

89 So enthält beispielsweise die Forbes-Liste der erfolgreichsten 100 Cloud-Unternehmen von 2020 nur fünf Unternehmen, die keine externe Finanzierung erhalten haben, vgl. https://www.forbes.com/cloud100/ [September 2023]. Die Forbes-Liste der 50 innovativsten Fintechs von 2019 enthält nur noch ein Unternehmen ohne externe Finanzierung, vgl. https://www.forbes.com/fintech/2019/ September 2023]. Die Liste der erfolgversprechendsten KI-Unternehmen enthält gar kein Unternehmen ohne externe Finanzierung mehr, vgl. https://www.forbes.com/sites/jilliandonfro/2019/09/17/ai-50-americas-most-promising-artificial-intelligence-companies/ [September 2023].

90 Tambe, P., Hitt, L., Rock, D., Brynjolfsson, E., Digital Capital and Superstar Firms, 2020, NBER Working Paper Series, abrufbar unter: https://www.nber.org/system/files/working_papers/w28285/w28285.pdf [September 2023].

91 Wyggers, K., OpenAI launches an API to commercialize its research, 2020, VentureBeat, abrufbar unter: https://venturebeat.com/ai/openai-launches-an-api-to-commercialize-its-research/ [September 2023].

92 Metz, C., Meet GPT-3. It Has Learned to Code (and Blog and Argue), 2020, New York Times, abrufbar unter: https://www.nytimes.com/2020/11/24/science/artificial-intelligence-ai-gpt3.html [September 2023].

93 Volovskiy, G. et al., Kann ChatGPT Steuern? Ein Blick unter die Motorhaube des großen Sprachmodells, REthinking: Tax, 2023, Ausgabe 2.

94 Bass, D., Microsoft Invests $10 Billion in ChatGPT Maker OpenAI, 23.01.2023, Bloomberg, abrufbar unter: https://www.bloomberg.com/news/articles/2023-01-23/microsoft-makes-multibillion-dollar-investment-in-openai#xj4y7vzkg [September 2023].

95 Der Vollständigkeit halber möchten wir anmerken, dass diese wiederum zum Teil auf staatlicher Vorarbeit, etwa universitärer Grundlagenforschung, beruht.

96 Das gilt insbesondere in einer Welt niedrigster Zinsen, wenn zugleich die Zentralbanken die staatlichen Schulden in großem Umfang monetarisieren und auf diese Weise für die Staatsschulden bürgen. Der Staat wird sich in so einem Umfeld fast immer günstiger und in größerem Umfang Geld leihen können als private Akteure. Auf diese Weise hat er einen entscheidenden Vorteil.

97 Für alle Angaben siehe das Dashboard zum Bundeshaushalt digital, abrufbar unter: vgl. https://www.bundeshaushalt.de/DE/Bundeshaushalt-digital/bundeshaushalt-digital.html [September 2023].

98 Erwerb von Anlagen, Geräten, Ausstattungs- und Ausrüstungsgegenständen sowie Software im Bereich Informationstechnik, vgl. die Haushaltstechnischen Richtlinien des Bundes (HRB), abrufbar unter: https://www.verwaltungsvorschriften-im-internet.de/bsvwvbund_11042023_IIA1H11052110003002.htm [September 2023].

99 Aufträge und Dienstleistungen im Bereich Informationstechnik, gemeint sind damit: »Aufträge und Dienstleistungen auf dem Gebiet der IT. Hierunter fallen insbesondere die Einholung externen Sachverstands (Beratungsleistungen) im Bereich IT sowie Entgelte an Dritte für die Entwicklung und Implementierung von Individualsoftware oder für das Konfigurieren von Software«, vgl. die Haushaltstechnischen Richtlinien des Bundes (HRB), abrufbar unter: https://www.verwaltungsvorschriften-im-internet.de/bsvwvbund_11042023_IIA1H11052110003002.htm [September 2023].

100 Geschäftsbedarf und Kommunikation sowie Geräte, Ausstattungs- und Ausrüstungsgegenstände, sonstige Gebrauchsgegenstände, Software, Wartung, gemeint sind: »Ausgaben für die Beschaffung von Geräten, Software, Ausstattungs- und Ausrüstungsgegenständen (inkl. IT-Ausstattung) […]. Ausgaben für die Wartung von Geräten bzw. Gegenständen, ggf. auch Wartung von gekaufter Software durch Dritte«, vgl. https://www.verwaltungsvorschriften-im-internet.de/bsvwvbund_11042023_IIA1H11052110003002.htm [September 2023].

101 Sollausgaben im Jahr 2020: 0,59 Millionen für den Erwerb von Anlagen, Geräten, Ausstattungs- und Ausrüstungsgegenständen sowie Software im Bereich der Informationstechnik, 0,49 Millionen Euro für Aufträge und Dienstleistungen im Bereich Informationstechnik sowie 0,79 Millionen Euro für Geschäftsbedarf, Kommunikation und Erwartung.

102 Sollausgaben im Jahr 2020: 250 000 Euro für den Erwerb von Anlagen, Geräten, Ausstattungs- und Ausrüstungsgegenständen sowie Software im Bereich der Informationstechnik

und 30 000 Euro für Aufträge und Dienstleistungen im Bereich Informationstechnik sowie 1,81 Millionen Euro für Geschäftsbedarf, Kommunikation und Erwartung.

103 Greger, R., Der Zivilprozess auf dem Weg in die digitale Sackgasse, 2019, NJW, S. 3431.

104 Ausführlich: Beuth, P., et al., Merkel und der schicke Bär, 11.05.2017, abrufbar unter: https://www.zeit.de/2017/20/cyberangriff-bundestag-fancy-bear-angela-merkel-hacker-russland [September 2023].

105 Zeit online, 26.03.2021, abrufbar unter: https://www.zeit.de/politik/deutschland/2021-03/cyberangriff-russland-hacker-bundestag-ghostwriter-geheimdienst-gru-cyberwar [September 2023].

106 2019 betrugen die Sollausgaben noch 3,24 Milliarden Euro. 2015 waren es nur 2,23 Milliarden Euro. Das Budget von Bundeskanzlerin und Bundeskanzleramt hat sich also in fünf Jahren verdoppelt.

107 Vgl. BVA.digital, https://www.bva.bund.de/DE/Das-BVA/Digitalisierung/digitalisierung_node.html [September 2023].

108 Es teilt sich mit dem Bundesinnenministerium beispielsweise die Zuständigkeit für das Großprojekt IT-Konsolidierung, dazu mehr im nachfolgenden Kapitel.

109 Gelistete Unternehmen nach Marktkapitalisierung 2021, vgl. beispielhaft: Statista, The 100 largest companies in the world by market capitalization in 2023, abrufbar unter: https://www.statista.com/statistics/263264/top-companies-in-the-world-by-market-capitalization/ [September 2023].

110 In diesem Abschnitt folgen wir eher der technologischen, strukturellen Sichtweise auf Plattformen. Im nachfolgenden Abschnitt zu den Netzwerkeffekten dominiert die parallele Sichtweise der wirtschaftswissenschaftlichen Forschung, die einen etwas anderen Fokus hat, wobei sich beide Sichtweisen teilweise überschneiden.

111 Zunächst meist als »Two-Sided Markets« gedacht und beschrieben, siehe Tirole, J., Rochet, J.-C., Platform Competition in Two-Sided Markets, 2003, Journal of European Economic Association, Vol. 1, No. 4, S. 990 ff. Wohl erstmalig die besonderen »Gesetze« in Abgrenzung zu »One-Sided Markets«, beschrieben in Wright, J., One-sided logic in two-sided markets, 2004, Review of Network Economics 3 (1). Für eine genaue ökonomische Definition von »Multi-Sided Markets« siehe Wismer, S., Rasek, A., Market definition in multi-sided markets, 2017, Directorate for Financial and Enterprise Affairs, Competition Committee, abrufbar unter: https://www.oecd.org/officialdocuments/publicdisplaydocumentpdf/?cote=DAF/COMP/WD%282017%2933/FINAL&docLanguage=En [September 2023].

112 Evans, D. S., Hagiu, A., Schmalensee, R., Invisible Engines, 2006, MIT Press, p. 54.

113 Abdelkafi, N., Raasch, C., Roth, A. et al., Multi-sided platforms, 2019, Electron Markets 29, 553–559, S. 553.

114 Evans und Schmalensee bezeichnen das als »Turbocharging«, vgl. Evans, D. S., Schmalensee, R., Matchmakers – The New Economics of Multisided Platforms, 2016, Harvard Business Review Press, S. 39 ff.

115 Bspw. Evens, T., Donders, K., Platform Power and Policy in Transforming Television Markets, 2018, Palgrave Macmillan, S. 113; Choudary, S. P., Why Business Models Fail: Pipes Vs. Platforms, 2013, Wired, abrufbar unter: https://www.wired.com/insights/2013/10/why-business-models-fail-pipes-vs-platforms/ [September 2023].

116 Hagiu, A., Merchant or two-sided platform? 2007, Review of Network Economics 6 (2), S. 115.

117 Dazu ausführlich: Parker, G. G., Van Alstyne, M. W., Choudary, S. P., Die Plattform-Revolution, 1. Aufl. 2017, mitp Verlags GmbH & Co. KG, S. 19 ff.

118 Anschaulich und ausführlich beschrieben in Pfeiffer, S., Digitalisierung als Distributivkraft, 2021, transcript Verlag, insb. S. 159 ff. Siehe auch: McAfee, A., Brynjolfsson, E., Machine, Platform, Crowd: Wie wir das Beste aus unserer digitalen Zukunft machen, 2018, Plassen Verlag, S. 13 ff.

119 Marktbeherrschende Plattformen können freilich durchaus ihre Stellung missbrauchen und sich von Intermediären zu »Decision-makers« weiterentwickeln, welche die Entscheidungen der Akteure auf der Plattform aktiv beeinflussen, siehe dazu: Podszun, R., Digital Ecosystems, Decision-making, Competition, and Consumers – On the Value of Autonomy for Competition, 2019, S. 6 ff., abrufbar unter: https://papers.ssrn.com/sol3/papers.cfm?abstract_id=3420692 [September 2023].

120 Detailliert beschrieben am Beispiel von Netflix: Evens, T., Donders, K., Platform Power and Policy in Transforming Television Markets, 2018, Palgrave Macmillan, S. 72 ff. Siehe auch: Demary, V., The Platformization of Digital Markets – Comments on the Public Consultation of the European Commission on the Regulatory Environment for Platforms, Online Intermediaries, Data and Cloud Computing and the Collaborative Economy, 2015, IW policy paper, 39/2015, S. 9. Parker, G. G., Van Alstyne, M. W., Choudary, S. P., Die Plattform-Revolution, 1. Aufl. 2017, mitp Verlags GmbH & Co. KG, S. 22.

121 Vgl. beispielhaft Parker, G. G., Van Alstyne, M. W., Choudary, S. P., Die Plattform-Revolution, 1. Aufl. 2017, mitp Verlags GmbH & Co. KG, S. 19; Demary, V., The Platformization of Digital Markets – Comments on the Public Consultation of the European Commission on the Regulatory Environment for Platforms, Online Intermediaries, Data and Cloud Computing and the Collaborative Economy, 2015, IW policy paper, 39/2015, S. 7. Unterhaltsam beschrieben wird die Angebotsausweitung in Kelly, K., The Inevitable – Understanding the 12 Technological Forces that will shape our Future, 2016, Viking, S. 165 ff.

122 Die Auswahl auf den westlichen E-Commerce-Plattformen hat noch einmal eine völlig neue Dimension angenommen, seitdem sogenannte Dropshipper, eine Art Zwischenhändler im Onlinehandel ohne eigene Lagerung, über die chinesischen Plattformen wie Taobao oder AliExpress kleine asiatische Unternehmen direkt einbeziehen können.

123 Wir verwenden den weiteren Begriff des »Matching«, oft wird auch von »Filtering«, »Recommending«, »Locating« oder »Navigating attention« und Ähnlichem gesprochen. Den Begriff des »Matching« und die damit zusammenhängende Charakteristik von Plattformen betonen insbesondere: Evans, D. S., Schmalensee, R., Matchmakers – The New Economics of Multisided Platforms, 2016, Harvard Business Review Press.

124 In einigen Branchen stellen die Plattformen ein hohes Maß an (Preis-)Transparenz her, was wiederum den Wettbewerb zwischen den Anbietern verschärft und auf diese Weise die Preise für die Nutzer/Käufer senkt. Gerade im Bereich des E-Commerce spielt dieser Effekt eine wichtige Rolle für den Erfolg der Plattformen. Wir betonen diesen Effekt an dieser Stelle deswegen nicht besonders, da dieser Effekt spezifisch für Wettbewerbssituationen ist, in denen der Preis ein zentraler Steuerungsmechanismus ist, etwa in einer Marktwirtschaft. Für den öffentlichen Sektor, der in diesem Buch aber das eigentliche Thema ist, ist diese Art von Wettbewerb weniger relevant.

125 Zum sogenannten Privacy Paradox siehe Gigerenzer, G., Klick – Wie wir in einer digitalen Welt die Kontrolle behalten und die richtigen Entscheidungen treffen, 2021, C. Bertelsmann Verlag, S. 231 ff.

126 Dazu: Parker, G. G., Van Alstyne, M. W., Choudary, S. P., Die Plattform-Revolution, 1. Aufl. 2017, mitp Verlags GmbH & Co. KG, S. 57 f.

127 Ausführlich: Evans, D. S., Schmalensee, R., Matchmakers – The New Economics of Multisided Platforms, 2016, Harvard Business Review Press, S. 55 ff.

128 Vgl. Parker, G. G., Van Alstyne, M. W., Choudary, S. P., Die Plattform-Revolution, 1. Aufl. 2017, mitp Verlags GmbH & Co. KG, S. 46 ff., 73.

129 Für eine Übersicht siehe: Hagiu, A., Rothman, S., Network Effects Aren't Enough, Harvard Business Review, 04/2016, abrufbar unter: https://hbr.org/2016/04/network-effects-arent-enough [September 2023].

130 Für eine Übersicht am Beispiel des Gesundheitssektors siehe: Fürstenau, D., Auschra, C., Klein, S., Gersch, M., A process perspective on platform design and management: Evidence from a digital platform in health care, 2019, Electronic Markets, 29 (4), S. 583.

131 Evans, D. S., Schmalensee, R., Matchmakers – The New Economics of Multisided Platforms, 2016, Harvard Business Review Press, S. 101 ff. Parker, G., Van Alstyne, M. W., Jiang, X., Platform Ecosystems: How Developers Invert the Firm, Boston University Questrom School of Business Research Paper No. 2861574, abrufbar unter: https://papers.ssrn.com/sol3/papers.cfm?abstract_id=2861574 [September 2023].

132 Anschaulich auch am Beispiel von eBay und Google beschrieben in Evans, D. S., Hagiu, A., Schmalensee, R., Invisible Engines, 2006, MIT Press, p. 343 ff. Für die Versicherungsindustrie: Pousttchi, K., Gleiss, A., Surrounded by middlemen – how multi-sided platforms change the value network in the insurance industry, 2019, Electronic Markets, 29 (4). Weitere Beispiele in: McAfee, A., Brynjolfsson, E., Machine, Platform, Crowd: Wie wir das Beste aus unserer digitalen Zukunft machen, 2018, Plassen Verlag, S. 157 ff. Allgemein dazu, wie Plattformen die traditionelle Pipeline-Unternehmen »verdrängen«: Parker, G. G., Van Alstyne, M. W., Choudary, S. P., Die Plattform-Revolution, 1. Aufl. 2017, mitp Verlags GmbH & Co. KG, S. 73 ff. Das betrifft insbesondere die Hersteller und Anbieter, die keine sehr großen, global tätigen Unternehmen sind.

133 Die besondere Machtstellung dieser zentralen Gatekeeper-Rolle kann man gut an den oft hohen »Gebühren« erkennen, mit denen sich manche Plattformen ihre Vermittlungsdienste bezahlen lassen. So behält Apple 30 Prozent der Verkaufserlöse, die Apps im App Store erzielen. Für kleinere Entwickler wurden die Gebühren erst Anfang 2021 auf 15 Prozent gesenkt, vgl. Benrath, B., Apple halbiert seine Kommission für den Großteil der App-Entwickler, 18.11.202, FAZ, abrufbar unter: https://www.faz.net/aktuell/wirtschaft/digitec/apple-halbiert-app-store-gebuehren-fuer-viele-entwickler-17058284.html [September 2023].

134 Evans, D. S., Schmalensee, R., Matchmakers – The New Economics of Multisided Platforms, 2016, Harvard Business Review Press, S. 57.

135 McAfee, A., Brynjolfsson, E., Machine, Platform, Crowd. Wie wir das Beste aus unserer digitalen Zukunft machen, 2018, Plassen Verlag, S. 243 f.

136 Diese neu gewonnene Macht wird, wenn überhaupt, nur vom Kartellamt, der Angst vor dem Kartellamt oder der öffentlichen Meinung begrenzt.

137 Vgl. Burgess, M., This is why Russia's attempts to block Telegram have failed, 28.04.2018, Wired, abrufbar unter: https://www.wired.co.uk/article/telegram-in-russia-blocked-web-app-ban-facebook-twitter-google [September 2023].

138 Amazons Lab126 experimentiert beispielsweise mit einem »AI fashion designer«, der mithilfe von Generative Adversial Networks (GAN) und der Informationen der Nutzer von Amazons Marketplace etwa Kommentare zu bestimmten Looks geben, neue Trends vorhersagen oder gleich selbst bestimmen und den Herstellern vorgeben kann, vgl. Knight, W., Amazon Has Developed an AI Fashion Designer, 24.08.2017, MIT Technology Review, abrufbar unter: https://www.technologyreview.com/2017/08/24/149518/amazon-has-developed-an-ai-fashion-designer/ [September 2023].

139 Einige Aufmerksamkeit hat in diesem Zusammenhang beispielsweise das Kopieren der wollenen »Sneaker« von Allbirds durch Amazons Eigenmarke 206 Collective erhalten, vgl. Hol-

mes, A., Allbirds cofounder calls out Amazon for its knockoff shoes that cost way less, calling them ‚algorithmically inspired', 20.11.2019, Business Insider, abrufbar unter: https://www.businessinsider.com/allbirds-cofounder-criticizes-amazon-for-knockoff-shoes-that-cost-less-2019-11?r=US&IR=T [September 2023].

140 Eine beispielhafte Übersicht über die einschlägigen schweizerischen Rechtsnormen zur Regulierung der Beherbergungswirtschaft und ihre Anwendbarkeit bzw. Befolgung auf Sharing-Plattformen inklusive weiterer Fallbeispiele aus anderen Ländern findet sich im: Bericht des Bundesrates in Erfüllung des Postulates 16.3625 Kommission für Wirtschaft und Abgaben SR vom 18. August 2016 sowie des Prüfauftrages zum Mietrecht gemäss Bundesratsbeschluss vom 11. Januar 2017, abrufbar unter: https://www.seco.admin.ch/dam/seco/de/dokumente/Standortfoerderung/Tourismus/Aktuell/Regulierung_Beherbergungswirtschaft.pdf.download.pdf/Regulierung_Beherbergungswirtschaft_de.pdf [September 2023].

141 Zum Beispiel über »Most-favoured-customer clauses«. Dazu mehr in: Zimmer, D., Blaschczok, M., Most-favoured-customer clauses and two-sided platforms, 2014, Journal of European Competition Law & Practice (JECLAP), Vol. 5 No. 4, abrufbar unter: https://papers.ssrn.com/sol3/papers.cfm?abstract_id=2749044 [September 2023].

142 Den meisten Automobilherstellern fehlt wohl das Know-how im Softwarebereich, der Mut oder das Kapital, die Umwandlung des Fahrzeugs in eine softwarebasierte, datengetriebene Plattform aus eigener Kraft in Angriff zu nehmen und somit auch zum alleinigen Gatekeeper zu werden (im Gegensatz zu beispielsweise Tesla, Inc.). Sie müssen daher Kooperationen mit Unternehmen wie Google, Amazon, Foxconn oder Nvidia eingehen, die sich dabei einen ganz erheblichen Anteil an den erwarteten Plattformeinnahmen zusichern lassen. Die Rede ist von teilweise mehr als 40 Prozent, vgl. Hubik, F., Hofer, J., Machtprobe in der Autoindustrie. Techkonzerne saugen die Gewinne von Mercedes, BMW und VW auf, Handelsblatt, 17.02.2022, abrufbar unter: https://www.handelsblatt.com/unternehmen/industrie/nvidia-google-amazon-machtprobe-in-der-autoindustrie-techkonzerne-saugen-die-gewinne-von-mercedes-bmw-und-vw-auf/28072096.html [September 2023].

143 Siehe dazu oben ausführlich Kapitel 8 im Zusammenhang mit den Ausführungen zu unserem Übersetzungsschlüssel. Im Kontext dieses Buches betrachten wir vor allem jene Regeln, bei denen die Exekutive bei der Umsetzung der Regeln Verantwortung trägt.

144 Die Unterschiede haben allerdings sehr wohl (gravierende) Auswirkungen auf die Konsequenzen der digitalen Transformation für den jeweiligen Betroffenen, siehe dazu Kapitel 5. Besonderheiten: Der Digitale Staat ist anders.

145 Vgl. dazu Parker, G. G., Van Alstyne, M. W., Choudary, S. P., Die Plattform-Revolution, 1. Aufl. 2017, mitp Verlags GmbH & Co. KG, S. 262 ff.

146 Evans, D. S., Schmalensee, R., Matchmakers – The New Economics of Multisided Platforms, 2016, Harvard Business Review Press, S. 57.

147 Was nicht bedeutet, dass es nicht auch andere Bereiche gibt, etwa im Regulierungsumfeld von multinationalen Unternehmen, in denen der Gesetzgeber über weniger Spezialwissen verfügt als das Regulierungsobjekt und im Nachteil ist.

148 Etwa indem die Möglichkeiten für Steuerzahlungen direkt in die App integriert wird, Feedback von Steuerzahlern gesammelt wird und so weiter, vgl. beispielsweise die Fortentwicklung der App der portugiesischen Steuerbehörden: Barbosa, A. C., The Portuguese Tax Administration Launched a New APP for Self-employed Taxpayers, 05.04.2022, abrufbar unter: https://www.iota-tax.org/news/portuguese-tax-administration-has-made-available-app-self-employed-taxpayers [September 2023].

149 In jüngerer Zeit ist das Konzept des Government as a Platform (GaaP) entstanden. Ausgehend von der One-Stop-Shop-Idee, propagiert beziehungsweise betrachtet es zentralisierte,

staatsweite (meist von der Regierung betriebene) Portalarchitekturen, über die verschiedene staatliche »Services« dem Bürger zugänglich gemacht werden. Aus unserer Sicht greift diese Betrachtungsweise in Bezug auf das Plattformmodell zu kurz. Es handelt sich dabei nicht um Plattformen im eigentlichen Sinne, sondern vornehmlich um technische Infrastrukturen, welche die verschiedenen »Services« der Administration bündeln und (einfachen) Zugang dazu gewähren – und damit um eine Art zusätzlich zwischengeschalteter Vermittlungsinstanz, vor allem im Bereich der Leistungsverwaltung. Die eigentliche datenerhebende und datenverarbeitende Funktionsweise der privaten Internetplattformen und ihr ersetzender Charakter werden dabei nicht ausreichend gewürdigt. Wir gehen über den GaaP-Ansatz deutlich hinaus und nehmen an, dass Plattformen im öffentlichen Sektor über die Zeit die weitreichenden Vermittlungsaufgaben der Verwaltung, auch außerhalb der Leistungsverwaltung, in immer mehr Teilbereichen übernehmen und ersetzen werden – mit potenziell weitreichenderen Folgen, die wir in diesem Kapitel beschreiben. Für einen Überblick über das GaaP-Konzept und eine Literaturübersicht siehe beispielsweise Bender, B., Heine, M., Government as a Plattform? Constitutive Elements of Public Service Platforms, 2021, S. 3 ff., in: Kö, A., Francesconi, E., Kotsis, G., Tjoa, A. M., Khalil, I. (Hrsg.), Electronic Government and the Information Systems Perspective, EGOVIS 2021, Lecture Notes in Computer Science, Vol. 12926, Springer. Siehe auch: Cordella, A., Paletti, A., Government as a platform, orchestration, and public value creation: The Italian case, 2019, Government Information Quarterly, Vol. 36, Issue 4.

150 Vgl. Datenstrategie der Bundesregierung vom 27.01.2021, S. 60 f., abrufbar unter: https://www.bundesregierung.de/resource/blob/992814/1845634/f073096a398e59573c7526feaadd43c4/datenstrategie-der-bundesregierung-download-bpa-data.pdf [September 2023].

151 Löbel, S., Brunzel, M., NEGZ Standpunkt Nr. 13 – Daten als Rohstoff von Verwaltung – Perspektiven einer neuen Datenorientierung, 03/2021, abrufbar unter: https://web.archive.org/web/20210516215149/https://negz.org/wp-content/uploads/2021/03/NEGZ-Standpunkt-13-Datenorientierung-2021.pdf [September 2023].

152 Nationaler Normenkontrollrat, Monitor Digitale Verwaltung #6, 2021, S. 3, abrufbar unter: https://www.de.digital/DIGITAL/Redaktion/DE/Stadt.Land.Digital/Studien-und-Leitfaeden/monitor-digitale-verwaltung-6.html [September 2023].

153 Koalitionsvertrag 2021–2025 zwischen der SPD, Bündnis 90/Die Grünen und der FDP, abrufbar unter: https://www.spd.de/fileadmin/Dokumente/Koalitionsvertrag/Koalitionsvertrag_2021-2025.pdf [September 2023].

154 Aus der Datenstrategie der Bundesregierung vom 27.01.2021, S. 57: »Mit der Etablierung von Datenkooperationen werden wir den staatlichen Versorgungsauftrag zielgerichteter wahrnehmen können. Hierfür werden wir prüfen, welche von nicht-öffentlichen Stellen erhobenen und erzeugten Daten (insbesondere Umweltdaten und Infrastrukturdaten, z. B. über Straßenverhältnisse, Luftqualität etc.) für den staatlichen Versorgungsauftrag in welcher Datenqualität relevant sind und inwieweit ein sicherer Zugang für öffentliche Stellen hinsichtlich dieser maschinenlesbaren Daten geschaffen werden muss«, abrufbar unter: https://www.bundesregierung.de/resource/blob/992814/1845634/f073096a398e59573c7526feaadd43c4/datenstrategie-der-bundesregierung-download-bpa-data.pdf [September 2023].

155 In den Fragen und Antworten zur neuen Grundsteuer des Ministeriums für Finanzen Baden-Württemberg, abrufbar unter: https://fm.baden-wuerttemberg.de/de/steuern/grundsteuer/faq-zur-grundsteuer [September 2023].

156 Dieser umfassendere Regelungsgehalt kann sich auch in ergänzenden Richtlinien, Interpretationshilfen und Ähnlichem »verstecken«, der sogenannten Regulatory Dark Matter, oder

durch die Neuinterpretation bestehender Regeln »verschleiert« werden, vgl. Rules just keep growing, Economist, 15.01.2022, S. 9.

157 Vgl. auch die Vorstellung von Casey und Niblett, die davon ausgehen, dass klassische Gesetze/Regeln aufgrund der technologischen Möglichkeiten durch »Micro-Directives« ersetzt werden, siehe Casey, A. J., Niblett, A., The Death of Rules and Standards, 2017, 92 Indiana Law Journal, abrufbar unter: https://www.repository.law.indiana.edu/ilj/vol92/iss4/3/ [September 2023].

158 Ciuriak, D., Ptashkina, M., The State Also Rises: The Role of the State in the Age of Data, 2020, Ciuriak Consulting Conference Paper, abrufbar unter: https://papers.ssrn.com/sol3/papers.cfm?abstract_id=3663387 [September 2023].

159 Adams, G. S., Converse, B. A., Hales, A. H. et al., People systematically overlook subtractive changes, 2021, Nature 592, S. 258–261, abrufbar unter: https://www.nature.com/articles/s41586-021-03380-y [September 2023]. Ein Übersichtsartikel zum Thema mit Verweis auf weitere Studien: Meyvis, T., Yoon, H., Adding is favoured over subtracting in problem solving, 2021, abrufbar unter: https://www.nature.com/articles/d41586-021-00592-0 [September 2023], auch: Herger, P., Viele Privatanleger kaufen unnötige Produkte, NZZ v. 25.08.2021, S. 27.

160 Zur steigenden Detailversessenheit der Gesetze und der Zunahme der Gesetzgebungslast in der Schweiz siehe: Griffel, A., Eine Nebensächlichkeit namens Gesetzgebung, 2022, Schweizer Monat, Ausgabe 1094, S. 68 f.

161 Genau genommen handelt es sich um eine Identifikationspflicht (»identificatieplicht«, die aber in der Praxis einer Mitführpflicht entspricht, vgl. Rijksoverheid, Wat is de identificatieplicht?, abrufbar unter: https://www.rijksoverheid.nl/onderwerpen/paspoort-en-identiteitskaart/vraag-en-antwoord/wat-is-de-identificatieplicht [September 2023]. In Deutschland hingegen gelten eine generelle Pflicht, einen Ausweis zu besitzen, sowie eine Mitführpflicht beim Führen einer Waffe oder in bestimmten Branchen wie etwa dem Bau-, Beförderungs- oder Gaststättengewerbe; in der Schweiz hingegen gibt es derzeit nicht einmal eine Pflicht, die Identitätskarte zu besitzen.

162 Vgl. Art. 6 Abs. 2 Verordnung (EU) 2019/2144 des Europäischen Parlaments und des Rates vom 27. November 2019, abrufbar unter: https://eur-lex.europa.eu/legal-content/DE/TXT/PDF/?uri=CELEX:32019R2144&from=DE [September 2023].

163 Vgl. https://www.autobahn.de/app [September 2023]. Ganz ähnliche Informationen stellt auch das Verkehrsportal des Landes Nordrhein-Westfalen Verkehr.NRW bereit, vgl. https://www.verkehr.nrw/ [September 2023].

164 Rijkswaterstaat – Ministry of Infrastructure and Water Management, Intelligent Traffic Light Installations, abrufbar unter: https://www.rijkswaterstaat.nl/en/mobility/smart-mobility/talking-traffic/intelligent-traffic-light-installations [September 2023];

165 Bundesanstalt für Verkehrswesen, Verkehrsbeeinflussung auf Bundesfernstraßen, abrufbar unter: https://www.bast.de/DE/Verkehrstechnik/Fachthemen/v5-VBA/v5-verkehrsbeeinflussungsanlagen.html [September 2023].

166 In Pilotprojekten wurde bereits in fünf europäischen Ländern die automatisierte Verkehrserfassung, und zwar freiwillig durch die Bürger, erprobt. Mithilfe von an den Fenstern der Wohnungen angebrachten Sensoren können die Behörden die Anzahl und Geschwindigkeit von Autos, großen Fahrzeugen, Radfahrern und Fußgängern bestimmen, vgl. das »WeCount – Citizen Observations of UrbaN Transport«-Projekt: https://www.uwe.ac.uk/research/centres-and-groups/scu/projects/wecount [September 2023].

167 Rijkswaterstaat – Ministry of Infrastructure and Water Management, Intelligent Traffic Light Installations, abrufbar unter: https://www.rijkswaterstaat.nl/en/mobility/smart-mo-

bility/talking-traffic/intelligent-traffic-light-installations [September 2023]; siehe auch: https://www.talking-traffic.com/en/news/ambulances-voortaan-veiliger-onderweg [September 2023].

168 Vgl. Taub, E. A., Sleepy Behind the Wheel? Some Cars Can Tell, 16.03.2017, NYT, abrufbar unter: https://www.nytimes.com/2017/03/16/automobiles/wheels/drowsy-driving-technology.html [September 2023]. Siehe auch bereits 2013: Lisheng, J. et al., Driver Sleepiness Detection System Based on Eye Movements Variables, 2013, abrufbar unter: https://journals.sagepub.com/doi/full/10.1155/2013/648431 [September 2023].

169 Vgl. Art. 6 Abs. 3 Verordnung (EU) 2019/2144 des Europäischen Parlaments und des Rates vom 27. November 2019, abrufbar unter: https://eur-lex.europa.eu/legal-content/DE/TXT/PDF/?uri=CELEX:32019R2144&from=DE [September 2023].

170 »Wir werden durch eine intelligente Datennutzung die Regulierung verbessern«, verspricht etwa die Datenstrategie der Bundesregierung vom 27.01.2021 explizit, S. 58, abrufbar unter: https://www.bundesregierung.de/resource/blob/992814/1845634/f073096a398e59573c-7526feaadd43c4/datenstrategie-der-bundesregierung-download-bpa-data.pdf [September 2023].

171 Davon mehr als 150 Einzelverordnungen, vgl. Allgöwer, R., Land erlässt mehr als 200 Corona-Verordnungen, 18.05.2022, abrufbar unter: https://www.stuttgarter-zeitung.de/inhalt.was-die-landesregierung-tut-ausser-corona-nichts-gewesen.7dd8ddc3-8dea-4fda-bfc9-7cf-f2918a33c.html [September 2023].

172 Kritisch zum »Big Nudging«: Gigerenzer, G., Klick – Wie wir in einer digitalen Welt die Kontrolle behalten und die richtigen Entscheidungen treffen, 2021, C. Bertelsmann Verlag, S. 255 ff.

173 Diverse Kontrollaufgaben (das Identifizieren von »Outliern«) dürften sich hingegen als erstes Hauptanwendungsgebiet für maschinelle Lernverfahren herauskristallisieren. Dazu ausführlich in Kapitel 14.

174 Zumindest schreibt Herschel, W. in: Rechtssicherheit und Rechtsklarheit, 1967, JZ, Nr. 23/24, S. 736, das Bonmot Rudolf von Jhering zu, abrufbar unter: https://www.digizeitschriften.de/dms/img/?PID=PPN345574974_0022|log747&physid=phys837#navi [September 2023].

175 Man denke nur beispielsweise an den »Netflix Prize«, der die Entwicklung spürbar vorantrieb und ein Preisgeld von einer Million US-Dollar für denjenigen auslobte, der zukünftige Benutzerbewertungen am besten vorhersagte, um so die Film- und Serienempfehlungen (und damit die Vorauswahl) für die Kunden von Netflix spürbar zu verbessern, vgl. etwa Jackson, D., The Netflix Prize: How a $1 Million Contest Changed Binge-Watching Forever, 07.07.2017, abrufbar unter: https://www.thrillist.com/entertainment/nation/the-netflix-prize [September 2023].

176 Vgl. Art. 36 ff. des Vorschlags für eine Verordnung des Europäischen Parlaments und des Rates über den europäischen Raum für Gesundheitsdaten vom 03.05.2022, 2022/0140, abrufbar unter: https://eur-lex.europa.eu/resource.html?uri=cellar:dbfd8974-cb79-11ec-b6f4-01aa75ed71a1.0003.02/DOC_1&format=PDF [September 2023].

177 Zu den erlaubten Zwecken siehe Art. 34 des Entwurfs ebd.

178 Bspw. Marcus, J. S. et al., The European Health Data Space, 2022, abrufbar unter: https://www.europarl.europa.eu/RegData/etudes/STUD/2022/740054/IPOL_STU(2022)740054_EN.pdf [September 2023].

179 Vgl. Art 37 (1) d) ff. des Vorschlags für eine Verordnung des Europäischen Parlaments und des Rates über den europäischen Raum für Gesundheitsdaten vom 03.05.2022, 2022/0140, abrufbar

unter: https://eur-lex.europa.eu/resource.html?uri=cellar:dbfd8974-cb79-11ec-b6f4-01aa75ed71a1.0003.02/DOC_1&format=PDF [September 2023].

180 Entwurf Bundesgesetz über die Mobilitätsdateninfrastruktur (MODIG), SR 221.301, abrufbar unter: https://www.fedlex.admin.ch/filestore/fedlex.data.admin.ch/eli/dl/proj/2022/2/cons_1/doc_1/de/pdf-a/fedlex-data-admin-ch-eli-dl-proj-2022-2-cons_1-doc_1-de-pdf-a.pdf [September 2023].

181 https://www.decidim.barcelona/ [September 2023].

182 Gegenwärtig wird (vereinzelt) versucht, die Wirkung von Gesetzen mithilfe sogenannter Ex-Post-Evaluationen oder Fitnesschecks zu prüfen.

183 Vgl. Reuters, Mexico data protection agency challenges taxpayer data reform, 23.12.2020, abrufbar unter: https://www.reuters.com/article/us-mexico-data-idUSKBN28X03I [September 2023].

184 Die meisten privatwirtschaftlichen Plattformen sind aus diesen Gründen sehr langlebig, wenn sie erst einmal eine bestimmte Position im Markt erreicht haben, vgl. auch Hagiu, A., Rothman, S., Network Effects Aren't Enough, Harvard Business Review, 04/2016, abrufbar unter: https://hbr.org/2016/04/network-effects-arent-enough [September 2023].

185 In der Schweiz beispielsweise ist diese Voraussetzung für die Bundesbehörden in Art. 34 I DSG (Art. 17 I DSG a. F.) als Konkretisierung von Art. 6 I DSG geregelt. In den kantonalen Datenschutzgesetzen gibt es entsprechende Voraussetzungen.

186 In Deutschland legt bspw. § 35a VwVfG (noch) fest, dass ein Verwaltungsakt nur vollständig durch automatische Einrichtungen erlassen werden kann, wenn dies durch Rechtsvorschrift zugelassen ist und weder ein Ermessen noch ein Beurteilungsspielraum besteht.

187 Dazu ausführlich am Beispiel der Oberaufsicht durch die schweizerische Bundesversammlung: Kuster, C., Aufseher im Nebenamt, 2022, Schweizer Monat, Ausgabe 1094, S. 71 f.

188 Für die Situation in der Schweiz siehe bspw. Föhse, M., Die Verwaltung sitzt am längeren Hebel, 2022, Schweizer Monat, Ausgabe 1094, S. 56 ff.

189 Es wird geschätzt, dass 80 Prozent der Gesetzesentwürfe von der Bundesregierung initiiert werden, vgl. Maurer, H., Staatsrecht I, 6. Aufl., 2010, § 17, Rn. 55.

190 Einfluss kann sie etwa durch einen etwaigen Fraktionszwang ausüben oder auch weil die Regierungsmitglieder oft gleichzeitig wichtige Funktionen innerhalb der Regierungspartei wahrnehmen.

191 Dazu ausführlich und zu den Hintergründen: Braun Binder, N., Fasler, R., Rechtsgrundlagen für automatisiertes Fahren in der Schweiz, 2022, in: Yen, R. et al. (Hrsg.), Automatisierter ÖPNV, 2023, Springer, abrufbar unter: https://link.springer.com/book/9783662669976 [September 2023].

192 Vgl. beispielsweise Zhang, A. H., Decentralizing Platform Governance: Lawlessness, Fraud and Innovation, 2021, abrufbar unter: https://papers.ssrn.com/sol3/papers.cfm?abstract_id=3777697 [September 2023]. Siehe auch Conrad, J., China's 'People's Courts' Resolve Online Disputes at Tech Firms, 17.01.2022, abrufbar unter: https://www.wired.com/story/china-peoples-courts-resolve-online-disputes-tech-firms/ [September 2023].

193 BVerfGE 129, 39, Abs. 108.

194 BVerfGE 107, 59, Abs. 140.

195 In diesem Abschnitt folgen wir stärker der Sichtweise der wirtschaftswissenschaftlichen Forschung zu Multi-sided Markets. Uns interessieren dabei jedoch weniger die Erkenntnisse im Zusammenhang mit dem »Pricing«, da Preise für den öffentlichen Sektor (der kein Markt ist) nicht so wichtig sind. Im vorherigen Abschnitt zum Entstehen der Internetplattformen dominierte die parallele eher technologische, strukturelle Sichtweise auf Plattformen.

196 Frühe wichtige Arbeiten zu Netzwerkeffekten sind: Shapiro, C., Varian, H. R., Information Rules: A Strategic Guide to the Network Economy, 1999, Harvard Business School Press; Parker, G. G., Van Alstyne, M. W., Internetwork externalities and free information goods, 2000, in: Proceedings of the 2nd ACM Conference on Electronic Commerce, S. 107 ff. In Bezug auf indirekte (Cross-Side-)Netzwerkeffekte: Tirole, J., Rochet, J.-C., Platform Competition in Two-Sided Markets, 2003, Journal of European Economic Association, Vol. 1, No. 4, S. 990 ff.

197 Dabei geht es um den (steigenden) Nutzen, der nicht von einem (steigenden) Preis gedeckt ist. Der Nutzen steigt quasi als Nebeneffekt allein schon deshalb, weil mehr Akteure die Plattform nutzen, ohne dass der einzelne Akteur für diesen zusätzlichen Nutzen einen zusätzlichen Preis entrichten müsste.

198 In der Praxis lassen sich die Wirkungsmechanismen nicht immer sauber trennen. Es gibt viele Interdependenzen zwischen den beschriebenen vier Charakteristika und Netzwerkeffekten.

199 Die Menge der Websites und der über das Internetnetzwerk angebotenen Produkte und Services steigt stetig weiter.

200 Das lässt sich zum Beispiel gut an der Nutzeraufmerksamkeit ablesen, vgl. McCarthy, P. X., Gong, X., Eghbal, S., Falster, D. S., Rizoiu, M.-A., Evolution of diversity and dominance of companies in online activity, 2021, PLoS ONE 16(4), abrufbar unter: https://doi.org/10.1371/journal.pone.0249993 [September 2023].

201 Supermärkte werden dennoch von den meisten Ökonomen nicht als (Multi-Sided) Plattform betrachtet, da sie keine direkte Interaktion zwischen Hersteller und Käufer ermöglichen, vgl. Hagiu, A., Wright, J., Multi-Sided Platforms, 2015, Harvard Business School Working Paper 15-037, S. 5 f., abrufbar unter: https://www.hbs.edu/ris/Publication%20Files/15-037_cb5afe51-6150-4be9-ace2-39c6a8ace6d4.pdf [September 2023].

202 Daher auch der ökonomische Term der »Two-Sided Markets« oder »Multi-Sided Markets«.

203 Darüber hinaus in der ökonomischen Literatur teilweise auch als »direct network externality« bezeichnet.

204 Dafür werden diese Dienste primär als One-Side-Markets betrachtet.

205 Uns ist bewusst, dass man hier noch weiter differenzieren könnte. Nutzen in Stadt A mehr Menschen Google Maps, hat das keinen Nutzen für die Nutzer in Stadt B. Steigende Nutzerzahlen in einer Gruppe sind nicht per se vorteilhaft für alle anderen Nutzer der Gruppe. Manchmal profitieren nur Teilgruppen. Dazu auch: Halaburda, H., Oberholzer-Gee, F., The Limits of Scale, 2014, Harvard Business Review, abrufbar unter: https://hbr.org/2014/04/the-limits-of-scale [September 2023].

206 Diese Art von positiven Netzwerkeffekten werden auch als »Data-driven network effects« bezeichnet, vgl. Hagiu A., Wright J., When Data Creates Competitive Advantage (And when it doesn't), Harvard Business Review, 01–02/2020, abrufbar unter: https://hbr.org/2020/01/when-data-creates-competitive-advantage [September 2023].

207 Chu und Manchanda untersuchen den direkten Netzwerkeffekt auf der Verkäuferseite anhand von Daten von Taobao. Sie kommen jedoch zu dem Schluss, dass er statistisch nicht signifikant ist, vgl. Chu, J., Manchanda, P., Quantifying Cross and Direct Network Effects in Online Consumer-to-Consumer Platforms, 2016, Marketing Science, Vol. 35, No. 6, S. 884, abrufbar unter: https://doi.org/10.1287/mksc.2016.0976 [September 2023].

208 Für einen Überblick über die verschiedenen Netzwerkeffekte von Facebook siehe Currier, J., Network Effects Predict the Future of Facebook, 06/2019, Nfx, abrufbar unter: https://www.nfx.com/post/network-effects-facebook [September 2023].

209 Evans, D. S., Schmalensee, R., Matchmakers – The New Economics of Multisided Platforms, 2016, Harvard Business Review Press, S. 25. Positive Cross-Side-Netzwerkeffekte treten auch bei anderen Arten von Plattformen auf. So steigert ein Mehr an Händlern, die eine Zahlungskarte von Visa oder Mastercard akzeptieren, den Nutzen derjenigen, die damit zahlen wollen.

210 Garcia, A., Sun, Y., Shen, J., Dynamic Platform Competition with Malicious Users, 2014, Dynamic Games and Applications, 4, 03/2014, S. 290 ff.

211 Bekannte Beispiele im Englischen sind »to hoover«, »Jacuzzi« oder »Frisbee«. Im Deutschen »Aspirin«, vgl. Tutlett, S., 'Genericide': Brands destroyed by their own success, 2014, abrufbar unter: https://www.bbc.com/news/business-27026704 [September 2023].

212 Vgl. etwa Hsu, T., The Advertising Industry Has a Problem: People Hate Ads, 28.10.2019, abrufbar unter: https://www.nytimes.com/2019/10/28/business/media/advertising-industry-research.html [September 2023]. Für eine Übersicht über die empirischen Studien im Bereich der sozialen Medien siehe: Knoll, J., Advertising in social media: a review of empirical evidence, 2015, International Journal of Advertising, 35:2, S. 266 ff., abrufbar unter: https://doi.org/10.1080/02650487.2015.1021898 [September 2023].

213 Für eine Übersicht über Anzahl und Länge der Werbespots im Super Bowl von 2003 bis 2020 siehe Statista, Number and length of network TV commercials in the Super Bowl from 2003 to 2020, abrufbar unter: https://www.statista.com/statistics/251588/number-and-length-of-network-tv-commercials-in-the-super-bowl/ [September 2023]. Siehe auch: Wertz, L., Think NFL games have too many ads? New study reveals how much average fan watches, 05.09.2018, Charlotte Observer, abrufbar unter: https://www.charlotteobserver.com/sports/nfl/carolina-panthers/panther-tracks/article217850340.html [September 2023].

214 Hagiu, A., Yoffie, D. B., Network Effects, 2016 in: Augier, M., Teece, D. J. (Hrsg.), The Palgrave Encyclopedia of Strategic Management, abrufbar unter: https://link.springer.com/content/pdf/10.1057%2F978-1-349-94848-2_552-1.pdf [September 2023].

215 Kölbel, T., Kunz, D., Mechanisms of intermediary platforms, 2020, eprint arXiv:2005.02111, abrufbar unter: https://doi.org/10.48550/arXiv.2005.02111 [September 2023].

216 Ein bekanntes Beispiel dafür ist die QWERTY-Tastatur, vgl. bereits David, P. A., Clio and the economics of QWERTY, 1985, Papers and Proceedings of the Ninety-Seventh Annual Meeting of the American Economic Association, S. 332 ff.

217 Am Beispiel von Taobao: Chu, J., Manchanda, P., Quantifying Cross and Direct Network Effects in Online Consumer-to-Consumer Platforms, 2016, Marketing Science, Vol. 35, No. 6, S. 870 ff., abrufbar unter: https://doi.org/10.1287/mksc.2016.0976 [September 2023].

218 Positive Netzwerkeffekte werden oft mit positive Skaleneffekten (»Economies of Scale«) verwechselt. Positive Skaleneffekte senken die durchschnittlichen Produktionskosten für die Hersteller durch mehr Nutzer auf der Angebotsseite. Positive (direkte) Netzwerkeffekte (auf Konsumentenseite) erhöhen hingegen die Bereitschaft auf der Nachfrageseite, das Angebot zu nutzen und dafür (mehr, länger, überhaupt) zu zahlen. Daher liest man in Bezug auf Netzwerkeffekte auch immer wieder etwas unsauber von »demand-side economies of scale«.

219 Katz, M. L., Shapiro, C., Systems Competition and Network Effects, 1994, Journal of Economic Perspectives, 8 (2), p. 106, abrufbar unter: https://pubs.aeaweb.org/doi/pdfplus/10.1257/jep.8.2.93 [September 2023]. Das gilt insbesondere, wenn die Netzwerkeffekte stärker sind als die Differenzierung, wenn die Multi-Homing-Kosten hoch sind und wenn die Wechselkosten ebenfalls hoch sind, siehe dazu: Hagiu, A., Yoffie, D. B., Network Effects, 2016 in: Augier, M., Teece, D. J. (Hrsg.), The Palgrave Encyclopedia of Stra-

tegic Management, abrufbar unter: https://link.springer.com/content/pdf/10.1057%2F978-1-349-94848-2_552-1.pdf [September 2023].

220 Um ein Bild von Podszun zu bemühen, vgl. Podszun, R., Digital Ecosystems, Decision-making, Competition, and Consumers – On the Value of Autonomy for Competition, 2019, S. 6, abrufbar unter: https://papers.ssrn.com/sol3/papers.cfm?abstract_id=3420692 [September 2023].

221 Zumindest bis eine weitere neuartige Innovation auftritt, die in dem Marktsegment zu einer erneuten Disruption führen kann.

222 Statista, Anzahl der monatlich aktiven Nutzer von WhatsApp weltweit in ausgewählten Monaten von April 2013 bis Februar 2020, abrufbar unter: https://de.statista.com/statistik/daten/studie/285230/umfrage/aktive-nutzer-von-whatsapp-weltweit/ [September 2023].

223 Begleitet wurde dieser Skandal von einem großen Medienecho, beispielsweise: WhatsApp überträgt Daten an Facebook, c't 19/2016, S. 51, abrufbar unter: https://www.heise.de/select/ct/2016/19/1474022311362770 [September 2023].

224 Die Europäische Union beispielsweise scheint diesen Weg einschlagen zu wollen mit dem Vorschlag des Digital Markets Act und des Digital Services Act der Europäischen Kommission.

225 In Deutschland beispielsweise insbesondere § 19a GWB.

226 Möglich wäre es, darüber hinaus noch »Drittanbieter« mit einzubeziehen, etwa private Unternehmen bei Kontrolltätigkeiten oder Zahlungsdienstleister bei der Abwicklung von Zahlungen.

227 Mit »Tax Gap« wird die Differenz bezeichnet zwischen dem, was die Regierten dem Staat (aufgrund der Gesetzeslage) schulden, und dem niedrigeren Betrag, den der Staat faktisch tatsächlich einnimmt, weil ihm aufgrund von Steuerhinterziehung, Steuerbetrug etc. ein Teilbetrag »verloren geht«. Die »Tax Gap« wird beispielsweise im Vereinigten Königreich auf circa 35 Milliarden Pfund (2019 auf 2020) geschätzt, vgl. HMRC, Measuring tax gaps 2023 edition: tax gap estimates for 2021 to 2022, abrufbar unter: https://www.gov.uk/government/statistics/measuring-tax-gaps/measuring-tax-gaps-2021-edition-tax-gap-estimates-for-2019-to-2020 [September 2023]. Für eine Schätzung des Ausmaßes und der Entwicklung von »Tax Evasion« in 38 OECD-Ländern siehe Bühn, A., Schneider, F., Size and development of tax evasion in 38 OECD countries: What do we (not) know?, 2012, CESifo Working Paper, No. 4004, abrufbar unter: https://www.econstor.eu/bitstream/10419/68196/1/733982700.pdf [September 2023].

228 Während Elterngeldanträge auf Papier eine Fehlerquote von 75–80 Prozent aufwiesen, sank die Fehlerquote auf fünf Prozent, als die Daten über eine digitale Plattform mit Eingabemaske (ElterngeldDigital) erhoben wurden. Damit reduzierten sich sofort der Personalbedarf für die Kontrolle der Anträge und die Anforderung fehlender Unterlagen. Die Angaben stammen aus einer Prozessanalyse von Karin Glashauser und Gisela Färber von der Deutschen Universität für Verwaltungswissenschaften Speyer, präsentiert im Rahmen eines Brownbag-Seminars des Instituts für Angewandte Wirtschaftsforschung e.V. vom 27.04.2022.

229 Die entsprechenden Wirkungsmechanismen werden im Rahmen der ökonomischen Theorie des Föderalismus ausführlich analysiert.

230 Siehe etwa Höwelhans, C., Digitaler Impfausweis: Technische Probleme zum Start in den Apotheken, 14.06.2021, WDR, abrufbar unter: https://www1.wdr.de/nachrichten/themen/coronavirus/corona-impfpass-impfzertifikat-apotheken-100.html [September 2023]. Auch wenn das digitale COVID-Zertifikat auf einer EU-Verordnung basiert, welches in Deutschland über das Infektionsschutzgesetz umgesetzt wurde, ist der Betreiber des betrof-

fenen mein-apothekenportal.de genau genommen keine staatliche Institution, sondern der Deutsche Apothekenverband e. V.

231 Zu den Hintergründen: Becker, E., Geboostert ohne Nachweis. Experten vermuten Fehler bei CovPass-App – und der ist nicht rasch zu beheben, 10.12.2021, BNN, abrufbar unter: https://bnn.de/nachrichten/deutschland-und-welt/corona-booster-impfzertifikat-experten-fehler-covpasscheck-app-genesene-johnson-2g-plus-bedingungen [September 2023].

232 Dazu ausführlich bereits oben in Kapitel 9. Minimale Grenzkosten: »Die Kontrollflatrate«.

233 In Deutschland schreibt beispielsweise § 1 I OZG dieses »Multikanalprinzip« für »elektronische Verwaltungsdienstleistungen« fest.

234 Das zeigte sich etwa, als das Stimmvolk das E-ID-Gesetz sehr deutlich ablehnte, vgl. EJPD, Abstimmungen, Elektronische Identität: das E-ID-Gesetz, abrufbar unter: https://www.ejpd.admin.ch/ejpd/de/home/themen/abstimmungen/bgeid.html [September 2023].

235 Vgl. Art. 19 I BayEGovG. Ähnliche »Experimentierklauseln« finden sich derzeit etwa in Sachsen-Anhalt, Brandenburg und Sachsen.

236 Dazu ausführlich: Denga, M., Die Nutzungsgovernance im European Health Data Space als Problem des Immaterialgütermarkts, EuZW 2023, S. 25 ff.

237 Die »Dresdner Forderungen« wurden im Rahmen des Vortrags »Kommunalverwaltung weiterdenken – Perspektiven über das OZG hinaus« auf dem Fachkongress des IT-Planungsrates im März 2021 vorgestellt. Der Vortrag ist abrufbar unter: https://www.it-planungsrat.de/fileadmin/it-planungsrat/der-it-planungsrat/fachkongress/fachkongress_2021/Tag_2_Kommunaleverwaltung_weiterdenken.pdf [September 2023].

238 Aus Sicht des deutschen Bundesverfassungsgerichts bilden die Kommunen keine dritte staatliche Ebene, sondern sind staatsorganisationsrechtlich den Ländern zugeordnet. Aus rein rechtlicher Perspektive wäre also nur die Rückgabe von Pflichtaufgaben an den Bund »föderalismusrelevant«, aus tatsächlicher Perspektive sieht das hingegen anders aus.

239 Vgl. »Dresdner Forderungen«. Siehe dort Folie 11 und 18. Als konkretes Beispiel wird die Kfz-Zulassung angeführt. Diese Aufgabe sei nicht mehr dezentral von den Landkreisen zu bewältigen (der Bund ist diesbezüglich Gesetzgeber, die Bundesländer sind »Aufgabenüberträger«), vielmehr solle die Kfz-Zulassung vollautomatisiert zentral verwaltet werden. Dazu auch Peuker, E., Die Digitalisierung der Kommunalverwaltung, 2022, DÖV, 75. Jahrgang, Heft 7, S. 278, der in dieser Forderung (ebenfalls) einen exemplarischen Druck durch die Digitalisierung auf die bestehenden Kompetenzordnungen sieht.

240 Vgl. OZG-Leitfaden, 10.1 Nachnutzungsmodelle, abrufbar unter: https://leitfaden.ozg-umsetzung.de/display/OZG/11.1+Nachnutzungsmodelle [September 2023].

241 Vgl. OZG-Leitfaden, 10.2.1 Konzeptionelle Kernaspekte der EfA Nachnutzung, abrufbar unter: https://leitfaden.ozg-umsetzung.de/display/OZG/11.2.1+Konzeptionelle+Kernaspekte+der+EfA+Nachnutzung [September 2023].

242 Siehe dazu auch bereits oben in Kapitel 8, (3) Auswirkungen der Massenverarbeitung digitaler Daten (Mikroebene).

243 Beispielhaft einige Erfahrungsberichte bereits aus der Anfangszeit: Vile, D., Software as a service can breed dependency so choose suppliers with care, 2011, ComputerWeekly, abrufbar unter: https://web.archive.org/web/20120227120605/https://www.computerweekly.com/opinion/Software-as-a-service-can-breed-dependency-so-choose-suppliers-with-care [September 2023]; Heisler, A., Böckle, R., Software as a Service ist kein Allheilmittel, 2008, IT-Business, abrufbar unter: https://www.it-business.de/software-as-a-service-ist-kein-allheilmittel-a-153820/ [September 2023].

244 Für kleinere Entwickler wurden die Gebühren erst Anfang 2021 auf 15 Prozent gesenkt, Benrath, B., Apple halbiert seine Kommission für den Großteil der App-Entwickler, 18.11.2020, FAZ, abrufbar unter: https://www.faz.net/aktuell/wirtschaft/digitec/apple-halbiert-app-store-gebuehren-fuer-viele-entwickler-17058284.html [September 2023].

245 Noch setzt der sogenannte PIT Informant auf Entscheidungsbäume und Drop-down-Menüs, vgl. Ortega, A., New virtual assistance tools in the Spanish Tax Agency (AEAT), 2021, IOTA News, abrufbar unter: https://www.iota-tax.org/news/new-virtual-assistance-tools-spanish-tax-agency-aeat [September 2023]. Sobald er um die Fähigkeit des maschinellen Lernens erweitert wird, kann sich sein Aufgabenbereich schnell ausdehnen.

246 Für eine Case Study zu Suomi.fi siehe Hautamäki, A., Oksanen, K., Digital Platforms for Restructuring the Public Sector, 2018, S. 91 ff., in: Smedlund, A., Lindblom, A., Mitronen, L. (Hrsg.), Collaborative Value Co-creation in the Platform Economy, Translational Systems Sciences, 11, Springer; Yli-Huumo, J., Päivärinta, T., Rinne, J., Smolander, K., Suomi.fi – Towards Government 3.0 with a National Service Platform, 2018, in: Parycek, P., Glassey, O. et al., Electronic Government, EGOV 2018, Lecture Notes in Computer Science, Vol. 11020, Springer.

247 Die Globalisierung selbst ist wiederum ohne Digitalisierung und Internetnetzwerk nicht in dem Ausmaß denkbar.

248 Vgl. Anderson, C., The Long Tail: Why the Future of Business Is Selling Less of More, 2006, Hyperion; Shirky, C., Powerlaws, Weblogs, and Inequality, 2004, S. 46 ff., in: Extreme Democracy, 2004, Lulu Publishing.

249 Diese Aussage gilt inzwischen als gesichert. Umstritten ist in der einschlägigen Forschungsliteratur lediglich, ob die Nischenprodukte auch einen immer größeren Anteil an den Gesamtumsätzen ausmachen.

250 Den Daten der Internet Movie Database (IMDb) zufolge, vgl. https://www.imdb.com/search/title/?year=2000&title_type=feature& und https://www.imdb.com/search/title/?year=2020&title_type=feature& [September 2023].

251 Vgl. Waldfogel, J., How Digitization Has Created a Golden Age of Music, Movies, Books, and Television, 2017, The Journal of Economic Perspectives 31, No. 3, S. 195 ff.

252 Automatisierung ermöglicht dauerhaft niedrigere Produktionskosten, wenn die anfänglich hohen Investitionskosten für die digitale Automatisierung erst einmal gestemmt wurden.

253 Brynjolfsson, E., Hu, Y., Smith, M. D., The Longer Tail: The Changing Shape of Amazon's Sales Distribution Curve, 2010, abrufbar unter: https://papers.ssrn.com/sol3/papers.cfm?abstract_id=1679991 [September 2023].

254 Vgl. Punkt4, Roboter schreibt über Abstimmungen, 20.11.2018, abrufbar unter: https://punkt4.info/social-news/news/roboter-schreibt-ueber-abstimmungen.html [September 2023].

255 Eine Übersicht zumindest über die verschiedenen Forschungsperspektiven (und Begrifflichkeiten) versuchen Zanker, M., Rook, L., Jannach, D., Measuring the impact of online personalisation: Past, present and future, 2019, International Journal of Human-Computer Studies, Vol. 131, S. 160 ff., zu geben.

256 Für eine ausführliche Definition siehe Fan, H., Poole, M. S., What Is Personalization? Perspectives on the Design and Implementation of Personalization in Information Systems, 2006, Journal of Organizational Computing and electronic Commerce 16 (3 & 4), S. 179 ff.

257 Vgl. etwa die Studie von Al Qudah, D. A. et al.: Investigating users' experience on social media ads: perceptions of young users, Heliyon, 2020, 6(7):e04378.

258 Selbst vor den materiellen, analogen Gütern macht diese Entwicklung nicht halt. Am bekanntesten dürften hier die individuellen Turnschuhe von Nike by you (NikeID) sein. Im deutschsprachigen Raum bietet die Website https://egoo.de/ eine Übersicht über Anbieter personalisierbarer Produkte, die von Mode über Möbel, Kosmetikprodukte, Autozubehör bis hin zu Lebensmitteln reicht. Die zunehmende Verbreitung von 3-D-Druckern dürfte diese Entwicklung noch weiter befeuern.

259 DIGITAL Economy Monitoring Report 2018, Federal Ministry for Economic Affairs and Energy, abrufbar unter: https://www.bmwk.de/Redaktion/EN/Publikationen/monitoring-report-digital-economy-2018.pdf [September 2023].

260 Zumindest einer Studie der Boston Consulting Group zufolge, vgl. Abraham, M. et al., Profiting from Personalization, 2017, BCG, abrufbar unter: https://www.bcg.com/de-de/publications/2017/retail-marketing-sales-profiting-personalization [September 2023].

261 Aheleroff, S., Mostashiri, N., Xu, X., Zhong, R. Y., Mass Personalisation as a Service in Industry 4.0: A Resilient Response Case Study, 2021, Advanced Engineering Informatics, Vol. 50, 101438.

262 Bspw. Saniuk, S., Grabowska, S., Gajdzik, B., Personalization of Products in the Industry 4.0 Concept and Its Impact on Achieving a Higher Level of Sustainable Consumption, 2020, Energies 2020, 13, 5895.

263 Katharina Pistor beschreibt diesen Prozess anschaulich für einen bestimmten Bereich des Rechts in: Der Code des Kapitals – Wie das Recht Reichtum und Ungleichheit schafft, 2020, Suhrkamp.

264 Vgl. Roth, J., Estland verschiebt sich in die virtuelle Welt, 24.10.2022, NZZ, abrufbar unter: https://www.nzz.ch/international/digitalisierung-estland-verschiebt-sich-in-die-virtuelle-welt-ld.1704505?reduced=true [September 2023].

265 Dennoch wird sogar das vorgeschlagen und als vorteilhaft angesehen, vgl. Porat, A, Strahilevitz, L. J., Personalizing Default Rules and Disclosure with Big Data, 2014, 112 Michigan Law Review 1417, abrufbar unter: https://repository.law.umich.edu/mlr/vol112/iss8/2/ [September 2023].

266 In Deutschland verbietet beispielsweise Art. 19 I, S. 1 GG grundrechtseinschränkende Einzelfallgesetze ausdrücklich. Der Missbrauch von formellen Gesetzen für Einzelfallregelungen, bei denen der Rechtsschutz stark eingeschränkt wäre, soll so verhindert werden.

267 Vgl. Maunz, R., Dürig, G. (Hrsg.), Remmert, B., Grundgesetz-Kommentar, 69. EL 2013, Art. 19 Abs. 1 Rn. 16.

268 Christoph Kucklick spricht davon, dass es zunehmend einfacher wird, »Unterschiedliches unterschiedlich zu behandeln, weil es so leicht erfasst und registriert werden kann«, vgl. Kucklick, C., Die granulare Gesellschaft – Wie das Digitale unsere Wirklichkeit auflöst, 2016, Ullstein, S. 187 f.

269 Siehe beispielsweise Eggers, W. D., Turley, M., Kishnani, P., The future of regulation, 2018, Deloitte Insights, abrufbar unter: https://www2.deloitte.com/content/dam/insights/us/articles/4538_Future-of-regulation/DI_Future-of-regulation.pdf [September 2023]. In die gleiche Richtung, nur etwas abgeschwächt, geht auch der Ansatz der »Agile Regulation«, vgl. etwa die OECD, Recommendation of the Council for Agile Regulatory Governance to harness Innovation, Meeting oft he Council at Minsterial Level, 2021, abrufbar unter: https://www.oecd.org/mcm/Recommendation-for-Agile-Regulatory-Governance-to-Harness-Innovation.pdf [September 2023]. Siehe dazu auch: UK BEIS, Regulation of the Fourth Industrial Revolution, 2019, Policy paper, abrufbar unter: https://www.gov.uk/government/publications/regulation-for-the-fourth-industrial-revolution/regulation-for-the-fourth-industrial-revolution [September 2023].

270 Vgl. Bernauer, A., Eisenberg, R. A., Eiger: Auditable, executable, flexible legal regulations, 2022, arXiv:2209.04939, abrufbar unter: https://arxiv.org/abs/2209.04939 [September 2023].

271 Vgl. OECD, Tax Administration 2021: Comparative Information on OECD and other Advanced and Emerging Economies, OECD Publishing, Paris, S. 31, abrufbar unter: https://doi.org/10.1787/cef472b9-en [September 2023].

272 Vgl. Lokin, M., Hoppenbrouwers, S., Corsius, M., Baars, E., Sangers-Van Capellen, G. (2021). RegelSpraak: a CNL for Executable Tax Rules Specification, 2021, Proceedings of the Seventh International Workshop on Controlled Natural Language (CNL 2020/21), Amsterdam, Netherlands, abrufbar unter: https://aclanthology.org/2021.cnl-1.6.pdf [September 2023]. Siehe auch: Fokkenrood, F., RegelSpraak for Business Rules: Experiences in building a Business Rules Compiler for the Dutch Tax Administration, 2011, Business Rules Journal Vol. 12, No. 11, abrufbar unter: https://www.brcommunity.com/articles.php?id=b622 [September 2023].

273 OECD, Cracking the code – Rulemaking for humans and machines, 2020, abrufbar unter: https://www.oecd.org/innovation/cracking-the-code-3afe6ba5-en.htm [September 2023].

274 Vgl. Medienmitteilung der Bundeskanzlei vom 11.08.2022, abrufbar unter: https://www.admin.ch/gov/de/start/dokumentation/medienmitteilungen.msg-id-89925.html [September 2023].

275 Zum Effekt des »Crowding-out« ausführlich: Frey, B. S., Not Just For the Money – An Economic Theory of Personal Motivation, 1997, Edward Elgar.

276 Natürlich betrifft es indirekt auch die Judikative, da mehr Rechtsstreitigkeiten zu erwarten sind. In diesem Kapitel werden wir uns aber auf die öffentliche Verwaltung konzentrieren.

277 In Deutschland sind beispielsweise die Auswirkungen des Fachkräftemangels gerade im Zusammenhang mit der Verwaltungsdigitalisierung jetzt schon deutlich spürbar, vgl. Punz, M., OZG: Der Booster ist nicht mehr zu schaffen, 25.08.2022, abrufbar unter: https://background.tagesspiegel.de/smart-city/ozg-der-booster-ist-nicht-mehr-zu-schaffen [September 2023].

278 Für eine Übersicht über die verschiedenen Standpunkte innerhalb der juristischen Diskussion, ob sich Recht durch Software abbilden lässt, siehe Guckelberger, A., Öffentliche Verwaltung im Zeitalter der Digitalisierung, 2019, Nomos Verlagsgesellschaft, S. 366 ff.

279 Anschaulich beschrieben von Anna Lena Schiller von Unding.de, einem Projekt der AlgorithmWatch gGmbH, am Beispiel des biometrischen Fotoautomaten des Hamburger Landesbetriebs Verkehrs (LBV) in: Wer schützt uns vor bösen Algorithmen?, 03/21, Frankfurter Allgemeine Quarterly, S. 31.

280 Diese Neigung wird als »Automation Bias« bezeichnet, vgl. bspw. Skitka, L. J., Mosier, K. L., Burdick, M., Does automation bias decision-making?, 1999, International Journal of Human-Computer Studies, Vol. 51, Issue 5, S. 991 ff.

281 Hao, K., Doctors are using AI to triage covid-19 patients. The tools may be here to stay, 23.04.2020, abrufbar unter: https://www.technologyreview.com/2020/04/23/1000410/ai-triage-covid-19-patients-health-care/ [September 2023].

282 Es liegen zahlreiche Aufsätze, White Paper, Bücher und Kompendien vor, welche die Grundlagen der algorithmischen Technologien ihrer jeweiligen Domäne nahebringen, wobei Schwerpunktsetzung, Qualität und Detailschärfe stark variieren. Als Beispiel für eine gute Übersicht für die Rechtswissenschaft: Früh, A., Haux, D., Foundations of Artifical Intelligence and Machine Learning, 2022, Weizenbaum Series 29, Working Paper, abrufbar unter: https://www.weizenbaum-institut.de/media/Publikationen/Weizenbaum_Series/Weizenbaum_Series_29.pdf [September 2023].

283 Schneier und Sanders unterscheiden in der aktuellen Diskussion drei unterschiedliche Fraktionen mit jeweils ganz eigenen Anreizen und Interessen: Die »Schwarzmaler«, die den KIs sehr viel zutrauen und den Fokus vor allem auf die langfristigen Auswirkungen lenken, die »Reformer«, die hingegen die kurzfristigen Folgen und Probleme im Blick haben, sowie die »Krieger«, denen es vor allem um den geopolitischen Wettbewerb geht, vgl. Schneier, B., Sanders, N. E., The A.I. wars have three factions, and they all crave power, New York Times International Edition v. 4.10.2023, S. 10.

284 Informatiker werden an dieser Stelle den Vorwurf erheben, wir würden zu stark vereinfachen und pauschalisieren. Die technologische Realität ist in der Tat komplexer. In unserem Kontext wäre aber mit dieser Differenzierung schon viel gewonnen.

285 Indem wir die eine Art von Algorithmen unter dem Begriff »klassisch« zusammenfassen, nehmen wir Bezug auf diese historische Entwicklung.

286 Die Terminologie ist leider nicht einheitlich und sorgt für viel Verwirrung. Wir bezeichnen diese Art von Algorithmen als »klassische« Algorithmen und nicht einfach als »regelbasierte« Algorithmen, weil teilweise auch von »regelbasiertem maschinellem Lernen« oder »rule-based Machine Learning« gesprochen wird, womit aber gerade nicht Regeln gemeint sind, die von Menschen aufgestellt wurden.

287 Der Vollständigkeit halber sei erwähnt, dass auch im Bereich der »klassischen« Algorithmen nicht deterministische, randomisierte Varianten zum Einsatz kommen können. Diese betreffen aber vor allem Optimierungs- oder Sicherheitsprobleme (etwa beim Hashing), weswegen sie für unseren Kontext hier nicht relevant sind.

288 Siehe dazu: Weicker, K., Weicker, N., Algorithmen und Datenstrukturen, 2013, Springer, S. 19; Kröger, F., Einführung in die Informatik – Algorithmenentwicklung, 1991, Springer; S. 51; S. 64.

289 Für eine Übersicht über staatliche (Voll-)Automatisierungsprojekte siehe AlgorithmWatch, Bertelsmann Stiftung, Chiusi, F. et al., Automating Society Report 2020, 2020, abrufbar unter: https://automatingsociety.algorithmwatch.org/ [September 2023].

290 Möchte man die Sache noch etwas verkomplizieren, ist genau genommen der Output vom »Learner« regelmäßig ein weiterer Algorithmus (oft als »statistisches Modell« bezeichnet), der den Input in Output verwandeln kann. Machine-Learning-Algorithmen sind also meist Algorithmen, die andere Algorithmen ausgeben. Dazu ausführlich beispielsweise: Domingos, P., The Master Algorithm, 2015, Penguin Books, S. 6 ff.

291 Das können Koeffizienten eines Vektors sein, ein Entscheidungsbaum oder Matrizen mit unterschiedlich gewichteten Werten und so weiter.

292 Beim »Supervised Learning« als »Classification« (categorical/discrete values wie Ja/Nein, Angenommen/Abgelehnt, Geschlecht, Kategorie des Sachverhalts und so weiter) oder als »Regression« (continuous/numerical Values wie Preise, Größe, Gewicht, Anzahl der Betroffenen, ein Score und so weiter) bezeichnet.

293 Beim Supervised Learning als »Prediction« bezeichnet, auch wenn sich in der Praxis die beiden Schritte nicht immer so sauber trennen lassen. So wird beispielsweise oft davon gesprochen, dass »classification is the prediction of categorical values«.

294 Es existieren noch einige weitere Kategorien, zum Beispiel das »Semi-supervised Learning«, das »Reinforcement Learning« (bestärkendes Lernen) und so weiter.

295 Etwa nach künstlichen neuronalen Netzwerken, Support Vector Machines, K-nearest Neighbor, Random Forrest, Bayes Classifier, Clustering und so weiter.

296 Das gilt insbesondere für künstliche neuronale Netzwerke, dem derzeit erfolgreichsten Ansatz maschinellen Lernens. Bei anderen Ansätzen, etwa dem Decision-tree-learning, ist es aber unter bestimmten Umständen durchaus möglich, sie deterministisch auszugestalten.

297 Es würde sich um »Supervised Learning« handeln.

298 Hier tangieren wir das Blackbox-Problem von Machine-Learning-Algorithmen. Zu aktuellen Ansätzen, es beispielsweise im Bereich des »Deep Learning« zu lösen, siehe beispielsweise Wojciech, S. et al. (Hrsg.), Explainable AI: Interpreting, Explaining and Visualizing Deep Learning, 2019, Lecture Notes in Artificial Intelligence 11700, Springer.

299 Ähnliche Überlegungen ließen sich nach gleichem Schema beispielsweise auch für die algorithmische Automatisierung im Bereich der Gesetzgebung anstellen.

300 Vgl. beispielsweise die Pressemitteilung des IT-Planungsrates zur Priorisierung bei der Digitalisierung von Verwaltungsdienstleistungen: https://www.it-planungsrat.de/aktuelles/details/it-planungsrat-beschliesst-priorisierung-bei-der-digitalisierung-von-verwaltungsleistungen [September 2023].

301 Vgl. beispielhaft in Deutschland, welche Verwaltungsdienstleistungen der IT-Planungsrat mit dem Beschluss zur Priorisierung von EfA-Leistungen im föderalen Programm (sogenannter Onlinezugangsgesetz-Booster) bei der Digitalisierung bevorzugt behandelt: https://www.it-planungsrat.de/fileadmin/beschluesse/2022/Beschluss2022-20_priorisierte_EfA-Leistungen.pdf [September 2023].

302 Ausführlich zu den rechtlichen Rahmenbedingungen und Problemstellungen in Zusammenhang mit der Verwaltungsautomatisierung am Beispiel der Vorgaben des Kantons Zürich: Braun Binder, N. et al., Einsatz Künstlicher Intelligenz in der Verwaltung: rechtliche und ethische Fragen, S. 33 ff., abrufbar unter: https://www.zh.ch/content/dam/zhweb/bilder-dokumente/themen/politik-staat/kanton/digitale-verwaltung-und-e-government/projekte_digitale_transformation/ki_einsatz_in_der_verwaltung_2021.pdf [September 2023].

303 Hoffmann-Riem spricht in diesem Zusammenhang sogar davon, dass es darum gehe, einen neuen »digitalen Neopositivismus« zu vermeiden, vgl. Hoffmann-Riem, W., Recht im Sog der digitalen Transformation, 2022, Mohr Siebeck, S. 280 f.

304 Vgl. beispielsweise Braun Binder, N., Vollständig automatisierter Erlass eines Verwaltungsaktes und Bekanntgabe über Behördenportale, 2016, Die Öffentliche Verwaltung, Heft 21, S. 894.

305 Für eine Übersicht zu diesen Ansichten siehe Guckelberger, A., Öffentliche Verwaltung im Zeitalter der Digitalisierung, 2019, Nomos Verlag, S. 393 ff.

306 Unter anderem für diese Erkenntnisse rund um die kognitiven Verzerrungen von menschlichen Entscheidungen hat Kahneman 2002 den Alfred-Nobel-Gedächtnispreis für Wirtschaftswissenschaften erhalten. Seine diesbezüglichen Erkenntnisse hat er zusammengefasst in: Kahneman, D., Schnelles Denken, langsames Denken, 2012, Siedler Verlag. Siehe auch Haidt, J., The Righteous Mind: Why Good People are Divided by Politics and Religion, 2013, Penguin.

307 Chen, D. L., Loecher, M., Mood and the Malleability of Moral Reasoning: The Impact of Irrelevant Factors on Judicial Decisions, 2019, abrufbar unter: https://papers.ssrn.com/sol3/papers.cfm?abstract_id=2740485 [September 2023].

308 Heyes, A., Saberian, S., Correction to »Temperature and Decisions: Evidence from 207,000 Court Cases« (by Heyes and Saberian AEJ: Applied Economics 11 (2), 238–65) and Reply to Spamann, 2022, American Economic Journal: Applied Economics, Vol. 14, No. 4.

309 Dazu ausführlich: Kahneman, D., Sibony, O., Sunstein, C. R., Noise, 2021, Siedler Verlag.

310 Vgl. Ulbrich, C. R. et al., Tax Disruption Report 2021/2022, PricewaterhouseCoopers, S. 28, abrufbar unter: https://www.pwc.ch/en/publications/2022/tax-disruption-report-2021-2022_EN_web.pdf [September 2023].

311 Siehe dazu beispielsweise die Erfahrungen der Behörden in Amsterdam mit der Jobzufriedenheit der Mitarbeiter in der Folge der Automatisierung der Strafzettelvergabe für Parkverstöße: Karlstetter, F., BT Compute erleichtert die Arbeit für Parkwächter in Amsterdam, 10.05.2017, Cloudcomputing Insider, abrufbar unter: https://www.cloudcomputing-insider.de/bt-compute-erleichtert-die-arbeit-fuer-parkwaechter-in-amsterdam-a-605064/ [September 2023].

312 Wirtschaftswissenschaftler haben eine solche zentralisierende Kraft von Informationstechnologien in zahlreichen Studien untersucht und belegt, siehe beispielsweise: Bloom, N., Garicano, L., Sadun, R., Van Reenen, J., The Distinct Effects of Information Technology and Communication Technology on Firm Organization, 2014, Management Science 60 (12), S. 2859 ff.

313 Anschaulich beschrieben in Lepri, B. et al., Fair, Transparent, and Accountable Algorithmic Decision-making Processes, 2018, MIT Open Access Articles, abrufbar unter: https://dspace.mit.edu/handle/1721.1/122933 [September 2023].

314 Vgl. das Interview mit der (inzwischen ehemaligen) japanischen Staatsministerin für Digitales, Karen Makishima auf Nippon.com, abrufbar unter: https://www.nippon.com/en/in-depth/a07707/ [September 2023]. Siehe auch: Rusch, L., »Ein digitaler Behördengang sollte 60 Sekunden dauern«, 16.05.2022, abrufbar unter: https://background.tagesspiegel.de/digitalisierung/ein-digitaler-behoerdengang-sollte-60-sekunden-dauern [September 2023].

315 Als besonders kritisch gegenüber dem schweizerischen Föderalismus erweist sich die Eidgenössische Finanzkontrolle. Das dürfte nicht überraschen, liegt doch ihr Hauptaugenmerk auf der angesprochenen Kostensenkung. Vgl. beispielsweise EFK, Jahresbericht 2021, S. 5 f., abrufbar unter: https://www.efk.admin.ch/images/stories/efk_dokumente/publikationen/jahresberichte/2021/CDF_RA_2021_DE_WEB.pdf [September 2023].

316 Vgl. Peuker, E., Die Digitalisierung der Kommunalverwaltung, 2022, DÖV, 75. Jahrgang, Heft 7, S. 278.

317 Mergel, I., Big Data und Data-Science-Ansätze in der öffentlichen Verwaltung, erschienen in: (Un)Berechenbar? Algorithmen und Automatisierung in Staat und Gesellschaft, 2018, Kompetenzzentrum Öffentliche IT, abrufbar unter: https://www.oeffentliche-it.de/documents/10181/14412/(Un)berechenbar+-+Algorithmen+und+Automatisierung+in+-Staat+und+Gesellschaft [September 2023].

318 Zur Erläuterung des Begriffs »Big Data« wird meist auf die besonderen Charakteristiken moderner Datensammlungen verwiesen, insbesondere auf die Menge an Daten (Volume), auf die Vielfalt der Daten (Variety) und auf die Geschwindigkeit der Datenerhebung (Velocity), vgl. beispielsweise: McAfee, A., Brynjolfsson, E., Big Data: The Management Revolution, 2012, Harvard Business Review 90 (10):60, S. 62 f.

319 Das sind derzeit 100 Terabyte große SSD-Festplatten.

320 Zu den Zahlen siehe: Øverby, H., Audestad, J. A., Introduction to Digital Economics, 2021, 2. Aufl., S. 307 ff.

321 Cisco Annual Internet Report (2018-2023) White Paper, abrufbar unter: https://www.cisco.com/c/en/us/solutions/collateral/executive-perspectives/annual-internet-report/white-paper-c11-741490.html [September 2023].

322 Overeem A, Leijnse H, Uijlenhoet R., Country-wide rainfall maps from cellular communication networks, 2013, Proceedings of the National Academy of Sciences Vol. 110, No. 8.

323 Für detaillierte Informationen siehe: Drinhausen, K., Brussee, V., China's Social Credit System in 2021, 2021, MERICS China Monitor, abrufbar unter: https://merics.org/sites/default/files/2022-05/MERICS-China-Monitor67-Social-Credit-System-final-4.pdf [September 2023].

324 Der Staat ist Mehrheitseigentümer der einzigen beiden Telefongesellschaften, und ausländische, verschlüsselte Anwendungen wie WhatsApp sind verboten, vgl. Thiébaud, É., Die Datensammler von Abu Dhabi, 2023, Le Monde diplomatique 01/29. Jahrgang, S. 10.

325 Ulbrich, C. R. et al., Tax Disruption Report 2021/2022, PwC Schweiz, S. 43, abrufbar unter: https://www.pwc.ch/en/publications/2022/tax-disruption-report-2021-2022_EN_web.pdf [September 2023].

326 Ulbrich, C. R. et al., Tax Disruption Report 2021/2022, PwC Schweiz, S. 45, abrufbar unter: https://www.pwc.ch/en/publications/2022/tax-disruption-report-2021-2022_EN_web.pdf [September 2023].

327 Ausführlich beschrieben von Issenberg, S., How Obama's Team Used Big Data to Rally Voters, 2012, MIT Technology Review, abrufbar unter: https://www.technologyreview.com/2012/12/19/114510/how-obamas-team-used-big-data-to-rally-voters/ [September 2023].

328 Zur Nutzung der sozialen Medien zur datenbasierten Manipulation der Bevölkerung und öffentlichen Meinung durch »Ethnic Entrepreneurs« anhand der genannten Beispiele ausführlich: Walter, B. F., How Civil Wars Start: And How to Stop Them, 2022, Viking Penguin, S. 102 ff.

329 Beispielhaft: Waggoner, P. D. et al., Big Data and Trust in Public Policy Automation, 2019, Statistics, Politics and Policy 10 (2), S. 115 ff.

330 Pointiert formuliert beispielsweise von Mark Graham im The Guardian vom 09.03.2012 – als Kritik an Andersons, C., The End of Theory: The Data Deluge Makes the Scientific Method Obsolete, 2008, Wired, abrufbar unter: https://www.wired.com/2008/06/pb-theory/ [September 2023] - abrufbar unter: https://www.theguardian.com/news/datablog/2012/mar/09/big-data-theory [September 2023].

331 Der Begriff wurde von Eli Pariser in seinem gleichnamigen Buch geprägt und bezeichnet das Phänomen, dass ein Nutzer nur noch Informationen erhält, die zu seiner Weltsicht passen, und abweichende Ansichten unterdrückt werden. Filterblasen beeinträchtigen die politische Willensbildung und tragen zur Spaltung der Gesellschaft und Stärkung von Identitätspolitik bei. Beispielhaft: Cho, J. et al., Do Search Algorithms Endanger Democracy? An Experimental Investigation of Algorithm Effects on Political Polarization, 2020, Journal of Broadcasting & Electronic Media, 64:2, S. 150 ff., abrufbar unter: https://www.tandfonline.com/eprint/IPH6KZKXABAU496VPE8Z/full?target=10.1080/08838151.2020.1757365 [September 2023].

332 Das betrifft selbst Echtzeitdaten, die während des Aufnahmeprozesses zur Vergangenheit werden.

333 Für eine Übersicht über weitere Unmöglichkeitstheoreme im Zusammenhang mit künstlicher Intelligenz und Big Data siehe Brcic, M., Yampolskiy, R., Impossibility Results in AI: A Survey, arXiv:2109.00484, abrufbar unter: https://arxiv.org/abs/2109.00484 [September 2023].

334 Anschaulich für die Entwicklungspolitik von Hilbert, M., Big Data for Development: A Review of Promises and Challenges, 2015, Development Policy Review, Vol. 34, Issue 1.

335 Im Zusammenhang mit der ökonomischen Forschung beschrieben von Frey, B. S., Backward-Oriented Economics, 2021, Kyklos Vol. 74, Issue 2, abrufbar unter: https://doi.org/10.1111/kykl.12263 [September 2023].

336 Hume, D., A Treatise of Human Nature, Buch 1, Teil 3, Abschnitt 6, abrufbar unter: https://en.wikisource.org/wiki/Treatise_of_Human_Nature/Book_1:_Of_the_understanding/Part_3/Section_6 [September 2023].

337 Es handelt sich genau genommen nur um eine Adaption der Veranschaulichung von Bertrand Russells Huhn, vgl. Taleb, N. N., Der Schwarze Schwan, 2008, Hanser, S. 61.

338 Riedl, R., Big Data – schnell erklärt, 2014, eGov Präsenz 2/2014, S. 15.

339 Siehe dazu das Fallbeispiel »Memoriali« in: Heine, M. et al., Künstliche Intelligenz in öffentlichen Verwaltungen. Grundlagen, Chancen, Herausforderungen und Einsatzszenarien, 2023, Springer Gabler, Edition eGov-Campus.

340 Für zahlreiche individuelle Beispiele siehe: Mayer-Schönberger, V., Delete – Die Tugend des Vergessens in digitalen Zeiten, 3. Aufl. 2015, Berlin University Press, S. 10 ff.

341 Anschaulich im Kontext der Nutzung historischer Daten beschrieben von Whitman, R., Data And Decision Making: Why We Need The Ghosts Of Past, Present And Future, 2020, Forbes, abrufbar unter: https://www.forbes.com/sites/robwhiteman/2020/09/10/data-and-decision-making-why-we-need-the-ghosts-of-past-present-and-future/?sh=5ef7b99066ee [September 2023].

342 Viel zitiertes Bonmot ohne nachvollziehbare Quelle, siehe bspw. Dauag, A., Der Zivilprozess gegen den Cloud-Provider, 2022, Dike Verlag, S. 6.

343 Dann als Infrastructure-as-a-Service (IaaS) oder als Plattform-as-a-Service (PaaS) bezeichnet.

344 Software-as-a-Service (SaaS) bzw. Function-as-a-Service (FaaS). SaaS macht mittlerweile fast die Hälfte des gesamten Cloud-Computing-Markts aus, vgl. Statista, Umsatz mit Software-as-a-Service (SaaS) weltweit von 2010 bis 2021 und Prognose bis 2023, abrufbar unter: https://de.statista.com/statistik/daten/studie/194117/umfrage/umsatz-mit-software-as-a-service-weltweit-seit-2010/ [September 2023].

345 PwC, Studie Sourcing 2018, abrufbar unter: https://www.pwc.de/de/prozessoptimierung/pwc-sourcing-studie-2018-leseprobe.pdf [September 2023].

346 Statista, Umsatz mit Cloud Computing weltweit, abrufbar unter: https://de.statista.com/statistik/daten/studie/195760/umfrage/umsatz-mit-cloud-computing-weltweit/ [September 2023].

347 Statista, Nutzung von Cloud Computing in Unternehmen in Deutschland in den Jahren 2011 bis 2022, abrufbar unter: https://de.statista.com/statistik/daten/studie/177484/umfrage/einsatz-von-cloud-computing-in-deutschen-unternehmen-2011/ [September 2023].

348 Statista, Marktanteile der führenden Unternehmen am Umsatz im Bereich Cloud Computing weltweit im 3. Quartal 2022, abrufbar unter: https://de.statista.com/statistik/daten/studie/150979/umfrage/marktanteile-der-fuehrenden-unternehmen-im-bereich-cloud-computing/ [September 2023].

349 Medienmitteilung, Bund führt Microsoft 365 ein, 15.02.2023, abrufbar unter: https://www.admin.ch/gov/de/start/dokumentation/medienmitteilungen.msg-id-93076.html [September 2023].

350 BVGer, Zwischenverfügung vom 27.10.2022, Geschäfts-Nr. A-661/2022, abrufbar unter: https://web.archive.org/web/20221102130049if_/https://www.bvger.ch/dam/bvger/de/dokumente/2022/10/A-661_2022_WEB.pdf.download.pdf/A-661_2022_WEB.pdf [September 2023].

351 Häberli, S., Die umstrittenen Verträge mit ausländischen Cloud-Anbietern sind unter Dach und Fach, 27.09.2022, NZZ, abrufbar unter: https://www.nzz.ch/wirtschaft/cloud-vertraege-mit-amazon-alibaba-co-sind-unterschrieben-ld.1704527 [September 2023].

352 Deutsche Verwaltungscloud-Strategie, 2020, abrufbar unter: https://www.cio.bund.de/SharedDocs/downloads/Webs/CIO/DE/digitale-loesungen/deutsche-verwaltungscloud-strategie.pdf [September 2023].

353 Das geschieht über die eigens gegründete Delos Cloud GmbH. Siehe auch Kerkmann, C., Schatzkammer für Daten: Wie SAP eine Cloud für die Bundesregierung bauen will, Handelsblatt v. 10.10.2022, S. 23.

354 Vgl. Voß, O., Umstrittener 4-Milliarden-Deal. Macht sich das Innenministerium von Oracle abhängig?, 06.09.2023, Tagesspiegel, abrufbar unter: https://www.tagesspiegel.de/politik/umstrittener-4-milliarden-deal-macht-sich-das-innenministerium-von-oracle-abhangig-10421440.html [September 2023].

355 Schneider, K., Londons CDO: »Müssen unsere Daten zurückholen«, 09.11.2021, Tagesspiegel, abrufbar unter: https://background.tagesspiegel.de/smart-city/londons-cdo-muessen-unsere-daten-zurueckholen [September 2023].

356 PwC Strategy&, Strategische Marktanalyse zur Reduzierung von Abhängigkeiten von einzelnen Software-Anbietern, 2019, abrufbar unter: https://www.cio.bund.de/SharedDocs/downloads/Webs/CIO/DE/digitale-loesungen/marktanalyse-reduzierung-abhaengigkeit-software-anbieter.pdf [September 2023].

357 Auszug aus dem Protokoll des Regierungsrates des Kantons Zürich, Sitzung vom 30. März 2022, Punkt 542. Einsatz von Cloud-Lösungen in der kantonalen Verwaltung (Microsoft 365), Zulassung, abrufbar unter: https://www.zh.ch/bin/zhweb/publish/regierungsratsbeschluss-unterlagen./2022/542/RRB-2022-0542.pdf [September 2023].

358 Sharwood, S., Clumsy ships, one Chinese, sever submarine cables that connect Taiwanese islands, 21.02.2023, The Register, abrufbar unter: https://www.theregister.com/2023/02/21/taiwan_vietnam_submarine_cable_outages/ [September 2023].

359 Fichter, A. et al., Single point of failure: Dübendorf, 08.11.2022, Die Republik, abrufbar unter: https://www.republik.ch/2022/11/08/warum-der-schweizer-luftraum-wirklich-fuer-5-stunden-gesperrt-war [September 2023].

Teil III: Die Neuerfindung der Demokratie im digitalen Zeitalter: Sieben konkrete Maßnahmen

1 Siehe dazu auch Bull, H. P., Die Nummerierung der Bürger und die Angst vor dem Überwachungsstaat, 04/2022, DÖV, S. 271.

2 Dazu ausführlich in Kapitel 2. Point of no Return: Der digitale Staat ist nicht aufzuhalten.

3 Vgl. etwa die vom Schweizerischen Wirtschaftsverband der Informations-, Kommunikations- und Organisationstechnik (Swico) in Auftrag gegebene Studie: Sotomo, Digitaler Staat in der Schweiz, Einschätzungen und Bedürfnisse der Bevölkerung, 2022, abrufbar unter: https://www.swico.ch/media/filer_public/99/19/9919fe71-b4c7-4024-bc6a-e1aa9743c06f/sotomo_swico_digitaler_staat.pdf [September 2023].

4 Bspw. Kirchof, P., Entparlamentarisierung der Demokratie? in: Kaiser, A., Zittel, T. (Hrsg.), Demokratietheorie und Demokratieentwicklung, 2004, Springer, S. 359 ff.

5 Rosa, H., Beschleunigung. Die Veränderung der Zeitstrukturen in der Moderne, 2005, Suhrkamp.

6 Eine derartige »fully digital legislative text production chain« auf XML-Basis sah das e-Parliament Programme der EU vor, vgl. EU, Digitec, e-Parliament Programme: IT for parliamentary work, abrufbar unter: https://europa.eu/digitec/news/eparliament-project/ [September 2023].

7 Im Rahmen eines TechSprints, für den Bericht dazu siehe: Financial Conduct Authority, Model driven machine executable regulatory reporting TechSprint, abrufbar unter: https://www.fca.org.uk/events/techsprints/model-driven-machine-executable-regulatory-reporting-techsprint [September 2023].

8 Bspw. Weßels, B., Schroeder, W., Gegen die Selbstverzwergung. Digitalisierung kann die Corona-Krise zur Stunde des Parlaments machen, WZB Mitteilungen, Heft 168, 2020, S. 11 ff.

9 Wissenschaftliche Dienste, Virtuelles Parlament. Verfassungsrechtliche Bewertung und mögliche Grundgesetzänderung, WD 3 – 3000 – 084/20, abrufbar unter: https://www.bundestag.de/resource/blob/690270/07e7b1aff547a62bbc7477281574de2c/WD-3-084-20-pdf-data.pdf [September 2023].

10 Vgl. etwa den Vorstoß der Schweizer FDP-Nationalrätin Doris Fiala, Interpellation 20.3098, abrufbar unter: https://www.parlament.ch/de/ratsbetrieb/suche-curia-vista/geschaeft?AffairId=20203098 [September 2023].

11 Siehe Geschäft Nr. 20.437, Handlungsfähigkeit des Parlamentes in Krisensituationen verbessern, abrufbar unter: https://www.parlament.ch/de/ratsbetrieb/suche-curia-vista/geschaeft?AffairId=20200437 [September 2023].

12 Eppler, A. et al., MEP 2025: Preparing the Future Work Environment of Members of the European Parliament, 2012, abrufbar unter: https://www.researchgate.net/profile/Annegret-Eppler/publication/326519682_MEP_2025_Preparing_the_Future_Work_Environment_of_Members_of_the_European_Parliament/links/5b520bac45851507a7b393b6/MEP-2025-Preparing-the-Future-Work-Environment-of-Members-of-the-European-Parliament.pdf [September 2023].

13 Vilella, G., E-Democracy, 2019, Nomos, S. 63.

14 Dazu bereits ausführlich im Exkurs: Methodische Grundlagen, (3) Auswirkungen der Massenverarbeitung digitaler Daten (Mikroebene).

15 Für einen umfassenden differenzierten Blick siehe: Lünich, M., Der Glaube an Big Data. Eine Analyse gesellschaftlicher Überzeugungen von Erkenntnis- und Nutzengewinnen aus digitalen Daten, 2022, Springer, der von einem Big-Data-Glaubenssystem spricht. Am Beispiel der hohen Patientenakzeptanz und -vertrauen in die computergestützte Diagnostik: Fink, C. et al., Patientenakzeptanz und -vertrauen in die automatisierte, computergestützte Diagnostik des Melanoms mithilfe der Dermatofluoroskopie, 2018, JDDG Vol. 16, Ausgabe 7, abrufbar unter: https://doi.org/10.1111/ddg.13562_g [September 2023].

16 Beispielhaft: Waggoner, P. D. et al., Big Data and Trust in Public Policy Automation, 2019, Statistics, Politics and Policy 10 (2), S. 115 ff.

17 Mit einigen konkreten Beispielen: Stark, P. B., Quantifauxcation, 2015, Präsentation für das European Commission Joint Research Centre, abrufbar unter: https://www.stat.berkeley.edu/~stark/Seminars/fauxIspra15.htm#1 [September 2023].

18 Auf Bundesebene wird der Bedarf zunächst mithilfe des Bundesverkehrswegeplans festgestellt.

19 Sie bildeten auch die Grundlage, um darzulegen, wie das Projekt etwa dem »Aufbau von Entwicklungsachsen« diene. So konnte bei der Prüfung von einer »sehr hohen Raumwirksamkeit« ausgegangen werden. Da die Schließung des Autobahnrings gleichzeitig einen bestehenden »Engpass« beseitigen würde, stufte das Ministerium es als »vordringlichen Bedarf – Engpassbeseitigung« ein und nahm es als Priorität in den neuen Bundesverkehrswegeplan auf.

20 Genau genommen beschloss sie den neuen Bundesverkehrswegeplan in dieser Form. Er hatte jedoch keine unmittelbare rechtliche Wirkung.

21 Der Bundesverkehrswegeplan dient dem Bundestag als Grundlage für den Bedarfsplan, den er als Anlage zum Fernstraßen- oder Bundesschienenwegeausbaugesetz beschließt.

22 Hofmann, J., Der verschleppte Wandel. Warum Deutschlands Verwaltung immer noch nicht digital ist, Juni 2023, WZB Mitteilungen, S. 52.

23 Wie N. Böhler und N. Klauser in: Sind Daten das neue Gold, das neue Öl, das neue Wasser in unserer Gesellschaft?, swissfuture – Magazin für Zukünfte, 02/22, S. 30, (in einem anderen Kontext) so schön formulieren.

24 Nicht zu verwechseln mit dem neuen Dateninstitut in Deutschland, welches ganz andere Ziele verfolgt. In Deutschland könnte etwa die Unterabteilung »Wissenschaftliche Dienste« entsprechend ausgebaut werden.

25 Europäische Kommission, Strategy on supervisory data in EU financial services vom 15.12.2021, abrufbar unter: https://finance.ec.europa.eu/publications/strategy-supervisory-data-eu-financial-services_en [September 2023].

26 Ausführlich beschrieben von Issenberg, S., How Obama's Team Used Big Data to Rally Voters, 2012, MIT Technology Review, abrufbar unter: https://www.technologyreview.com/2012/12/19/114510/how-obamas-team-used-big-data-to-rally-voters/ [September 2023].

27 Dazu gibt es inzwischen eine umfangreiche Literatur, bspw.: Diaz, F. et al., Online and Social Media Data As an Imperfect Continuous Panel Survey, 2016, PLOS ONE 11 (1): e0145406; Hargittai, E., Karaoglu, G., Biases of online political polls: Who participates?, 2018, Socius 4, S. 1 ff.; Guess, A. et al., How accurate are survey responses on social media and politics?, 2019, Political Communication Vo. 36 (2), S. 241 ff.

28 Abrufbar unter: https://beteiligungsportal.baden-wuerttemberg.de/de/startseite/ [September 2023].

29 Die Open-Source-Software decidim.org ist mittlerweile Grundlage für viele andere lokale Projekte, etwa das Portal »Mitwirken an Zürichs Zukunft«, vgl. https://mitwirken.stadt-zuerich.ch/ [September 2023].

30 Gleichzeitig soll das jeweilige Engagement der Nutzerinnen gemessen werden und ihre Bereitschaft, sich zu beteiligen, durch Gamification-Methoden, also durch spielerische Elemente, erhöht werden. Vgl. das Interview mit Glättli, B., Grüne stellen Ultimatum: Bundesratssitz oder Blockade, NZZaS vom 02.07.2023.

31 https://participer.lausanne.ch/ [September 2023].

32 Ein Beispiel für entsprechende Software ist das Tool von Democracia OS, abrufbar unter https://democraciaos.org/en/coconstruccionleyes/ [September 2023]. In der Schweiz gibt es seit Herbst 2023 einen Versuch, eine neue Verfassung (Totalrevision) auf diesem Weg zu entwickeln, allerdings auf Initiative einer Stiftung, nicht des Parlaments, vgl. Stiftung für direkte Demokratie, Update Schweiz, abrufbar unter: https://www.demokratie.ch/blog/update-schweiz [September 2023].

33 Lübbe-Wolff, G., Demophobie. Muss man die direkte Demokratie fürchten?, 2023, Klostermann. Frey, B. S., Zimmer, O., Mehr Demokratie wagen – Für eine Teilhabe aller, 2023, Aufbau Verlag.

34 Wie Eduard Kaeser es so eloquent in der NZZ formulierte, vgl. Kaeser, E., Das Zeitalter der starken Männer – über den naiven Liberalismus, 24.08.2018, NZZ, abrufbar unter: https://www.nzz.ch/meinung/das-zeitalter-des-starken-mannes-ueber-den-naiven-liberalismus-ld.1408598 [September 2023].

35 Derweil steht die deutsche Justiz laut Richterbund schon jetzt vor dem Kollaps, weil sie die Massenverfahren kaum bewältigen kann, vgl. Suliak, H., Weniger Geld für Anwälte?, 16.06.2022, Legal Tribune Online, abrufbar unter: https://www.lto.de/recht/juristen/b/massenverfahren-justiz-anwaltschaft-gebuehren-parteivortrag-vorabentscheidung-zpo-dav-drb-bmj/ [September 2023].

36 Der Lesbarkeit zuliebe sprechen wir vereinfachend von den Verwaltungsgerichten. Die meisten Aussagen betreffen aber, wenn vorhanden, ebenso die Spezialgerichte im öffentlich-rechtlichen Kontext, etwa die Sozialgerichte oder Finanzgerichte in Deutschland oder die Baurekursgerichte oder Steuerrekursgerichte in der Schweiz.

37 In Deutschland also die Oberverwaltungsgerichte bzw. Verwaltungsgerichtshöfe und das Bundesverwaltungsgericht.

38 Heikkilä, M., Dutch Scandal serves as a warning for Europe over risks of using algorithms, 2022, Politico, abrufbar unter: https://www.politico.eu/article/dutch-scandal-serves-as-a-warning-for-europe-over-risks-of-using-algorithms/ [September 2023].

39 Kwan, A., Yang, S. A., Zhang, A. H., Crowd-judging on Two-sided Platforms: An Analysis of In-group Bias, 2023, SSRN, abrufbar unter: https://ssrn.com/abstract=3758359 [September 2023].

40 Mit Standardfällen meinen wir solche Fälle, die in Bezug auf Sachverhalt und Rechtslage vertraut und repetitiv sind und bei denen es primär um die technische Rechtsanwendung durch das Gerichts geht und nicht um die darüber hinausgehenden Aufgaben eines Gerichts bei der Streitschlichtung. Aufgrund des letztgenannten Punkts wird die Automatisierung der Rechtsprechung häufig kritisch gesehen, vgl. bspw. Eidenmüller, H., Wagner, G., Law by Algorithm, 2021, Mohr Siebeck, S. 254 ff. Für eine Übersicht über aktuelle KI-Projekte an deutschen Zivilgerichten, von »OLGA« bis »FRAUKE«, siehe Pfleger, L., Was kann KI an den Zivilgerichten?, 14.07.2023, Legal Tribune Online, abrufbar unter: https://www.lto.de/recht/justiz/j/justiz-ki-kuenstliche-intelligenz-e-akte-digitalisierung-zivilgerichte/ [September 2023].

41 Siehe Geschäft Nr. 23.022 des Bundesrates, Bundesgesetz über die Plattformen für die elektronische Kommunikation in der Justiz, 15.02.2023, abrufbar unter: https://www.parlament.ch/de/ratsbetrieb/suche-curia-vista/geschaeft?AffairId=20230022 [September 2023].

42 Zum E-Justice-Rat siehe: Justizportal der Länder, E-Justice-Rat, abrufbar unter: https://justiz.de/laender-bund-europa/e_justice_rat/index.php [September 2023]; für die Gemeinsame Erklärung zur Digitalisierung der Justiz in Deutschland durch den Digitalgipfel der Justizministerinnen und Justizminister von Bund und Ländern vom 30.03.2023, siehe https://www.bmj.de/SharedDocs/Downloads/DE/Themen/Nav_Themen/230330_Digitalgipfel_Gemeinsame_Erklaerung.html [September 2023]. In der Schweiz sind hingegen beim großen Transformationsprojekt Justitia 4.0 die Gerichte direkt mit eingebunden, vgl. https://www.justitia40.ch/de [September 2023].

43 Meldung beck-aktuell, NRW und Bayern entwickeln »ChatGPT-Analogon« für die Justiz, 26.05.2023, vgl. https://rsw.beck.de/aktuell/daily/meldung/detail/nrw-und-bayern-entwickeln-chatgpt-analogon-fuer-die-justiz [September 2023].

44 Insofern greift aus heutiger Sicht der (Nichtannahme-)Beschluss des deutschen Bundesverfassungsgerichts vom 17.01.2013 zu kurz. Als die aktuellen technologischen Entwicklungen noch gar nicht abzusehen waren, erachtete er prinzipiell eine Verarbeitung der gerichtlichen Daten durch die staatliche Verwaltung als legitim, vgl. Bernhardt, W., Klein, M., Digitale Transformation und die Gewaltenteilung des Grundgesetzes, 18.02.2021, eGovernment Verwaltung Digital, S. 8/9, abrufbar unter: https://www.egovernment.de/digitale-transformation-und-die-gewaltenteilung-des-grundgesetzes-a-678648/ [September 2023].

45 Vor allem in Massenverfahren wird KI als Rettungsanker erachtet, vgl. Pfleger, L., Was kann KI an den Zivilgerichten?, 14.07.2023, Legal Tribune Online, abrufbar unter: https://www.lto.de/recht/justiz/j/justiz-ki-kuenstliche-intelligenz-e-akte-digitalisierung-zivilgerichte/ [September 2023].

46 Ein Problem, das uns schon länger beschäftigt. Die geltende Rechtslage in den sozialen Medien durchzusetzen, etwa auch bei Falschmeldungen, wäre eigentlich eine originäre Aufgabe einer unabhängigen Judikative. Da die Gerichte nicht in der Lage sind, sich an die neue Situation anzupassen und geeignete Verfahren zu entwickeln, um dem Problem zu begegnen, wurde es in Deutschland mit dem Netzwerkdurchsetzungsgesetz an private Unternehmen delegiert, die so Normen setzen können. Siehe dazu ausführlich: Frey, B. S., Ulbrich, C. R., Wer entscheidet, was wahr ist?, 2018, Ökonomenstimme, abrufbar unter: https://www.oekonomenstimme.org/articles/1307 [September 2023].

47 Frey, B. S., Zimmer, O., Mehr Demokratie wagen, 2023, Aufbau Verlag; Frey, B., Functional, Overlapping, Competing Jurisdictions: Redrawing the Geographic Borders of Administration, 2006, European Journal of Law Reform, Vol. V, No. 3/4, S. 543 ff.

48 So, um nur ein Beispiel von vielen zu nennen, der deutsche Digitalminister Volker Wissing in dem Beitrag des Handelsblattes: Krolle, H., Stiens, T., Digitalchaos Behörden: Sechs Gründe, woran es hakt, 23.06.2022, abrufbar unter: https://www.handelsblatt.com/technik/forschung-innovation/handelsblatt-govtech-gipfel-2022-digitalchaos-behoerden-sechs-gruende-woran-es-hakt/28447418.html [September 2023].

49 Für Details zu SMTP siehe: Ulbrich, C. R., Die Überwachung lokaler Funknetzwerke (»WLAN-Catching«) – Informationstechnologische und strafprozessuale Aspekte unter besonderer Berücksichtigung allgemeiner Fragen der Internetüberwachung und Verschlüsselung, 2019, Duncker & Humblot, S. 378 ff.

50 Statista, Most popular global mobile messenger apps as of January 2023, based on number of monthly active users, abrufbar unter: https://www.statista.com/statistics/258749/most-popular-global-mobile-messenger-apps/ [September 2023].

51 Schleyer, R., Mehr Föderalismus wagen – auch digital, FAZ v. 01.02.2022.

52 Dazu bereits in Kapitel 9 ausführlich.

53 Kemeny, R., Brazil is sliding into techno-authoritarianism, 19.08.2020, MIT Technology Review, abrufbar unter: https://www.technologyreview.com/2020/08/19/1007094/brazil-bolsonaro-data-privacy-cadastro-base/ [September 2023].

54 Matrix, Brasilien auf dem Weg zum digitalen Überwachungsstaat, 14.03.2021, Ö1, ORF, abrufbar unter: https://oe1.orf.at/artikel/681350/Brasilien-auf-dem-Weg-zum-digitalen-Ueberwachungsstaat [September 2023]; Massalli, F., STF volta a julgar compartilhamento de dados entre órgãos públicos, 14.09.2022, Agência Brasil, abrufbar unter: https://agenciabrasil.ebc.com.br/justica/noticia/2022-09/stf-volta-julgar-compartilhamento-de-dados-entre-orgaos-publicos [September 2023]. Inzwischen hat das oberste brasilianische Bundesgericht die Nutzung der Datenbank etwas eingeschränkt, vgl. Urupa, M., STF coloca limites para compartilhamento de dados pessoais entre órgãos públicos, 26.09.2022, Teletime, abrufbar unter: https://teletime.com.br/26/09/2022/stf-coloca-limites-para-compartilhamento-de-dados-pessoais-entre-orgaos-publicos/ [September 2023].

55 Dias, T., Moro Martins, R., 06.06.2020, The Intercept_Brasil, abrufbar unter: https://www.intercept.com.br/2020/06/06/abin-carteira-motorista-serpro-vigilancia/ [September 2023].

56 So die Formulierung von Johannes Ludewig, vgl. Ludewig, J., Bürokratie, Regulierung, Verwaltung in der Krise, 2021, Nomos, S. 141.

57 Wie der deutsche Nationale Normenkontrollrat sinngemäß so zielgenau formuliert, vgl. Bürokratieabbau in der Zeitenwende, Jahresbericht 2022, S. 33, abrufbar unter: https://www.

bmj.de/SharedDocs/Publikationen/DE/Fachpublikationen/2022_NKR_Jahresbericht.html [September 2023].

58 Schleyer, R., Mehr Föderalismus wagen – auch digital, FAZ v. 01.02.2022.

59 Für eine verständliche Abgrenzung/Definition siehe: The Testing Standards Working Party, Integration, Interoperability, Compatibility and Portability, abrufbar unter: http://www.testingstandards.co.uk/interop_et_al.htm [September 2023].

60 Helmholtz-Gemeinschaft, PNI-HDRI-Projekt, Standardisierung und Datenformate, abrufbar unter: https://www.pni-hdri.de/arbeitspakete/ap_1/standards/index_ger.html [September 2023].

61 Riedl, S., Was ist eine Schnittstelle?, 2018, IT-Business, abrufbar unter: https://www.it-business.de/was-ist-eine-schnittstelle-a-714831/ [September 2023].

62 Baumgartl, R., Vorlesung Betriebssysteme I, 2022, abrufbar unter: https://www.informatik.htw-dresden.de/~robge/bs1/vl/bs1-04-grundlagen2-6up.pdf [September 2023].

63 Der Databund hat jüngst eine Top-10-Liste der aus Sicht seiner Mitglieder meistbenötigten Standards veröffentlicht, vgl. Databund, Top10-Standards für die Digitalisierung der öffentlichen Verwaltung, 31.07.2023, abrufbar unter: https://databund.de/wp-content/uploads/sites/20/2023/08/DATABUND-Top-10-der-notwendigen-Standards.pdf [September 2023].

64 Zu den rechtlichen Hürden siehe Peuker, E. in: Hill, H./Schliesky, U. (Hrsg.), Auf dem Weg zum Digitalen Staat – auch ein besserer Staat?, 2015, Nomos, S. 59 ff.

65 In der Schweiz wird etwa die Interoperabilität auf Bundesebene von der I14Y-Interoperabilitätsplattform gefördert, vgl. https://www.i14y.admin.ch/de/home [September 2023].

66 Für eine nicht mehr ganz aktuelle, aber dafür sehr umfassende Übersicht siehe Stemmer, M., Goldacker, G., Kompetenzzentrum für öffentliche IT, IT-Standardisierung in der öffentlichen Verwaltung, 2015, abrufbar unter: https://www.oeffentliche-it.de/documents/10181/14412/IT-Standardisierung+in+der+%C3%B6ffentlichen+Verwaltung [September 2023].

67 Koordinierungsstelle für IT-Standards, siehe: https://www.xoev.de/ueber-uns-8159 [September 2023].

68 Vgl. IT-Planungsrat, Standards, abrufbar unter: https://www.it-planungsrat.de/produkte-standards/standards [September 2023].

69 Vgl. § 3b des Gesetzesentwurfs OZGÄnderG v. 22.05.2023, abrufbar unter: https://www.onlinezugangsgesetz.de/SharedDocs/downloads/Webs/OZG/DE/ozgaendg-gesetzentwurf.pdf [September 2023].

70 Es soll laut Konzeptpapier die Datenstandardisierung vorantreiben, vgl. Konzept zum Aufbau des Dateninstituts, 05.05.2023, abrufbar unter: https://www.bmwk.de/Redaktion/DE/Downloads/C-D/230510-konzeptpapier-dateninstitut.pdf [September 2023].

71 In Deutschland ist das spätestens seit der Einführung von Art. 91c GG möglich.

72 Für die Empfehlung, offene Standards als Vergabekriterium festzulegen, siehe auch: Heilmann, T., Schön, N., Neustaat – Politik und Staat müssen sich ändern, 3. Aufl. 2020, Finanzbuch Verlag, S. 267 ff.

73 Für Deutschland: Bernhardt, W., Klein, M., Digitale Transformation und die Gewaltenteilung des Grundgesetzes, 18.02.2021, eGovernment Verwaltung Digital, S. 8/9, abrufbar unter: https://www.egovernment.de/digitale-transformation-und-die-gewaltenteilung-des-grundgesetzes-a-678648/ [September 2023].

74 Bull, H. P., Die Nummerierung der Bürger und die Angst vor dem Überwachungsstaat, 04/2022, DÖV, S. 269.

75 BVerfGE 65, 1–71.

76 Für mehr Informationen siehe: World Bank, Privacy by Design: Current Practices in Estonia, India, and Austria, 2018, S. 6 ff., abrufbar unter: https://id4d.worldbank.org/sites/id4d.worldbank.org/files/PrivacyByDesign_112918web.pdf [September 2023]; X-Road, X-Road Architecture, abrufbar unter: https://x-road.global/architecture [September 2023].

77 Für mehr Details siehe: Kompetenzzentrum Öffentliche IT, Parycek, P. et al., Technische Perspektiven der Registermodernisierung, 2021, abrufbar unter: https://www.oeffentliche-it.de/documents/10181/188095/Technische+Perspektiven+der+Registermodernisierung.pdf/e49d4846-826e-db70-fc46-cf3abafd66ad?t=1614960958853&download=true [September 2023].

78 Für eine Übersicht siehe PUBLIC/Sopra Steria, Privacy-enhancing Technologies für die Verwaltung, 2023, abrufbar unter: https://www.soprasteria.at/docs/librariesprovider2/sopra-steria-de/publikationen/studien/pet-report.pdf [September 2023].

79 Etwa das Forschungsprojekt Datentreuhänder für anonymisierte Analysen in kommunalen Datenräumen (Atlas), vgl. Bundesministerium für Bildung und Forschung, Atlas, abrufbar unter: https://www.forschung-it-sicherheit-kommunikationssysteme.de/projekte/atlas [September 2023]; siehe auch: Bielawa, H., Neue Krypto-Verfahren für verknüpfte Datensilos, 02.02.2023, Tagesspiegel, abrufbar unter: https://background.tagesspiegel.de/smart-city/neue-krypto-verfahren-fuer-verknuepfte-datensilos [September 2023].

80 Lehmann, A., ScrambleDB: Oblivious (Chameleon) Pseudonymization-as-a-Service, 2019, Proceedings on Privacy Enhancing Technologies; 2019 (3), S. 289 ff., abrufbar unter: https://hpi.de/lehmann/publications/Document/anja.lehmann/2019-popets-0048.pdf/8caf545ef2d4efb7596ea3bdd7c49dfc.html?tx_extbibsonomycsl_publicationlist%5Baction%5D=view&tx_extbibsonomycsl_publicationlist%5Bpreview%5D=large&cHash=02c1e52e8417bfaf17da918b20e86f7c [September 2023].

81 Sogenannte Fully Homomorphic Encryption, vgl. Armknecht, F. et al., A Guide to Fully Homomorphic Encryption, 2015, Cryptology ePrint Archive 2015/1192, abrufbar unter: https://eprint.iacr.org/2015/1192.pdf [September 2023].

82 Frey, B. S., Zimmer, O., Mehr Demokratie wagen, 2023, Aufbau Verlag.

83 Lee, L., Das, K. N., Virus Fight at Risk as World's Medical Glove Capital Struggles with Lockdown, 25.03.2020, Reuters, abrufbar unter: https://www.reuters.com/article/us-health-coronavirus-malaysia-packaging/virus-fight-at-risk-as-worlds-medical-glove-capital-struggles-with-lockdown-idUSKBN21C11W [September 2023].

84 Smil, V., How the world really works, 2022, Penguin Books, S. 133.

85 Dazu ausführlich: Miller, C., Chip War, 2022, Simon & Schuster.

86 Zu den verfassungsrechtlichen Bedenken und Grenzen des Once-Only-Prinzips in der Schweiz siehe Epiney, A., Rovelli, S., Once Only und das Rechtsstaatsprinzip, 2022, Schulthess; Zum Spannungsverhältnis mit Zweckbindungsgrundsatz in der Datenschutz-Grundverordnung siehe Denkhaus, W. in: Seckelmann, M. (Hrsg.), Digitalisierte Verwaltung – Vernetztes E-Government, 2019, 2. Aufl., Erich Schmidt Verlag, S. 73.

87 Bspw. European Commission, Joint Research Centre (JCR), Science for Policy, Allessie, D., et al., Blockchain for digital government, 2019, abrufbar unter: https://joinup.ec.europa.eu/sites/default/files/document/2019-04/JRC115049%20blockchain%20for%20digital%20government.pdf [September 2023].

88 MOVING, International Road Safety Association e. V., Fahren ohne Fahrerlaubnis nimmt dramatisch zu, 2021, abrufbar unter: https://www.moving-roadsafety.com/wp-content/uploads/2021/06/21_06_PM_Fahren-ohne-Fahrerlaubnis_17_19_kurz.pdf [September 2023].

89 Die Studie Data Governance für Smart Mobility (»DAGSAM«) untersucht die Machbarkeit und Rahmenbedingungen einer derartigen Straßennutzungsgebühr, dort Road User Charge genannt, wenig überraschend im Auftrag der Arbeitsgruppe Mobilität 4.0 des Bundesamtes für Straßen ASTRA. Die Studie ist abrufbar unter: https://www.mobilityplatform.ch/fileadmin/mobilityplatform/normenpool/21857_1744_Inhalt.pdf [September 2023].

90 Kotka, T., Liiv, I., Concept of Estonian Government Cloud and Data Embassies, 2015, in: Kő, A., Francesconi, E. (Hrsg.) Electronic Government and the Information Systems Perspective, EGOVIS, Lecture Notes in Computer Science, Vol. 9265, Springer.

91 Zum Ganzen: Roth, J., Estland, der digitale Staat. Ein Land verschiebt sich in die virtuelle Welt, 24.10.2022, NZZ, abrufbar unter: https://www.nzz.ch/international/digitalisierung-estland-verschiebt-sich-in-die-virtuelle-welt-ld.1704505 [September 2023].

92 Vgl. Luxembourg, E-embassies in Luxembourg, abrufbar unter: https://luxembourg.public.lu/en/invest/innovation/e-embassies-in-luxembourg.html [September 2023].

93 Microsoft Threat Intelligence, Volt Typhoon targets US critical infrastructure with living-off-the-land techniques, 24.05.2023, abrufbar unter: https://www.microsoft.com/en-us/security/blog/2023/05/24/volt-typhoon-targets-us-critical-infrastructure-with-living-off-the-land-techniques/ [September 2023].

94 Zum Ganzen: Sanger, D. E., Barnes, J. E., U. S. hunts »time bomb«: Malware from China, 31.07.2023, New York Times International Edition, S. 1 und 6.

95 Gemeinsame Warnmeldung des Bundesamtes für Verfassungsschutz und des Bundeskriminalamtes zu möglicher Cyberspionage mittels der Schadsoftware GOLDENSPY, abrufbar unter: https://www.bka.de/SharedDocs/Kurzmeldungen/DE/Warnhinweise/200821_Cyberspionage.html [September 2023].

96 Trustwave Spiderlabs Investigation, The Golden Tax Department and Emergence of GoldenSpy Malware, abrufbar unter: https://business-services.heise.de/security/bedrohungen-schwachstellen?tx_hbs_pi1%5Baction%5D=download&tx_hbs_pi1%5Bcontent%5D=3789&cHash=387496fcf81d37f4b5072bc9c10d89cb [September 2023].

97 Beuth, P., Biermann, K., Klingst, M., Stark, H., Merkel und der schicke Bär, 11.05.2017, Zeit, abrufbar unter: https://www.zeit.de/2017/20/cyberangriff-bundestag-fancy-bear-angela-merkel-hacker-russland [September 2023].

98 Schurter, D., Hacker leaken fast 1 Terabyte an Daten von IT-Firma Xplain – Bund reagiert, 14.06.2023, Watson, abrufbar unter: https://www.watson.ch/digital/schweiz/534924956-hacker-leaken-fast-1-terabyte-an-daten-von-schweizer-it-firma-xplain [September 2023].

99 DPA-Meldung, Cyber-Angriff auf Wahlkommission: Daten von Millionen Briten gehackt, 08.08.2023, NZZ, abrufbar unter: https://www.nzz.ch/international/cyber-angriff-auf-wahlkommission-daten-von-millionen-briten-gehackt-ld.1750680?reduced=true [September 2023]; Holland, M., Über ein Jahr im System. Daten zu 40 Millionen britischen Wählern kompromittiert, 10.08.2023, Heise online, abrufbar unter: https://www.heise.de/news/Exchange-als-Einfallstor-Daten-zu-40-Millionen-britischen-Waehlern-einsehbar-9240071.html [September 2023].

100 Vgl. Kapitel 14, 2. Problemstellungen und Logiken in der Big-Data-Welt.

101 So die treffende Formulierung von Laux, C., Wüst, A., Datensouveränität – Was es zur Begriffserklärung braucht, Juli 2022, Swiss Data Alliance, abrufbar unter: https://static1.

squarespace.com/static/58f60c8086e6c010d4ae9a34/t/63fe137ee1b6b87782a7c-cfb/1677595519357/V1.0+Begriffspapier+Datensouvera%CC%88nita%CC%88t.pdf [September 2023].

102 Für die konkrete Situation in Deutschland siehe: PwC Strategy&, Strategische Marktanalyse zur Reduzierung von Abhängigkeiten von einzelnen Software-Anbietern, 2019, abrufbar unter: https://www.cio.bund.de/SharedDocs/downloads/Webs/CIO/DE/digitale-loesungen/marktanalyse-reduzierung-abhaengigkeit-software-anbieter.pdf [September 2023]. Für die Abhängigkeit der Bundesverwaltung von Oracles Datenbanklösungen siehe Voß, O., Umstrittener 4-Milliarden-Deal. Macht sich das Innenministerium von Oracle abhängig?, 06.09.2023, Tagesspiegel, abrufbar unter: https://www.tagesspiegel.de/politik/umstrittener-4-milliarden-deal-macht-sich-das-innenministerium-von-oracle-abhangig-10421440.html [September 2023].

103 Anschaulich beschrieben in Schallbruch, M., Schwacher Staat im Netz. Wie die Digitalisierung den Staat in Frage stellt, 2018, Springer, S. 169 ff.

104 Insbesondere Microsoft verfolgt derzeit sehr erfolgreich eine »Cloud First«-Strategie, vgl. bspw. Braun, T., Microsoft Europa unter Druck, 12.07.2022, Connect Professional, abrufbar unter: https://www.connect-professional.de/security/microsoft-europa-unter-druck.197385.html [September 2023].

105 Satariano, A. et al., One billionaire with unmatched power in space, 15.08.2023, New York Times International Edition, S. 8.

106 OE24, Schock für Huawei. Neues Flaggschiff wohl ohne Android, 30.08.2019, abrufbar unter: https://www.oe24.at/digital/schock-fuer-huawei-neues-flaggschiff-wohl-ohne-android/395029463 [September 2023].

107 Wie Valentina Kerst und Fedor Ruhose in ihrem Buch zutreffend feststellen, vgl. Kerst, V., Ruhose, F., Schleichender Blackout. Wie wir das digitale Desaster verhindern, 2023, Dietz Verlag. Gemäß einer Befragung des dbb befindet sich das Vertrauen der Bürger mit 27 Prozent im Jahr 2023 ohnehin auf einem historischen Tiefpunkt, vgl. dbb Bürgerbefragung Öffentlicher Dienst, 2023, abrufbar unter: https://www.dbb.de/fileadmin/user_upload/globale_elemente/pdfs/2023/forsa_2023.pdf [September 2023].

108 IT-Planungsrat, Deutsche Verwaltungscloud-Strategie: Rahmenwerk der Zielarchitektur, 08/2021, abrufbar unter: https://www.it-planungsrat.de/fileadmin/beschluesse/2021/Beschluss2021-46_Deutsche_Verwaltungscloud-Strategie_AL1.pdf [September 2023].

109 Vgl. die Homepages des Projektes: https://www.dphoenixsuite.de/ bzw. https://www.phoenix-werkstatt.de/ [September 2023].

110 Feilner, M., Phoenix: Schleswig-Holsteins OSS-Ersatz für MS 365 in der Verwaltung, 07/2023, Linux Magazin, abrufbar unter: https://www.linux-magazin.de/ausgaben/2023/07/dataport-phoenix/ [September 2023].

111 Baur, T., Haushalt 2024: So viel Geld soll in digitale Kommunen fließen, 04.07.2023, Tagesspiegel Background, abrufbar unter: https://background.tagesspiegel.de/smart-city/haushalt-2024-so-viel-geld-soll-in-digitale-kommunen-fliessen [September 2023].

112 Für eine frühe Übersicht siehe: Lepri, B. et al., Fair, Transparent, and Accountable Algorithmic Decision-Making Processes, 2018, Philosophy & Technology 31, 4, S. 611 ff., abrufbar unter: https://dspace.mit.edu/bitstream/handle/1721.1/122933/13347_2017_279_ReferencePDF.pdf [September 2023].

113 Dazu ausführlich: Frey, B. S., Osterloh, M., Rost, K., Die Rationalität des qualifizierten Losverfahrens, 01.11.2021, Ökonomenstimme, abrufbar unter: https://www.oekonomenstimme.org/articles/1905 [September 2023]. Frey, B. S., Osterloh, M., Rost, K., The rationality

of qualified lotteries, 2022, European Management Review, Special Issue, S. 1 ff., abrufbar unter: https://doi.org/10.1111/emre.12550 [September 2023].

114 Frey, B. S., Osterloh, M., Rost, K., The rationality of qualified lotteries, 2022, European Management Review, Special Issue, S. 1 ff., abrufbar unter: https://doi.org/10.1111/emre.12550 [September 2023]. Frey, B. S. und Zimmer, O., Mehr Demokratie wagen, 2023, Aufbau Verlag.

115 Dazu ausführlich in Kapitel 9.

116 Vgl. Simanowski, R., Data Love, 2014, Matthes & Seitz, S. 83. Im staatlichen Kontext zeigt sich dies beispielsweise als Opportunitätsprinzip im Strafprozessrecht oder als Auswahl- und Erschließungsermessen im Verwaltungsrecht.

117 Rogers, K., What Constant Surveillance Does to Your Brain, 2018, VICE, abrufbar unter: https://www.vice.com/en/article/pa5d9g/what-constant-surveillance-does-to-your-brain [September 2023].

118 Bspw. Penny, J. W., Chilling Effects: Online Surveillance and Wikipedia Use, 2016, Berkeley Technology Law Journal 31, S. 117; Penney, J. W., Internet Surveillance, Regulation, and Chilling Effects Online: A Comparative Case Study, 2017, Internet Policy Review 6 (2), abrufbar unter: https://papers.ssrn.com/sol3/papers.cfm?abstract_id=2959611 [September 2023].

119 Beispielhaft: Chen, D. L., Loecher, M., Mood and the Malleability of Moral Reasoning: The Impact of Irrelevant Factors on Judicial Decisions, 2019, abrufbar unter: https://papers.ssrn.com/sol3/papers.cfm?abstract_id=2740485 [September 2023]; Heyes, A., Saberian, S., Correction to »Temperature and Decisions: Evidence from 207,000 Court Cases« (by Heyes and Saberian A. E. J: Applied Economics 11 (2), 238–65) and Reply to Spamann, 2022, American Economic Journal: Applied Economics, Vol. 14, No. 4.

120 Mit einer Übersicht zu weiteren ähnlichen Forschungsergebnissen: Alon-Barkat, S., Busuioc, M., Human-AI Interactions in Public Sector Decision-Making: »Automation Bias« and »Selective Adherence« to Algorithmic Advice, arXiv:2103.02381, abrufbar unter: https://arxiv.org/abs/2103.02381 [September 2023].

121 Vgl. Normenkontrollrat, Bürokratieabbau in der Zeitenwende, Jahresbericht 2022, S. 43 ff., abrufbar unter: https://www.bmj.de/SharedDocs/Publikationen/DE/Fachpublikationen/2022_NKR_Jahresbericht.html [September 2023]; Bundesministerium des Inneren und für Heimat, Entwicklung eines Digitalcheck für Gesetze, abrufbar unter: https://www.onlinezugangsgesetz.de/Webs/OZG/DE/grundlagen/digitaltaugliche-gesetzgebung/digitalcheck-gesetze-tauglich-gestalten/entwicklung-digitalcheck/entwicklung-digitalcheck-node.html [September 2023].

122 Aus diesem Grund erscheint uns auch der Einsatz der zudem noch proprietären und intransparenten COMPAS-Software zur Ermittlung des Rückfallrisikos im US-Strafvollzug befremdlich. Zu COMPAS siehe bspw. Israni, E. T., When an Algorithm Helps Send You to Prison, 26.10.2017, New York Times, abrufbar unter: https://www.nytimes.com/2017/10/26/opinion/algorithm-compas-sentencing-bias.html [September 2023].

123 Entsprechend bedenklich finden wir die ersatzweise Ermittlung von Abschlussnoten durch den Ofqual Exam Results Algorithm im Zuge der COVID-19-Pandemie in Großbritannien. Zum Algorithmus siehe: Hern, A., Ofqual's A-level algorithm: why did it fail to make the grade?, 21.08.2020, The Guardian, abrufbar unter: https://www.theguardian.com/education/2020/aug/21/ofqual-exams-algorithm-why-did-it-fail-make-grade-a-levels [September 2023].

124 Facewatch, »Facial recognition security system«, vgl. https://www.facewatch.co.uk/ [September 2023].

125 Vgl. Facewatch, Privacy Notice, https://www.facewatch.co.uk/privacy/ [September 2023].

126 Facewatch, Detailed Privacy Notice, https://www.facewatch.co.uk/wp-content/uploads/2018/09/Subjects-of-Interest-Detailed-Privacy-notice.pdf [September 2023].

127 Für eine Übersicht für Bundesbehörden in Deutschland siehe: Bundesarchiv, Aufbewahrungsvorschriften und Aufbewahrungsfristen für Schriftgut in obersten Bundesbehörden und nachgeordneten Einrichtungen, abrufbar unter: https://www.bundesarchiv.de/DE/Content/Downloads/Anbieten/sgv-aufbewfr-aufbewahrungsvorschriften-und-aufbewahrungsfristen-fuer-schriftgut-in-obersten-bundesbehoerden.pdf?__blob=publicationFile [September 2023].

128 Viktor Mayer-Schönberger plädiert deshalb dafür, digitale Informationen mit einem generellen Verfallsdatum zu versehen, siehe Mayer-Schönberger, V., Delete – Die Tugend des Vergessens in digitalen Zeiten, 3. Aufl. 2015, Berlin University Press, S. 201 ff. Siehe auch Morozov, E., Smarte neue Welt. Digitale Technik und die Freiheit des Menschen, 2013, Karl Blessing Verlag, S. 461 ff.

129 Vgl. etwa § 17 DSGVO.

130 Sokolov, D., AJ, Machine Unlearning. Algorithmen können nichts vergessen, 28.01.2020, Heise online, abrufbar unter: https://www.heise.de/news/Machine-Unlearning-Algorithmen-koennen-nichts-vergessen-4646747.html [September 2023]; Google hat im Sommer 2023 eine erste »Machine Unlearning Challenge« ausgerufen, vgl. https://ai.googleblog.com/2023/06/announcing-first-machine-unlearning.html [September 2023].

131 Um eine schöne Formulierung von Hans Peter Bull aufzugreifen, ohne dass wir wissen, ob sie von ihm so umfassend gemeint wurde, wie wir sie verstehen, siehe: Bull, H. P., Die Nummerierung der Bürger und die Angst vor dem Überwachungsstaat, 04/2022, DÖV, S. 272.

Schlussbemerkungen

1 Siehe Sollausgaben Bundeshaushalt 2024, abrufbar unter: https://www.bundeshaushalt.de/DE/Bundeshaushalt-digital/bundeshaushalt-digital.html [abgerufen am 11.09.2023].

2 Vgl. beispielsweise das Pilotprojekt der Stadt Pforzheim mit »smarten Bäumen«: Stadt Pforzheim, Pressemitteilung, Smarte Bäume für Pforzheim, abrufbar unter: https://www.pforzheim.de/stadt/aktuelles/pressemeldungen/s1/article/detail/News/smarte-baeume-fuer-pforzheim.html [September 2023].

3 Auch die notarielle Warnfunktion ließe sich digital, zum Beispiel durch Videos, erfüllen.

4 Vorreiter in diesem Bereich ist das Lantmäteriet, die schwedische Behörde, die für das Grundbuch zuständig ist. Für detaillierte Informationen zum schwedischen Pilotprojekt für ein Grundbuch, das auf Distributed-Ledger-Technologie basiert, siehe das White Paper: Kairos Future, The Land Registry in the blockchain – testbed, 2017, abrufbar unter: https://static1.squarespace.com/static/5e26f18cd5824c7138a9118b/t/5e3c35451c2cbb6170caa19e/1581004119677/Blockchain_Landregistry_Report_2017.pdf [September 2023].